心理健康教育活动设计与指导

洪显利　主编

重庆大学出版社

图书在版编目（CIP）数据

心理健康教育活动设计与指导 / 洪显利主编. -- 重
庆：重庆大学出版社，2023.6

特殊儿童教育康复培训教材

ISBN 978-7-5689-3938-6

Ⅰ.①心… Ⅱ.①洪… Ⅲ.①心理健康—健康教育—
儿童教育—特殊教育—教材 Ⅳ.①G764

中国国家版本馆CIP数据核字（2023）第093110号

心理健康教育活动设计与指导

XINLI JIANKANG JIAOYU HUODONG SHEJI YU ZHIDAO

洪显利 主编

策划编辑：陈 曦

责任编辑：李桂英 版式设计：陈 曦

责任校对：刘志刚 责任印制：张 策

*

重庆大学出版社出版发行

出版人：饶帮华

社址：重庆市沙坪坝区大学城西路21号

邮编：401331

电话：（023）88617190 88617185（中小学）

传真：（023）88617186 88617166

网址：http://www.cqup.com.cn

邮箱：fxk@cqup.com.cn（营销中心）

全国新华书店经销

重庆升光电力印务有限公司印刷

*

开本：889mm×1194mm 1/16 印张：23.25 字数：518千

2023年6月第1版 2023年6月第1次印刷

ISBN 978-7-5689-3938-6 定价：92.00元

本书编委会

主 编：洪显利

副主编：罗文建 麦 莉 蔡 蓉 杨昌义

参 编：谢 谚 李慧珍 薛玲玲 魏 静 蒋国明

　　　　陈 丽 艾 曾 徐灵玲 罗曙欲 成 洁

　　　　张 哲 李小晶 舒禧悦 石秋婧 史宏森

　　　　谭媛芳 林浩云 冯茄洛 李鸿廷 秦 露

　　　　刘 宇 陈 凯

序言

　　儿童时期（0～18岁）是个体身心快速发展与变化的时期，这一时期身心健康发展的水平将直接影响儿童未来生活的质量。儿童与青少年教育的质量关系着人类社会的繁衍和延续。由于生活节奏的加快和社会竞争的日趋激烈而引起的家庭结构和功能的改变（如父母离异、高龄二胎、农村留守儿童增多等问题）以及社会环境的改变（如社交媒体的兴起带来的网络成瘾、网络欺凌等问题）都影响着儿童与青少年的心理健康。父母不正确的教育方式、繁重的学业、升学的压力、校园欺凌、复杂多变的网络环境给青少年带来了不同程度的紧张、刺激和心理压力。在这种情况下，非自杀性自伤、自杀行为在青少年中时有发生，青少年的心理健康也因此面临越来越多的挑战。不可否认的是，儿童青少年心理健康问题已经成为不可忽视的公共卫生问题。多年以来，党和政府都高度关注儿童、青少年的身心健康，先后颁布了相关的政策和文件，如《中国儿童发展纲要（2021—2030）》《中小学心理健康教育指导纲要》《关于加强心理健康服务的指导意见》《健康中国行动——儿童青少年心理健康行动方案（2019—2022年）》《教育部办公厅关于加强学生心理健康管理工作的通知》《教育部等五部门关于全面加强和改进新时代学校卫生与健康教育工作的意见》《生命安全与健康教育进中小学课程教材指南》等，指导各级各类学校和相关职能部门加强青少年儿童心理健康教育，促进青少年儿童健康成长。可见，党和政府对儿童、青少年心理健康教育非常重视，顺应社会和时代发展的需要，从不同角度给予多方面的关注和指导，为各级各类学校心理健康教育指明了方向和道路，为儿童、青少年全面发展提供了强有力的支持和保障。与此同时，相关高校和教育研究机构也积极开展心理健康教育研究，促进中小学心理健康教育科学化、规范化，但对于心理健康教育微观层面具体的教学策略及教学体系，尚未有学者进行深入系统的研究。

　　在社会各界的共同努力下，当前中小学心理健康教育取得了一些积极的成果，比如中小学生心理健康教育受到了政府的重视，相关主管部门将心理健康教育情况纳入了考核指标体系中；学校各级领导和教师大都能够认识到心理健康教育的重要性，约有70%的学校相继成立了心理咨询和教育机构；中小学纷纷设立了心理咨询室，学校的专职和兼职心理健康教育教师逐渐增多；一些学校开设了心理健康教育课程，一些学校还定期开展学生心理健康普查工作，一些学校通过个别化教学渗透心理健康教育，学生的心理问题得到了一定的关注。但学校心理健康教育仍然无法有效开展，中小学心理健康教育课程开展的具体途径和方法，仍然是令中小学心理教师头痛的问题。已有的心理健康教育教学模式不能有效地发挥其应有的价值。虽然当前部分中小学校设有心理健康课程，但由于身心二元对立论哲学观的影响，传统的心理健康教育存在着"离身现象"，采用的路径大多是"灌输式"的外部路径，注重知识传递和心智培养，却忽视主观能动性和其对认知的作用，仅仅把身体当成心智的"载体"，完全失去了其存在的本真意义。这种身体和课堂分离的离身性教育往往缺乏活力，学生在课堂上容易丧失积极性和主动性，失去感知世界的能力和对自由的真正领悟。这不仅隔断了身体与认知的联系，让心理健康教育失去了温度和情感，教学效果也不如预期。因此，现有的心理健康教育模式亟待创新。

　　笔者 1998 年到 2001 年师从刘电芝老师，开始发展与教育心理学（特别是学习心理方面）的研究，对学生的学习策略及心理健康教育尤为关注，硕士毕业论文为《组块构建记忆策略，提高高一学生英语词汇学习质量的实验研究》。自 2001 年 7 月从事高校心理学专业的教学工作以来，笔者持续深入地沿着硕士研究生阶段的研究思路，研究教师的教学策略和学生的学习策略。经过近 10 年的教学、研究及实践，笔者以教育心理学相关理论为指导，于 2009 年提出了感悟式教学的策略，并在英语教学中进行了实验探究。2011 年，笔者结合对教育心理学经典理论的理解，深入思考其如何在学校教育和家庭教育中的应用，编写出版了《教育心理学的经典理论及其应用》一书。2010 年起，笔者由于教学任务的重大变动，开始学习游戏疗法、箱庭疗法、艺术治疗、戏剧治疗、音乐治疗、催眠、心理剧、经典精神分析、荣格分析心理学、格式塔疗法、叙事疗法、焦点疗法、正念等知识，并结合感悟式教学的理念，将这些方法融合应用到游戏疗法、箱庭疗法、艺术治疗、戏剧治疗、音乐治疗等专业课的教学中，发现学生对课程的参与度非常高，学生反映笔者的课程是大学里收获最大的课程，学习后印象深刻，毕业多年都还记得课程内容。笔者将这种感悟式教学策略用到中小学教师的培训、企业员工的心理调节、消防指战员的心理减压、中小学生的团体辅导中，发现大家的参与积极性都非常高，反映体验中的感悟印象深刻。此外，由于发现多样性的表达性艺术游戏在具身认知与感悟中的意义重大，所以在感悟式教学策略的基础上，笔者进一步提出了感悟式游戏教学策略。同时，笔者也和学生一起针对中小学生心理发展的某个侧面的心理品质，设计系统深入的感悟式游戏教学团体方案，采用感悟式游戏教学和传统教学互不干预的方式进行对比实验研究，发现感悟式游戏教学可以有效地提升学生相应的心理品质。

　　鉴于以上研究现状和实践基础，我们申请了重庆市社会科学规划课题"当代身体哲学取向的中小学心理健康教育实现路径研究"，基于具身认知理论，结合自创的感悟式游戏教学策略，并将其应用到中小学的心理健康教育中，探究其有效性。本书是具身认知理论指导下的感悟式游戏教学策略在心理健康教育教学中的应用研究成果，也是对前期成果的一个总结和梳理。本书在吸收借鉴脑神经科学、具身认知、教学论、教育心理学、发展心理学、心理治疗相关理论的基础之上，提出心理健康教育的具身性策略——感悟式游戏教学策略。感悟式游戏教学策略，通过"感悟式"情境和"游戏化"机制的融入，增加学生学习投入度，使学习更加沉浸和快乐；在方式和过程上为师生提供了新的空间场域，拓展了学生的学和教师的教，促进心理健康教育课程更加科学、有效，进而为构建中小学心理健康教育的完整机制、扩宽心理健康教育的形式和方法提供有效参考。本书在宏观层面系统化建构理论的同时，在微观层面引入课堂教学实践，丰富和完善具身认知与中小学生心理健康教育的相关理论。同时，"具身认知观"强调认知的身体性、情境性和交互性。在身体取向下，以感悟式游戏教学为载体，开展主体性活动，能更有效地运用学生的身体、词汇表达、感觉、知觉和运动系统，既能克服传统心理健康教育重心抑身的弊端，又能探索提高学生的心理素质和积极心理品质的新路径，从而推动中小学心理健康教育的良性发展。

　　本书在身体哲学视域下，以具身认知理论为指导，以感悟式游戏教学策略为载体，从宏观层面的系统化理论建构和微观层面的具体的教学策略对中小学心理健康教育途径进行了深入探索和研究，形成针对中小学心理健康教育五大主题的感悟式游戏教学方案，并利用相关方案开展了教育实验研究，总结实践结果。限于篇幅，教育实验研究部分，将在未来的书里呈现。本书主要包括两个部分，第一部分是基础理论，即第一章，主要阐释当前心理健康教育发展、问题与对策，介绍感悟式游戏教学的理论基础与操作。本章希望能帮助心理健康教育教师理解心理健康教育面临的问题、困难与对策，并理解感悟式游戏教学策略的基本原理。第二部分是心理健康教育之感悟式游戏教学活动设计，即第二章至第六章，主要针对学生心理健康发展的五大领域：学业发展、自我意识、人际关系、情绪管理、生活适应，涵盖16个具体的主题层层深入、系统的方案设计，每个主题又包括8～10次游戏活动设计，每次活动时长约90分钟。本章希望能为各级各类学校心理健康教育教师提供教学方案的指导，希望教师能根据所在年龄阶段的学生特点和需要选择相关主题，应用或适当改编相关的活动设计开展心理健康教育团体教学，促进学生心理健康的成长。

本书的核心部分是第二部分心理健康教育之感悟式游戏教学活动设计。该部分的内容体系和研究成果与以往的心理健康教育教材也有很大的不同，主要有以下特色。

（1）遵循育人为本，突出全面性和基础性。全书以学生身心和谐发展为本，针对心理发展的五大领域，即学业发展、自我意识、人际关系、情绪管理、生活适应，全面、深入、系统地设计有针对性的团体游戏方案。

其内容兼顾学校心理健康教育内容的三个层次。**一是学生心理健康维护**。这是面向全体学生，提高学生基本素质的教育内容。我们的感悟式游戏活动方案包括注意力、观察力、记忆力、想象力、思维能力等智能训练，入学适应、学习动机、学习策略、考试焦虑等学习心理指导内容，情绪识别、觉察、表达与调节，亲子、师生、同伴、异性交往等人际关系指导内容，自我意识与健全人格的培养，生命教育、网络健康、休闲、挫折应对、消费管理和生涯规划等方面的生活适应指导内容。**二是学生心理行为问题矫正**。我们在团体感悟式游戏教学方案中引导学生表达常见的心理问题，并进行指导，具体包括常见的考试焦虑、学习困难、注意力不集中、学校恐怖症、厌学等学习适应问题，抑郁、恐惧、焦虑、紧张、忧虑等情绪问题，人际交往中的亲子冲突、同辈嫉妒、早恋等人际问题，以及不良行为习惯、休闲、消费、网络使用等问题。**三是学生心理潜能和创造力开发**。我们的团体感悟式游戏教学方案通过多样化艺术性表达形式，展现学生的内心世界，促进学生创造性潜力的开发，促进团体的合作与互动，促进学生自我激励能力的提升等，以提高学生的自主意识与能动性。

（2）贴合实际，具有时代性和前瞻性。本书是高校教师与一线教师并肩合作的结果。笔者作为高校心理学专业教师将自己探索出来的感悟式游戏教学策略教给中小学一线心理健康教育教师，中学、小学的一线心理教师根据当前中小学生心理实际精心设计各个主题的感悟式游戏教学活动方案，理论与实践结合，齐心协力为中小学生心理健康教育的发展服务。所以，感悟式游戏活动设计联系当前社会与学生实际，吸收当代心理学的最新研究成果，将当前学生常见的心理问题及表现融入了活动设计中，使学生在多样化的游戏体验中、角色扮演中去展现和投射自己的内心世界及未来可能面对的问题，并从中学习应对方法，具有开放意识和时代精神。活动内容体现"三个面向"的精神，以人与社会、人与自然、人与自身发展关系等综合性的知识为内容，培养学生学会关心、学会自我教育、学会关心解决全球性问题的意识与能力。

（3）强调运用学生的直接经验，突出具身性、应用性。本书的具身认知教学策略是在大量实践的基础上，融入身体哲学的理念而形成的感悟式游戏教学策略，综合了游戏治疗、音乐治疗、艺术治疗、舞动治疗、戏剧治疗等表达性艺术治疗的多样化的方法，结合中小学生心理实际而设计了系列主题的感悟式游戏教学方案，突出学生的主体性、身心投入度、具身体验，探索新的心理健康教育教学模式和策略，为心理健康教育的授课方式提供了新视野。该方案运用于中小学心理健康教育课程中，可切实地提升中小学生的心理品质，提升中小学心理健康教育水平。感悟式游戏活动设计将心理学知识通过多样化的游戏形式处理成浅显、实际、生活化的心理现实，内化为学生的直接经验，使学生根据生活现实和实际水平去选择和掌握有关的心理学知识，运用心理学方法与技巧维护心理健康。同时，每一次感悟式游戏教学的开展都依赖和借助学生的直接经验与主观体验，即通过自身生活经验与课程内容之间的相似性来认同和接受它，这些需要学生通过活动实践、训练等亲身体验才能获得。丰富多样的艺术游戏活动设计与体验，联系了学生的心理实际、学习、生活和社会实际，使学生不仅能解决自己的心理问题，而且能解决自己的学习、生活和职业发展问题。

（4）以心理体验为主，强调做中学。心理体验是一个操作性过程，每一个游戏环节就是一个"操作点"。每一次的感悟式游戏教学活动方案都是由一系列层层深入、循序渐进的游戏活动组成，每一个环节的开展都离不开学生的亲身体验，其主要特点在于"做"。学生在通过亲身体验各种游戏活动中感受生活的现实，获得直接经验，如通过画我眼中的你、生命树等绘画活动强化个体的自我觉察与调节能力，通过照镜子活动体验共情接纳，通过肌肉放松训练缓解焦虑、调节情绪，通过盲人与守护天使活动促进同伴信任感的形成，通过小组合作创编故事、角色扮演提高沟通与协作能力，通过设计作息表学习时间管理，通过角色扮演体验未来职业、提升生活适应能力等。这些训练都是运用多样化的心理知识和技能的实践过程，并通过训练矫正其不良心理状态和行为，由此增强学生的心理素质，促使他们的心理健康发展。

（5）强调学生自身的感悟，突出主体性。活动设计通过学生主体的活动，观察同伴，观察自己，独立思考，判断是非，在主动参与学习的全过程中得到提高，教师只是个帮助者。同时每一次活动都设计了有针对性的主题游戏，每一个游戏都设有学生的体验与感悟分享环节，便于学生及时觉察和内省，将内在经验及感悟命名、固化，以更好地在日常生活中迁移运用。同时，在备注栏中引导使用感悟式游戏教学的教师，主动捕捉学生经常遇到的心理问题并实时进行点拨，促其自悟，进而促使他们去改变自身的行为，在心理相容状态下使学生主动地实现心理体验，自我教育。

（6）目标明确，步骤细致，突出科学性、层次性、可操作性。该篇的每一个主题都围绕中小学心理健康教育的指导思想和目标，设计总目标、子目标以及每一个游戏环节的目标，层次分明、循循渐进、层层深入。每一个主题活动都设计了 8～10 次活动，分为初始、中间、结束三个阶段，每一次活动都有特定的目标，并设计了层层深入的暖身、发展和结束活动，每一个环节的游戏都详细地描述了操作步骤及对应的目标。其目的就是为一线心理健康教育教师提供切实的指导，让教师开展教学前明确每一个活动的目标，带着目标开展每一个环节的教学，确保学生能真正成长和有所收获。因此，该书的感悟式游戏教学活动方案具有较强的操作性和实用性。

本书使用建议

建议一线心理教师使用此书时，先看第一章，了解心理健康教育的现状，理解感悟式游戏教学的基本原理及操作；然后根据所服务的对象及需要，选择第二篇适合的主题活动方案设计。可以一学期集中使用一个主题，循序渐进；也可以根据需要选择不同主题里的一次或多次活动组合成新的系统方案进行教学。如果想知道教学效果，可以选择适当的心理量表做前后测，并且每次教学都做好观察记录，记录特定行为的变化曲线，完成研究报告，实现教学与科研结合的目标，同时促进更深入的研究和思考，提升心理健康教育质量和水平。本书每个主题的 8～10 次活动方案，每次 90 分钟的设计，教师可以根据学生发展水平、实际教学时长和教学目标，增减相关环节的游戏，灵活运用相关的方案。本书的活动设计部分可能适合小学低段，大多数适合小学中高段、初中、高中、大学，所以建议一线教师熟读感悟式游戏活动方案后，务必根据对象的年龄特点及需要适度的调整，以更适合学生的特点。不同年龄阶段的学生，发展需求和个性差异极大，因此针对特定班级的学生，需要教师根据学生当下的需要和状态灵活设计。我们认为，从事心理健康教育的教师最好早点打消拿着一套教材教几年的念头，面对不同班级的学生的巨大差异，任何固定的教材都会捉襟见肘，教师只有学会自己设计课程才能保证教学能随机应变，适应学生。期待一线的心理教师能根据每个特定班级的学生的特殊需求设计适合他们的感悟式游戏方案，促进学生的身心和谐发展。

致　谢

　　本书是在重庆大学出版社、重庆市社会科学规划办和重庆师范大学特色专业建设项目的支持下，在重庆师范大学心理系陈小异主任的鼓励下，与重庆市中小学一线优秀的心理教师和本专业优秀的学生共同合作的成果。特别感谢合作参编各章的一线教师，每一个主题都是在我和老师们细细讨论、交流、不厌其烦多次修改后完成的。特此向编写组的所有老师们致敬：罗文建、麦莉、蔡蓉、杨昌义、谢谚、李慧珍、薛玲玲、魏静、蒋国明、陈丽、艾曾、徐灵玲、罗曙欲、成洁、张哲、李小晶、舒禧悦、石秋婧、史宏森、谭媛芳、林浩云、冯茄洛、李鸿廷、秦露、刘宇、陈凯。特别感谢蔡蓉老师和麦莉老师为我介绍一线的优秀心理教师，给我与一线心理教师交流合作的机会，这为本书的写作打下了良好的基础。感谢罗文建、林浩云承担了多章的文字校对和处理工作，感谢重庆师范大学2008级到2019级应用心理学专业的学生，感谢你们对课程的热爱、投入及建议，让我有动力进一步完善本书。书中的一些理念和方法也是我们吸收前人经验的结果，感谢我读过的各类表达性艺术治疗、心理治疗的书籍作者，站在你们的肩膀上才有这本书的活动创意设计。感谢教给我各种心理学理论及心理治疗方法的老师：刘电芝、于佩懿、苏庆元、陈玮静、童玉娟、高天、欧阳君慧、黄进军、郑博天、陈观莲等。

　　衷心感谢重庆大学出版社编辑陈曦，她付出了很多的心血，让本书能进一步完善。向所有参与本书写作和修改的老师和朋友们道一声辛苦！

　　经过多次修改，本书终于定稿，也希望读者在使用的过程中提出宝贵的意见和建议，并能有更多的教师提供自己的创意设计。欢迎大家批评指正！

洪显利

2022年9月16日

目 录

第一章

感悟式游戏教学与心理健康教育 ◁▷

随着教育改革的深化，素质教育的贯彻落实，以及社会对全面发展人才的需要，学校心理健康教育越来越受到国家的重视。相关政策的颁布与实施从"呼吁、倡导"阶段迈进具体落实、试点开展的阶段，充分体现了心理健康教育政策体系的不断完善与发展，因此，在中小学开展心理健康教育是学生身心健康成长的需要，是社会发展的必然趋势与要求，也是全面推进素质教育的必然要求。

游戏是儿童的天性，它伴随着儿童的成长。作为儿童的基本活动，游戏是儿童完全自主、自发、全身心地投入的活动，是促进儿童学习与发展的重要途径。儿童游戏具有趣味性、操作性、学习性、创造性等特点，因此蕴含着有益于儿童身心健康发展的隐形教育潜能。儿童就是在主动自愿的活动中严肃认真地工作、学习，同时体验着游戏性。正如著名儿童教育家蒙台梭利所说"游戏就是儿童的工作"，心理健康是每个儿童发展的重要任务。如何将游戏融入心理健康教育中，是笔者多年来探索的重要课题。感悟式游戏教学是笔者近十年的实践探索总结提炼出来的一种教学思想和理念，也是一种教学策略。本章将系统介绍当前的心理健康教育的发展、问题与对策，感悟式游戏教学的理论基础与操作。

第一节　当前心理健康教育发展、问题与对策

儿童时期是个体身心快速发展与变化的时期，身心健康发展的水平将直接影响其未来生活的质量。儿童教育的质量关系着人类社会的繁衍和延续。心理健康教育是儿童教育的重要组成部分。中小学心理健康教育，是提高中小学生心理素质，促进其身心健康和谐发展的教育，是进一步加强和改进中小学德育工作，全面推进素质教育的重要组成部分。中小学生正处在身心发展的重要时期，随着生理、心理的发育和发展，社会阅历的丰富及思维方式的变化，特别是面对社会竞争的压力，他们在学习、生活、自我意识、情绪调适、人际交往和升学就业等方面，会遇到各种各样的心理困扰或问题。因此，在中小学开展心理健康教育，是学生身心健康成长的需要，是全面

推进素质教育的必然要求。

　　随着教育改革的深化，素质教育的贯彻落实，以及社会对全面发展人才的需要，学校心理健康教育越来越受到国家的重视。改革开放以来，我国学校心理健康教育政策伴随着学校心理健康教育的发展，经历了从政策酝酿到政策体系初步形成、政策完善与实施的深化3个连续的阶段。相关部门先后发布了相关文件，如1999年，《关于加强中小学心理健康教育的若干意见》中对中小学心理健康教育的重要性，开展心理健康教育的基本原则、主要任务和实施途径，心理健康教育的师资队伍、条件保障、组织领导和开展心理健康教育要注意的几个问题等做了明确的规定，为推动中小学心理健康教育的发展起到了重要的作用，该文件被认为是我国中小学心理健康教育工作的一个里程碑的文件；2012年，《中小学心理健康教育指导纲要（2012年修订）》指出，学校要大力开展心理健康教育；以及2018年，《全国社会心理服务体系建设试点工作方案》的工作目标提出，到2021年底，试点地区逐步建立健全社会心理服务体系，将心理健康服务融入社会治理体系、精神文明建设，融入平安中国、健康中国建设，该文件的内容与目标比起以往宏观政策性文件更具体、更落地。2019年，《健康中国行动——儿童青少年心理健康行动方案（2019—2022年）》中明确要求，到2022年底基本建成有利于儿童青少年心理健康的社会环境，形成学校、社区、家庭、媒体、医疗卫生机构等联动的心理健康服务模式，落实儿童青少年心理行为问题和精神障碍的预防干预措施；各级各类学校建立心理服务平台或依托校医等人员开展学生心理健康服务，学前教育、特殊教育机构要配备专兼职心理健康教育教师；50%的家长学校或家庭教育指导服务站点开展心理健康教育。2021年7月，《教育部办公厅关于加强学生心理健康管理工作的通知》提出要加强中小学心理健康课程建设，中小学要将心理健康教育课纳入本校课程，同时注重安排形式多样的生命教育、挫折教育，全方位促进学生心理健康发展。2021年8月2日，《教育部等五部门关于全面加强和改进新时代学校卫生与健康教育工作的意见》强调，强化心理健康教育，开展生命教育、亲情教育，增强学生尊重生命、珍爱生命意识；培育学生积极心理品质，保持乐观向上心态，引导学生树立健康理念，自觉维护心理健康，掌握正确应对学业、人际关系等方面不良情绪和心理压力的技能，提高心理适应能力，做到自尊自信、理性平和。加强重大疫情、重大灾害等特殊时期心理危机干预，强化人文关怀和心理疏导；加大学校心理健康人才队伍建设，2022年配备专（兼）职心理健康工作人员的中小学校比例达到80%，2030年达到90%。2021年10月26日，《生命安全与健康教育进中小学课程教材指南》进一步强调，力求做到生命安全与健康教育进教材、进课堂、进学生头脑，在中小学课程教材中的布局安排更加系统、科学，内容更具针对性、适宜性、实用性。上述政策的颁布与实施从"呼吁、倡导"阶段迈进具体落实、试点开展的阶段，充分体现了心理健康教育政策体系的不断完善与发展，因此，在中小学开展心理健康教育是儿童身心健康成长的需要，是社会发展的必然趋势与要求，也是全面推进素质教育的必然要求。

一、 学校心理健康教育概述

（一） 国外学校心理健康教育的现状

在价值取向方面，传统的心理健康教育着眼于矫治的层面，只为少数有问题和适应困难的学生提供服务，现在矫治性工作虽是心理健康教育不可缺少的一部分，但强调提高学生心理素质水平，发掘学生心理潜能的发展性工作日益受到重视。

而欧美等许多发达国家学校心理健康教育的服务范围，则具备多样性和综合性的特点，涵盖了职业和学业选择指导、学习咨询，学生的社会问题和情绪问题咨询，对学校的课程设置等进行干预，对家长、教师提供咨询服务，对问题学生进行行为治疗和具体的学业指导，还包括开展服务机构自身的发展工作。

在师资力量建设方面，联合国教科文组织早期的一份报告曾指出，学校心理健康教育专业人员为获取资格而接受的专业教育与训练至少有三个基础性要求：必须已获得教师证书，或其他作为一名教师的职业资格证书；至少有五年的教学经验；提供课程教育的大学必须能够提供高质量的专业教育。

在职能方面，国外许多国家把学校心理健康教育视作是一种职业、一个行业、一个专业，强调专业人员在诸多方面发挥其专业作用：他们是儿童心理学、教育心理学和社会心理学等分支的专家，心理诊断、辅导和咨询等方面的专家，学科教学法专家，因材施教、灵活处理问题的教育专家，进行心理干预矫治的专家等。

（二） 国内学校心理健康教育的发展期

《关于加强中小学心理健康教育的若干意见》（1999 年）和《中小学心理健康教育指导纲要》（2002 年）的颁布，标志着我国学校心理健康教育进入发展期（1999 年至今）。

林榕和邹振操分别选用 Bicomb 和 CiteSpace 两款软件对 CNKI 上 1996 至 2017 年间发表的有关国内中小学心理健康教育研究的 432 篇文献进行了计量学和可视化分析，结果表明：研究类型以理论思辨或经验总结为主，研究热点为心理素质、学生心理问题、学校教育、教育方法等，研究前沿为积极心理学的引入，以及新时期背景下中小学生心理健康问题及对策探讨等。此外，他们以"心理健康教育"为关键词，查询 2000 年至 2020 年全国教育科学规划获批的 44 项有关项目，其中 2001 年到 2005 年有 37 项，2006 年到 2020 年有 7 项。他们主要探究中小学生心理问题量表编制、调查、评估和干预对策研究，比如上海市中学生心理健康标准量表研制、中小学生心理监护系统的构建与运作；心理健康教育模式与评价，比如中小学心理健康教育评价模式构建与实践研究、贫困地区中学心理健康教育综合模式研究、"家校合一"心理健康教育模式的研究与实验；心理健康测评与辅导或干预，比如高中生心理健康测评与团体辅导研究、学生心理障碍干预实验及教育对策研究、离异家庭中学生心理健康状况及影响因素和干预模式的研究、个人建构心理学在我国心理健康教育中的理论和应用价值的实验研究、中学心理健康教育协同模式的实验研究；心理健康教师培训研究，比如心理辅导教师的培训与资格认证研究。具身认知视角下，我国学界在心理健康教育的研究主要停留在宏观层面；徐伯露通过深度访谈建构出高中心理健康教育的具身教学模式，并通过实验验证了其教学模式的有效性；陈蕾探讨了具身认知教学模式在心理健康教育中的运用；李梅喜探讨了具身认知理论视角下大学生心理健康教育评价体系的构建；欧敏玲探讨了如何将具身学习原则嵌入心理课堂。

二、当前心理健康教育存在的问题

在社会各界的共同努力下，当前中小学心理健康教育取得了一些积极的成果，比如中小学生心理健康教育受到了政府的重视，相关主管部门将心理健康教育情况纳入了考核指标体系；学校各级领导和教师大都能够认识到心理健康教育的重要性，约有70%的学校相继成立了心理咨询和教育机构，条件不断得到改善（比如陕西省教育学会为研究解决中小学生心理健康教育问题，提升中小学心理教育水平，于2016年4月专门设立了心理教育研究中心，并赋予78所学校"心理健康教育基地"称号；河南省教育厅也开展了类似的工作，开展了全省中小学心理健康教育示范区示范校创建活动，分两批选定了一些中小学作为心理健康教育示范学校）；中小学纷纷设立了心理咨询室，学校的专职和兼职心理健康教育教师逐渐增多；许多学校开设了心理健康教育课程，一些学校还定期开展学生心理健康普查的工作，学生的心理问题得到了一定的关注，明确了心理健康教育的理论基础，搭建了心理健康教育操作框架，通过个别化教学渗透心理健康教育。但是，当前的中小学心理健康教育仍存在如下问题：

1. 心理健康教育思想德育化，工作效果甚微

教师将心理健康教育与思想品德教育混淆，把心理健康教育当作一种思想政治工作，认为没必要单独进行心理健康教育。目前我国很多中小学心理健康教育教师是由德育工作者兼任的。德育是一种形成学生规范的过程，个体被迫适应社会所提供的价值体系和行为模式，教师需要对学生的行为"符合"或"不符合"做出公开评价。其工作方法主要是说服、教育，让人服从。而心理健康教育的一个重要方面是帮助学生主动建构、改造自己的心理世界，不具有公开性。心理健康教育教师工作所遵循的必然要求与德育教师所遵循的原则刚好是相反的。所以，许多德育工作者对心理有困扰的学生苦口婆心地说服、教育，却收效甚微。更多的时候德育教师由于德育工作任务繁重，他们也常常有心但无力接待和陪伴有心理困扰的学生，除非问题已经很严重，对学生和学校影响都很大时才去关注学生心理问题。

2. 心理健康教育对象医学化，聚焦问题学生

一方面，教师把心理健康教育的关注点放在了学生心理问题的处理上，常常把学生存在的问题、心理发展中的弱点和缺陷当作工作的重点，以至于学生误认为心理健康教育只是心理有问题

的学生才需要的，使心理健康教育工作陷入了被动和片面。教师把心理健康教育的主要任务和工作对象放在少数甚至个别学生的心理障碍与疾病上，忽视和消极对待绝大多数学生，使得绝大多数学生心理发展的需求没有得到合理的满足。个别学生是指那些有心理问题的学生，学校的心理健康教育课程也是对这些个别学生开设的教育活动，没有必要全校性地开展，所以，在实际中，有的学校就只开设一个心理咨询室，班主任或任课教师把在学习上或是行为上有问题的学生带到咨询室去，让心理健康教师对其进行个别辅导。这样，学校心理健康教育就只是对问题的事后解决而不是预防。另一方面，学校忽略了对大部分学生心理健康教育知识的普及，没有意识到他们也需要正确的引导。因此，许多学校的心理健康教育课就是可有可无的副课，得不到重视。此外，学校将心理咨询室与医务室放在一起，让校医做心理咨询工作，使学生错误地认为，只有心理有疾病时才需要去心理咨询室，致使有一般心理问题或发展性咨询需求的学生望而却步。

3. 心理健康教育内容知识化，无法进入学生内心

教师将心理健康教育课与其他课程等同，教师照本宣科将心理健康知识机械地灌输给学生，目的在于仅仅让学生知道有这么一回事就行，没有将心理健康教育知识付诸实践来指导学生培养良好素质和健全人格。有些教师在课堂上只是单方面地向学生讲授系统的心理学知识，并未利用实践体验活动引导学生学习，这种只注重表面形式的课程使学生们的兴趣大大降低，学习效果也大打折扣。倘若将此课程定位于心理学课，哪怕仅仅是普及性的，其直接后果也是给学生额外增加了一门学习课程，这无疑增加了学生的学习负担。

4. 心理健康教育目的狭隘化，为提升考试成绩服务

教师将教学的重点放在提高学习成绩上，主要集中在帮助学生解决考试焦虑，调整学习心态，提升自信心等，而缺乏对学生人格、气质、认知、情绪情感、意志品质等的培养；教师过分依赖心理测验数据，缺乏对学生实际情况的了解和深层次心理原因的挖掘，从而对考试心理问题的诊断出现偏差。

5. 心理健康教育实施形式化，有名无实

学校领导或教师对心理健康和心理素质的作用认识不到位。有的学校把心理健康教育看作是一种时尚的教育口号和标志，抓心理健康教育是为了满足一时之需，设立咨询室只是应付检查、评比、达标等，徒有虚名地开展一些名不符实的心理健康教育活动，为的是对上级部门有一个"交待"。有些学校虽有专门的心理咨询室，并且开设了心理健康课程，但却没有专业的从事心理健康教育的老师，只是为了应付有关部门的检查，应付检查后，学校的心理健康教育机构形同虚设，甚至无人问津。有的学校只有一两名心理教师或辅导人员在"孤军奋战"，有的教师还身兼多种工作任务，使得心理健康教育难以达到预期的目标。有的学校将心理健康课列于课表中，刚开学时教师上几节课程，甚至认为没有必要讲，让学生自己看书，不久就将心理健康教育课堂让位给语、数、英、理、化等科目。

6. 心理健康教育的教材理性化，具身性不强

目前全国还没有统一的心理健康教育教材。笔者收集了近年来出版的有关大学生、中学生、小学生心理健康教育的教材发现，各种版本的心理健康教育教材都涉及了心理健康教育的标准、内容、实施途径和方法等描述性的介绍，多数都偏理论化、专业化，不适合心理健康课程的核心特点——体验性。其中俞国良、张大均等人主编的心理健康教育教材相对比较细致，但总体来说还是比较理论化，偏重认知提升和说理，教学组织形式单一，学生全身心参与的活动少，体验性还不够，实用性和针对性不够。很少有教材具体有效地介绍教师如何通过学生的切身体验和感悟去开展心理健康教育。一线中小学心理教师也常常苦恼处于教材枯燥、教学无方的困境中，很难获得教学成就感。

7. 心理健康教育教师师资不足，专业化体系不完善

（1）心理健康教育教师专业化的相关政策难以落实，教师队伍不稳定。关于心理健康教育教师专业化的相关政策法规有所发展，但并不完善。对于中小学心理健康教育，相关部门颁布了一些政策法规，比如《关于加强中小学心理健康教育的若干意见》明确提出从2000年秋季开学起，大中城市有条件的中小学要逐步开展心理健康教育。同时文件也要求参加过培训的心理健康教育教师在取得证书后，还应获取由专业机构颁发的从事心理健康教育工作的教师资格证书。但是政策法规的规定过于空泛，既没有明确的责任范围，也没有健全的执行机构，缺乏可操作性。同时，这些规定是柔性的，并非硬性要求，没有必要的行业规范和束缚，缺乏反馈及监督机制，不能针对性地解决实际的、具体的问题。这样一种自上而下的政策法规很难考虑到一线心理健康教育教师的切身利益，缺乏细节管理及人文关怀。由于心理健康教育教师的岗位资格认证、职称评定、工作性质等问题不清不明，难以吸引优秀人才从事学校心理健康教育工作。即使有大学生毕业时投身于中小学心理健康教育工作，但大多数的人也因为学校的不重视或工作成就感低下而转教其他学科，或者干脆转行。

（2）中小学心理健康教育教师专业定位模糊。中小学对心理健康教育教师专业定位模糊，广大教师和家长对心理健康教育的认同度较低，尤其在高中和初中升学年级，心理健康教育难以有效开展，学校也不清楚心理健康教育应如何具体实施，不知道心理健康教育教师应如何选拔、培训、管理，学校行政主管人员不了解相关工作开展的规范、要求、原则。教师自身还存在专业角色模糊的问题。有的心理健康教育教师对自己在学校教育活动中的地位、作用、素质、形象和工作职责理解把握不够，缺乏明确的专业角色意识和强烈的角色荣誉感，不能正确认识和理智对待角色期待、评价中的各种不良现象，不清楚自己应该扮演什么样的专业角色，应该履行哪些专业角色的义务。

（3）中小学心理健康教育教师自身胜任力不足，专业化水平待提高。心理健康教育的操作性、规范性和科学性很强，对从业人员的专业要求很高。目前心理健康教育师资队伍的建设虽得到了

一定程度上的重视，但发展进程迟缓，主要表现为师资力量严重缺乏，质量普遍较低。学校里的心理辅导教师有部分是教育学、心理学专业毕业的，但更多是由德育工作者、校医或其他学科（如语文、体育、英语等）爱好心理学的老师兼任，导致我国中小学心理健康教育教师自身专业化水平不高。虽然部分教师考取了心理咨询师证，但却没有经过系统有效的心理咨询实际操作技术技能的培训。许多心理教师由于理论基础、专业教学能力、心理辅导与治疗的技术掌握有限，难以有效地胜任心理健康教育工作。

三、当前中小学心理健康教育对策思考

面对以上问题，国家和相关部门先后出台多个文件，进一步加大政策导向、监督和检查力度，督促中小学落实《中小学心理健康教育指导纲要》精神，改善社会环境，给予心理健康教育工作积极的支持。

1. 强化心理健康教育条件保障

（1）建立健全心理健康教育机制。各地区教育部门对本地区中小学心理健康教育工作负主要管理责任，部门主要领导为第一责任人，分管领导具体负责相关工作，并明确分管部门抓好日常工作。学校承担学生心理健康教育工作主体责任，校长履行第一责任人职责，建立以心理健康专职教师为骨干、班主任为主体、教师全员参与的学校心理健康教育体系，把心理健康教育和心理危机防范干预工作纳入学校教育工作的重点，有计划地推动各项工作落地落实。

（2）加大学校心理健康人才队伍建设。中学学生 1 000 人以上、小学学生 1 200 人以上的学校至少配备 1 名心理健康专职教师，暂无专职心理健康教育教师的学校应指定专人兼职心理健康教育工作，兼职教师一般应具有两年以上班主任工作经历，且受过心理健康教育专门培训。心理健康教育教师开展心理辅导、主题活动，开设心理健康教育讲座等应计入教学工作量。学校要将心理健康教育纳入绩效考核范畴。专职心理健康教育教师享受班主任同等待遇，由此激励专职教师安心从事心理健康教育工作。中小学要在班主任及各学科教师岗前培训、业务进修、日常培训等各类培训中，将心理健康教育作为必修内容。

（3）加大经费投入。各地教育部门和学校要进一步增大经费投入，在心理健康教育师资培训、课题研究、成果推广、平台建设、软硬件更新和政府购买服务等方面给予必要的资金保障。中小学校要设立心理健康教育专项经费，纳入学校年度经费预算，保证学校心理健康教育工作的正常开展。

2. 加强组织实施

（1）加强组织领导。各地区教育主管部门建立心理健康教育发展指导中心，统筹指导本地区心理健康教育工作和心理危机管理工作。各区县教育主管部门建立区域学生心理健康教育发展指导中心，加强区域心理健康教育指导和心理危机管理。各中小学建立心理健康教育中心，统筹

加强学校心理健康教育指导和心理危机管理。三级心理健康教育组织机构，必须做到专业专责，专人专职，职能职责明晰，人财物保障有力。

（2）强化科学研究。发挥科研引领功能，以课题研究为载体，以心理健康教育现实问题为主攻方向，以理论研究为支撑，以应用研究为重点，推动心理健康教育课题管理科学化，课题措施制度化，课题活动日常化，提高心理健康教育工作的科学化水平。

（3）加强督导评估。教育主管部门建立健全中小学心理健康教育评估体系，完善心理健康教育相应质量标准，加强心理健康教育达标学校、特色学校、示范区县建设；将心理健康教育开展情况纳入督政督学和区、校考核评价指标体系，开展常态化专项督导工作，将心理健康教育纳入办学质量测评体系，定期发布质量监测报告，要求责任单位落实整改措施；定期开展心理健康教育优秀成果评选及交流活动，推广先进经验。

3. 进一步完善中小学心理健康教育教材

当前，北京师范大学俞国良教授团队及西南大学张大均教授团队主编的中小学心理健康教育教材体系相对比较完整，从小学一年级到高中三年级都有细致的、有针对性的教材，教学内容兼顾到了中小学生心理健康教育的各个方面，教学设计从"诊断评价—观点意识—策略训练—反思内化"四个环节展开，尽可能全面地为一线心理教师提供教学参考。书中使用了量表自测、理论解释、案例讨论、角色扮演等策略，但形式仍然显得生硬、死板、单一，与学生心理实际有距离，学生动脑的情况多，而身体的参与性、体验性不够，难以较好地表达内心真实的感受、想法和情绪，难以真正感悟心理变化的规律，学会心理调节的方法。因此，笔者建议在目前相对完善的教材内容的基础上，融入后现代的一些心理治疗的技术和方法，比如叙事疗法、正念、音乐治疗、戏剧治疗、艺术治疗、照片治疗等，丰富心理健康教育的形式，用多样化的表达形式促进学生内在心理世界的外化，让学生更好地觉察自己的心理状态，找到对自己有效的心理调节方法，并通过多样化的形式巩固、内化相关的经验和感悟，促进学生身心和谐地、健康地发展。

4. 多途径开展心理健康教育

（1）正确把握心理健康教育课程的特点，开足开好心理健康教育课程。心理健康教育课程是一种面向全体学生，以基础知识和基本理论为指导，以丰富多彩的课堂体验活动为辅助手段的教学活动，是中小学开展心理健康教育的重要途径，是提升中小学生心理素养的基本途径，是预防和干预中小学生心理问题的有效捷径。各中小学校要结合实际开设心理健康教育的必修、选修课程，保证学生在校期间普遍接受心理健康教育，充分发挥课堂教学主渠道作用；要统一安排课时并列入教学计划，坚持每班两周一课时，确保课时、教材、教师"三落实"；要提高心理健康教育课程教学质量，丰富教学形式，以体验式活动为主，融知识性、趣味性、参与性和操作性为一体，防止医学化、学科化。学校要将心理健康教育始终贯穿教学全过程，有意识挖掘学科知识的心理健康教育因素，改进课堂教学方式，突出学生主体地位，增强学生课堂生活的获得感和幸福感，促进学生在课堂生活中的身心健康发展；利用晨会、班会等加强生活教育、生命教育、亲情教育、爱国教育，培育学生积极心理品质，全面促进学生心理健康发展。

（2）丰富心理健康教育实践活动。学校围绕积极心理品质建设，开展丰富多彩的心理健康主题教育实践序列化活动；要广泛开展校园文体活动，丰富学生课余文化生活，建立健康和谐向上的校园心理文化，充分发挥体育、美育、劳动教育的重要作用，发展学生特长爱好，培养学生审美志趣，充分发挥体育健身强心、美育怡情润心的教育功能；要广泛开展适于学生身心发展需要的研学旅行实践活动，丰富学生身心体验，增强学生心理适应能力和发展能力；在"5·25全国大学生心理健康日""10·10世界精神卫生日"以及新生入学、开学、毕业、升学、考试等重要时间节点和影响心理健康重大事件发生时段开展心理健康教育活动；发挥共青团、少先队、学生会、各类社团尤其是心理社团等的作用，开展同伴互助教育，增强同伴支持，提升心理健康素养；利用家长学校、家长委员会、家校活动及家校网络互动平台定期开展家庭教育指导，引导家长了解和掌握孩子成长的特点和规律，特别要提高家长预防、识别子女心理危机的能力。家长要树立正确教育观念，掌握科学、有效的家庭教育方法，营造健康和谐的家庭环境，强化家校同心合力。

（3）规范加强心理咨询辅导服务。各中小学要科学规范建设心理辅导中心（室），强化个别辅导室、团体辅导室、心理拓展训练等功能空间及相关设备设施配置，规范心理辅导中心（室）管理，建立心理辅导基本规范；健全心理咨询（辅导）值班、预约、面谈、转介、追踪反馈等制度，通过个别咨询、小组辅导、团体辅导等形式，利用电话、网络等媒介，提供优质的咨询辅导服务；规范学生心理咨询和辅导的档案管理，尊重专业设置，遵守保密原则，恪守咨询伦理，保障信息安全。各学校统筹整合学生心理援助资源，加大资源供给，为全校师生、家长提供便捷、专业的心理援助服务通道；加强区域、学校学生心理动态监测与分析，及时发现问题，及时疏导，及时上报，完善心理咨询辅导及心理援助体系。

（4）全面加强心理危机管理、预防与干预。中小学校建立学校心理危机管理全员责任机制，健全学校、年级、班级、宿舍四级工作网络，建立心理危机的预防、识别、干预、转介等联动机制；通过家校联系、新生入学心理健康状况调查、学生心理健康素质发展性测评调查等方式，定期对学生进行心理普查，研判危机风险，科学评估与识别存在心理问题的学生，及时关注或干预，必要时协助转介并做好监护，避免极端事件的发生；严格细化心理危机预防规范和应急处置工作规程，完善心理危机预警，确保在心理危机事件发生的第一时间做到多岗联动、调度到位、密切配合、无缝对接、措施有效；畅通学校与高校、精卫中心和专业医院等相关单位的心理危机转介绿色通道，协同做好心理危机干预与转介工作。

5.强化心理健康教育教师的专业化素质

联合国教科文组织早期的一份报告曾指出，学校心理健康教育专业人员为获取资格而接受的专业教育与训练至少有三个基础性要求：必须已获得教师证书，或其他作为一名教师的职业资格证书；至少有五年的教学经验；提供课程教育的大学必须能够提供高质量的专业教育。心理健康教育教师专业化是教育事业改革与发展的根本需要，是提高中小学心理健康教育质量的重要保障。

心理健康教育教师需要具备如下素质：

（1）教学能力和创新能力。心理健康教育教师应该具备一般教师所拥有的专业化素养和教育教学能力，包括教学设计的能力、表达能力、教育教学组织能力、教育教学交往能力、教育教学机制反思能力、教育教学研究能力和创新能力等。同时，心理健康教育教师又必须具备自己独有的专业化素质。心理健康教育课有其自身的学科特点，它不是简单的心理学知识或心理健康知识的传授，它更多的是一种体悟式教学，重在学生的体验，十分强调学生的积极参与和师生互动，强调教师在课堂上让学生获得积极的、健康的、和谐的体验。因此教师要善于激发学生的兴趣，精心设计课堂教学，不局限于机械的规则"框框"，根据学生的课堂反应作出即时的应对策略，根据所面临的不同问题、不同学生设计教学内容，最大限度地进行教学创新。

（2）心理咨询和简单心理治疗能力。心理健康教育有效开展的一个重要途径就是对学生展开心理咨询和简单的心理治疗，不仅要对有心理困惑和问题的学生展开障碍性咨询，而且更要对广大健康学生展开发展性、教育性咨询以及团体辅导与咨询，以预防和解决学生的心理困惑。在目前情况下，中小学心理健康教育教师是很难与专职的心理咨询人员分开的。因此，在心理健康教育教师专业化过程中，教师必须具备心理咨询与简单心理治疗的专业能力，能对全体学生展开比较专业而有效的心理咨询和简单心理治疗。而这种心理咨询和简单心理治疗的能力的养成，需要培养心理健康教育教师的师范院校、专业组织和机构对教师进行系统深入的训练。

（3）心理健康教育活动的策划、组织能力，团体辅导的能力。有效的心理健康教育是多维度、方式多样的，单一的方式很难促成较好的心理健康教育效果。在多种方式中较为有效的就是开展大型心理健康宣传教育活动、团体辅导活动。通过活动让学生领悟心理健康的内涵，懂得如何维护、促进心理健康。这要求心理健康教育教师有较强的活动策划、组织能力，团体辅导的能力，这些方面都是当今心理健康教育教师专业化培养和发展的要求。

（4）较强的科研能力。在教师专业化发展过程中，教师要有较强的科研能力，能深刻领悟课程的核心和要点。一方面，心理健康教育是一个全新的领域，许多方面都还需进一步深入地、系统地研究和探讨，如心理健康教育的目标、内容、模式、方法等尚未形成统一的意见和看法，这势必影响心理健康教育工作的有效性和有序性。另一方面，心理健康教育工作有很强的地域性，有极强的地方特色。比如东部沿海发达地区普通高中学生的心理问题与西部内陆欠发达地区普通高中学生心理问题是存在较大差异的，因此，心理健康教育的内容与方式肯定会有所不同；同处西部的大中城市与县级城市，不同学校的学生也都存在较大差异，因此心理健康教育工作在承认其共性的同时，更要注重其个别性、特殊性。教师要研究调查本地区、本校学生的心理现状和问题，有的放矢，制订出能适应本校学生的心理健康教育方案；加强本校心理健康教育课程的研究与开发，探索符合本地区、本校实际的心理健康教育课程，做到以研促教，科研兴校，将心理健康教育工作做出实效，做出特色。因此，心理健康教育教师必须具备较强的科研能力。

（5）满足学生多方面心理需求的服务能力。学生在不同阶段有不同的发展需求，会面对不同的社会适应问题，学校心理健康教育教师要根据学生的需求和问题开展相应的服务，促进学生的发展。学校心理健康教育的服务范围具备多样性和综合性的特点，涵盖了职业和学业选择指导，学习咨询，学生的社会问题和情绪问题咨询，对学校的课程设置等进行干预，对家长、教师提供咨询服务，对问题学生进行行为治疗和具体的学业指导，还包括开展服务机构自身的发展工作。所以，学校心理健康教育作为一种职业、一个行业、一个专业，要求心理健康教育教师不断学习和提升，成为相应领域的专家：他们是儿童心理学、教育心理学和社会心理学等分支的专家；心理诊断、辅导和咨询等方面的专家；学科教学法专家；因材施教、灵活处理问题的教育专家；进行心理干预矫治的专家等。

6.完善相关支持系统，促进心理健康教育教师成长

心理健康教育教师专业化素质不是一朝一夕养成的，需要多部门协同配合，为教师成长提供良好的成长环境和平台。一是教师要发挥主观能动性，一边不断学习，一边不断实践，同时接受专业领域前辈教师的督导，再实践，逐步成长。二是政府及相关部门要进一步完善相关政策，制定并落实有助于心理健康教育教师专业成长的政策，给予管理及物质的支持。三是培养心理健康教育教师的院校及相关机构能提供系统的专业成长体系和平台，切实有效地帮助心理健康教育教师成长。四是稳定的心理健康教育教师督导体系和保障，相关领域的专家能有效地辅助和督导一线心理健康教育教师的成长。

第二节　感悟式游戏教学法的内涵及其特点

人的发展历经八个阶段，每个阶段有每个阶段相应的核心任务，当任务得到恰当的解决，就会获得较为完整的同一性。核心任务处理得不成功或者失败，则会出现个人同一性残缺、不连贯的状态，处理的成功与失败即为两个极点。根据上述理论及相关研究结果，我们提出了感悟式游戏教学。

一、感悟式游戏教学的界定

感悟式游戏教学是以相关的心理学、教育学、表达性艺术治疗、游戏治疗理论为基础，以儿童的心理健康发展为目标，设计环环相扣、层层深入的多样化游戏教学方案，并在教师创设的自由、安全与受保护的环境中引导儿童主动积极参与体验，促进儿童身心协同发展的教学方法。感悟式

游戏教学既是一种教学思想、教学精神，也是一种教学方式。作为一种教学思想，首先它意味着教学不仅仅是实现既定的明确目标，不仅仅是内化成人世界赋予的定论，教学过程更是主体（特殊儿童）建构认识对象个体意义的过程，更是生成、提高学生持续发展素质的过程；其次它意味着学生的发展是主体生命意义的不断扩充，它充盈着自主、探索、建构、生成、创新等词汇所蕴含的生命活力与发展态势。作为一种教学方式，感悟式游戏教学着眼于通过多样化的游戏促发学生的感悟学习与发展，并以学生感悟学习的状况衡量教师教学手段的合理性。这种教学的目标是针对儿童心理发展长短期目标而定，需要教师掌握游戏评估的方法，确定个别化教育目标；这种教学要求教师以儿童的发展为中心，遵循儿童心理发展的规律，围绕目标设计层层深入的多样化游戏；这种教学要求教师及时观察并反馈儿童在游戏中的反应，并及时调整教学，保持一定的弹性，引导儿童在愉悦的游戏操作中获得发展。

二、感悟生成的心理分析

所谓感悟，简言之，是有所感触而领悟。具体地说，"感"是对具体形象的捕捉和留存，是学生对材料的占有；"悟"是思维对事物精髓的提炼和升华，是学生对材料独到而深刻的见解。可以说，感悟是感知的事物、知识在头脑中的重新组合、选择和建构，是主体对外部知识、信息的深层次的内化。感悟是人的一种特殊的心理活动，主要由感受、理解、情感、联想、领悟等诸多心理因素构成，它一般是从对事物的亲身感受开始，在对事物的真切感受和深刻理解的基础上，产生情感，引发联想，并生成意义。感悟是头脑中对各种作用于感官的事物的重新组合、选择和建构，是人的智慧和品格发展的一种最重要的方式，是人进行深入学习、开展实践活动和创造活动的前提和基础，是实施素质教育、创新教育、主题教育的有效途径。淡化形式，注重实质，鼓励感悟，是最优化的学习之道，也是我们不断形成自己的，使之与众不同，享受我们自己存在的那样一种行动方式。这或者也是以学生为主体的教育的深层意义之一。所以，感悟在教育教学中具有核心地位。

其过程为：①感物。当客观事物呈现在认识主体面前时，主体就会以自己已有的经历、经验和心理结构，调动多种感官全方位地接触、感知它，并受到最直接、鲜明而强烈的感官刺激，由此形成对客观事物的鲜活、具体、深刻而丰富的印象和感受，引发内在的心理反应。感悟式游戏教学中，我们将通过身体去感知外在的事物，用身体去表达内心的世界，用多样化的游戏去感物，形成印象深刻的物体的声码、形码、意码和动码。②生情。情感依赖于认识。主体一旦对客观事物产生真切实在的心理感受，就必然引起一系列情感起伏和波动。如果客体符合主体的心理需要和审美倾向，就会产生积极的情感，实现主体对客体的心领神会。如果客观事物不是主体所渴求和需要的，就会产生厌弃、排斥、否定或远离等消极情绪，难以产生"入境始以亲"的体验。在丰富多样的游戏中，唤醒内在的情绪体验，在情绪中感知自己、他人和世界。③立"象"。在情感状态下，人的思维被大大激活，变得异常兴奋、活跃而灵敏，会主动地从当前一事一物联想到他事他物，或将大脑中储存的处于潜伏状态的诸多相关的观念或表象串联起来，形成新的观念、表象或感受，而且激情越丰富，联想和想象就越活跃，思维创造性也越能得到充分发挥。④得"意"。随着主体情绪、想象、联想的调动与相互作用，主体已完全介入到深切的体验之中。当体验的广度不断被拓展，体验程度不断被深化，并达到一定程度时，便出现一种飞跃，从而产生认识的突破、情感的升华、价值观的提升。儿童在游戏中随心所欲地发挥，为他的独立思维能力、创造性提供了有利的基础，同时发展了合作能力，提高了审美意识，加深了儿童对世界的理解。

三、感悟式游戏教学的特征

1. 以促进学生的发展为教学活动的最终目标

感悟是一种精神经验，感悟式游戏教学关注个体精神世界的拓展与提升，着眼于个体内在自主发展程度的提高，自觉地规定了教学活动的目标追求：学生的发展。所以，儿童的游戏活动的取舍、设计与开展都是以促进学生的发展为核心，教师教学的效果评估也是通过考查学生发展变化的程度来评定的。因此，感悟式游戏教学以儿童为主导和中心。儿童是整个游戏课程的中心，以儿童为主导，以此就自然提高了儿童在游戏活动中的主动参与性和兴趣。游戏是所有儿童最感兴趣的事情，利用儿童最喜欢的事情，那么激发儿童的内在动机，让儿童集中注意力探索并解决问题，鼓励儿童产生疑问，将儿童的概念推向新的水平就有了保证。强调行为的内在动机，所以要改变儿童的行为，最重要的是抓住儿童的兴趣并从其内部动机入手，必要的时候给予外部的奖励和支持。

2. 以多样化的游戏体验为媒介促进学生的感悟

儿童身心的发展不是靠老师和家长的讲授就可实现的，需要他们设计丰富多样的适合其心智特点的游戏活动，积极引导学生全身心参与体验后，才能逐渐获得的。多样化的游戏包括内容的多样和形式的多样。从游戏内容看，有感官游戏、身体游戏、节奏游戏、投射游戏、扮演游戏、戏剧游戏、角色游戏；从人次的变化来看，有个人游戏、结对游戏、小组游戏、团体游戏；从能量变化形式看，有动态游戏和静态游戏；从涉及的心理深度看，有外在互动、感知游戏和内在探索表达的游戏；从艺术形式看，有游戏、绘画、音乐、舞蹈、戏剧、文学、摄影等。在每一次的感悟式游戏教学中，我们都会用到多样化的游戏，牢牢地抓住学生的注意力，让学生乐此不疲。第一，多样化的游戏活动是儿童直接经验的源泉。它赋予儿童在掌握人类种族经验（类经验）基础上形成经验的个体性与时代性，从而为具有个人意义的精神世界的形成奠定了有效经验的基础。第二，多样化游戏活动为儿童提供了丰富、广阔的体验世界。体验赋予认识对象个体意义，是客观世界通向精神世界的桥梁，也是产生感悟的一种有效的情境。第三，多样化游戏活动是儿童运用已有经验认识、改造世界的过程，实现了经验由理论形态向实践形态的过渡。在这个过渡过程中，形成有助于解决问题的经验组合体系，并得到检验与更新，为儿童精神世界的改造提供了更多的契机。

多样化游戏体验是过程和结果的统一，作为一种过程，儿童在游戏中经历从观察、思考、反思到实践的流程；作为一种结果，它使体验者从对事物的感性认识飞跃到理性认识，形成对事物的独特看法，并且使体验者的大小肌肉得以协调发展、认知得以深化，情感得以升华，自信得以建立。游戏体验是儿童生命存在的方式，也是生命发现自己的途径，只有通过体验，儿童才能获得真正的内在的心智的成长。游戏体验包括多感官的感受、理解、情感、领悟等心理活动，最终实现主客经验融合，实现感悟。个体内化体验之后，这种体验会对个体形成持续性影响，更加积极愉悦地投入下一步的游戏中，在游戏体验中获得发展与成长。

3. 读和做，缓说破

感悟式游戏教学最根本的环节就是学生自身的感悟过程，而这一过程又需要充分的时间和空间。因此，在教学活动中，教师应以学生为主体，引导他们在游戏活动中观察、活动、思考，鼓励他们感受自己身体的感觉、头脑中的图像、操作的结果，给予学生足够的时间和空间去感受和体验，而不要过早把结论说破（可能最后也就不必说了）。通过学生自己的感悟及与教师、同学的交流和对照，学生不仅可以获得知识、学习方法，还可以体验到探究知识的乐趣，体验到自己成长的乐趣，并迸发进一步学习的需要，从而真正实现认知与情感的协调发展。

4. 全身心投入地学习

感悟式游戏教学从暖身活动到发展活动、结束活动，丰富多样的围绕某一主题层层深入的游戏活动，激发儿童的好奇心，让儿童自然地全身心地融入游戏中。从模仿、合作到创造，儿童能感受到胜任感、成就感、控制感、自我效能感。在深入参与的团体活动中相互碰撞思想火花，儿童能发现他人与自己的不同，发现创意的无限，发现人际互动合作的美好，忘记时间的流逝，课后都会不时地回味课中的活动和精彩的瞬间，哼唱课中的小调，对感知过的特定信号、图像会心一笑，期待着下一次课的到来。在感悟式游戏教学中学习，儿童学得有趣，学得有效，学得有用。而在多样化的游戏活动中，我们很难区分什么是游戏、什么是工作。因为儿童在感悟式游戏教学中所做的事情即使看起来像是严肃的工作，但儿童的心理体验都是"游戏性"的。

5. 重视日常生活经验的体验、运用和延伸

在日常大量重复的生活经验中，孩子积累了丰富的感受、意象，形成了基础的认知、语言、人际沟通、动作技能、情绪感知与调节、生活自理的能力和特有的感悟。教师在每一次感悟式游戏教学活动中，从暖身到发展活动的每一个环节，都会通过各种感官游戏、身体游戏、节奏游戏、投射游戏、扮演游戏、戏剧游戏、角色游戏等诱导儿童参与，激发儿童的想象，让儿童组织已有的生活经验在各种游戏中去表达自己，从而引导学生在游戏中感悟生活知识和经验，促进学生心理健康的发展。

四、感悟式游戏教学的过程

结合学生发展的特殊性，感悟式游戏教学的实施步骤如下：

1. 明确对象，确定感悟式游戏教学目标

教师首先明确教学的对象是谁，了解对象的具体年龄段、身心发展状态与水平，了解该阶段儿童喜好，所处的家庭、学校和社区环境，了解个体和团体发展目标和方向，并结合教师自身的能力和专长，确定感悟式游戏教学目标和主题。在本书中，我们确定的目标主要是中小学心理健康教育的目标，以促进中小学生心理健康为目的。

2. 把握教学的三环节，精心设计每一步

围绕教学目标和主题，精心设计系列活动，遵循建立关系、有针对性地干预、结束的原则，设计好每一次干预活动。每一次干预活动遵循教学设计三环节：暖身、发展、结束活动。暖身活动的总目标是营造一个自由、安全、受保护的空间和氛围，引导儿童全身心参与到活动中，实现参与者之间良性的互动，并为主题活动的开展奠定情绪和认知的基础。发展活动需要围绕主题层层深入地设计系列游戏，遵循由外到内、由内到外、动静结合的原则，环环相扣地实现主题目标。结束活动需要回顾总结前一阶段的认知和感受，感悟升华主题，巩固发展阶段的积极情绪和认知，巩固团体和谐、友爱的氛围，建构下次见面的积极期待。

3. 弹性灵活地开展教学

具体教学过程中，教师根据方案目标全身心投入地开展教学，同时需要根据参与者现场参与的具体状态、心理动力状态和时间灵活调整教学游戏活动，实现预期教学目标。这需要实施者拥有较强的组织能力、觉察能力和调控能力，还需要备有丰富的游戏库，便于灵活地调整教学。

4. 教后及时反思

每一次感悟式游戏教学结束，教师都需要回顾反思整个教学过程、每一个环节、每一个步骤，教师自身的引导和语言表达是否到位，规则阐释是否清晰，示范引导是否到位，学生是否理解规则和要求，学生是否能跟上每一个步骤，学生是否能融入每一个环节，学生是否能积极开放地投入到活动中，学生是否能真诚一致地表达自己的内心世界，学生是否能与他人有良好的沟通互动，学生的课堂和课后反应如何，教学每一个环节是否实现了预期目标，教学环境和准备是否恰当和充分，哪些环节不流畅，以后可以怎样更好地改进，等等。教师通过对教学的回顾和反思，有利于及时发现问题，及时调整和完善教学，从而更好地实现教学目标，促进学生更好地成长。

五、感悟式游戏教学活动设计与教学的原则

为了真正做到以游戏为媒介，促进学生的感悟，实现个体的发展，我们认为感悟式游戏教学活动的设计与实施必须遵循以下原则：

1. 主体性原则

感悟式游戏教学的编制是围绕中小学生心理健康发展需求而设计的，贴近学生的生活，符合参与者的发展水平与兴趣点。所有的感悟式游戏教学都是以学生为主体，以学生发展为目标，以学生能全身心地投入参与为准则，激发学生的内在动机，让学生集中注意力，探索并解决问题，鼓励学生产生疑问，促进学生获得胜任感、成就感、控制感和自信心。学生才是游戏的主体，所以感悟式游戏教学中教师要关注游戏个体的反应，可以根据学生的个性与需要适时调整游戏方式，尊重和接纳学生的选择，提供必要的条件和支持满足学生游戏活动的需要，担任引导者、协助者、支持者、陪伴者的角色。

2. 目标分解和循序渐进原则

目标分解和循序渐进原则就是将中小学心理健康教育的总目标和子目标进行逐层分解，循序渐进地设计每一个主题活动。针对中小学心理健康教育的五大领域：学业发展、自我意识、人际关系、情绪管理、生活适应，将中小学心理健康教育的总目标和子目标分解并融合到每一个领域的各个主题活动设计的目标中，贯穿于每一个小主题的游戏活动的步骤与目标中。每一个小游戏的目标是学生能达到的基础水平，然后由学生的起点能力开始逐级设计游戏活动，一步一步增加难度，引导学生参与，逐步朝着目标前进。学生本身的年龄和生理心理特征要被考虑在游戏设计之中，不能提出过高的发展要求，可以适当地在最近发展区内设立一些目标。学生的发展不是一蹴而就的，他们的一个技能发展目标需要在纵向、横向或时序上被分解成数个小目标以形成目标体系。循序渐进、层层深入是指不管是儿童的技能训练还是游戏设计，都不可过于心急。需要根据目标分解的难度、层次深浅来设计游戏活动，在实施时也需要做到层层深入，游戏活动由浅入深，从身体接触和体验深入内心感受和表达，从具体形象的活动到抽象性活动，有步骤配合学生个体差异设置合适的活动起点，将多个肢体或心理等技能进行分解，将难点逐个击破，降低了整体训练的难度。在一般教育课堂上尤其适合基础薄弱的学生，而对于学生来说更具有人本主义理念。从他们的认知水平、躯体活动能力等方面出发，更能提高他们参加游戏活动的信心，使他们在活动过程中集中注意力，让他们在一次活动中多次动手动脑。

3. 趣味性原则

趣味性原则强调游戏设计时注重游戏的玩耍性、多样性、互动性，让学生充分地参与。只有在具有玩耍性的活动里，学生的本性与创造性才能得到最大限度的发挥。所以，感悟式游戏设计与开展，需要教师充分考虑儿童的兴趣和水平，为其创设一个愉快、自由、包容、友爱的环境，诱导学生积极参加游戏活动，让他们尽情地玩耍和娱乐，促进本性和潜能的呈现，达到个人愉悦情绪的满足。所以，教师需要围绕同一个目标从多角度设计多样化的游戏，引起学生的游戏探索兴趣。

4. 多样化游戏设计，动态与静态相结合原则

感悟式游戏教学设计针对同一主题使用多样化的游戏设计，比如感官游戏、身体游戏、投射游戏、创造性游戏、角色扮演游戏、合作演出游戏等，游戏人数上有集体—1 人—2 人—4 人—8 人—集体等多样化的形式变化，尽可能充分调动学生多种感官参与，综合运用多种感官，体验某个心理主题，丰富对事物的感知，促进多感官的协同与整合，实现对事物的整体认知及身心的和谐发展；促进学生之间、老师与学生之间的互动；促进学生多样化地深入表达真实想法、愿望和要求，促进学生的社会适应、心理健康的发展。感悟式游戏活动的设计与安排上遵循动与静相结合的原则，既有让学生相对静态地操作的活动，例如拼图、绘画、讨论、分享，也有让学生和老师、同伴一起合作完成扮演、创造的游戏。不能一直是坐着的安静活动，这样学生容易困顿；也不能一直是大运动量的游戏，这样也容易过于兴奋和疲惫。

5. 生态生成原则

生态生成原则是指教师在具体教学活动中，需要根据学生当下的表现，灵活而富有弹性开展教学活动。在具体的游戏教学实施过程中，牢记"我们所有的教学活动都是以学生发展为中心，以学生为主体"，教师应根据学生当下的状态灵活机动地开展教学，不能完全不管学生的状态和感受一板一眼地为了实现教学计划赶超进度。一是对于学习状态不佳的孩子，当学生无法进入教师设计的活动时，教师要随时进行调整。可以放弃原有的活动，随学生的意愿来加以指导，遵循"先跟后带"的原则，即尊重学生的主体性，尊重学生当下的活动意愿，跟随孩子当下的需求设计活动，逐渐引导孩子到活动目标上。当学生已完全融入活动时，再引入所设计的活动。二是对于特别配合的孩子，教师需要留出足够的自主活动时间。每次游戏教学，教师都会围绕学生的发展目标循序渐进地设计游戏活动，但在每次基本的教学活动完成后，教师都需要留有足够的时间让学生自主探索，让学生做自己想做的事情，尊重学生的自发性和主体性，让学生的所思所想和所感自然地表达出来，使学生的情绪得到纾解；同时也能让教师更好地了解学生当下的状态，从而调整教学。因此，作为心理教育工作者，教师要熟练掌握学生的心理需求和特点，掌握游戏应用的技巧，进行精心的安排和正确的引导，使学生能体会到游戏活动的乐趣，增长知识，补偿缺陷，为全面提高学生的心理教育教学质量创造条件。

6. 具体可行原则

具体可行原则是指教师的教学游戏要做到内容全面细致，可操作性强。活动设计尽可能地考虑到中小学心理健康教育的各个领域。活动范例可操作性强，活动步骤明确。每一项活动都有清晰的步骤分解，帮助教师实现各项心理健康教育目标。在每一项活动之后都设有评估表，有明确的评估标准，帮助教师检验游戏训练的效果，此外，活动项目简单易学。活动中需要准备的都是生活中常见的物品，整个活动过程也简单易学，便于教师、学生接受。每次教学活动前，教师需要根据每次心理健康教育的目标选择恰当的空间，准备各种合适的媒材。

六、心理健康教育之感悟式游戏教学活动设计的内容

（一）政策依据

《中小学心理健康教育指导纲要（2012 年修订）》为中小学心理健康教育课程的开展提供了目标指引，这也是本书第二章到第六章的感悟式游戏活动设计的依据。

1. 心理健康教育的指导思想

开展中小学心理健康教育工作，必须高举中国特色社会主义伟大旗帜，践行社会主义核心价值体系，贯彻党的教育方针，坚持立德树人、育人为本，注重学生心理和谐健康，加强人文关怀和心理疏导，根据中小学生生理、心理发展特点和规律，把握不同年龄阶段学生的心理发展任务，运用心理健康教育的知识理论和方法技能，培养中小学生良好的心理素质，促进其身心全面和谐发展。

2. 心理健康教育的基本原则

开展中小学心理健康教育，教师要以学生发展为根本，遵循学生身心发展规律，必须坚持以下基本原则：

（1）坚持科学性与实效性相结合。教师要根据学生身心发展的规律和特点及心理健康教育的规律，科学开展心理健康教育，注重心理健康教育的实践性与实效性，切实提高学生心理素质和心理健康水平。

（2）坚持发展、预防和危机干预相结合。教师要立足教育和发展，培养学生积极心理品质，挖掘他们的心理潜能，注重预防和解决发展过程中的心理行为问题，在应急和突发事件中及时进行危机干预。

（3）坚持面向全体学生和关注个别差异相结合。教师要树立心理健康教育意识，尊重学生，平等对待学生，注重教育方式方法，关注个别差异，根据不同学生的特点和需要开展心理健康教育和辅导。

（4）坚持教师的主导性与学生的主体性相结合。在教师的教育指导下，教师要充分发挥和调动学生的主体性，引导学生积极主动关注自身心理健康，培养学生自主自助维护自身心理健康的意识和能力。

本书遵照《中小学心理健康教育指导纲要（2012 年修订）》的指导思想和原则，精心设计各领域的针对性活动，以期促进中小学身心健康发展。

3. 心理健康教育的目标

（1）心理健康教育的总目标是提高全体学生的心理素质，培养他们积极乐观、健康向上的心理品质，充分开发他们的心理潜能，促进学生身心和谐可持续发展，为他们健康成长和幸福生活奠定基础。

（2）心理健康教育的具体目标是使学生学会学习和生活，正确认识自我，提高自主自助和自我教育能力，增强调控情绪、承受挫折、适应环境的能力，培养学生健全的人格和良好的个性心理品质；对有心理困扰或心理问题的学生，进行科学有效的心理辅导，及时给予必要的危机干预，提高其心理健康水平。

4. 心理健康教育的任务

心理健康教育的主要任务是全面推进素质教育，增强学校德育工作的针对性、实效性和吸引力，开发学生的心理潜能，提高学生的心理健康水平，促进学生形成健康的心理素质，减少和避免各种不利因素对学生心理健康的影响，培养身心健康、具有社会责任感、创新精神和实践能力的德智体美全面发展的社会主义建设者和接班人。

5. 心理健康教育的主要内容

心理健康教育的主要内容包括：普及心理健康知识，树立心理健康意识，了解心理调节方法，认识心理异常现象，掌握心理保健常识和技能。其重点是认识自我、学会学习、人际交往、情绪调适、升学择业以及生活和社会适应等方面的内容。因此，本书针对这些领域有针对性地设计了心理健康教育专题辅导活动，以期帮助中小学教师更好地开展心理健康教育工作。

心理健康教育应从不同地区的实际和不同年龄阶段学生的身心发展特点出发，做到循序渐进，设置分阶段的具体教育内容。

小学低年级主要包括：帮助学生认识班级、学校、日常学习生活环境和基本规则；帮助学生初步感受学习知识的乐趣，重点是学习习惯的培养与训练；培养学生礼貌友好的交往品质，让学生乐于与老师、同学交往，在谦让、友善的交往中感受友情；使学生有安全感和归属感，初步学会自我控制；帮助学生适应新环境、新集体和新的学习生活，树立纪律意识、时间意识和规则意识。

小学中年级主要包括：帮助学生了解自我，认识自我；初步培养学生的学习能力，激发学习兴趣和探究精神，帮助学生树立自信，乐于学习；帮助学生树立集体意识，善于与同学、老师交往，培养自主参与各种活动的能力，以及开朗、合群、自立的健康人格；引导学生在学习生活中感受解决困难的快乐，学会体验情绪并表达自己的情绪；帮助学生建立正确的角色意识，培养学生对不同社会角色的适应；增强学生时间管理意识，帮助学生正确处理学习与兴趣、娱乐之间的矛盾。

小学高年级主要包括：帮助学生正确认识自己的优缺点和兴趣爱好，在各种活动中悦纳自己；着力培养学生的学习兴趣和学习能力，帮助学生端正学习动机，调整学习心态，正确对待成绩，体验学习成功的乐趣；开展初步的青春期教育，引导学生进行恰当的异性交往，建立和维持良好的异性同伴关系，扩大人际交往的范围；帮助学生克服学习困难，正确面对厌学等负面情绪，学会恰当地、正确地体验情绪和表达情绪；积极促进学生的亲社会行为，帮助学生逐步认识自己与社会、国家和世界的关系；培养学生分析问题和解决问题的能力，为初中阶段学习生活做好准备。

初中年级主要包括：帮助学生加强自我认识，客观地评价自己，认识青春期的生理特征和心理特征；帮助学生适应中学阶段的学习环境和学习要求，培养正确的学习观念，提升学习能力，改善学习方法，提高学习效率；帮助学生积极与老师及父母进行沟通，把握与异性交往的尺度，建立良好的人际关系；鼓励学生进行积极的情绪体验与表达，并对自己的情绪进行有效管理，正确处理厌学心理，抑制冲动行为；帮助学生把握升学选择的方向，培养职业规划意识，树立早期职业发展目标；帮助学生逐步适应生活和社会的各种变化，着重培养应对失败和挫折的能力。

高中年级主要包括：帮助学生确立正确的自我意识，树立人生理想和信念，形成正确的世界观、人生观和价值观；培养创新精神和创新能力，帮助学生掌握学习策略，开发学习潜能，提高学习效率，积极应对考试压力，克服考试焦虑；帮助学生正确认识自己的人际关系状况，培养人际沟通能力，促进人际的积极情感反应和体验，正确对待和异性同伴的交往，知道友谊和爱情的界限；帮助学生进一步提高承受失败和应对挫折的能力，形成良好的意志品质；帮助学生在充分了解自己的兴趣、能力、性格、特长和社会需要的基础上，确立自己的职业志向，培养职业道德意识，进行升学就业的选择和准备，培养担当意识和社会责任感。

可见，虽然各个阶段涉及的专题领域差不多，但由于各个年龄阶段学生的身心特点的差异，相同的主题也应作相应的调整。因此，读者在使用本书后面各章节活动时，需要根据学生具体的年龄特点和身心状况适当地改编活动，不能生搬硬套。

（二）心理健康教育之感悟式游戏教学设计的结构与内容

当前中小学生心理健康教育主要涉及五大领域：学业发展、自我意识、人际关系、情绪调节、生活适应，本书的感悟式游戏教学的内容主要围绕这五大领域展开。本书采用感悟式游戏教学的原理，遵循中小学心理健康教育指导思想、目标、原则，有针对性地设计相应的活动方案，为中小学心理教师开展心理健康教育提供参考与借鉴。

全书分为两个部分，第一部分将系统深入地阐释心理健康教育的现状、问题与对策，感悟式游戏教学的理论基础与操作。第二部分根据中小学生心理健康主要涉及的五大领域，采用感悟式游戏教学的原理，有针对性地设计相应的活动方案，为中小学心理教师开展心理健康教育提供参考与借鉴。

本书第二部分的感悟式游戏教学方案在每一个领域单独可以成为一个或多个主题，对每一个主题，我们都查阅了权威文献，界定每一个主题的内涵和维度，构建该主题的活动设计框架，设计了 8 至 10 次教学活动，每次 90 分钟，每个主题都按一个团体的初始阶段、中间阶段和结束阶段来设计，每一次活动都按暖身、发展、结束三个环节进行层层深入的游戏设计，以实现每一个主题的预期目标。活动的开展，需要足够大的团体活动室，并准备相应的教学媒材。中小学心理健康教育教师可以根据任课班级学生的年龄和发展需求，选用某一主题系统地教学，也可以选用某一主题下的某一次设计开展教学；教师也可以针对有某方面发展需求的学生，有针对性地选取适合的主题进行干预教学。我们设计的活动时间是 90 分钟，教师可能每次只有 45 分钟的时间开展实际教学，教师可以将一次活动分成两次，也可以精简部分游戏。

　　不同年龄阶段的学生，发展需求和个性差异极大，因此针对特定班级的学生，教师要根据学生当下的需要和状态灵活设计活动。我们认为，从事心理健康教育的教师最好早点打消拿着一套教材教几年的念头，面对不同班级学生的巨大差异，任何固定的教材都会捉襟见肘，教师只有学会自己设计课程才能保证教学能随机应变，适应学生。期待一线的心理教师能根据每个特定班级的学生的特殊需求设计适合他们的感悟式游戏方案，促进学生的身心和谐发展。

第二章

◁▷ 学业发展之感悟式游戏教学设计

学习是有效促进学生成长和发展的主要活动之一。许多研究表明，学生良好的学业发展能够有效促进学生知识、能力、情感和人格的健康发展，提高学生的核心素养。《中华人民共和国国民经济和社会发展第十四个五年规划和 2035 年远景目标纲要》在第四十三章"建设高质量教育体系"中提出，全面贯彻党的教育方针，坚持优先发展教育事业，坚持立德树人，增强学生文明素养、社会责任意识、实践本领，培养德智体美劳全面发展的社会主义建设者和接班人。

由此可见，我们培养德智体美劳全面发展的人需要注重学生健康人格培养，特别是在处于建设高质量教育体系，改革转型期的现在，要帮助学生、家长、学校适应新的教育评价改革，适应新的"双减"政策，更需要重视借助心理健康教育辅导与干预实现育人的目标。

"首都高等教育质量与学生发展监测"项目（2017 年）的高校学生学业发展状况问卷调查显示，学生在学业上的积极性、心理状态、学习适应性是影响学业发展的内在因素，也是最为关键的因素。

中小学阶段是学生成长期中最为敏感的时期，随着身体和心理的巨大变化，学生因学习内容加深，学习方式改变等因素带来各种不适应，心理上承受着巨大的压力。学生在学业发展上遇到的种种挫折无人诉说，也无人指导，进一步加剧消极的学业自我概念形成，对自己、对学习、对未来失去了信心，感受不到学习甚至生活的意义，并由此导致了种种悲剧。因此，学业发展的心理辅导与干预对中小学生具有积极的影响。

中小学生的学业发展包含学生的主观学习体验、非智力因素和各种能力的培养。非智力因素是指积极愉快的情绪、良好的个性和良好的社会行为，发展非智力因素及能力也需要积极的心理辅导与干预以促进学生学业发展。

因此，《中小学心理健康教育指导纲要（2012 年修订）》强调心理健康教育的重点是认识自我、学会学习、人际交往、情绪调适、升学择业以及生活和社会适应等方面的内容。学会学习是中小学心理健康教育的重要内容之一。

本章围绕"学会学习"这一主题，从入学适应、学习动机、学习策略、考试焦虑的缓解四个方面，系统深入地设计感悟式游戏，为中小学心理教师开展"学业发展"主题的心理辅导与干预提供参考。

第一节　入学适应之感悟式游戏教学设计

青少年是肩负民族复兴大任的时代新人。青少年入学便是开启了新的学习征程，是迈向人生新里程的第一步，对青少年的终身学习具有重要的现实意义和实用价值。

学生由一个学习阶段进入到高一级的学习阶段，便是进入了一个新的、陌生的环境，会接触到新的教师和同学，同时还要接受新的课程、新的学习方法等。这一切对于新生来说都是陌生的、新奇的。无论是从现实生活中还是心理上，这些新的东西让学生们难以适应，感到一定的焦虑，所以做好新生的入学适应教育显得尤其重要。

目前，各个年龄阶段学生的入学适应问题都成了当今的热点问题。

大学新生进入大学后，会在学习生活、人际关系、人文环境、心理调适、网络环境以及管理环境等方面出现不适应的情况。2004 年，《关于进一步加强和改进大学生思想政治教育的意见》发布，对新生开展入学教育逐渐成为高校的共识，许多大学都开展了入学适应教育的实践探索和改革创新。这对于帮助新生尽快适应大学生活，对学生的大学之路有着非常重要的意义和作用。

中学阶段学生正处于个体身心状态开始发生巨变的一个重要转折时期。中学生初入学，从少年到青年，从幼稚到成熟，从依赖走向独立。如果此时没有科学的引导，任由他们盲目地被动适应，有可能给他们带来压抑、颓丧等消极影响，不仅会极大挫伤他们的学习积极性，还会导致他们因怀疑、否定自身而出现各种心理问题，影响他们今后的身心健康发展。

小学新生入学适应问题具体表现在：在学习方面，主要问题是学生不能主动地、积极地完成作业，注意力不集中，不能记住老师布置的作业。年龄较小的儿童，在任务意识、规则意识和注意力的发展方面表现得更差一些。在生活自理方面，目前小学生的生活自理能力不强，有待提高。在时间观念方面，很多小学生的时间观念不强。

基于以上对学生各个阶段入学问题的调研分析可见，有必要通过开展学生各个阶段的入学适应教育，对学生在校园环境、学习伙伴、学习方式、评价体系、身心发育等方面的变化所产生的困惑和不适，进行针对性的引导教育，使学生调整自我，稳定情绪和身心，获得良性发展，为学生各个阶段的健康成长奠定基础。本章节将通过八次感悟式游戏教学的方式，让学生拥有积极健康的心理状态，增强学生社会适应能力和人际交往能力，为现在与未来的学习助力。

一、教学对象

适用于小学高段、初中、高中、大学阶段的学生群体，可用于心理健康课程中，也可以用于学习动机不足的青少年团体，特别是大、中、小学入学之初，因所处的环境如学校环境、学习环境和人际环境等发生重大变化，而个体在主观上对此没有足够的心理准备，依然沿袭以往的经验来应对新的学校生活和新的学习任务，继而出现一系列心理焦虑、挫败体验和退缩行为的学生。

二、教学目标

1. 总目标

学生能顺利、愉悦地度过入学适应期，不良现状得以改善；学生能熟悉、适应新的环境，掌握新的学习方式，学会人际交往、情绪管理，完成角色转变。

2. 子目标

（1）学生能积极表达自我，展现自我优势。

（2）学生能够互相熟悉，建立信任与默契。

（3）学生能够适应新的学校环境，并对校园建立初步的好感。

（4）学生能学会相互协作与分享，在团队中找到归属感。

（5）学生能主动与同学交流、沟通、协作，接纳差异，相互尊重。

（6）学生能够学会有效地识别情绪，能表达入学以来体验过的各种情绪，能理解多种调节情绪的方法。

（7）学生能够养成良好的学习习惯，适应新的学习要求，关注细节。

（8）学生能总结过去，展望未来，开启新的学习生活之旅。

三、教学时间

每次上课时间为 90 分钟（可根据学段及学生情况做适度调整），共 8 次课程。

四、教学内容

（一）理论依据

"适应"指的是个体与环境相互作用的过程及其关系的反映。从本质上说，适应是指个体在与环境的相互作用中构建良好心理的过程；也是指个体不断适应环境要求，同环境之间建立的一种和谐相宜、动态平衡的状态。"入学适应"是指学生来到新的学习环境，在与环境及环境中的教师、同伴相处中建构的一种良好的、积极的心理过程，达成一种和谐、愉悦的生活、学习状态。

德国著名教育家哈克教授认为，学生进入新一级的学习，不仅是学习环境发生了改变，同时，教师、同伴、行为规范和角色期望等因素也发生了变化。据此，他提出了六大断层关系理论。这些断层问题主要包括主要关系人的断层、学习方式的断层、行为规范的断层、社会关系的断层、期望水平的断层和学习环境的断层。这六大断层问题制约着学生的入学适应水平。

结合六大断层理论的指向，陶沙认为学生入学适应的主要内容包括对学习的适应、对人际的适应、对生活的适应、对环境的总体认同、身心症状上的适应。段兴利、叶进、权丽华（2008 年）

认为学生入学适应的内容包括对自然环境的适应、对学习环境的适应、对人际环境的适应、对管理环境的适应、对心理环境的适应。陈君（2006 年）认为新生适应的主要内容包括对生活的适应、对环境的适应、对学习适应、人际交往上的适应、情绪状态的适应。

（二）政策依据

《中小学心理健康教育指导纲要（2012 年修订）》中明确提出在小学低年级阶段，要帮助学生认识班级、学校、日常学习生活环境和基本规则；初步感受学习知识的乐趣；培养学生礼貌友好的交往品质，乐于与教师、同学交往，在谦让、友善的交往中感受友情；使学生有安全感和归属感，初步学会自我控制；帮助学生适应新环境、新集体和新的学习生活，树立纪律意识、时间意识和规则意识。

初中一年级阶段，要帮助学生加强自我认识，客观地评价自己；适应中学阶段的学习环境和学习要求，培养正确的学习观念，发展学习能力，改善学习方法，提高学习效率；建立良好的人际关系；鼓励学生进行积极的情绪体验与表达，并对自己的情绪进行有效管理。

入学适应的活动干预能帮助解决青少年的入学断层问题，加快青少年入学适应，能够帮助其在与新的学习环境的交互作用中，调整自我，主动顺应，调控环境，最终达到个体与学校环境间的和谐关系和平衡状态。

（三）教学设计

根据理论及政策依据，本章节课程设计将从环境的适应、人际交往适应、集体生活适应、情绪情感适应、学习习惯适应五个维度开展教学设计，从参与的角度去感知入学适应教育，从实践的角度去体验入学适应教育，从感悟式游戏的角度去提升入学适应。

入学适应之感悟式游戏活动设计

阶段	主题	目标
初始	魔镜魔镜，我是谁？	学生能积极表达自我，展现自我优势。
中间	朋友面对面	学生能够互相熟悉，建立信任与默契。
	梦中乐园	学生能够适应新的学校环境，并对校园建立初步的好感。
	同心协力展翅飞	学生能学会相互协作与分享，在团队中找到归属感。
	沟通达人秀	学生能主动与同学交流、沟通、协作，接纳差异，相互尊重。
	我的情绪我做主	学生能够学会有效地识别情绪，能表达入学以来体验过的各种情绪，能理解多种调节情绪的方法。
	做学习的主人	学生能够养成良好的学习习惯，适应新的学习要求，关注细节。
结束	明天会更好	学生能总结过去，展望未来，开启新的学习生活之旅。

五、教学活动方案设计

（一）第一次感悟式游戏活动设计

（1）主题：魔镜魔镜，我是谁？

（2）目标：学生能积极表达自我，展现自我优势。

（3）媒材：空白面具若干，水彩笔若干，纯音乐《小夜曲》《致爱丽丝》《兔子舞》《火红的萨日朗》。

（4）活动流程：

阶段	游戏	步骤	目标	备注
暖身（15分钟）	变速握手	1.第一轮"快速握手"。教师播放音乐《兔子舞》，学生根据教师的指令在教室里快速走动，和其他学生快速握手并说自己的名字。 2.第二轮双手分别握手。教师继续播放《兔子舞》，发出"加快速度，双手分别握手"的指令，学生一只手和一位同学握，另一只手和另一名学生握。音乐停时，学生造型定格。 3.第三轮"慢速握手"。教师播放音乐《小夜曲》，活动方式同快速握手一样，只是速度减慢。音乐停，学生造型定格，安静下来。	1.学生能根据指令做出相应的反应。 2.学生能全身心投入参与活动。 3.学生能与他人友好互动。	教师要关注学生造型的安全性。
发展（65分钟）	自我面具	1.发放媒材。教师给每位同学发一张空白面具，把水彩笔放在场地中央。 2.面具创作。教师播放《小夜曲》，学生可以根据需要自取色彩，在面具上自由发挥艺术想象，画出自己的模样。学生想怎样画都行，没有形式和要求，可抽象表达。每位学生独立完成，不要说话，不要与人商量，不要模仿他人，不要评价他人。 3.组内分享。学生完成之后，在小组之内互相交流和分享各自的"自我面具"的含义，学生可以进行回馈或联想，但不能使用批判性、攻击性的言语。 4.小组代表分享。各组选择一名志愿者分享自己的作品，教师引导集体注意倾听。 5.教师总结。教师可针对小组中的典型状况，给予跟进。	1.学生能按照自己的喜好完成自我面具的创作。 2.学生能分享自己的面具内涵。 3.学生能积极倾听他人的分享。 4.学生能从教师总结中得到启示。	1.教师注意引导学生不对作品的优劣做评判，鼓励学生按自己喜欢的方式创作，大胆表达。 2.教师引导学生用积极欣赏和肯定的方式回应分享者，不分析不评判。
	面具舞蹈	1.我喜欢的样子。学生戴上面具围成一圈站定。教师播放静思音乐，学生静默2分钟，想象自己戴上面具后最想表达的自我是什么样子，并借助肢体摆出自己喜欢的造型，教师拍下定格雕塑照片。 2.雕像对话。教师发出指令："雕塑活过来！"学生两人一小组借助肢体动作、手势、声音、话语等呈现"活"雕塑，展现自己的兴趣爱好、特长等方面的内容。 3.展示特别的我。教师播放音乐《火红的萨日朗》，学生再次围圈站好，依次到舞台中央展示前一个活动中的戴上面具的自我雕塑，并尝试通过舞蹈或者肢体语言演绎的方式展现自我雕塑，做自我介绍并定格，直到所有学生展示完，教师为集体拍照。 4.教师小结。教师积极肯定学生的自我呈现，发现学生的亮点。	1.学生能摆出自己喜欢的造型。 2.学生能通过舞蹈或者肢体语言演绎自己的特点。 3.学生能积极介绍并展示自我。 4.学生能感受到被肯定和欣赏。	学生通过舞蹈或者肢体语言演绎自我雕塑，教师适时引导学生假设某个情景进行介绍效果更佳，教师要关注不愿展示的个别学生的心理状况。
	未来的我	1.想象未来的自己。学生围圈坐下，想象在新的学校学习结束时的自己是什么样子、什么状态…… 2.未来的相遇。学生两人一小组，各自扮演未来时刻的自己，即兴扮演两人在某地相遇的场景。 3.志愿者分享。教师随机邀请同学即兴扮演未来相遇的场景。 4.同学会。学生各自带着未来的自己的形象和感觉，在场中自由地走动，欣赏未来的老同学，并与他人积极互动。	1.学生能积极想象未来的自己。 2.学生能即兴演绎未来的自己。 3.学生能积极与他人互动。	教师要创造一个安全、温馨、舒适的环境，引导学生积极地展开想象。
结束（10分钟）	回顾放松	1.回顾成长。教师播放音乐《致爱丽丝》，所有学生围成一个圈坐下，教师引导学生回顾本次活动的过程，感受自己内在的变化。 2.分享感受。每位同学说一个词或者一句话分享本场活动的感受，也可以谈谈自己最喜欢的或者印象最深的环节。	1.学生能回顾活动，体会自己在活动中的成长。 2.学生能表达自己的感受。	教师注意用积极肯定和欣赏的目光看待分享者。

（5）观察记录表 *：

阶段	游戏	目标	形成性评量					评量方式	教学使用	通过与否	教学决定	备注
			1	2	3	4	5					
暖身	变速握手	1.学生能根据指令做出相应的反应。										
		2.学生能全身心投入参与活动。										
		3.学生能与他人友好互动。										
发展	自我面具	1.学生能摆出自己喜欢的造型。										
		2.学生能通过舞蹈或者肢体语言演绎自己的特点。										
		3.学生能积极介绍并展示自我。										
		4.学生能感受到被肯定和欣赏。										
	面具舞蹈	1.学生能摆出自己喜欢的造型。										
		2.学生能通过舞蹈或者肢体语言演绎自己的特点。										
		3.学生能积极介绍并展示自我。										
		4.学生能感受到被肯定和欣赏。										
	未来的我	1.学生能积极想象未来的自己。										
		2.学生能即兴演绎未来的自己。										
		3.学生能积极与他人互动。										
结束	回顾放松	1.学生能回顾活动，体会自己在活动中的成长。										
		2.学生能表达自己的感受。										

形成性评量标准：1 完全未达到　2 少部分达到 25%　3 部分达到 50%　4 大部分达到 75%　5 完全达到

形成性评量方式：a 操作　b 纸笔　c 问答　d 观察　e 指认　f 其他

教学使用：P1 大量协助　P2 少量协助　M 示范提示　V 口头提示　G 手势提示

通过与否：√ 通过　　× 不通过

教学决定：C 继续　S 简化　P 扩充（下同）

（二）第二次感悟式游戏活动设计

（1）主题：朋友面对面。

（2）目标：学生能够互相熟悉，建立信任与默契。

（3）媒材：音乐《火红的萨日朗》《Victory》《听我说谢谢你》《朋友》。

---

　*　表注只在此处完整呈现，下文中的观察记录表均可参考此处。

（4）活动流程：

阶段	游戏	步骤	目标	备注
暖身（15分钟）	摩摩擦	1. 队形调整。所有学生围成圆圈，身体转向左侧，将手搭在一个人身上。 2. 按摩操。教师播放音乐《火红的萨日朗》，引导学生为他人进行按摩，"我来帮你揉一揉（头），我来帮你捏一捏（肩），我来帮你捶一捶（背）"，从头到肩再到背依次进行。 3. 回报。学生转过身，按照刚才的步骤进行，并询问对方力度是否合适，是否感到满意。	1. 学生能根据指令做动作，将注意力集中到活动中来。 2. 学生能在互动中学会互相关怀。	教师注意引导学生用适宜的力度为前面的同学按摩，表达爱的传递。
发展（65分钟）	我和你一样	1. 找相同。教师发出指令，学生根据指令内容进行分类分组。比如指令①尽快找到在2008年出生的同学！指令②请再次走动，尽快找到星座和你相同的人！重复多次，变化不同的指令。 2. 分享确认。分类分组后学生在组内分享自己的名字及相关信息并确认信息。 3. 我也可以下指令。教师随机邀请学生来下指令，其他人迅速找到相同特质的人。 4. 分享感受。教师邀请志愿者代表分享感受，引导其他同学注意倾听。 5. 教师总结。教师通过大家分享，总结强调在这个新环境，我们有共同的特质，我们是有缘人。	1. 学生能快速找到相似的人。 2. 学生能熟悉与自己相似的人。 3. 学生能主动表达自己想了解的其他特质相似的人。 4. 学生能感受到相似带来的熟悉感。	步骤1的指令仅供参考，需要根据学生的实际情况具体设定，如相同的生活环境、相同的兴趣爱好等。
	布娃娃与小主人	1. 角色分工，教师示范。教师播放音乐《听我说谢谢你》，引导学生两人一组，一人扮演布娃娃，躺在地板上并放松身体，像布娃娃一样，毫无知觉地躺着；另一人扮演主人，坐在其身旁，随着音乐轻轻抬起他身体的某一个部位，可以是手、手臂、腿、脚等，然后放下；重复抬起、放下，让他保持彻底放松的状态。一段时间后，抬起躺着人的头，或者试着转动他的身体等。 2. 分组体验。组内两人在教师的引导下，分别体验布娃娃和小主人的角色，并互换角色。 3. 感受分享。教师邀请志愿者代表分享自己在活动中的感受，其他学生注意倾听。 4. 教师总结。教师根据学生的分享，强调放松的前提是信任和相互配合，引导学生感受人际的美好。	1. 学生能理解不同角色的分工。 2. 学生能在活动中对同伴建立信任感。 3. 学生能在活动中安静下来，感受到来自同伴的温暖。 4. 学生能表达自己的感受。 5. 学生能感受到信任带来的美好。	教师引导的语调尽量舒缓、温和，配合音乐，营造温暖有爱的氛围。
	跌倒扶	1. 角色分工。学生四人一组，一人扮演倒下的角色，另外三人作为承接者，保护跌倒者的安全。 2. 第一轮"往前倒"。教师播放音乐《朋友》，带领一个小组示范：引导承接者中的两人相对站立，双手交叉形成稳固的承接面，双脚相抵，增加稳定性，另一人相机而动，根据需要给予跌倒者支持；跌倒者向前慢慢倒下，并不断增加倒下的幅度，直到承接者达到极限。然后，大家根据示范动作分组练习。 3. 第二轮"往后倒"。播放音乐《Victory》，技巧与前一轮一样，只是跌倒者方向相反。 4. 第三轮"旋转倒"。邻近的两个四人组合并为一个八人组。中间一人双手抱在胸前，双脚并拢支撑身体，朝任意方向倒；周围七人齐心协力支持他不倒下去，并推动他朝顺时针方向转动。每人轮流体验跌倒者和守护者。 5. 感受分享。教师邀请志愿者代表分享自己在活动中的感受，其他学生注意倾听。 6. 教师总结。教师根据学生的分享，强调信任的前提是安全感，引导学生感受人际的美好。	1. 学生理解规则。 2. 学生能彼此支持和信任。 3. 学生能在合作中产生默契感。 4. 学生能表达自己的感受。 5. 学生能感受到人际的安全感。	教师全场巡视，注意安全守护与引导，适时支持各组。

续表

阶段	游戏	步骤	目标	备注
发展（65分钟）	花样穿梭	1.蛇形穿梭。八人组手拉手成一条蛇的形状，蛇头带领队伍自由地全场穿梭，挑战穿越其他蛇的空隙。学生轮次挑战当蛇头带领队伍。 2.蛇形花卷。蛇头带领队伍卷成同心圆，再穿出去；然后变成各蛇头在中心固定，各蛇尾单独内卷，如盛开的山茶花。自由即兴，变化多种花样。 3.龙头接龙尾。各条蛇头有序地与其他蛇尾连接，逐渐汇合成一条龙，教师当龙头，带领所有人自由穿梭，最后形成卷心菜定格。	1.学生能身心放松地跟随带领者行走。 2.学生能主动体验带领者的感觉。 3.学生能感受到团队的力量和美好。	教师注意示范和带领，引导学生有序穿梭，感受能量的自然流动与人际的和谐。
结束（10分钟）	分享与致谢	1.感受分享。播放音乐《听我说谢谢你》，全场学生围成一个大圈，教师引导每位同学用一个词或一句话表达今天的课程感受。 2.致谢与约定。教师引导学生相互向身边的伙伴致谢，一起碰拳建立团队约定。	1.学生能表达自己的感受。 2.学生能感受到仪式感。	教师注意引导学生倾听他人的分享，相互致谢。

（5）观察记录表：

阶段	游戏	目标	形成性评量					评量方式	教学使用	通过与否	教学决定	备注
			1	2	3	4	5					
暖身	摩摩擦	1.学生能根据指令做动作，将注意力集中到活动中来。										
		2.学生能在互动中学会互相关怀。										
发展	我和你一样	1.学生能快速找到相似的人。										
		2.学生能熟悉与自己相似的人。										
		3.学生能主动表达自己想了解的其他特质相似的人。										
		4.学生能感受到相似带来的熟悉感。										
	布娃娃与小主人	1.学生能理解不同角色的分工。										
		2.学生能在活动中对同伴建立信任感。										
		3.学生能在活动中安静下来，感受到来自同伴的温暖。										
		4.学生能表达自己的感受。										
		5.学生能感受到信任带来的美好。										
	跌倒扶	1.学生能理解规则。										
		2.学生能彼此支持和信任。										
		3.学生能在合作中产生默契感。										
		4.学生能表达自己的感受。										
		5.学生能感受到人际的安全感。										
	花样穿梭	1.学生能身心放松地跟随带领者行走。										
		2.学生能主动体验带领者的感觉。										
		3.学生能感受到团队的力量和美好。										
结束	分享与致谢	1.学生能表达自己的感受。										
		2.学生能感受到仪式感。										

（三）第三次感悟式游戏活动设计

（1）主题：梦中乐园。

（2）目标：学生能够适应新的学校环境，并对校园建立初步的好感。

（3）媒材：眼罩若干；纯音乐《观想》《致爱丽丝》；A4纸若干，彩色笔、胶棒、剪刀若干。

（4）活动流程：

阶段	游戏	步骤	目标	备注
暖身（15分钟）	跟随领袖	1.模仿教师动作行走。教师用小孩的方式行走，边走边好奇周围环境，这里摸摸那里看看，其他学生模仿教师动作在场中自由行走；教师再以小丑方式行走，其他学生跟着变化。 2.模仿偶像行走。教师邀请学生模仿其喜欢的任何偶像的方式行走，其他人模仿；该生再邀请新的人用新的方式行走。 3.偶像方式行走。每个人用自己最喜欢的偶像方式全场自由行走，用偶像方式打招呼。 4.变异行走。教师可以加入指令"快行""慢行""头碰头""肩碰肩""膝盖碰膝盖""脚尖碰脚尖"等促进大家互动。	1.学生能模仿教师的动作行走。 2.学生能模仿偶像动作行走。 3.学生能用特别的方式行走。 4.学生能与他人友好互动。	教师注意动作示范，引导学生积极模仿和参与。
发展（65分钟）	盲人与守护天使	1.分组。教师将所有学生分成两人一小组，各小组一个眼罩，来到室外的操场或者花园中。一人扮演盲人，一人扮演天使，每一个游戏都需要轮换角色。 2.第一轮"跟随我的手"：一人戴上眼罩，引领者带领蒙眼人触摸周围环境中的物品、植物花草，感知环境。 3.第二轮"跟随我的声音"：小组内确定一种特定的声音，两人做好约定，引领者不接触蒙眼人的身体，只用声音引领蒙眼人按照路线去感知周围环境的物品、植物花草。声音可以是动物叫声、大自然的声响等。 4.第三轮"跟随我的指示"：引领者用口令引领蒙眼人做出指令内容，可带有表演性质，如"向前两步，左转，扮演成自己喜欢的植物或者动物"。 5.感受分享。所有人围圈，分享前面游戏中的感受。	1.学生能理解规则。 2.学生能够在活动中有效合作。 3.学生能够利用触觉感知环境。 4.学生能根据听觉感知环境。 5.学生能配合伙伴指令做动作。 6.学生能表达自己的感受。	1.此次游戏教师要根据参与学生的年段来设定要求。如对小学一年级的孩子应该降低难度，保障安全。 2.教师可针对小组中的典型状况，给予跟进。
	拼图故事汇	1.收集我的最爱（10分钟）。两人为一小组，分散到校园中，用心感知校园环境，采集落叶、花瓣等自己喜欢的物品带回教室。 2.合作拼贴画。两人一组，借助采集的物品、胶棒、彩色笔、剪刀等工具合作完成拼贴画。 3.创编故事。小组合作，借助拼贴画，续编校园游览故事。 4.分享故事。各组学生依次分享故事，教师引导学生积极倾听。 5.集体雕塑。教师播放音乐《观想》，引导学生依次用身体扮演自己最喜欢的校园中的某一种物品，用自己的方式走到教室中央展示，并定格在某个舒服的位置，形成集体雕像，演绎校园环境。教师为集体雕像拍照。	1.学生能自由地感知校园，收集自己喜欢的物品。 2.学生能合作完成拼贴画。 3.学生能合作完成故事创编。 4.学生能分享自己小组的故事。 5.学生能用身体表达自己最喜欢的校园的某部分。	学生通过肢体语言演绎故事时，教师适时引导学生假设某个情景进行介绍效果更佳。
结束（10分钟）	回顾放松	1.音乐中回顾。所有学生围成一个圆圈坐下，播放音乐《致爱丽丝》，教师带领学生简单回顾本次活动的过程。 2.感受分享。每位同学说一个词或者一句话表达自己的感受，也可以谈谈自己最喜欢的或者印象最深的环节。	1.学生能回顾活动。 2.学生能表达自己的感受。	教师用积极欣赏和肯定的眼神关注分享者。

（5）观察记录表：

阶段	游戏	目标	形成性评量					评量方式	教学使用	通过与否	教学决定	备注
			1	2	3	4	5					
暖身	跟随领袖	1. 学生能模仿教师的动作行走。										
		2. 学生能模仿偶像动作行走。										
		3. 学生能用特别的方式行走。										
		4. 学生能与他人友好互动。										
发展	盲人与守护天使	1. 学生能理解规则。										
		2. 学生能够在活动中有效合作。										
		3. 学生能够利用触觉感知环境。										
		4. 学生能根据听觉感知环境。										
		5. 学生能配合伙伴指令做动作。										
		6. 学生能表达自己的感受。										
	拼图故事汇	1. 学生能自由地感知校园，收集自己喜欢的物品。										
		2. 学生能合作完成拼贴画。										
		3. 学生能合作完成故事创编。										
		4. 学生能分享自己小组的故事。										
		5. 学生能用身体表达自己最喜欢的校园的某部分。										
结束	回顾放松	1. 学生能回顾活动。										
		2. 学生能表达自己的感受										

（四）第四次感悟式游戏活动设计

（1）主题：同心协力展翅飞。

（2）目标：学生能学会相互协作与分享，在团队中找到归属感。

（3）媒材：音乐《菊次郎的夏天》《火红的萨日朗》，品质优良的气球若干，水彩笔若干。

（4）时间：90分钟。

（5）活动流程：

阶段	游戏	步骤	目标	备注
暖身（15分钟）	隐形球	1.感受手中的球。学生围成一个圆圈，想像自己手里有一个喜欢的球，可以是网球、足球、篮球等，触摸感受手中的球。 2.打球。教师发出"打球"指令后，学生用默剧的方式表演手中虚拟球的运动方式。 3.传球。学生自由打球全场走动，在教师击鼓时，任意两人之间相互传球，A把球传给B，A表演发球的动作，B虚拟接住了球，表演接球的动作。然后B继续玩手中接住的球，之后听到击鼓信号继续两两传球，B传球给C，以此类推。传接球角色随机。 4.躲避球。学生分成两队，一队在外圈围圈，抱着想象中的球随时攻击中心的人，一队在中心半蹲身体随时准备躲避外圈的球的攻击。体验后，互换角色。 5.搬运地球。所有人围圈，教师用身体动作表达双手捧着巨大的沉重的地球，邀请所有人一起来抬，随着教师的步伐一起齐心协力把球抬到另一个指定的地方。 6.过渡语。把地球搬到一个奇特的国度。	1.学生能想象手中的球。 2.学生能做出打球的动作。 3.学生能主动向同伴传球。 4.学生能在想象中感受投球与躲避球。 5.学生能团结一心齐力运球。	教师要注意形象生动地示范，并引导志愿者做活动展示，带动学生进入想象的世界。
发展（60分钟）	连体舞动	1.背部连体舞动。教师播放音乐《菊次郎的夏天》，引导学生两人一组，背部之间夹住一个气球，然后跟随音乐自由在教室舞动，舞动的同时不能让气球落下来。 2.花样连体舞动。教师继续播放音乐《菊次郎的夏天》，引导学生将气球放置在身体的其他部位之间，如两人的手臂夹气球，腿部夹气球等，尽可能引导学生用不同的方式夹气球，同时跟随音乐自由舞动，并齐心协力保证气球不落地。	1.学生能自然地与他人保持适当的肢体接触，消除陌生感。 2.学生能与他人协力完成自由舞动。	教师注意示范，引导学生协力夹着气球跳舞。
	奇妙气球偶之旅	1.奇妙的气球偶。每人一个气球，并用气球创作一个自己喜欢的玩偶。学生可以在气球上添加任何东西，也可以改变其形状，也可以与其他东西组合成任何一样新物品。学生为创作的气球偶加上五官并取名，并在心里设计其性别、年龄、兴趣爱好、性格特质、特异功能。 2.组内分享。临近4对2人组合成一个8人小组，学生依次在组内分享自己的奇妙气球作品。 3.小组代表分享。教师邀请志愿者分享，引导其他人注意倾听。 4.奇妙气球偶之旅创编。组员将组内的气球偶结合起来，融入各自的想象，共同创编一个特异的故事，并取名。小组组员为气球偶配音，合力筹备呈现故事发生发展的过程。 5.轮组分享奇妙气球偶之旅。各组依次呈现各组的特异故事，教师引导其他学生积极观赏。 6.教师总结。教师引导学生欣赏各组亮点，并为学生的创意点赞。	1.学生能创作自己的气球偶。 2.学生能分享自己的偶的特色。 3.学生能欣赏并尊重他人的作品。 4.学生能合作创编特别的气球偶故事。 5.学生能欣赏并尊重他人的故事。 6.学生能为自己的作品自豪。	1.教师应购买质量好的、便于加工的大气球。 2.教师注意引导学生充分地发挥想象力。
	漂浮气球偶	1.让气球偶飞。教师播放音乐《火红的萨日朗》，引导学生自由选定位置站立，把手中的气球抛向空中，营造出一种五彩缤纷的氛围。所有学生有节奏地拍打气球，要尽力保护气球不落地、不爆炸，让气球保持在空中。 2.让气球偶回家。随着音乐进入尾声，教师引导学生接住任意一个气球偶，欣赏气球偶的特色，并将它送回主人手中，表达自己对气球偶的欣赏。	1.学生能感受到轻松美好的氛围。 2.学生能齐心协力让气球不落地。 3.学生能发现并欣赏他人的作品特色。	教师要注意引导活动秩序，确保安全。
结束（15分钟）	气球偶雕塑	1.感受分享。学生围圈，依次用一个词或一句话表达活动中的感悟。 2.气球偶雕塑。学生依次拿着气球偶走向场中，用自己的肢体语言表达其特色并定格，合作构建一个特殊的气球偶雕塑群。教师拍照记录团队雕塑造型。	1.学生能表达自己的感悟。 2.学生能用身体表达气球偶的特色。 3.学生能为自己的作品感到自豪。	教师注意引导学生用身体表达自己所喜欢的气球偶的特色。

（6）观察记录表：

阶段	游戏	目标	形成性评量					评量方式	教学使用	通过与否	教学决定	备注
			1	2	3	4	5					
暖身	隐形球	1. 学生能想象手中的球。										
		2. 学生能做出打球的动作。										
		3. 学生能主动向同伴传球。										
		4. 学生能在想象中感受投球与躲避球。										
		5. 学生能团结一心齐力运球。										
发展	连体舞动	1. 学生能自然地与他人保持适当的肢体接触，消除陌生感。										
		2. 学生能与他人协力完成自由舞动。										
	奇妙气球偶之旅	1. 学生能创作自己的气球偶。										
		2. 学生能分享自己的气球偶的特色。										
		3. 学生能欣赏并尊重他人的作品。										
		4. 学生能合作创编特别的气球偶故事。										
		5. 学生能欣赏并尊重他人的故事。										
		6. 学生能为自己的作品自豪。										
	漂浮气球偶	1. 学生能感受到轻松美好的氛围。										
		2. 学生能齐心协力让气球不落地。										
		3. 学生能发现并欣赏他人的作品特色。										
结束	气球偶雕塑	1. 学生能表达自己的感悟。										
		2. 学生能用身体表达气球偶的特色。										
		3. 学生能为自己的作品感到自豪。										

（五）第五次活动方案设计

（1）主题：沟通达人秀。

（2）目标：学生能主动与同学交流、沟通、协作，接纳差异，相互尊重。

（3）媒材：长绳若干条；写有词语或句子的纸条若干；胶带一圈，铅笔一支；A4纸若干，水彩笔若干；音乐《何必》。

（4）时间：90分钟。

（5）活动流程：

阶段	游戏	步骤	目标	备注
暖身（15分钟）	挑战不可能	1.教师讲解规则并示范。学生两人一组，背靠背坐在地上，双臂紧扣，双脚弯曲。两名学生同时用力蹬脚，背往后顶，通过互相借力，两人同时站起。 2.尝试体验。两两一组尝试背靠背，坐立起。在大家都尝试成功后，教师下指令"起立"，大家一起挑战同时坐立起。 3.窍门分享。成功后学生互相分享活动中的困难、取得成功的窍门。 4.挑战升级。邻近两对为一组，四人一起尝试背靠背相互借力坐立起。 5.挑战不可能。邻近两个四人组合为一个八人组，一起尝试手挽手相互借力坐立起。 6.分享感受。教师邀请学生分享感受。 7.教师总结。强调积极沟通、齐心协力的重要性。	1.学生能理解规则。 2.学生能主动合作，在挑战中互相沟通交流。 3.学生能表达自己的感受。 4.学生能尝试新的挑战。	教师在游戏前一定强调游戏的安全，引导学生多尝试，尽可能成功。
发展（65分钟）	神秘信息	1.戏剧化的纸条。教师准备好写有一个词语或一句话的多张纸条，内容充满戏剧性，如他刚刚中了500万（根据教学对象的年级而定）。 2.讲解规则，分组准备。学生八个人一组（沿用上一轮游戏的分组），每组的第一个学生来抽一张纸条，记住纸条上的词语或话，放回纸条，回到自己的位置上。第一个学生把纸条上的话用说悄悄话的方式传给第二个同学，接受者要对戏剧化的内容做出真实的表情，然后一个一个传下去，接收者做出真实反应。注意每人只能说一遍，如果说多遍或者忘了信息，自己主动退出游戏。 3.信息核对。每组第一个传递者和最后一个信息接受者即公布信息者来到舞台中央，用上真实的表情演绎，核对信息。信息无误者教师予以掌声鼓励。 4.分享感受。教师邀请学生分享感受和发现。 5.教师总结。教师结合学生的感受及活动表现，强调与他人交流过程中信息准确表达的重要性。	1.学生能理解规则。 2.学生能主动传递信息。 3.学生能发现信息传递中的误差。 4.学生能理解信息准确表达的重要性。	教师准备的纸条信息注意符合学生的年龄特点。
	解绳结	1.讲解规则，分组准备。每8人一组（沿用前面的小组），每个组拥有一根打好一个简单结的绳子，组员自主选择站在绳结的一边，绳结左右各站一半人。将打好结的绳子摊开放在地板上，完全伸展。学生可以选择用一只手也可选择用两只手捡起绳子，一旦捡起绳子后就不能松手直到活动结束，但手可以顺着绳子滑动。 2.解开绳结。教师播放音乐《何必》营造紧张气氛。学生开动脑筋，积极沟通，想办法解开绳子上的结。 3.分享感受。教师邀请学生分享感受和发现。 4.教师总结。教师结合学生的感受及活动表现，强调团体生活中协作和配合的重要性。	1.学生能理解规则。 2.学生能探索合作解决问题的方法。 3.学生能相互协同解开结。 4.学生能理解协同配合的重要性。	播放音乐《何必》，教师尽量创设一种紧迫、紧急的情景，便于学生融入活动，获得真实的体验。
	这不公平！	1.场地设置。教师将一支铅笔用胶带粘到墙上足够高的地方，让班里最高的同学能够拿到，但个子矮的同学在没有帮助的情况下无法拿到。 2.摸铅笔。学生站成两列，教师告诉他们："老师会让你们去做一件看上去可能不公平的事情。"然后教师请学生分别用自己的办法去取下墙上的那支铅笔。 3.活动感悟分享。教师邀请学生分享感受。 4.教师总结。教师结合学生实际，讲解生活中每个人都有各自的优势，需要互相尊重差异；沟通方法不能千篇一律，千人一样；学会利用周围资源解决问题。	1.学生能看到人与人之间的差异。 2.学生能互相尊重。 3.学生能合理运用沟通技巧解决问题。	教师在活动开展前要观察学生高矮，设置的高度要利于活动的开展。
结束（10分钟）	回归静思	1.静思放松。教师播放音乐，引导学生选择舒适放松的方式坐下，跟随音乐进行静思。指导语："调整呼吸，放松身体，深深地吸气，缓缓地吐气。回顾今天的课程，感受活动中的感觉和收获，用你的面前的纸和笔，写下来好吗？" 2.写感受。学生在A4纸上写下自己当下的所思所感。 3.分享感受。学生一人一句分享当下的感受。 4.教师总结。教师总结强调课程的核心精神，引导学生学以致用。 5.致谢。教师带领大家相互致谢结束。	1.学生能回顾所学。 2.学生能写下自己的感受。 3.学生能分享自己的感受。 4.学生能发自内心地致谢。	教师引导学生静思放松时注意语气柔和、舒缓。

（6）观察记录表：

阶段	游戏	目标	形成性评量					评量方式	教学使用	通过与否	教学决定	备注
			1	2	3	4	5					
暖身	挑战不可能	1. 学生能理解规则。										
		2. 学生能主动合作，在挑战中互相沟通交流。										
		3. 学生能表达自己的感受。										
		4. 学生能尝试新的挑战。										
发展	神秘信息	1. 学生能理解规则。										
		2. 学生能主动传递信息。										
		3. 学生能发现信息传递中的误差。										
		4. 学生能理解信息准确表达的重要性。										
	解绳子	1. 学生能理解规则。										
		2. 学生能探索合作解决问题的方法。										
		3. 学生能相互协同解开结。										
		4. 学生能理解协同配合的重要性。										
	这不公平！	1. 学生能看到人与人之间的差异。										
		2. 学生能互相尊重。										
		3. 学生能合理运用沟通技巧解决问题。										
结束	回归冥想	1. 学生能回顾所学。										
		2. 学生能写下自己的感受。										
		3. 学生能分享自己的感受。										
		4. 学生能发自内心地致谢。										

（六）第六次感悟游戏活动设计

（1）主题：我的情绪我做主。

（2）目标：学生能够学会有效地识别情绪，能表达入学以来体验过的各种情绪，能理解多种调节情绪的方法。

（3）媒材：A4 白纸若干；水彩笔若干；舒缓的音乐。

（4）时间：90 分钟。

（5）活动流程：

阶段	游戏	步骤	目标	备注
暖身（15分钟）	情绪问候	1.设问。所有人围圈站，教师询问："我们怎样才能知道别人的感受呢？" 2.看表情，猜情绪。教师做出夸张的表情、动作，请学生猜表达了什么情绪？例如：睁大眼睛，张大嘴巴——吃惊；嘟起嘴巴，叉着腰——生气；捂脸哭泣，身体无力地下垂——悲伤；睁大眼睛，捂嘴，身体后退——恐惧；手舞足蹈，哼哼唱歌——高兴。 3.情绪问候。学生内外圈站，两人一组背对背站立。教师发出一种情绪指令并从3倒数到1时，学生转身面对伙伴，以这种情绪表情、动作和声音与伙伴打招呼。内圈学生向右移动一步，换新伙伴，教师下达新的不同的情绪指令，学生用不同情绪方式问候新伙伴。 4.情绪对对碰。学生与新伙伴背对背站，教师引导学生用自己的方式表达进入新环境时不同的情绪状态，在教师从3数到1时，两人同时向后转，猜对方表达的情绪。重复四次，表达不同的情绪状态。	1.学生能识别教师动作、表情所表达的情绪。 2.学生能做出不同的情绪动作。 3.学生能表达入学后的各种情绪。	教师的情绪指令可涉及当时情景中学生的情绪，也可以是学生在入学适应中可能会出现的负面情绪，如焦虑、厌烦等。
发展（65分钟）	情绪脸谱秀	1.我的情绪脸谱。每人一张A4纸，折成六格，回忆自己进入新学校以来先后体验过的情绪状态，将心情脸谱画在格子里。 2.组内分享。将上一轮游戏中邻近的3对合为一个6人小组。学生依次在组内分享自己入学以来感受到的情绪变化。	1.学生能画出自己进入新环境后的情绪体验。 2.学生能分享自己的情绪脸谱。	教师可以用多媒体呈现多样化的情绪脸谱，供学生参考。
	情绪表演秀	1.编排情景剧。组内合作，学生将大家进入新环境后体验到的情绪，运用肢体语言及表情，合作编排情感脸谱中情绪发生时的情景剧。 2.轮组呈现。各组依次上台展示表演情绪脸谱情景剧，其他组猜测故事情景。 3.教师总结。教师引导学生欣赏各组的亮点。	1.学生能合作表达入学后的情绪变化。 2.学生能感受到他人的情绪体验。 3.学生能看到他人的亮点。	1.教师全场巡视，适时引导学生合作排练。 2.教师引导学生积极欣赏其他组的表演。
	心情树	1.媒材准备。教师分发给每位学生一张A4纸，并将所需的其他材料摆放在场地中央供学生选择。 2.画心情树。教师让学生在A4纸上画一棵树，让学生将入学以来感受到的开心的、不开心的、愤怒的事情写在树冠里，并在树干上写出自己调节情绪的方式。 3.组内分享。学生在小组内轮次分享自己的作品，并总结出小组调节各种情绪的方法。 4.集体分享。小组代表向集体分享本组成员的成果和情绪调节的方法。 5.教师总结。教师引导学生总结情绪调节的方法。	1.学生能表达入学以后的各种情绪事件及调节情绪的方法。 2.学生能分享自己的作品。 3.学生能理解调节情绪的多样方法。	心情树样式：
结束（10分钟）	纸飞机	1.折纸飞机。全场学生围成一个大圈。教师让学生将刚才的"心情树"折叠成纸飞机。 2.放飞心情。大家一起从5倒数到1，在倒数到1时一起放飞纸飞机，放飞那些不愉快的情绪。 3.分享感受。教师播放舒缓音乐，让学生用一个词形容本次课程的感受。	1.学生能模仿折纸飞机。 2.学生能将自己与情绪分开。 3.学生能表达自己的感受。	教师注意用自己的情绪带动全场的氛围。

（6）观察记录表：

阶段	游戏	目标	形成性评量					评量方式	教学使用	通过与否	教学决定	备注
			1	2	3	4	5					
暖身	情绪问候	1. 学生能识别教师动作、表情所表达的情绪。										
		2. 学生能做出不同的情绪动作。										
		3. 学生能表达入学后的各种情绪。										
发展	情绪脸谱秀	1. 学生能画出自己进入新环境后的情绪体验。										
		2. 学生能分享自己的情绪脸谱。										
	情绪表演秀	1. 学生能合作表达入学后的情绪变化。										
		2. 学生能感受到他人的情绪体验。										
		3. 学生能看到他人的亮点。										
	心情树	1. 学生能表达入学以后的各种情绪事件及调节情绪的方法。										
		2. 学生能分享自己的作品。										
		3. 学生能理解调节情绪的多样方法。										
结束	纸飞机	1. 学生能模仿折纸飞机。										
		2. 学生能将自己与情绪分开。										
		3. 学生能表达自己的感受。										

（七）第七次活动方案设计

（1）主题：做学习的主人。

（2）目标：学生能够养成良好的学习习惯，适应新的学习要求，关注细节。

（3）媒材：轻音乐《滴答声》；魔法棒；每人一张 A4 纸、一支签字笔。

《大卫上学去》绘本故事：

早晨，大卫因为昨晚没听妈妈的话，睡得太晚了，起不来，上学路上又跟卖水精灵的老奶奶聊了一会儿，当大卫推开教室门的时候，发现小朋友们都坐得那么端正，老师生气地瞪了他一眼，说："大卫，你迟到了！"

数学课上，老师写在黑板上的题目太简单了，大卫一下子就做对了。正当他高兴的时候，老师转过头提醒得意的大卫："大卫回去坐好！"这时，大卫摸到口袋里还有一块口香糖呢，他就把口香糖拿出来，放到嘴巴里嚼起来。嗯，真好吃，口香糖还很好玩呢，能拉成长条，还能吹成泡泡。正当他玩得高兴时，老师又大声说了一句："上课不可以吃口香糖！"课堂上，他决定好好表现，要积极回答问题。老师没有叫到他，他便站起来回答，刚要说出答案，老师很不高兴地提醒大卫："大卫，回答问题要先举手！"最后一节课了，他看见外面的白云，像恐龙大战。正当大卫想得入迷的时候，老师在他耳边说："注意听讲！"这节课是大卫最讨厌的阅读课，四周一点声音也没有，真没劲儿，他就拿起铅笔敲桌子，练起了架子鼓。这个时候同学提醒他，"嘘！嘘！嘘！"听到这个声音，大卫憋不住了，要上厕所……

放学后，大卫被留下来打扫卫生。他把桌子擦得干干净净，椅子放得整整齐齐。老师表扬他，还奖励了他一颗小星星，对他说："做得好，大卫。"

（4）时间：90分钟。

（5）活动流程：

阶段	游戏	步骤	目标	备注
暖身（15分钟）	伙伴模仿秀	1.讲解规则并示范。学生两人一组，相对站立。一人做出任意喜欢的动作，另一人做出镜像动作，尽量准确地模仿。 2.我喜欢你模仿。两人按规则游戏。一轮结束，交换角色，直到教师喊停为止。	1.学生能做出自己喜欢的动作。 2.学生能模仿伙伴的动作。	如有学生落单，教师可以安排三个人一组。
	大卫模仿秀	1.我是调皮的大卫。教师做出大卫的动作，如嚼口香糖、吹泡泡等，学生镜像做出相应的动作。 2.我是积极向上的大卫。教师随机请学生做出积极向上的动作，其他人模仿。	1.学生能模仿大卫的动作。 2.学生能感受到大卫的形象。	教师的示范尽量形象生动。
发展（65分钟）	小魔仙讲故事	1.教师讲故事，学生即兴演出。所有学生围成圆圈，教师化身小魔仙，手持魔法棒，边讲大卫上学一天的故事，边选学生，被选中的学生表演故事的某一个场景。 2.分享感受。学生分享自己的感受与想法。	1.学生能够边听故事边表演。 2.学生能够分享自己的感受与想法。	教师可以根据所授课班级学生的特点改编大卫的故事，尽量涵盖学生常见的不适应的表现。
	我眼里的大卫	1.我眼里的大卫。学生以四人小组为单位，在A4纸上画出绘本故事中的某一个印象深刻的场景画面，并写出他们眼里大卫的特点等。 2.小组展示。各小组展示作品，并表演他们眼里的大卫的样子。 3.教师总结。教师引导学生欣赏各组的亮点。	1.学生能表达自己对大卫的看法。 2.学生能够合作展示小组成果。 3.学生能发现他人的亮点。	教师注意巡视全场，引导学生表达对大卫的看法。
	修正墙	1.大卫，你可以。所有学生面向教师排成两列，学生就"大卫第二天去上学该怎么做"这一话题以自己的视角，给大卫一个明确的答案，并说出为什么。教师扮演大卫的角色，从队列中间走过，"大卫"依次走到学生身边，听取意见与想法。 2.我可以。"大卫"走完之后，就"大卫第二天去上学该怎么做"这一话题给出一个综合性的意见，并用动作和语言表达自己的看法。其他学生积极倾听"大卫"的观点。	1.学生能思考"大卫第二天去上学该怎么做"。 2.学生能向"大卫"表达自己的观点。 3.学生能理解"大卫"的决定。	教师注意引导学生表达他们自己的看法。
结束（10分钟）	肺腑之言	1.给大卫的信。教师请学生给第一天放学回家的大卫写一封信。开头是：大卫，我想对你说：_____ 2.学生分享。教师邀请学生读自己写给大卫的信。 3.我与大卫。教师请学生思考自己的校园学习生活，是否有跟大卫类似的经历，并进行分享。 4.教师总结。教师用积极欣赏的眼光总结学生课程中的表现。	1.学生能给大卫真诚地写信。 2.学生能够表达自己的想法。 3.学生能够分享自己的类似经历并在反思中修正自己的行为。	教师注意引导学生积极倾听他人的分享。

（6）观察记录表：

阶段	游戏	目标	形成性评量					评量方式	教学使用	通过与否	教学决定	备注
			1	2	3	4	5					
暖身	伙伴模仿秀	1.学生能做出自己喜欢的动作。										
		2.学生能模仿伙伴的动作。										
	大卫模仿秀	1.学生能模仿大卫的动作。										
		2.学生能感受到大卫的形象。										
发展	小魔仙讲故事	1.学生能够边听故事边表演。										
		2.学生能够分享自己的感受与想法。										
	我眼里的大卫	1.学生能表达自己对大卫的看法。										
		2.学生能够合作展示小组成果。										
		3.学生能发现他人的亮点。										
	修正墙	1.学生能思考"大卫第二天去上学该怎么做"。										
		2.学生能向"大卫"表达自己的观点。										
		3.学生能理解"大卫"的决定。										
结束	肺腑之言	1.学生能给大卫真诚地写信。										
		2.学生能够表达自己的想法。										
		3.学生能够分享自己的类似经历并在反思中修正自己的行为。										

（八）第八次感悟式游戏活动设计

（1）主题：明天会更好。

（2）目标：学生能总结过去，展望未来，开启新的学习生活之旅。

（3）媒材：音乐《天籁之声》《Kiss The Rain》《兔子舞》；A4 纸若干，水彩笔若干，便签贴若干；坐垫若干；画架若干。

（4）时间：90 分钟。

（5）活动流程：

阶段	游戏	步骤	目标	备注
暖身（15分钟）	兔子舞	1.队列准备。教师将全体学生排成一条长龙，后面的学生用双手搭在前面人员的双肩上。 2.教师引导并示范兔子舞的动作要领。左脚跳两下，右脚跳两下，双腿合并向前跳一下，向后跳一下，再连续向前跳三下。练习口令为："左、左，右、右，前、后，GO！GO！GO！"学生跟随指令练习两次。（使用媒材1） 3.跟随音乐律动。教师播放音乐《兔子舞》，引导学生跟随音乐节奏做动作。	1.学生能将注意力集中在活动中。 2.学生能跟随指令做动作。 3.学生能跟随音乐节奏做动作。	教师注意引导学生倾听音乐的节奏和观察前后同伴的动作，避免踩到别人的脚。
发展（65分钟）	最美的回忆	1.欣赏视频《我们在一起》。教师将前七次入学适应课程记录的照片或者视频制作而成的一段MV《我们在一起》，播放给大家看。 2.回顾静思。播放音乐《天籁之声》，学生以舒服的坐姿坐下，教师引导学生回忆过往课程中的点点滴滴。 3.发放媒材。教师将所需材料放在场地中间供同学随意选择，并发给每位学生3张A4白纸。 4.我的最美回忆。教师播放音乐《Kiss The Rain》，引导学生将课程中印象深刻、难忘的人或事画在白纸上。	1.学生能通过视频回顾过往课堂中的点点滴滴。 2.学生能在回顾中升华对新的学习环境、新的同学、新的教师的喜爱之情。 3.学生能画出课程中的感受。	教师注意引导学生充分地回顾过去的课程内容，积极表达自己的感受。
	回忆画廊	1.布置画廊。教师提前在教室的一边将画架摆成几列，示意学生依次将自己的画作放置于画架上，形成一条画廊。 2.欣赏作品。学生依次欣赏其他同学的"最美回忆"，回忆并感受过往课程的美好。	1.学生能分享自己的作品。 2.学生能感受到他人作品所表达的内容。	教师注意引导学生积极欣赏作品，不分析不评判。
	留下祝福	我为你祝福。学生围绕作品，在同学的作品上用便签条表达欣赏与祝福。	学生能表达对伙伴的欣赏与祝福。	教师注意引导学生积极表达对同学的欣赏和祝福。
结束（10分钟）	星光大道	1.设置星光大道。全场学生排成两列，空出一个较宽的过道。 2.用动作呈现最美的回忆。教师引导学生依次边走边表演课程中记忆最深的场景，走过大道。如某某同学抱着心爱的吉他深情演唱着走过星光大道。 3.展现最美的我走向未来。教师引导同学依次以一个自认为最美、最自信的姿势走过这个大道，大道尽头代表理想的目标。 4.我想对你说。教师引导学生依次从大道中间走过，让他们大声说出想对所有同学和老师说出的话，最后在场中形成心形定格。教师为集体拍照。 5.再会。教师引导学生向周围伙伴表达感谢，期待再会。	1.学生能用动作表达课程所学。 2.学生能用自己的方法充分表现自己。 3.学生能表达感激与感恩。	教师注意引导学生积极主动地表达自己，给予欣赏和肯定的目光和手势。

（6）观察记录表：

阶段	游戏	目标	形成性评量					评量方式	教学使用	通过与否	教学决定	备注
			1	2	3	4	5					
暖身	兔子舞	1. 学生能将注意力集中在活动中。										
		2. 学生能跟随指令做动作。										
		3. 学生能跟随音乐节奏做动作。										
发展	最美的回忆	1. 学生能通过视频回顾过往课堂中的点点滴滴。										
		2. 学生能在回顾中升华对新的学习环境、新的同学、新的教师的喜爱之情。										
		3. 学生能画出课程中的感受。										
	回忆画廊	1. 学生能分享自己的作品。										
		2. 学生能感受到他人作品所表达的内容。										
	留下祝福	学生能表达对伙伴的欣赏与祝福。										
结束	星光大道	1. 学生能用动作表达课程所学。										
		2. 学生能用自己的方法充分表现自己。										
		3. 学生能表达感激与感恩。										

第二节　学习动机激发之感悟式游戏教学设计

　　随着信息技术的突飞猛进，知识更新日新月异，信息呈爆炸性增长，为了适应这千变万化的世界，终身学习、学会学习成为新时代对个人尤其是对当代中学生、大学生的要求。联合国教科文组织提出终身学习五大素养：学会求知、学会做事、学会共处、学会发展、学会改变。中国也提出了学生发展核心素质体系，就是"培养全面发展的人，形成必备品质与关键能力"，其中，学生自主发展的核心素养成为重中之重。无论是终身学习还是自主学习，都需要学习动机来促使学生学习行为的发生。

　　动机是人们采取行动的动力，是大部分人类行为的基础。拥有学习动机的人，会积极地思考、探索各种有效的学习方法和策略，克服一切可以克服的困难，把一切力量聚合成一股合力，朝着统一的方向和目标努力。因此，拥有学习动机的人更容易成功。没有学习动机的学生，几乎所有的学习行为失去统一的方向和目标，变得不知所以，学生的努力不能聚焦于同一个目标，且容易分散在方方面面。这样的努力行为没有终点，没有取舍，貌似面面俱到，实则很难在任何一个方面取得成功。

高亚利（2020）对河南、安徽、辽宁等地的初中生进行调查，发现学生的学习动机处于中等水平。学生在紧张的升学与考学的压力下，易被家长逼成被动学习，一旦被逼到一定程度，学生原有的学习行为就会消失，导致学生破罐子破摔，降低原有的学习动机，失去学习兴趣。王练（2020）对湖南某高校学生的学习动机进行问卷调查发现，大部分本科生学习动机较弱。他们刚刚从严格、高压的高中学习生活中脱离，也刚刚摆脱家长与教师的约束，学生易养成迟到、逃学、上课玩手机等不良学习习惯。教育部在《中小学心理健康教育指导纲要（2012 年修订）》中明确提出心理健康教育的重点内容之一是学会学习，激发学生的学习动机。因此，无论是中学生还是大学生群体，都有必要对其开展学习动机激发的课程。本节将通过九次感悟式游戏教学，让学生树立正确的知识价值观，对学习产生兴趣，并建立学习的自我效能感，寻找自身的资源与支持，为现在与未来的学习助力。

一、教学对象

适合小学高段、初中、高中、大学阶段的学生群体，可用于心理健康课程中，也可以用于学习动机不足的青少年团体。

二、教学目标

1. 总目标

学生能够树立正确的知识价值观，对学习产生兴趣，并建立学习的自我效能感，寻找自身的资源与支持，为现在与未来的学习助力。

2. 子目标

学生之间能相互熟悉，建立彼此之间的信任感，初步形成团体归属感；学生能从近景的直接性动机和远景的间接性动机，进一步认识到学习的重要性，树立正确的知识价值观；学生能认识学习中的自己，探索内在学习动机；学生能认识学习这条路是坎坷的，正确看待学习的成功与失败，合理进行成就归因；学生能够从自己过去的经验中获得学习的自信心，寻找自身的优势与支持，增强学习能力感；学生能坦然接受团体结束，并对现在及未来赋能，坚定前行方向。

三、教学时间

每次上课时间为 90 分钟，共 9 次课程。

四、教学准备

（1）场地：专业的团体辅导室。

（2）音乐：根据活动而定。

（3）纸：A4 纸、全开纸若干。

（4）笔：彩笔、蜡笔、签字笔、铅笔若干。

（5）其他：魔法棒一根、剪刀若干、胶布胶水若干、眼罩若干、便利贴若干。

五、教学内容

（一）理论依据

学习动机是激发个体进行学习活动，维持已引起的学习活动，并调节行为朝向一定学习目标的一种内在过程或内部心理状态。它是人类的一种重要的社会性动机，是直接推动学生进行学习的内部动力，表现为对学习的意向、愿望或兴趣等形式，对学习起着积极的推动作用。

刘儒德、陈琦（1997）认为知识价值观、学习兴趣、学习能力感、成就归因四个方面是学习动机的主要内容。知识价值观反映人们对学习内容是否有用的看法；学习兴趣是人们对学习的一种特殊偏好，它促使学生积极主动地参与活动，同时伴随着相应的情绪体验；学习能力感是指人们对学习的自信心，也称"自我效能感"，它影响着人们学习的坚持性，激发、维持向困难挑战的精神和达到学习目的的耐力；成就归因是指人们对学习成败原因的主观分析。

根据学习动机的动力来源，学习动机可以分为内部学习动机和外部学习动机。内部动机是指由个体内在的需要引起的动机，如学生的求知欲、学习兴趣、改善和提高自己能力的愿望等内部动机因素，会促使学生积极主动地学习；外部动机是指个体由外部诱因所引起的动机。例如，某些学生为了得到教师、父母的奖励或避免受到教师、父母的惩罚而努力学习，他们从事学习活动的动机不在学习任务本身，而是在学习活动之外。研究表明，内部动机可以促使学生有效地进行学校中的学习活动，具有内部动机的学生渴望获得有关的知识经验，具有自主性、自发性。具有外部动机的学生的学习具有诱发性、被动性，他们对学习内容本身的兴趣较低。

根据学习动机的作用与学习活动的关系，学习动机可以分为近景的直接性动机和远景的间接性动机。近景的直接性动机是与学习活动直接相连的，来源于对学习内容或学习结果的兴趣。这类动机作用的效果比较明显，但稳定性比较差，容易受到环境或一些偶然因素的影响。远景的间接性动机是与学习的社会意义和个人的前途相连的，其作用较为稳定和持久，能激励学生努力学习并取得好成绩。

（二）政策依据

教育部在《中小学心理健康教育指导纲要（2012 年修订）》中明确提出心理健康教育的重点内容之一是学会学习，并指出小学阶段主要是初步培养学生的学习能力，激发学习兴趣和探究精神，培养自主参与各种活动的能力；初中阶段主要是适应中学阶段的学习环境和学习要求，培养正确的学习观念，发展学习能力，改善学习方法，提高学习效率；高中阶段主要是培养创新精神和创新能力，掌握学习策略，开发学习潜能，提高学习效率，积极应对考试压力，进一步提高承受失败和应对挫折的能力，建立正确的世界观、人生观和价值观；《普通高等学校大学生心理健康教育工作实施纲要（试行）》也明确指出要根据大学生身心发展特点和教育规律，提高大学生适应社会学习与生活的能力，培养良好的学习生活心理品质。

《中国教育现代化2035》提出以凝聚人心、完善人格、开发人力、培育人才、造福人民为工作目标，新时代背景下学校心理健康教育的重点要从学生的问题和心理疾病的治疗转向培养积极心理品质，注重培养学生个体学习发展的主动性，增强学生学习持续性的内部动力，进而培养德智体美劳全面发展的社会主义建设者和接班人。

（三）教学设计

根据刘儒德、陈琦（1997）关于学习动机的研究，我们从知识价值观、学习兴趣、自我效能感、成就归因四个方面，注重学生内部学习动机激发，培养学生远景的间接性学习动机的角度，设计了本次系列感悟式游戏教学方案，主要内容如下：

学习动机激发之感悟式游戏教学活动设计

阶段	主题	目标
初始	说"你好"	学生之间能相互熟悉，建立彼此之间的信任，初步形成团体归属感。
中间	探索职业角色	学生能认识不同的职业，体会不同职业的生活环境，从近景的直接性动机来树立正确的知识价值观。
	穿越时空	学生能从远景的间接性动机进一步认识到学习的重要性，树立正确的知识价值观。
	认识学习中的自己	学生能认识学习中的自己，探索内在学习动机。
	探索学习之路	学生能认识学习这条路是坎坷的，为合理归因做铺垫。
	看生活百态	学生能正确看待学习的成功与失败，合理进行成就归因。
	曾经的我可以	学生能够从自己过去的经验中获得学习的自信心，增强学习能力感。
	寻找我的学习宝藏	学生能寻找自身的优势与支持，为学习生活助力，增强学习能力感。
结束	说"再见"	学生能坦然接受团体结束，并对现在及未来赋能，坚定前行。

六、活动设计方案

（一）第一次活动方案

（1）主题：说"你好"。

（2）目标：学生之间能相互熟悉，建立彼此之间的信任，初步形成团体归属感。

（3）媒材：歌曲《Horizon》；每组两张A4纸，一张全开纸，一支签字笔，一盒水彩笔，一把剪刀，一卷胶布。

（4）时间：90分钟。

（5）活动流程：

阶段	游戏	步骤	目标	备注
暖身（15分钟）	动物大世界	1."名字＋情绪"。所有学生围成一个圈，教师先介绍自己的姓名，并用一个情绪词和动作表达自己此时此刻来到该团体的感受，其他学生根据情绪词做出动作，依次介绍"姓名＋此时此刻的情绪及动作"。其他人模仿。2.动物象征。教师用自己喜欢的动物来介绍自己的典型特征，学生模仿该动作的典型特征及声音。学生思考，并用自己喜欢的动物介绍自己的典型特征及声音，其他学生一起模仿动作及声音，直到每一个学生都介绍自己。	1.学生能表达自己此时此刻的感受，并能回应其他学生。2.学生能用动物介绍自己。	如有学生无伙伴，教师可以让不同种类的动物一起，创作动作或声音。
	动物大联欢	1.动物猜拳。教师请学生随机选择搭档进行猜拳，输的学生变身为"赢的学生的动物形象"，赢的学生继续与其他学生猜拳。2.动物行走。教师请学生用自己喜欢的动物行走的方式在教室内自由行走，当遇到其他学生时，用动作与声音打招呼，该学生回应动物的动作与声音。	1.学生之间能互相猜拳，并愿赌服输。2.学生能够互相打招呼与回应。	教师可先让学生示范，再一起行走。
发展（65分钟）	我的名字在哪里	1.换名字。学生两两一组，互相介绍自己的名字，并互换名字，并在团辅室随意走动，不停地介绍自己的"名字"，换"名字"，直到找到自己真实的名字为止。2.找名字。当学生找到自己的名字时，大声喊："我找到了，我是……"找到自己名字的同学站到外圈，为没有找到名字的同学加油。3.分享感受。学生讨论并分享自己在活动中的感受，以及自己是怎么找到自己的名字的。	1.学生之间互相能交换名字。2.学生能不断寻找自己的名字。3.学生能分享自己的感受与想法。	如有学生落单，他可以跟教师一组，互换名字。
	我们的吉祥物	1.分组。教师请学生按照动物的大小或类型进行分组，每组6人，分成若干组。2.吉祥物。以小组为单位，学生在全开纸上画一个大圆，圆内画出自己小组的吉祥物，圆外画每个人的手掌印，掌心在圆的周围，在各自的掌心处写上自己的名字、兴趣爱好等，为小组的作品取名字，并创作队名、队歌、口号、经典动作等。3.汇报展示。小组汇报展示，其他组重复队名、队歌、口号、经典动作。	1.学生能拥有自己的队友。2.学生能够创作小组文化。3.学生能够展示自己组的文化。	教师引导学生彼此之间互相关注与支持。
	我们友爱的家	1.即兴行走。教师播放背景音乐，学生边听边行走。小组成员手拉手，在场中即兴行走，组内相互穿洞，再钻其他组的洞。2.造型定格。所有组形成一个卷心菜定格，教师拍照。	1.学生能够即兴互动。2.学生能展现在群体中的形态。	注意安全。
结束（10分钟）	我的情绪词	1."姓名＋情绪、动作"。学生依次用"姓名＋此时此刻的情绪及动作"表达自己此时此刻的感受，其他学生重复该动作，依次介绍。2.互道感谢。教师引导学生互相感谢，期待下次再见。	1.学生能表达自己今天活动的感受。2.学生能感受到团体的温暖与支持。	教师注意学生参加活动的前后变化，并注重引导。

（6）观察记录表：

阶段	游戏	目标	形成性评量					评量方式	教学使用	通过与否	教学决定	备注
			1	2	3	4	5					
暖身	动物大世界	1. 学生能表达自己此时此刻的感受，并能回应其他学生。										
		2. 学生能用动物介绍自己。										
		3. 学生能够互相打招呼与回应。										
	动物大联欢	1. 学生之间能互相猜拳，并愿赌服输。										
		2. 学生能够互相打招呼与回应。										
发展	我的名字在哪里	1. 学生之间互相能交换名字。										
		2. 学生能不断寻找自己的名字。										
		3. 学生能分享自己的感受与想法。										
	我们的吉祥物	1. 学生能够创作小组文化。										
		2. 学生能够创作小组文化。										
		3. 学生能够展示自己组的文化。										
	我们友爱的家	1. 学生能够即兴互动。										
		2. 学生能展现在群体中的形态。										
结束	我的情绪词	1. 学生能表达自己今天活动的感受。										
		2. 学生能感受到团体的温暖与支持。										

（二）第二次活动方案

（1）主题：探索职业角色。

（2）目标：学生能认识不同的职业，体会不同职业的生活环境，从近景的直接性动机来树立正确的知识价值观。

（3）媒材：音乐《我的未来不是梦》，轻音乐《Bloom of Youth》；每人两张 A4 纸，一支签字笔；每组一盒水彩笔，一盒油画棒。

（4）时间：90 分钟。

（5）活动流程：

阶段	游戏	步骤	目标	备注
暖身（20分钟）	猜一猜	1.我是干啥的？所有的学生围成圆圈站好，教师首先做一个职业的典型动作，如清洁工、棒棒、白领、律师等，请学生猜动作代表什么角色。 2.我也可以做。教师随机给某一学生关于职业的名词，请该学生模仿该角色做动作，其他学生模仿动作并猜角色。该学生随机挑选下一个学生，依次进行不同的职业角色动作的扮演，其他人模仿。	1.学生能根据教师的动作猜出相应的职业。 2.学生能模仿某一职业动作。	教师尽可能形象生动地扮演某职业角色做示范。
	行走中的角色	1.角色行走。当教师说出某一职业时，如棒棒，其他学生扮演该职业在室内自由走动。教师在说过两三个角色之后，请学生说职业角色，教师与学生扮演角色行走，相互打招呼，循环五六次。 2.感受分享。学生分享自己在扮演不同职业角色时的感受与想法。	1.学生能够根据职业角色特征在室内自由行走。 2.学生能够分享自己扮演不同职业角色的感受。	教师尽可能让学生感受到不同的职业的特征，唤醒学生相应的生活经验。
发展（65分钟）	创设环境	1.我所理解的职业。学生根据上述的职业，选出某一职业，在A4纸上使用油画棒或水彩笔画出该职业的生活或工作环境。 2.组内分享。相邻6人一组，依次分享自己所选的职业和该职业的生活或工作环境。 3.小组创编。小组根据自己所选的职业的生活或工作环境，创设人物串编一个与职业角色相遇的故事，简要写在A4纸上。要求故事有核心主题、发生、发展、高潮、结尾及结论。	1.学生能够创设某一职业的生活或工作环境。 2.学生能分享所创作的生活或工作环境。 3.学生之间能合作创作一个与职业角色相遇故事。	教师注意引导学生展开想象，画出自己对某一职业的理解。
	故事剧本展演	1.故事再现准备。各小组将自己组的故事剧本交给教师，每小组派一名代表抽故事剧本，并根据故事进行角色扮演的准备。 2.故事展演。各小组依次进行展演，教师引导其他组学生发现表演组的经典动作或特色。	1.学生能够合作准备表演。 2.学生能够发现他人的亮点。	教师尽量要求每一个学生都参与到角色当中。
	何以如此	1.小组讨论。教师请学生以小组为单位进行讨论：是什么让他们能够过上现在的生活？ 2.代表发言。各小组派一名代表发言，其他学生补充。 3.教师总结。	1.学生能够参与讨论。 2.学生能够表达自己的观点。	教师注意激发学生思考。
结束（10分钟）	我的职业期待	1.心中展望。所有学生围成一个圆，并思考：十年后的自己想过什么样的生活，要做什么工作？ 2.我的理想职业。教师播放音乐《我的未来不是梦》，学生用身体动作和声音表达十年后自己期待的职业，带着这种职业角色的动作随音乐舞动，并与其他人打招呼，音乐结束时用职业角色定格成群体雕像，教师拍照。 3.未来之路。教师请学生再次思考：现在的你凭什么能让十年后的自己过上如此的生活？并请学生分享自己的观点，教师总结。	1.学生能够思考十年后的自己。 2.学生能够用身体表达自己的职业期待。 3.学生能找到实现未来职业期待的途径和方法。	教师注意示范，引导学生扮演自己的理想职业。

（6）观察记录表：

阶段	游戏	目标	形成性评量					评量方式	教学使用	通过与否	教学决定	备注
			1	2	3	4	5					
暖身	猜一猜	1.学生能根据教师的动作猜出相应的职业。										
		2.学生能模仿某一职业动作。										
	行走中的角色	1.学生能够根据职业角色特征在室内自由行走。										
		2.学生能够分享自己扮演不同职业角色的感受。										
发展	创设环境	1.学生能够创设某一职业的生活或工作环境。										
		2.学生能分享所创作的生活或工作环境。										
		3.学生之间能合作创作一个与职业角色相遇故事。										
	故事剧本展演	1.学生能够合作准备表演。										
		2.学生能够发现他人的亮点。										
	何以如此	1.学生能够参与讨论，发表自己的观点。										
		2.学生能够表达自己的观点。										
结束	我的职业期待	1.学生能够思考十年后的自己。										
		2.学生能够用身体表达自己的职业期待。										
		3.学生能找到实现未来职业期待的途径和方法。										

（三）第三次活动方案

（1）主题：穿越时空。

（2）目标：学生能从远景的间接性动机进一步认识到学习的重要性，树立正确的知识价值观。

（3）媒材：轻音乐《Departure》；每人一张 A4 纸、一支签字笔；若干盒彩笔；纸箱、椅子、丝巾、布、报纸等若干。

引导语：

请学生在静思过程中保持自己的脊柱直立，并保持安静。如果你已经准备好了，可以慢慢闭上你的眼睛，把注意力放在音乐上，让自己的思绪与想法随着音乐的旋律，自由发生。在这个过程中，你可能也会听到其他的一些声音，没关系，它们不会影响你。

现在，我们开始将注意力放在原始社会时期，那时的人们是什么样的生活状态？怎么样做饭？吃什么？日常出远门用什么交通工具？靠什么养活自己？你对原始社会的认识还有哪些……时间走着走着，到了奴隶社会时期，奴隶社会的人们是什么样的生活状态？怎么样做饭？吃什么？日常出远门用什么交通工具？靠什么养活自己？你对奴隶社会的认识还有哪些……随着社会不断地发展，到了封建社会时期，封建社会的人们是什么样的生活状态？怎么样做饭？吃什么？日常出远门用什么交通工具？靠什么养活自己？你对封建社会的认识还有哪些……

现在，将这三个时期的生活进行对比，你发现了什么不一样的地方？……如果你现在已经有了自己的认识，可以进行深呼吸，深深地吸气，缓缓地吐气，吸气，吐气，当你觉得舒服时，可以慢慢睁开眼睛。如果你还需要再思考一会儿，你可以再给自己一些时间。

（4）时间：90分钟。

（5）活动流程：

阶段	游戏	步骤	目标	备注
暖身（15分钟）	"彩虹"路	1.结伴自由行走。所有学生围成一个圆圈，邻近两人为一组，一人自由行走，另一个人模仿。两人互相模仿对方不同的行走方式，变换不同方式行走。 2.花样行走。教师或学生可以说出某一个交通工具或者某一种道路，学生根据自己的生活体验，做出相应的动作，如走路，走泥泞的路，走石子路、柏油路等；坐公交车，石子路、泥泞路、公路等；坐飞机、宇宙飞船、时光穿梭机。 3.分享感受。学生互相表达自己在不同的交通方式下，在不同的道路上，有什么不同的感受？	1.学生能够模仿伙伴的方式行走。 2.学生能够根据不同的交通工具或不同的道路，做出不同的反应。 3.学生能表达自己的感受。	教师在前面引导的时候，尽量往体验较差的方式上引导。
发展（60分钟）	穿越	1.头脑中的穿越。静思：教师关上灯，拉上窗帘，播放背景音乐《Departure》，请学生慢慢闭上眼睛，跟着教师的引导语进行静思（引导语见媒材）。 2.印象最深的社会。学生两两一组，互相分享自己在静思中所想到的不同社会历史时期人们的生活状态，尤其是印象最深的社会场景。 3.我所理解的社会。学生以小组为单位，互相分享自己所认识的原始社会、奴隶社会、封建社会的生活状态。 4.创作穿越。各组抽签，分工不同的时期，小组合作在全开纸上创作自己穿越到特定时期的生活状态，展现人们生活现状的故事。	1.学生能够根据教师的引导语进行静思。 2.学生能互相分享自己的画面。 3.学生能够创作历史故事。	如果学生对其他时期的生活状态感兴趣，也可以进行创作。
	创设历史场景	1.我们的生活。各小组以自己创作的故事为背景，使用纸箱、椅子、丝巾、布、报纸等媒材，布置场景，装扮自己，建构该历史时期的生活环境。 2.穿越。各小组依次展示，其他组进行参观，并体验、感受各组的特色。 3.感受分享。学生分享自己在参观时的感受。	1.学生能建构该历史背景下的生活环境。 2.学生能互相展示，并看到好的地方。 3.学生能够分享自己的感受。	教师需要了解学生的故事，以免大家的故事都一样。
	智能化时代	1.创设未来的生活。学生以小组为单位，思考现在的生活状态，以及未来10年后、20年后的生活状态，并以某一时间段为背景，创造现代或未来期待的生活故事，可画，可写，并表演出来。 2.小组展演。小组展示自己组的故事。 3.小组讨论。学生以小组为单位讨论原始社会、奴隶社会、封建社会、现代社会的不同，以及各个历史朝代发展的原因。 4.小组分享。小组代表分享自己组的讨论结果，教师总结。	1.学生能够创作未来时期的故事。 2.学生能够分享自己组的故事。 3.学生能够深入讨论不同历史时期发展的原因。	教师可以让前一组表演的学生评价后一组表演的学生，依次循环。
结束（15分钟）	一小步	1.我的努力。所有学生围成一个圈，思考：我该为社会的发展做哪些力所能及的努力？努力的方面越具体越好。 2.喊出我的行动。每个学生依次说出自己做的努力，并在最后，一起喊出来。 3.互道致谢。教师总结，并引导学生互相致谢，感恩。	1.学生能够思考自己的努力。 2.学生能够勇敢说出自己的努力。	教师尽量引导学生思考自己现阶段的努力。

（6）观察记录表：

阶段	游戏	目标	形成性评量					评量方式	教学使用	通过与否	教学决定	备注
			1	2	3	4	5					
暖身	"彩虹"路	1.学生能够模仿伙伴的方式行走。										
		2.学生能够根据不同的交通工具或不同的道路，做出不同的反应。										
		3.学生能表达自己的感受。										
发展	穿越	1.学生能够根据教师的引导语进行静思。										
		2.学生能互相分享自己的画面。										
		3.学生能够创作历史故事。										
	创设历史场景	1.学生能建构该历史背景下的生活环境。										
		2.学生能互相展示，并看到好的地方。										
		3.学生能够分享自己的感受。										
	智能化时代	1.学生能够创作未来时期的故事。										
		2.学生能够分享自己组的故事。										
		3.学生能够深入讨论不同历史时期发展的原因。										
结束	一小步	1.学生能够思考自己的努力。										
		2.学生能够勇敢说出自己的努力。										

（四）第四次活动方案

（1）主题：认识学习中的自己。

（2）目标：学生能认识学习中的自己，探索内在学习动机。

（3）媒材：音乐《我相信》；每人一张 A4 纸，一支签字笔。

（4）时间：90 分钟。

（5）活动流程：

阶段	游戏	步骤	目标	备注
暖身（15分钟）	情景表达	1.用身体表达情景。所有学生围成一个圆圈，当教师说一个场景，如我尝试了做番茄炒鸡蛋；我认识了一元一次函数；我今天跟一个从未讲过话的同学聊天了；我今天用了一个好玩的方式背了单词。学生根据自己的理解做出相应的动作或表达相应的情绪。 2.感受分享。学生分享自己在身体表达过程中的感受与想法。	1.学生能根据场景做出动作或表达情绪。 2.学生能分享自己在身体表达过程中的感受与想法。	教师也可以用独特的语言与学生交流。
发展（60分钟）	我的学习故事	1.我的学习故事。学生两两一组，分别为A、B，A先讲自己关于学习中有趣的故事，可以是生活中的学习，也可以是纯粹的学习，讲完之后，B就A的故事进行一句话概括，并用身体表达出来。换角色。 2.感受分享。学生两两分享自己的感受与想法。	1.学生能表达自己关于学习的故事。 2.学生能分享自己的感受与想法。	学习也包括生活中的学习，如人际交往。
	学习中的自己像什么？	1."像什么"。学生思考学习中的自己像什么，可以是动物、植物、大自然界的现象…… 2.身体表达"像什么"。学生以小组为单位，一人根据自己的隐喻做动作，其他学生猜是什么。当有学生猜对时，其他学生依次说出该隐喻好的地方。	1.学生能够思考学习中的自己像什么。 2.学生能用动作表示隐喻，并能表达其好的地方。	在猜动作时，学生可以给予队友一定的提示。
	内在资源	1.我的资源。每人一张A4纸，一支签字笔，根据隐喻故事的分享与支持，请学生完成：学习中的自己像_____，可以（拥有）_____。至少完成3个答案。 2.互帮互助。学生在小组分享答案，其他学生帮忙再写三个答案。 3.感受分享。学生分享自己的感受与想法。	1.学生能够写出自己的隐喻资源。 2.学生能够分享自己的，也可以帮助他人找到隐喻资源。 3.学生能够分享自己的感受与想法。	学生写不出来的时候，教师可以让学生互相写。
结束（15分钟）	带着资源舞动	1.带着资源舞动。所有学生围成一个圈，教师播放音乐《我相信》，学生跟着音乐的节奏，带着自己的内在资源，在团辅室内自由地舞动。 2.感受分享。学生分享自己的感受与想法。	1.学生能够跟随着音乐不断舞动。 2.学生能够分享自己的感受与想法。	教师可以带领大家一起舞动。

（6）观察记录表：

阶段	游戏	目标	形成性评量					评量方式	教学使用	通过与否	教学决定	备注
			1	2	3	4	5					
暖身	情景表达	1.学生能根据场景做出动作或表达情绪。										
		2.学生能分享自己在身体表达过程中的感受与想法。										
发展	我的学习故事	1.学生能表达自己关于学习的故事。										
		2.学生能分享自己的感受与想法。										
	学习中的自己像什么？	1.学生能够思考学习中的自己像什么。										
		2.学生能够用动作表示隐喻，并能表达其好的地方。										
	内在资源	1.学生能够写出自己的隐喻资源。										
		2.学生能够分享自己的，也可以帮助他人找到隐喻资源。										
		3.学生能够分享自己的感受与想法。										
结束	带着资源舞动	1.学生能够跟随着音乐不断舞动。										
		2.学生能够分享自己的感受与想法。										

（五）第五次活动方案

（1）主题：探索学习之路。

（2）目标：学生能认识学习这条路是坎坷的，为合理归因做铺垫。

（3）媒材：音乐钢琴版《Five Hundred Miles》、轻音乐《Song for Kiara》、视频《鹬》；每人一张 A4 纸，一支签字笔，四张便利贴；每组一盒水彩笔和蜡笔。

引导语：

请学生在静思过程中保持自己的脊柱直立，保持安静。如果你已经准备好了，可以慢慢闭上眼睛，把注意力放在音乐上，让自己的思绪与想法随着音乐的旋律，自由发生。在这个过程中，你可能也会听到其他的一些声音，没关系，它们不会影响你。

现在，请你将注意力放在自己的学习上，从幼儿园到小学，到初中，好像发生了很多事，好的，不好的，开心的，不开心的，等等。请你用道路的形态来画出自己的学习生活，可以是学习过程，也可以是学习状态，也可以是学习经历。

你在不同学生阶段的学习之路有什么区别？长什么样子呢？多长？多宽呢？有什么颜色？又有什么形状图案呢……如果你现在已经有了清楚的画面，可以慢慢睁开眼睛。如果你还需要再思考一会儿，可以再给自己一些时间。

（4）时间：90分钟。

（5）活动流程：

阶段	游戏	步骤	目标	备注
暖身（15分钟）	自由行走	1. 自由行走。所有学生跟着音乐钢琴版《Five Hundred Miles》在团辅室自由行走，教师下达命令"走着走着，遇到了一条石子路""走着走着，遇到了泥泞的路""走着走着，遇到了山路""走着走着，遇到了台阶""走着走着，遇到了公路"……学生根据教师的指令做出相应的动作。 2. 带着情绪行走。教师在不同路的基础之上，增加"快""慢""着急""开心"等速度、情绪词，让学生们继续体验。 3. 感受分享。学生分享自己的感受与想法。	1. 学生能够根据教师指令做相应的动作。 2. 学生能够不断调整状态走不同的路。 3. 学生能分享自己的感受与想法。	如果学生还没有放开自己，教师可以增加反向的操作，如指令"快"需做"慢"的动作。
发展（65分钟）	学习之路的样子	1. 创设静思环境。学生在教室的任何一个角落找一个让自己舒服的地方，或坐，或蹲，或躺下，并保持脊柱直立。 2. 静思。教师关灯，拉上窗帘，播放背景音乐《Song for Kiara》，引导学生进入静思状态。（引导语见媒材） 3. 静思结束。学生进行思考。	1. 学生能够在静思的环境中感觉到安全与舒服。 2. 学生能够根据教师的指导语进行静思。 3. 学生能够从静思状态清醒过来。	教师关注在静思过程中有额外动作的学生。
	绘学习之路	1. 绘学习之路。学生根据自己的冥想，画出自己在不同阶段的学习之路，如小学、初中等，在路的上面写上开心的事，路的下面写不开心的事，并对不同阶段的学习之路做简单的文字说明。每人一张A4纸，一支签字笔，四张便利贴；每组一盒水彩笔和蜡笔。 2. 两两分享。学生们两两一组，互相分享自己的画，每人各2分钟。 3. 互相回应。学生在小组内分享自己的画，当学生在分享时，其他学生认真倾听，并给予回应，用"我感受到了……"来回应，例如我感受到了积极、努力、勇敢、认真、阳光、坚持、责任……	1. 学生能根据静思画出自己的学习之路。 2. 学生能够与他人进行分享。 3. 学生能够主动表达对他人的积极评价。	学生画学习之路时，可以划分得更细些；学生的画画技巧不重要，重在表达。
	我的学习资源支持	1. 互相走动贴便利贴。学生把自己的画放在凳子上，拿着自己手中的便利贴和笔，依次走动，观看其他学生的画，并将支持写在便利贴上，贴在该画的空白处。 2. 感受分享。学生回到自己的座位上，看看自己的画，并分享：当看到别人给自己的支持时，有什么感受？看到大家的学习之路，你有什么想法与反思？ 3. 教师总结。	1. 学生能够相互走动观看其他学生的画。 2. 学生能够对他人的画给予积极的支持。 3. 学生能够看到学习之路的坎坷与艰辛。	有的学生很快把便利贴贴完了，有的比较慢，教师可以适当再发一些便利贴。
结束（10分钟）	我的行动	1. 视频升华。学生观看视频《鹬》，并分享自己的感受。 2. 我的行动。学生思考并大声表达：未来的学习之路，我该如何行走？	1. 学生能表达自己看视频的感受。 2. 学生能够勇敢表达自己的想法。	教师注重引导学生现阶段的具体学习方向。

（6）观察记录表：

阶段	游戏	目标	形成性评量					评量方式	教学使用	通过与否	教学决定	备注
			1	2	3	4	5					
暖身	自由行走	1.学生能够根据教师指令做相应的动作。										
		2.学生能够不断调整状态走不同的路。										
		3.学生能分享自己的感受与想法。										
发展	学习之路的样子	1.学生能够在静思的环境中感觉到安全与舒服。										
		2.学生能够根据教师的指导语进行静思。										
		3.学生能够从静思状态清醒过来。										
	绘学习之路	1.学生能根据静思画出自己的学习之路。										
		2.学生能够与他人进行分享。										
		3.学生能够主动表达对他人的积极评价。										
	我的学习资源支持	1.学生能够相互走动观看其他学生的画。										
		2.学生能够对他人的画给予积极的支持。										
		3.学生能够看到学习之路的坎坷与艰辛。										
结束	我的行动	1.学生能表达自己看视频的感受。										
		2.学生能够勇敢表达自己的想法。										

（六）第六次活动方案

（1）主题：看生活百态。

（2）目标：学生能正确看待学习的成功与失败，合理进行成就归因。

（3）媒材：轻音乐《星空下》；一支魔法棒；每人一张 A4 纸、一支签字笔。

《河马能干啥》绘本简介：总是悠然自得、从容不迫的河马尝试做各种工作：消防员、水手、宇航员。此外，河马还尝试芭蕾舞演员、钢琴家、马仔，但都由于体重过重而以失败告终。但河马决不会因这点小失败而气馁。稍事休息后，河马决定不急不躁地慢慢来。

（4）时间：90 分钟。

（5）活动流程：

阶段	游戏	步骤	目标	备注
暖身（15分钟）	动物大世界	1.动物大世界。所有的学生围成一个圈，思考自己喜欢什么动物，以及它的动作与声音，不可以告诉其他人。 2.两人互猜。两人随意结对，其中一个学生做动作，由另一个学生猜，直到猜对为止。再换下一个学生做动作，直到教师喊停为止。	1.学生能够思考自己喜欢什么动物。 2.学生能够互相做动作，猜动物。	如有学生落单，教师可以安排三个人一组。
	河马的形象	1.小组创造角色。学生以小组为单位，合力扮演河马。 2.小组展示。各组依次展示。 3.互相点评。教师引导学生相互欣赏亮点。	1.学生能够一起扮演河马。 2.学生能互相支持。	教师需多表扬学生积极的地方。
发展（60分钟）	魔法棒讲故事	1.魔法棒讲故事。所有学生围成圆圈，教师手持魔法棒，边讲河马找工作的故事，边选学生，被选中的学生表演故事场景。 2.感受分享。学生分享自己的感受与想法。	1.学生能够边听故事边表演。 2.学生能够分享自己的感受与想法。	教师讲故事的节奏要慢，给学生反应的时间。
	分析河马的角色	1.分析河马的角色。学生以小组为单位，在A4纸上画一只河马，并分析故事中的河马的性格、想法、优缺点等。 2.小组展示。各小组展示，教师总结。	1.学生能分析河马的特征。 2.学生能够展示小组成果。	教师引导学生看到河马所找职业的不适合。
	河马"建议巷"	1."建议巷"。所有学生面向教师排成两列，一名学生扮演河马的角色，其他学生就"河马到底该不该继续找工作"这一话题以自己的视角，给河马一个明确的答案，并说出为什么。 2.听建议。教师播放背景音乐《星空下》，"河马"依次走过学生身边，听取意见与想法。 3.河马决定。"河马"走完之后，就"河马到底该不该继续找工作"这一话题给出一个综合性的意见，并表达自己的看法。其他学生接纳河马的观点。	1.学生能思考"河马到底该不该继续找工作"。 2.学生能向"河马"表达自己的观点。 3.学生能接纳河马的决定。	教师注意维持学生纪律，并让"河马"做适合自己的决定。
结束（15分钟）	肺腑之言	1.该与不该。教师请学生给该不该继续工作的河马（"建议巷"的结果）写一封信。开头是：该／不该继续工作的河马，我想对你说，_____。 2.信分享。学生分享自己的信。 3.相似经历。教师请学生思考自己的生活，其是否有跟河马类似的经历，并进行分享。 4.教师总结。	1.学生能真诚地给河马写信。 2.学生能够表达自己的支持。 3.学生能够分享自己的类似经验。	教师需注重引导出学生的积极资源。

（6）观察记录表：

阶段	游戏	目标	形成性评量					评量方式	教学使用	通过与否	教学决定	备注
			1	2	3	4	5					
暖身	动物大世界	1.学生能够思考自己喜欢什么动物。										
		2.学生能够互相做动作，猜动物。										
	河马的形象	1.学生能够一起扮演河马。										
		2.学生能互相支持。										
发展	魔法棒讲故事	1.学生能够边听故事边表演。										
		2.学生能够分享自己的感受与想法。										
	分析河马的角色	1.学生能分析河马的特征。										
		2.学生能够展示小组成果。										
	河马"建议巷"	1.学生能思考"河马到底该不该继续找工作"。										
		2.学生能向"河马"表达自己的观点。										
		3.学生能接纳河马的决定。										
结束	肺腑之言	1.学生能真诚地给河马写信。										
		2.学生能够表达自己的支持。										
		3.学生能够分享自己的类似经验。										

（七）第七次活动方案

（1）主题：曾经的我可以。

（2）目标：学生能够从自己过去的经验中获得学习的自信心，增强学习能力感。

（3）媒材：纯音乐《鸡》，轻音乐《安静的午后》《虫之安眠曲》，《我相信》；每人一张 A4 纸，一支签字笔；每组一盒彩笔。

引导语：

请学生保持自己的脊柱直立，保持安静，慢慢地闭上眼睛，如果你已经准备好了，可以把注意力放在音乐上，让自己的思绪与想法随着音乐的旋律，自由发生。在这个过程中，你可能也会听到其他的一些声音，没关系，它们不会影响你。

现在，请你将注意力放在自己你刚刚画的九宫格绘画上，自己画了什么？画的过程中有什么样的感受？你对自己有了什么样的新认识？可以是一方面，也可以是多方面。关于这个新的认识，请用：我是一个 _____ 的人，来描述，可以是一句，也可以是多句。当你在寻找自己内在与外在资源的时候，有什么样的感受？当其他学生发现并给予自己资源与支持的时候，有什么样的感受？你对自己有了什么样的新认识？请用：我是一个 _____ 的人，来描述。

将自己在九宫格绘画与写内、外在资源中对自己的认识合并在一起，并自己默默地告诉自己：

我是 ＿＿＿ 的人，感受自己此时此刻的状态与感受，并用一个动作来表示。这个动作汇聚了我们学习生活中的闪亮时刻，它能带给我们新的能量。当自己在情绪低落、对自己丧失信心的时候，我们可以做这个动作，它能带给我们力量。请你再默默地做一次这个动作，感受它带给你的力量。

现在，请你把注意力放在自己的呼吸上，吸气，吐气，将新鲜的空气吸入自己的身体内，同时，将自己所产生的浊气、废气排出体外，吸气，吐气……现在，可以慢慢把注意力放在这次活动上，活动一下身体，慢慢睁开自己的眼睛。

（4）时间：90分钟。

（5）活动流程：

阶段	游戏	步骤	目标	备注
暖身（15分钟）	鸡蛋小鸡凤凰	1. 讲解游戏规则并示范。所有人都蹲下，扮演鸡蛋，左右摇头，发声"啊啊啊"，学生找同伴猜拳，若赢，进化为小鸡，半蹲身体，前后摇头，发声"咕咕咕"，找小鸡猜拳，若赢，进化为凤凰，做双手飞舞的动作，发声"啦啦啦"，继续猜拳。在猜拳中，若输，退化一步，但鸡蛋仍是鸡蛋。 2. 鸡蛋小鸡凤凰。所有学生蹲下，当教师播放背景音乐《鸡》时，学生开始活动。 3. 感受分享。学生分享自己活动中的感受：最终是什么角色？赢了多少次？输了多少次？是什么让自己在失败中不断重新开始的？ 4. 教师总结。教师总结并引导学生看到自己的坚持与勇敢，以及在失败后的重新开始也是可以的。	1. 学生能够不断进行猜拳游戏。 2. 学生能够分享自己活动中的感受。 3. 学生意识到自己是可以不断重新开始，寻找机会的。	如有部分学生一直待在某一个地方，教师可以尝试鼓励其走出去看看。
发展（60分钟）	我的成功学习案例	1. 准备九宫格。教师让学生将手中的A4纸折成九宫格，并用自己喜欢的彩笔画出相应的线条。 2. 绘案例。学生思考自己在学习生活中的成功案例，按照一定的顺序，一格一格地将脑海中浮现的事物自由地画出来，以图画、文字、符号等任何形式表达都可以。 3. 两两分享。学生两两一组，互相分享自己的闪亮时刻，并互相给对方的每一格命名。 4. 互相支持。学生以小组为单位，当其中一人分享自己的作品时，其他学生依次说出他的1至2个优秀品质或资源。依次进行，直到每人都分享，并得到支持为止。	1. 学生能画出喜欢颜色的九宫格。 2. 学生能表达自己的成功经验。 3. 学生能分享自己的成功经验，并为对方的作品命名。 4. 学生能互相发现他人的优点与资源。	九宫格也不一定非要画完，能画几个是几个。
	掌控生活	1. 掌上资源。学生在九宫格A4纸的背面临摹自己的左右手，并在左手手指上写上自己的外在资源，如朋友、家人、补习班、运气等，在右手的手指上写出自己的内在资源，即自己拥有的内在力量，如坚持、努力等。 2. 小组分享。学生以小组为单位，互相分享自己所写的内在与外在资源，其他学生进行补充。 3. 感受分享。学生分享自己的感受与想法。	1. 学生能写出自己的内在与外在资源。 2. 学生能互相给予他人资源与支持。 3. 学生能够觉察自己的感受，并分享自己的感受与想法。	手比较大的学生将手指并拢一些。
	我是什么样的人	1. 创设静思环境。学生在教室的任何一个角落找一个让自己舒服的地方，或坐，或蹲，或躺下，并保持脊柱直立。 2. 静思。教师关灯，拉上窗帘，播放背景音乐《虫之安眠曲》，引导学生进入静思（引导语见媒材）。 3. 思考。学生回到现实生活中，并在"掌控生活"的手掌心上写出：我是_____的人。	1. 学生能够在静思的环境中感觉到安全与舒服。 2. 学生能够根据教师的指导语进行静思。 3. 学生能够对自己进行重新定义。	教师在学生静思的过程中尽量语气平和，语速稍慢，给学生感受的时间。
结束（15分钟）	星光大道	1. 星光大道。学生面对面站成两列，学生依次大声读出：我是_____的人，并在星光大道上做出给予自己力量的动作，依次完成，直到最后一个。 2. 互相支持。学生之间互相给予语言支持与动作支持，语言支持是：你可以的！你很棒！过去的你可以现在的你也可以！动作支持是：竖起大拇指、鼓掌、拥抱。 3. 集体合唱。教师播放音频《我相信》，所有人一起跟唱。	1. 学生能大声读出自己对自己的定义，并做出相应的动作。 2. 学生之间能互相给予支持。 3. 学生能大声唱歌。	其他学生也可以回应：某某是_____的人，以巩固认知。

（6）观察记录表：

阶段	游戏	目标	形成性评量					评量方式	教学使用	通过与否	教学决定	备注
			1	2	3	4	5					
暖身	鸡蛋小鸡凤凰	1.学生能够不断进行猜拳游戏。										
		2.学生能够分享自己活动中的感受。										
		3.学生意识到自己是可以不断重新开始，寻找机会的。										
发展	我的成功学习案例	1.学生能画出自己喜欢颜色的九宫格。										
		2.学生能表达自己的成功经验。										
		3.学生能分享自己的成功经验，并为对方的作品命名。										
		4.学生能互相发现他人的优点与资源。										
	掌控生活	1.学生能写出自己的内在与外在资源。										
		2.学生能互相给予他人资源与支持。										
		3.学生能够觉察自己的感受，并分享自己的感受与想法。										
	我是什么样的人	1.学生能够在静思的环境中感觉到安全与舒服。										
		2.学生能够根据教师的指导语进行静思。										
		3.学生能够对自己进行重新定义。										
结束	星光大道	1.学生能大声读出自己对自己的定义，并做出动作。										
		2.学生之间能互相给予支持。										
		3.学生能大声唱歌。										

（八）第八次活动方案

（1）主题：寻找我的学习宝藏。

（2）目标：学生能寻找自身的资源与支持，为学习生活助力，增强学习能力感。

（3）媒材：歌曲《You Rise Me Up》；视频《一只顽强的猪》；每人一张 A4 纸，一支签字笔，一个眼罩；每组一盒彩笔和一盒蜡笔。

（4）时间：90 分钟。

（5）活动流程：

阶段	游戏	步骤	目标	备注
暖身（15分钟）	开小火车	1.教师介绍规则。两人一组，一人当火车头，戴着眼罩，一人当司机，司机双手搭在火车头的双肩上，不断操控方向，以穿越凳子障碍。 2.开小火车。教师播放背景音乐《You Rise Me Up》，学生两人一组，一人当车头，一人当司机。教师在团辅室布置凳子障碍，并让学生们开始活动：开小火车啦。 3.互换角色。火车头与司机互换身份，继续开小火车。 4.感受分享。两人互相分享自己扮演火车头与司机的感受与想法。	1.学生能够在场地中能逐渐感觉到安全、舒服。 2.无论什么身份，学生都能坦然接受。 3.即使道路是未知的，学生也能够继续前行。 4.学生能够感受自己的情绪，并表达。	1.刚开始有学生紧张，教师需要注意情绪安抚。 2.第二轮开小火车的时候，教师要修改一下凳子障碍。
发展（65分钟）	遭遇挫折的"猪"	1.视频播放。教师播放《一只顽强的猪》的视频。 2.学生分组讨论。它产生了什么情绪？它是一只什么样的猪？ 3.代表分享。小组代表分享讨论结果，其他成员补充。 4.教师总结。坚持不放弃（15次的尝试）、勇敢（每次都能重新开始）、利用资源（寻找身边可利用的东西）、有想法（每次使用的物品都不一样）、有目标（想吃到东西）、有行动（不仅仅只有负面情绪，也有行动）、聪明（借助能够借助的资源）、愿意尝试（一次又一次开始）。 5.教师反馈。这就是挫折给予我们的成长与宝藏。	1.学生能够认真看视频。 2.学生能够在小组讨论的时候，沉下心思考。 3.学生能够表达自己对小猪的看法。 4.学生能看到小猪身上的优秀品质。	教师需要多引导学生观察分析小猪为吃饼干所做的努力。
	我的挫折事件	1.挫折事件。学生思考并选取印象最深刻的事件，可以是一件，也可以是多件。 2.事件分享。学生以小组为单位，个人轮流分享，当其中一个人分享时，其他学生根据其挫折事件的重要环节进行表演，并给予一个资源支持：我感觉你……如厉害、勇敢、自信、抗挫折、不容易、很棒等。 3.感受分享。学生分享自己的感受与想法。	1.学生能够选取自己的挫折事件进行分享。 2.学生能够认真观看表演，并表达支持。 3.学生能分享自己的感受与想法。	如有个别学生情绪低落，教师可以请他单独分享，其他学生给予支持。
	我的资源大树	1.我的资源大树。学生在A4纸上画一棵大树，涂上相应的颜色，并在树的枝干或者树叶上写上从挫折事件中发现的资源，在根部或者树下面写：我是 ____ 的人；我拥有 ____；我希望 ____ 成为 ____ 的人；我相信能成为 ____ 的人。 2.大树分享。学生在小组内分享，并互相补充。	1.学生能够完成自己的资源大树。 2.学生能够分享自己的树，并互相补充资源。	教师也可以多观察，多给予学生支持。
结束（10分钟）	我的未来	1.未来的发展。学生思考自己的未来发展方向，为自己的树画出未来的成长趋势，并为自己添加：我还应该发展什么资源能让自己更好？我应该做些什么？ 2.想法分享。学生分享自己的想法与实际做法，其他学生给予语言支持与动作支持，语言支持是：你可以的！你很棒！过去的你可以现在的你也可以！动作支持是：竖起大拇指、鼓掌、拥抱。 3.教师总结。	1.学生能想到未来的发展。 2.学生能表达自己需要发展的资源与实际行动。 3.学生之间能互相支持。	教师注重引导学生思考自身的发展资源。

（6）观察记录表：

阶段	游戏	目标	形成性评量					评量方式	教学使用	通过与否	教学决定	备注
			1	2	3	4	5					
暖身	开小火车	1.学生能够在场地中逐渐感觉到安全、舒服。										
		2.无论什么身份，学生都能坦然接受。										
		3.即使道路是未知的，学生也能够继续前行。										
		4.学生能够感受自己的情绪，并表达。										
发展	遭遇挫折的"猪"	1.学生能够认真看视频。										
		2.学生能够在小组讨论的时候，沉下心思考。										
		3.学生能够表达自己对小猪的看法。										
		4.学生能看到小猪身上的优秀品质。										
	我的挫折事件	1.学生能够选取自己的挫折事件进行分享。										
		2.学生能够认真观看表演，并表达支持。										
		3.学生能分享自己的感受与想法。										
	我的资源大树	1.学生能够完成自己的资源大树。										
		2.学生能够分享自己的树，并互相补充资源。										
结束	我的未来	1.学生能想到未来的发展。										
		2.学生能表达自己需要发展的资源与实际行动。										
		3.学生之间能互相支持。										

（九）第九次活动方案

（1）主题：说"再见"。

（2）目标：学生能坦然接受团体结束，并对现在及未来赋能，坚定前行。

（3）媒材：歌曲《Dream It Possible》《只要平凡》《你笑起来真好看》；每人一张 A4 纸、一支签字笔，10 张便利贴；每组一盒水彩笔。

（4）时间：90 分钟。

（5）活动流程：

阶段	游戏	步骤	目标	备注
暖身（15分钟）	镜像活动	1.介绍规则。学生两人一组，分别为A、B角色。A代表是镜子，B是照镜子的人，当照镜子的人做什么动作时，镜子就做什么动作。学生开始照镜子的活动。 温馨提示：照镜子的人不可以接触镜子。 2.角色互换。学生互换身份进行互动。 3.两两分享。在扮演镜子与照镜子的人时，有什么不同感受与体验？当对方做出一些自己难以接受或难以完成的动作时，有什么感受？	1.学生能够选一个角色，并坦然接受活动。 2.学生能做出相应的动作与姿态。 3.学生能够表达自己在做动作或者模仿动作时的感受。	当学生特别开放时，教师需要对动作提出要求：不可以触碰镜子，不可以打人。
发展（65分钟）	时间线	1.介绍游戏规则。从第一节课到今天的第九节课，活动慢慢已经步入了尾声，今天我们在教室选择一条最长的线段，起点为A点，终点为B点，分别标记第一次和第九次，同时在AB之间再平均选择8个点，依次标记第二次到第八次。请学生依次走过各个点，贴上便利贴，要在便利贴上写上每节课自己印象最深的事。同时，每个人走不同的姿态，每到一个标记，将便利贴贴在点上，不可以遮挡。 2.写事件。学生回顾过去的课程，在便利贴上写上每节课自己印象最深的事，或者画画，都可以。如果想不起来也没有关系，可以空着，时间5分钟。 3.走AB点。学生带着自己的便利贴从A点走向B点，同时以不同的姿态走路，如有重复，需要重来。 4.看点。教师带着学生依次看每个点的便利贴，并进行分享。	1.学生能够写出自己在课程中印象最深刻的事。 2.学生能够走出不同的生命姿态。 3.学生能够感受到自己的收获。 4.学生能从众多便利贴中找到自己的记忆。	如果教室没有那么大，线段可以做成U形的，或者S形的。
	我的树	1.我的成长之树。根据刚刚的回顾，学生在A4纸上，以树的形象，画出自己的成长，或者自己看到自己的资源与力量，时间5分钟。 2.资源分享。学生分享，其他学生对他未提到的部分优势进行补充，给予支持与成长。 3.互相支持。所有人围成圈，把我们的树放在凳子上，带着自己的笔，为其他人补充他的力量或者对他的支持，并写上自己小小的名字，以保证所有的人的名字与支持都能出现在你的树上。 4."我的树"分享。	1.学生能够画出自己独一无二的树。 2.学生能在树上发现自己的成长。 3.学生能给予对方真诚的支持与鼓励。	学生互相签名写支持的时候，字应写得小一些，教师也可以在旁边再放一张纸，让其他学生写。
	我想对自己说	1.我的鼓励。通过自己对自己的认可，其他学生对自己的鼓励与支持，你想对自己说什么呢？学生在"我的树"的空白处或者背面，写上想对自己说的话。 2.分享。教师请学生分享自己想对自己说的话。	1.学生能够写出自己对自己想说的话。 2.学生能大声分享自己想对自己说的话。	教师需强化学生的认可。
结束（10分钟）	感谢有你	1.感谢有你。所有学生围成一个圈，说出自己想对其他人说的话，包括感谢、期待与祝福。 2.教师总结，并送祝福。 3.拍照留念。	1.学生能表达当下的感受。 2.学生能表达对他人的感谢与祝福。	教师需注意学生的不舍情绪。

（6）观察记录表：

阶段	游戏	目标	形成性评量					评量方式	教学使用	通过与否	教学决定	备注
			1	2	3	4	5					
暖身	镜像活动	1.学生能够选一个角色，并坦然接受任务。										
		2.学生能做出相应的动作与姿态。										
		3.学生能够表达自己在做动作或者模仿动作时的感受。										
发展	时间线	1.学生能够写出自己在课程中印象最深刻的事。										
		2.学生能够走出不同的生命姿态。										
		3.学生能够感受到自己的收获。										
		4.学生能从众多便利贴中找到自己的记忆。										
	我的树	1.学生能够画出自己独一无二的树。										
		2.学生能在树上发现自己的成长。										
		3.学生能给予对方真诚的支持与鼓励。										
	我想对自己说	1.学生能够写出自己对自己想说的话。										
		2.学生能大声分享自己想对自己说的话。										
结束	感谢有你	1.学生能表达当下的感受。										
		2.学生能表达对他人的感谢与祝福。										

第三节　学习策略之感悟式游戏教学设计

业精于勤而荒于嬉，行成于思而毁于随。"活到老，学到老"这一观念早已深入人心，学习是一个人终生的重要任务，如何优质高效地学习，是每一个人特别是学生最关注的事。2016 年《中国学生发展核心素养》将"学会学习"列为核心素养之一，要求学生不仅有主体意识，还要有求学能力；《中小学心理健康教育指导纲要（2012 年修订）》《全国精神卫生工作规划（2015—2020 年）》《关于加强心理健康服务的指导意见》《全国社会心理服务体系建设试点工作方案》等文件要求学生正确处理学习与兴趣、娱乐之间的矛盾，学会学习。由于信息技术背景下的学习环境与传统的学习环境存在诸多差异，学习者必须采取新的学习策略或者对原有学习策略进行调整，才能更好地与信息技术环境相适应。

学习策略的概念由教育大家布鲁纳于 1956 年提出，时至今日，虽没有明确的定义，但产生了若干种观点。

两千多年前，孔子提出的"学而不思则罔，思而不学则殆"的观点就从"学"与"思"的关系角度论述了学习策略的重要性。著名学者刘电芝、黄希庭认为凡是有助于提高学习质量和学习效率的程序、规则、方法、技巧及调控方式，均属于学习策略范畴。

教育的目标之一就是帮助学生学会使用有效的学习策略，但是，有许多学生把学习中的困难归因于缺乏能力。而实际上，他们的问题在于从来没有人教过他们如何学习。因此，教师的任务不仅是结合教学内容教学生一些具体的学习策略，还要教学生积极、适时地选用有效的学习策略，以提高他们的学习效果和效率。由此可见，学习策略不仅能够帮助学习者对学习和思维中的内部过程进行选择和指导，而且还能够使学习者对自己学习状况进行有意识的调控，提高自主学习能力和自我效能感，促进学习者心理健康稳步发展。

一、教学对象

适合小学高段、初中、高中的学生团体的心理健康教育课程，也可以用于不会学习、学习效率低下的青少年团体。

二、教学目标

1. 总目标

学生能了解自我学习特点并根据不同学习任务选择适当的学习策略；学生能提高自身的学习能力，从而提升学习效率；学生能养成自主、积极向上的学习心理品质，充分开发自身的学习潜能；学生能身心和谐地可持续发展，为健康成长和幸福生活奠定基础。

2. 子目标

（1）学生能听从老师指令；学生与同伴、老师建立良好关系；学生在团体活动中体会集体的温暖和合作的作用。

（2）学生能发现自己常用的学习策略；学生能了解到自己的特质与资源；学生能理解多样化的学习策略；学生能掌握应对学习困扰的方法。

（3）学生能专注地完成相应的学习任务；学生能根据不同任务合理分配注意力；学生能了解注意力发展的特点；学生能理解策略的多样性。

（4）学生能认识到时间的宝贵，能理解四象限理论，能学会合理安排自己的学习生活。

（5）学生能认识到学习环境和资源的重要性，能合理地设计和利用学习环境和资源。

（6）学生能梳理自己学习所用的组织策略，能掌握多样化的组织策略和复习策略。

（7）学生能学会反思自己的学习生活，能正确应对考试挫折，能积极欣赏和肯定自己，积极期待未来。

（8）学生能回顾过去，展望未来，接受告别。

三、教学时间

每次上课时间为 90 分钟，共 8 次课程。

四、教学准备

（1）场地：专业的团体辅导室。

（2）音乐：奥尔夫音乐《音乐有个洞》、静思音乐《全新的开始》《我相信》《明天会更好》《我怎么这么可爱》《追梦赤子心》《最好的舞台》。

（3）纸：A4 纸、全开纸若干。

（4）笔：彩笔、蜡笔、染料绘画笔、签字笔、铅笔若干。

（5）其他：坐垫若干，染料若干，气球和丝带若干，彩色丝巾若干，椅子若干，皮球 5 个。

五、教学内容

（一）理论依据

在现代心理学中，学习策略是指学生在学习活动中有效学习的程序、规则、方法、技巧及调控方式。它既可以是内隐的规则系统，也可是外显的操作程序和步骤。

20 世纪以来，国内外研究者从各自研究的不同角度对学习策略进行定义。例如，奈斯比特（Nisbet）和舒克史密斯（Shucksmith）认为，学习策略是选择、整合、应用学习技巧的一套操作过程。丹塞雷（Dansereau）认为，学习策略是能够促进知识的获得和贮存，以及信息利用的一系列过程或步骤。他指出，学习策略应该包括两类相互联系的策略：主策略和辅策略。主策略为具体的直接操作信息，即学习方法。辅策略则作用于个体，用来帮助学习者维持一种合适的内部心理定向，以保证主策略的实施。梅耶（Mayer）认为，学习策略是人在学习过程中用以提高学习效率的任何活动。因此，他把记忆术、建立新旧知识的联系、建立新知识内部联系、做笔记、在书上评注、画线等促进学习效果的一切活动都称作学习策略。

分析上面的定义我们发现已有研究对学习策略的定义主要包括：学习策略是学习的程序、方法及规则；学习策略是学习的信息加工活动过程；学习策略是学习监控和学习方法的结合：学习策略是规则、方法和技巧等。可见，国外学者们对学习策略的看法各有侧重之处。我们认为陈琦、刘儒德（2008）的定义更为全面，即学习策略就是学习者为了提高学习的效果和效率，有目的有意识地制定的有关学习过程的复杂的方案。它是一步一步的程序性知识，由一套规则系统或技能构成，是学习计划或学习技能的组合。这一定义涉及学习主动性、有效性、过程性和程序性四个方面的特征，对学习策略有更为综合深入的概括。

（二）政策依据

《中小学心理健康教育指导纲要（2012 年修订）》中明确提出心理健康教育的重点内容之一

是使学生学会学习，并指出小学阶段主要是初步培养学生的学习能力，激发学习兴趣和探究精神，培养自主参与各种活动的能力；初中阶段主要是让学生适应中学阶段的学习环境和学习要求，培养学生正确的学习观念，发展学习能力，改善学习方法，提高学习效率；高中阶段主要是培养学生的创新精神和创新能力，掌握学习策略，开发学习潜能，提高学习效率，积极应对考试压力，进一步提高承受失败和应对挫折的能力，建立正确的世界观、人生观、价值观。

（三）学习策略的特征

学习策略是指学习者为了提高学习效率而有意识地制订有关学习过程的方案，主要表现为以下四个方面的特征。

1. 主动性

学习策略的主动性是指学习者为了完成学习目标而积极主动地使用学习策略。学习时，学习者先要分析学习任务以及自身的特点，然后根据这些条件制订适当的学习计划。

2. 有效性

学习策略的有效性是指学习者通过使用学习策略，能极大地提高学习效果。所谓策略，实际上是相对效果和效率而言的。一个人在做某件事时，使用最原始的方法，最终也可能达到目的，但效果未必好，效率未必高。比如，记忆一段材料，如果一遍又一遍地朗读，只要有足够的时间，最终也会记住。但是，学习者通过这种方式学习，不仅花费的学习时间长，而且信息保持时间短。如果学习者先对学习材料进行理解，再采用分散复习或背诵等方法，记忆的效果和效率就会有很大的提高。

3. 过程性

学习策略的过程性是指学习策略是和学习过程有关的。它涉及学习时学习者做什么不做什么，先做什么后做什么，用什么方式做，做到什么程度等诸多方面的问题。

4. 程序性

学习策略的程序性是指学习策略是学习者自己制订的学习计划，由规则和技能构成。个体的每一次学习都应该有相应的计划，每一次学习的学习策略都有可能不同。但是，对于同一种类型的学习，也存在着基本相同的计划，这些基本相同的计划就是我们常见的一些学习策略。

（四）学习策略的原则

学习策略包括不同的要素、不同的层次，这些不同要素和层次的学习策略所具有的知识、技能、作用、效果和可教程度又不尽相同，因此我们很难笼统地确定学习策略教学的具体内容，只能就怎样选择和确定学习策略的教学内容谈一些基本的原则。

1. 特定性

学习策略一定要适用于学习目标和学生的类型。教师要针对学生的年龄、学生已有的知识水平，以及学生的学习动机类型，帮助学生选择学习策略或改善对学习不利的学习策略。同时，教师还要考虑学习策略的层次，必须教授给学生各种各样的策略。对小学生而言，非常重要的一点就是选择适合他们的认知和元认知发展水平的学习策略。

2. 生成性

生成性是指在学习过程中学习者要利用学习策略对学习的材料进行重新加工，产生某种新的东西。这就要求学习者进行高度的心理加工。对小学生来说，"提问""向同伴讲授课堂的内容"都是有效的生成性策略。

3. 有效的监控

对策略执行结果的监控强调学习者要把注意力集中在学习结果和学习过程二者之间的关系上，监控自己使用每种学习策略所导致的学习结果，以便确定所选策略的有效性。经过这样的监控实践，学生就能够灵活把握何时、何地如何使用何种策略。

4. 个人效能感

个人效能感是指学习者在执行某一任务时对自己胜任能力的判断，它是影响学习策略选择的一个重要的动机因素。那些能有效使用策略的人相信只要自己使用某一策略就会对自己的成绩产生影响。教师一定要给学生一些机会，让他们感受到策略的效力。

（五）学习策略的分类

许多学者都对学习策略的成分与层次进行理论探讨。迈克卡等人于1990年对学习策略的分类获得了广泛认可，其内容如下：

学习策略分类及内容举例

类型	内容	举例
认知策略	复述策略	重复、抄写、背诵、默念、做记录、划线等。
	精细加工策略	想象、口述、类比、总结、提问、答疑、与其他观念建立联想等。
	组织策略	归类、纲要、列表、画结构图。
元认知策略	计划策略	设置目标，明确题意，目标，预测重点难点等。
	监控策略	自我测验、检查，总结经验教训，集中注意力，监察领会等。
	调节策略	纠正错误，调整方法、思路、阅读速度，使用应试策略，复查等。
资源管理策略	时间管理策略	建立时间表、合理安排时间、在规定时间内完成学习任务。
	环境管理策略	选择学习场所、管理学习用品、创造良好的学习环境。
	学业求助策略	寻求教师、同伴、家长的帮助，查找资料等。
	努力管理策略	将成败归因于努力、调整心境、自我谈话、坚持不懈、自我强化等。

（六）学习策略的运用存在的主要问题

阿尔文·托夫勒（Alvin Toffler）洞察到现代科技将深刻改变社会结构和生活形态，他说："未来的文盲不再是不识字的人，而是没有学会学习的人。"科技迅速发展，信息社会不断变革，知识总有一天会变得陈旧无用，不断学习才能不被时代抛弃，而学会学习，掌握学习知识的方法才是真正重要的资本。目前，大量调查数据表明学生对学习策略的应用水平普遍较低，大多数学生具有一定的学习策略知识，但对其的恰当选用显得盲目，同时对于知识本身，只关注课堂学习，而不重视对知识的深加工和资源的合理配置，巩固知识的方法掌握不好。面对当下的学习任务，找到知识的规律，遵循学习规则，避免拖延，将资源最大化利用来提高学习效率，是广大学生急需掌握的技能。

本节主要涉及认知学习策略、元认知学习策略、资源管理策略等通用学习策略的感悟式游戏教学设计，重点根据中小学的心理健康教育内容"在充分了解自己的兴趣、能力、性格、特长和社会需要的基础上，选取合适自己的学习策略，提升学习效率"设计本章活动的架构，如下：

学习策略之感悟式游戏活动设计

阶段	主题	目标
初始	学习乐园	学生能听从老师指令；学生与同伴、老师建立良好关系；学生在团体活动中体会集体的温暖和合作的作用。
中间	展开学习的翅膀	学生能发现自己常用的学习策略；学生能了解到自己的特质与资源；学生能理解多样化的学习策略；学生能掌握应对学习困扰的方法。
	注意分配的妙招	学生能专注地完成相应的学习任务；学生能根据不同任务合理分配注意力；学生能了解注意力发展的特点；学生能理解策略的多样性。
	时间调控	学生能认识到时间的宝贵，能理解四象限理论，能学会合理安排自己的学习生活。
	资源管理	学生能认识到学习环境和资源的重要性，能合理地设计和利用学习环境和资源。
	组织策略	学生能梳理自己学习所用的组织策略，能掌握多样化的组织策略和复习策略。
	反思提升	学生能学会反思自己的学习生活，能正确应对考试挫折，能积极欣赏和肯定自己，积极期待未来。
结束	星语心愿	学生能回顾过去，展望未来，接受告别。

六、活动设计方案

（一）第一次活动方案

（1）主题：学习乐园。

（2）目标：学生能听从老师指令；学生能与同伴、老师相互熟悉，建立良好关系；学生能在团体活动中体会集体的温暖和合作的美好。

（3）媒材：课前音乐《我怎么这么可爱》；皮球两个。

（4）时间：90分钟。

（5）活动流程：

阶段	游戏	步骤	目标	备注
暖身（15分钟）	招牌动作	1.集体围圈，明确规则。全体学生围成一个圈，老师讲解团体活动的规则："每次一个人讲话，积极参与活动，用心体验，尊重他人的发言，所有发言仅仅代表个人意见，遵守保密原则。" 2.我的招牌动作。每人为自己设计一个简单的手势动作，比如伸出大拇指、抱拳等，并边说名字边将动作展示给大家看，其他队员要记住他的名字和动作。不同速度重复三次，由慢到快。 3.动作传递。第一位队员有节奏地拍掌和做动作，先拍两下手掌，再做一下自己的手势动作，接着重复一遍，最后连拍六下手掌，再做出一个别人的手势动作。下一个手势动作的主人要按相同的方式接着传递下去。活动过程中学生不能说话，在做别人的手势动作时不能回传给刚才把动作传给自己的人。 4.经验分享。相邻的两人相互讨论："互动中的心情如何？想顺利传递下去，要注意哪些方面？"	1.学生能理解规则。 2.学生能为自己设计动作。 3.学生能完成动作传递。 4.学生能分享经验。	1.教师注意营造安全信任的课堂气氛。 2.每一个步骤，教师都要讲清规则，并示范。
发展（65分钟）	转身遇见你	1.教师讲规则并示范。全体参加人员围成一个圈，面向中间的主持人；主持人发出"向左向右转"的口令时，参加人员在不做任何约定的情况下凭着感觉向左转九十度或者向右转九十度；如果出现面对面的情况，表示你们有缘分，请你们相互说名字并握个手，问个好，然后交换位置；如果是背对背或者面对背，则先不要有所行动，等面对面的人完成动作后，全体人员再次面向中心位置，听主持人的口令继续下一轮的游戏；如果相同两个人出现第二次面对面的情况，可以用拥抱的方式表示问好。 2.看缘分。学生跟随教师指令按规则游戏。 3.分享感受。两人一组讨论："在转身之前，你是怎么想的？""转身之后，当与别人面对面时，是什么感觉？当面对别人后背的时候，又是什么感觉？"	1.学生能根据教师的指令做出正确的动作。 2.学生能以平和的心态面对得失。 3.学生能积极分享自己真实的感受。	教师要确保游戏过程安全。
	我们的招牌动作	1.分组。教师根据学生人数，把学生随机分成4组。 2.组内分享招牌动作。组内成员相互说名字并做招牌动作，其他人要学会组员的招牌动作。 3.设计小组招牌动作。组员相互商量讨论，共同设计一个最能代表小组的动作。 4.合作呈现招牌动作。组员合作先后呈现组员的招牌动作，最后一起定格小组招牌动作。	1.学生能在组内分享自己的招牌动作。 2.学生能合作创作小组招牌动作。 3.学生能合作用身体呈现自己和小组的招牌动作。	小组呈现招牌动作时，小组可以配喜欢的音乐。
	左半球右半球	1.分组准备。教师将全体成员分成两个小组，每个小组选一名队长；在场地上画直径分别为8米、6米、2米的同心圆，并用一条直线将三圆均分成两半。 2.教师讲解规则并示范。两组的队长背靠背站在中央直径2米小圆内，一人一个半圆位置，其他队员站在大圆环里，各站一边；队长把自己手中的皮球依次传给每一位队友并叫出队员的名字，每位队员在接到队长传来的皮球后，都要传回给队长；游戏过程中如果皮球落地，要迅速捡起继续传递，哪一组先完成任务，哪一组获胜。 3.传球比赛。学生按规则传球。可以玩两轮。出现平局可以增加一轮。胜者请对方合唱一首歌。	1.学生能理解游戏规则。 2.学生能在组内叫名并有序地传球。 3.学生能与他人合作完成小组任务。	注意安全，教师要求大家在传球时应该用抛的动作，禁止用砸的动作。学生接球时可以移动自己的身体到适当位置，以便更好地接球。

阶段	游戏	步骤	目标	备注
发展（65分钟）	同一首歌	1. 我喜欢的歌曲。全体学生听老师口令围成圆圈，席地而坐，教师居中间位置；教师采访大家想唱的歌曲名。学生依次说出自己喜欢的歌曲，并唱出高潮部分，没有的可以跳过。 2. 我们喜欢的歌曲。全体学生举手投票选择要合唱的歌曲。 3. 集体高歌。学生放声歌唱大家喜欢的歌曲。	1. 学生能表达自己喜欢的歌曲。 2. 学生能积极表达自己的意见。 3. 学生能放声高歌。	教师注意激发学生自我表达的意愿。
结束（10分钟）	心语心愿	1. 围圈准备。教师播放舒缓音乐，所有人围成一个大圆圈。 2. 总结与分享。教师总结今天的活动，学生轮次一人用一个词语表达此刻的活动感受。 3. 致谢与相约。教师引导学生相互致谢，期待下次相遇。	1. 学生能放松下来。 2. 学生能表达自己的感受。	分享过程中学生不用鼓掌，认真倾听别人的分享。

（6）观察记录表：

阶段	游戏	目标	形成性评量					评量方式	教学使用	通过与否	教学决定	备注
			1	2	3	4	5					
暖身	招牌动作	1. 学生能理解规则。										
		2. 学生能为自己设计动作。										
		3. 学生能完成动作传递。										
		4. 学生能分享经验。										
发展	转身遇见你	1. 学生能根据教师的指令做出正确的动作。										
		2. 学生能以平和的心态面对得失。										
		3. 学生能积极分享自己真实的感受。										
	我们的招牌动作	1. 学生能在组内分享自己的招牌动作。										
		2. 学生能合作创作小组招牌动作。										
		3. 学生能合作用身体呈现自己和小组的招牌动作。										
	左半球右半球	1. 学生能理解游戏规则。										
		2. 学生能在组内叫名并有序地传球。										
		3. 学生能与他人合作完成小组任务。										
	同一首歌	1. 学生能表达自己喜欢的歌曲。										
		2. 学生能积极表达自己的意见。										
		3. 学生能放声高歌。										
结束	心语心愿	1. 学生能放松下来。										
		2. 学生能表达自己的感受。										

（二）第二次活动方案

（1）主题：展开学习的翅膀。

（2）目标：学生能发现自己常用的学习策略；学生能了解到自己的特质与资源；学生能理解多样化的学习策略；学生能掌握应对学习困扰的方法。

（3）媒材：歌曲《音乐有个洞》；每人一张 A4 纸，一支签字笔，一套彩色笔。

（4）时间：90 分钟。

（5）活动流程：

阶段	游戏	步骤	目标	备注
暖身（15分钟）	花样雕像	1. 放松身体。全体学生围成圆圈，教师引导学生在场中自由走动，甩甩手腕、手指，弯弯腰，踢踢腿，抖抖脚，抖动身体。 2. 用身体打招呼。教师播放音乐《音乐有个洞》，学生跟随音乐自由地在场中走动，音乐停时，教师喊"停"（要求大家不要动并保持目光直视前方），教师下达口令学生以"拍手掌"方式与人打招呼；教师可以多次喊"停"，然后学生再以其他身体动作或姿态打招呼。 3. 我的最爱雕像定格。学生停时定格某个最喜欢的科目、某个最喜欢的兴趣、最喜欢的某种操作、某个最喜欢的学习方法的动作。教师在学生定格时随机采访。 4. 五个头在一起。教师最后一个指令为"五个头在一起"，学生5人一组头碰头。教师核对后，学生按5人为一组的方式坐下。	1. 学生能模仿教师动作放松身体。 2. 学生能用身体与他人互动。 3. 学生能用动作表达自己的最爱。 4. 学生能接受随机分组。	1. 教师注意用身体动作示范带动学生的参与。 2. 教师注意用欣赏的眼光观察雕像。
发展（65分钟）	我的成功秘诀	1. 回忆我的学习成就时刻。教师引导学生坐好，放松身体，回忆过去的学习经历中获得成功的时刻，记住四个印象最深的场景。 2. 四格漫画。每人一张A4纸，将A4纸折成四格，用水彩笔画出四次最有成就感的学习场景。 3. 我的成功秘诀。学生在每一个场景旁边用签字笔写出获得成就的原因和方法。 4. 组内分享。每人轮次在组内分享自己的作品，小组成员一起概括组员使用的有效学习策略，并用身体动作表达出来。 5. 小组分享。小组集体合作用身体动作分享组内成员使用的有效学习方法，教师引导其他同学猜测表演组使用了哪些学习方法。同时，教师请学生代表将大家的学习策略写在黑板上。 6. 教师总结。教师引导学生对大家的学习策略进行分类和概括。	1. 学生能回忆自己学习成功时刻。 2. 学生能画出自己的四个成就场景。 3. 学生能发现自己获得成功的原因和方法。 4. 学生能分享自己的学习方法。 5. 学生能概括本组使用的学习方法。 6. 学生能用身体动作表达小组使用的学习方法。 7. 学生能理解其他不同的学习方法。	教师总结学习策略时，可以参考本节理论部分的认知策略介绍，尽量全面。
	我有妙招	1. 我的学习困扰。学生回顾自己当下的学习，找出自己最难解决的问题，感受这个难题带给自己的感觉，然后写出这个难题，找到图上对应的色彩。 2. 分组讨论。学生在组内分享自己的困扰，其他组员商量对策，并合作用身体动作、表情和声音表达出应对这个困扰的方法。 3. 最大的困扰。小组合作筹划，将组内最难的困扰及其方法用身体合作的方式呈现出来，如果想不到应对方法也可以只呈现困扰。 4. 轮组呈现。各组合作用身体动作呈现出本组的最大的困扰和应对妙方，教师引导其他组员猜测表演组的应对方法。如果本组没有合适的应对方式，教师邀请所有人一起讨论，并让学生自愿呈现自己应对这个困扰的方法。 5. 教师总结。教师根据相关学习理论及学习策略，全面总结学生的认知策略，并拓展学生的认知。	1. 学生能理解并表达自己的困扰。 2. 学生能与他人合作找到应对困扰的方法。 3. 学生能与他人合作用身体表达最大的困扰及应对方法。 4. 学生能理解他人的应对方法。	教师尽力引导学生学会合作用身体表达应对方法。
结束（10分钟）	友谊按摩	1. 按摩准备。全体参与人员先围成面朝内的大圆圈，全体向左转90度，双手轻轻放在前面队友的肩膀上。 2. 我为你按摩。教师哼唱《伊比丫丫》，引导学生按口令为前面的队友按摩，动作要统一，主要动作有拍、捶、捏等。活动进行5分钟后，全体向右转180度，学生为刚才帮助他按摩放松的队友进行按摩。 3. 分享感受。每人轮次分享自己的感受和收获。讨论帮队友按摩放松时，你是怎样想的？队友为你按摩放松时，你有什么感觉？今天有什么收获？	1. 学生能为他人按摩。 2. 学生能体验互相帮助带来的幸福感。 3. 学生能表达自己的收获。	教师注意引导学生控制按摩力度，不能有意让人不舒服。

（6）观察记录表：

阶段	游戏	目标	形成性评量					评量方式	教学使用	通过与否	教学决定	备注
			1	2	3	4	5					
暖身	花样雕像	1. 学生能模仿教师动作放松身体。										
		2. 学生能用身体与他人互动。										
		3. 学生能用动作表达自己的最爱。										
		4. 学生能接受随机分组。										
发展	我的成功秘诀	1. 学生能回忆自己学习成功时刻。										
		2. 学生能画出自己的四个成就场景。										
		3. 学生能发现自己获得成功的原因和方法。										
		4. 学生能分享自己的学习方法。										
		5. 学生能概括本组使用的学习方法。										
		6. 学生能用身体动作表达小组使用的学习方法。										
		7. 学生能理解其他不同的学习方法。										
	我有妙招	1. 学生能理解并表达自己的困扰。										
		2. 学生能与他人合作找到应对困扰的方法。										
		3. 学生能与他人合作用身体表达最大的困扰及应对方法。										
		4. 学生能理解他人的应对方法。										
结束	友谊按摩	1. 学生能为他人按摩。										
		2. 学生能体验互相帮助带来的幸福感。										
		3. 学生能表达自己的收获。										

（三）第三次活动方案

（1）主题：注意分配的妙招。

（2）目标：学生能专注地完成相应的学习任务；学生能根据不同任务合理分配注意力；学生能了解注意力发展的特点；学生能理解注意策略的多样性。

（3）媒材：A4 纸若干；油画棒若干；音乐《最好的舞台》《我相信》。

（4）时间：90 分钟。

（5）活动流程：

阶段	游戏	步骤	目标	备注
暖身（15分钟）	注意ABC	1. 讲解并示范规则。所有人围成圆圈，教师一个一个地问大家问题；不管教师问什么问题，大家都只能回答"注意ABC"。说出其他答案的就算出局；出局者要用动作表达自己对"注意"的理解。 2. 按规则游戏。教师随机选择学生，随机提问。五轮后，教师请学生志愿者来当访问者，被拜访者一样只能回答"注意ABC"。 3. 感受分享。教师引导学生表达回答正确和错误的原因和感受。 4. 教师总结。教师强调学习时集中注意力的重要性，各科学习中抓关键点以及审题的重要性。	1. 学生能理解规则。 2. 学生能做出正确的反应。 3. 学生能表达自己的感受。 4. 学生能理解注意的规律和注意的重要性。	教师总结时注意与学生实际表现和生活经验相结合。
发展（65分钟）	上中下	1. 讲解规则并示范。全体学生围成圈，教师以"上""中""下"三个口令及动作规定：听到"上"时，双手背在背上，并跳跃一次，能跳多高就跳多高；听到"中"时，双手交叉抱住肩膀，原地不动；听到"下"时，双手抓住脚尖，蹲下。 2. 按口令做反应。教师发出口令，学生立即做出相应动作。 3. 正反练习。这一次，改变规则，上下口令动作交换，中不变。 4. 分享感受。教师随机邀请反应正确和错误的学生分享感受。 5. 教师总结。教师强调各科学习中，读懂题，看清正反题项。	1. 学生能理解规则。 2. 学生能按口令做出正确的反应。 3. 学生能按口令做出相反动作。 4. 学生能表达自己的感受。 5. 学生能理解注意的重要性。	教师可根据实际情况更改口令或动作，活跃气氛。
发展（65分钟）	我会听	1. 安顿身心静下来。全体学生在教室内自行找一个位置坐下，并且可以以自己认为最舒适的姿势坐下。 2. 专注倾听。等待全体学生就位完毕，教师让大家闭上眼睛，引导大家专注倾听。请聆听屋外的声音、请聆听室内的声音、请聆听自己的呼吸声、请注意特别显著的声音…… 3. 分享听到的声音。稍等两分钟后，教师请大家睁开眼睛略作休息，伸展肢体；学生从左到右相邻的两人为一组，叙述个人听到的声音。 4. 6人小组。教师根据前一轮邻近的两人组，合并邻近三对即6人为一组，将学生自然分组。 5. 场景声音塑造讨论与准备。各组组内讨论，合作用身体、动作、嗓音塑造某个场景。 6. 轮组呈现与辨识。各组依次合作用身体、动作、嗓音呈现场景。其他组闭上眼睛听，辨别该组呈现的场景。 7. 教师总结。教师引导各组发现其他组的亮点与特色，欣赏和肯定学生的创意与高度集中的专注力。	1. 学生能舒适地坐下来。 2. 学生能听到特定的声音。 3. 学生能表达自己听到的声音。 4. 学生能接受自然分组。 5. 学生能与他人合作用身体塑造场景。 6. 学生能辨识场景。 7. 学生能为自己的表现自豪。	教师要提示学生注意特别的声音与什么人、什么物、什么场景所具有的关联性。
发展（65分钟）	注意策略我代言	1. 回顾经历过的注意策略。教师引导学生回顾前面的活动体验中体验过的注意策略，引导学生思考自己学习生活中使用的注意策略。 2. 写或画出我的注意策略。每人一张A4纸，一支笔。学生在纸上画或写出自己在学习生活中使用注意力的方式，表达出自己最习惯的注意策略。 3. 我为注意策略代言。学生回顾作品，概括填写下面的句式：我代言的是……注意力，当……时候，我会运用这样的注意力。 4. 组内分享。以小组为单位，每人依次在小组内分享；组员合作讨论小组使用的注意策略的类型和方式，合作用身体表达出来。 5. 轮组分享。各组用身体合作方式，面向全体学生呈现自己小组发现的多样化的注意策略。教师引导其他组猜测具体的注意策略。 6. 教师总结。教师引导学生发现各组亮点，并总结注意策略的类型。	1. 学生能理解什么是注意策略。 2. 学生能表达自己使用过的注意策略。 3. 学生能发现对自己最有用的注意策略并为它代言。 4. 学生能分享自己的注意策略。 5. 学生能合作呈现多样化的注意策略。 6. 学生能理解多样化的注意策略。	教师注意举例，引导学生发现学习中使用过的注意策略。
结束（10分钟）	回顾与分享	1. 回顾总结。所有人围成圈，教师引导学生回顾今天课程所学的内容。 2. 分享感受。每人用一句话或者一个词语说一说今天的收获或者感受。	1. 学生能回忆今天的历程。 2. 学生能分享自己的感受。	教师注意引导学生接纳所有的感受。

（6）观察记录表：

阶段	游戏	目标	形成性评量					评量方式	教学使用	通过与否	教学决定	备注
			1	2	3	4	5					
暖身	注意ABC	1.学生能理解规则。										
		2.学生能做出正确的反应。										
		3.学生能表达自己的感受。										
		4.学生能理解注意的规律和注意的重要性。										
发展	上中下	1.学生能理解规则。										
		2.学生能按口令做出正确的反应。										
		3.学生能按口令做出相反动作。										
		4.学生能表达自己的感受。										
		5.学生能理解注意的重要性。										
	我会听	1.学生能舒适地坐下来。										
		2.学生能听到特定的声音。										
		3.学生能表达自己听到的声音。										
		4.学生能接受自然分组。										
		5.学生能与他人合作用身体塑造场景。										
		6.学生能辨识场景。										
		7.学生能为自己的表现自豪。										
	注意策略我代言	1.学生能理解什么是注意策略。										
		2.学生能表达自己使用过的注意策略。										
		3.学生能发现对自己最有用的注意策略并为它代言。										
		4.学生能分享自己的注意策略。										
		5.学生能合作呈现多样化的注意策略。										
		6.学生能理解多样化的注意策略。										
结束	回顾与分享	1.学生能回忆今天的历程。										
		2.学生能分享自己的感受。										

（四）第四次活动方案

（1）主题：时间调控。

（2）目标：学生能认识到时间的宝贵，能理解四象限理论，能学会合理安排自己的学习生活。

（3）媒材：A4纸若干，水彩笔或油画棒若干，秒表，音乐《追梦赤子心》。

（4）时间：90分钟。

（5）活动流程：

阶段	游戏	步骤	目标	备注
暖身（15分钟）	向左向右	1.教师带领学生熟悉步伐变化。 （1）左走走，右走走。全体参加人员手牵手围成一个大圆圈；教师让大家"一二一二"地报数并记住自己所报的数字；教师边说口令边移动脚步，说"左走走"时，学生往左边方向走四步，说"右走走"时，学生向右边方向走四步。 （2）一号左走，二号右走。教师接下去说的口令是"一号的朋友向左走"，这时大家把手松开，然后二号的朋友原地不动，一号的朋友往左边移动两个位置，最后站在二号的朋友左边的空位上；大家又牵起手，继续"左走走，右走走"。教师接下去说的口令是"二号的朋友向右走"，这时大家把手松开，然后一号的朋友原地不动，二号的朋友往右边移动两个位置，最后站在一号的朋友右边的空位上。 （3）有缘再相会。学生按此规律继续游戏，直到自己的左手和右手握着的均是活动开始时的人员时，游戏结束。 2.跟随音乐舞动。学生跟随音乐《追梦赤子心》节奏，以同样的队形变化规则，再来一次。	1.学生能跟随教师指令控制方向和速度。 2.学生能跟随音乐舞动，放松身心。	1.开始之初，教师可以把速度控制慢一些，熟练以后可以逐渐加快。 2.学生交换位置时，可以采用自己喜欢的动作，增加趣味性。
	三十秒的奇迹	1.默数三十秒。全体起立，当教师说"计时开始"时，大家在心中默默地数三十秒，当你觉得三十秒时间到的时候，就坐下。教师一边看秒表，一边观察并记录大家坐下的次序，找出时间感觉最准的人。 2.三十秒的奇迹。四人为一组，小组讨论"三十秒可以做的事有哪些？"并合作用动作呈现出来。 3.轮组呈现。各组依次呈现自己小组三十秒的奇迹，教师引导其他组猜表演组的奇迹。 4.亮点总结。教师引导学生欣赏各组的亮点，同时强调时间管理的重要性。	1.学生能感受时间的变化。 2.学生能积极表达自己的想法。 3.学生能与他人合作表达奇迹。 4.学生能理解时间管理的重要性。	
发展（65分钟）	超级演说家	1.视频欣赏。观赏《超级演说家》节目中艾力的演讲《成功者必备的素质——时间管理》。 2.组内讨论。教师将当前阶段学生一日常见事情用列表呈现出来，各组讨论制订合理的时间安排。学生邻近4人为一组，组内分享与讨论。同时教师要求小组成员分工：一人记录、一人控制音量、一人组织安排、一人总结汇报。 3.分享与答疑。小组代表分享讨论结果，小组之间相互提问答疑。	1.学生能理解到时间管理对成功的影响。 2.学生能表达自己的看法。 3.学生能自如回答小组时间安排的原因。	1.教师注意针对学生年龄特点，选取典型事件。 2.小组讨论时，教师注意提醒在小组内每人都要发言。

续表

阶段	游戏	步骤	目标	备注
发展（65分钟）	时间管理能手	1.四象限法则。教师讲解时间管理的四象限法则：重要又紧急、重要但不紧急、紧急但不重要、不紧急也不重要。教师邀请四个学生用动作、声音及表情代表四种不同的事情，根据四象限法则排列事情的先后顺序，展示自己的时间管理。 2.我的四象限事件及排列。学生在 A4 纸上根据四象限法则依次罗列一周的学习生活事件。 紧急 第四象限　　第一象限 紧急但不重要　　重要又紧急 （可以推迟做）　　（必须立即做） 不重要　　　　　　　　　重要 第三象限　　第二象限 不紧急也不重要　　重要但不紧急 （可以完全不做）　　（稍后需要做） 不紧急 3.我是时间管理能手。学生以 4 人为 1 组，每小组成员依次有序在小组内分享自己每天的生活学习事件时间安排，其他组员扮演分享者的四象限里的事情，并按分享者的排列需求站位，呈现分享者的时间管理需求。 4.小组代表分享。各组推荐一个代表分享其时间的管理方式，组员用身体动作呈现分享者的时间及安排的先后顺序。 5.教师总结。教师根据各组分享的情况，及时引导。	1.学生能理解四象限的内涵。 2.学生能列出自己一周要做的事情。 3.学生能通过合作排列出自己的时间管理方式。 4.学生能与他人合作呈现时间管理的方式。 5.学生能发现不同时间管理方式的差异。	1.教师可举例示范讲解的四象限法则。 2.教师注意观察各组，积极引导学生表达自己的时间管理方式。
结束（10分钟）	时间箴言	1.我的时间箴言。每人在自己的学习本上提炼一句话，表达自己对时间的认识，并提醒自己珍惜时间。 2.轮次分享。 3.教师总结。	1.学生能概括出自己对时间的认识。 2.学生能分享自己对时间的看法。	教师注意倾听学生的分享。

（6）观察记录表：

阶段	游戏	目标	形成性评量					评量方式	教学使用	通过与否	教学决定	备注
			1	2	3	4	5					
暖身	向左向右	1.学生能跟随教师指令控制方向和速度。										
		2.学生能跟随音乐舞动，放松身心。										
	三十秒的奇迹	1.学生能感受时间的变化。										
		2.学生能积极表达自己的想法。										
		3.学生能与他人合作表达奇迹。										
		4.学生能理解时间管理的重要性。										
发展	超级演说家	1.学生能理解到时间管理对成功的影响。										
		2.学生能表达自己的看法。										
		3.学生能自如回答小组时间安排的原因。										
	时间管理能手	1.学生能理解四象限的内涵。										
		2.学生能列出自己一周要做的事情。										
		3.学生能通过合作排列出自己的时间管理方式。										
		4.学生能与他人合作呈现时间管理的方式。										
		5.学生能发现不同时间管理方式的差异。										
结束	时间箴言	1.学生能概括出自己对时间的认识。										
		2.学生能分享自己对时间的看法。										

（五）第五次活动方案

（1）主题：资源管理。

（2）目标：学生能认识到学习环境和资源的重要性，能合理地设计和利用学习环境和资源。

（3）媒材：音乐《我相信》，A4纸若干，水彩笔或油画棒若干。

（4）时间：90分钟。

（5）活动流程：

阶段	游戏	步骤	目标	备注
暖身（15分钟）	雨点变奏曲	1. 讲解游戏规则并示范。起风：快速搓手，鼓嘴吹气；下小雨：变搓手为右手食指和中指轻轻拍左手手心，嘴里发出"滴答滴答"的声音；中雨：用右手四个指头慢拍左手手心，嘴里发出"嗒嗒"的声音；下大雨：双手快速拍，嘴里发出"啪啪"的声音；暴雨：双手快速拍，踩脚；雷阵雨：双手快速拍，踩脚，同时吼叫"轰隆隆"。 2. 雨点变奏曲。教师说口令，学生做出反应。三轮后，随机请学生来下指令，其他人反应。	1. 学生能理解规则。 2. 学生能按指令做出相应动作。	教师先请志愿者与教师配合，示范演示一遍后，教师带着学生一起练习口令及反应，熟练以后可以再请学生喊口令。
发展（65分钟）	我的学习物品	1. 我的学习空间有什么？教师请大家围圈站好，有节奏地拍腿拍手，并询问"我的学习空间有什么"，学生轮次说出自己学习空间有什么，直到所有人说完。 2. 学习物品身体造型。学生用身体动作、声音和表情等表达自己学习空间的物品，以这个姿势跟随音乐《我相信》在场地中自由行走，在教师暂停音乐重拍手说"停"时，学生保持姿势与邻近的伙伴相互竞猜自己所见，教师随机访问。重复六七次后，回到原位。 3. 学习物品造型交换。学生以自己喜欢的学习空间的物品造型姿势自由行走，在教师重拍手说停时，与自己最近的伙伴交换物品姿势，然后继续自由行走。如此重复5次左右。	1. 学生能说出自己喜欢的学习物品。 2. 学生能用身体造型表达自己喜欢的物品。 3. 学生能理解他人喜欢的学习物品。	1. 教师注意引导学生保持节奏的稳定。 2. 教师注意示范，引导学生用身体表达物品。 3. 教师主动与学生交换物品，积极带动全员参与。
	我的学习环境与资源	1. 画我的学习环境。教师引导学生在A4纸上用水彩笔或油画棒描画出自己最喜欢的学习环境与空间。 2. 画我的学习资源包。学生在上一步设计的学习空间站的合适的位置画出帮助学习和发展的学习参考资料、工具书、图书馆、广播电视以及电脑与网络等学习资源。 3. 组内分享与讨论。4人一小组，学生在小组内分享介绍自己的学习环境设计与学校资源，相互借鉴学习。 4. 代表分享。各组选一个代表分享作品，教师引导其他学生注意倾听，发现他人的资源与亮点。 5. 教师总结。教师总结学生分享的学习空间的特色，强调学习空间创设的重要性，资源利用的重要性。	1. 学生能描绘出自己的学习环境与空间。 2. 学生能表达自己已有的学习资源。 3. 学生能分享自己的作品。 4. 学生能发现他人的资源与亮点。 5. 学生能理解学习环境与资源对学习的影响。	1. 教师注意观察，适时引导学生用图形、符号表达自己喜欢的学习环境和资源。 2. 教师注意引导学生发现他人的亮点。
	学习空间站	1. 小组理想学习空间站筹备。小组讨论设计一个共同喜欢的学习空间站，并用身体合作、场地资源展示出这个空间的环境和特色。 2. 轮组呈现理想学习空间。各组依次用身体合作及相关资源，呈现自己小组理想的学习空间站，教师引导其他组猜测理想空间有什么。 3. 亮点欣赏。教师引导各组回顾各组的学习空间站，说出各自欣赏的点。 4. 教师总结。学习者选择最能保证学习效率的场所进行学习。首先，要注意调节自然条件，如流通的空气、适宜的温度、明亮的光线以及和谐的色彩等；其次，要设计好学习的空间，如空间范围、室内布置、用具摆放等因素。如果条件容许，应当有一个相对固定的学习场所，以减少家庭成员间的相互干扰，形成一个相对安静的学习环境。要注意桌面的整洁。各种学习用具要摆放在固定的地方，用完后归还原处。学习时，尽量减少可能的干扰和分心的因素。例如，最好将电话调至静音，以免分心和思绪被打断。	1. 学生能设计本组喜欢的学习空间站。 2. 学生能与他人合作呈现学习空间站。 3. 学生能欣赏他人的亮点。 4. 学生能感受合理空间站的美好和舒适。	1. 教师观察各组，适时引导和促进小组的合作。 2. 教师注意引导其他组欣赏表演组的空间，营造良好互动的氛围。 3. 教师的总结尽可能全面，肯定学生的亮点，重点补充学生没有考虑到的部分。
结束（10分钟）	我们的学习空间站	1. 理想空间建构。所有人围圈，每人轮次走向场地中间说出理想学习空间里最重要的东西，并用身体造型呈现出来。后面的人不能与前面的重复，直到所有人说完。 2. 教师感受空间站。教师扮演学习者，与空间站的物品互动，最后为集体拍照。	1. 学生能表达自己喜欢的空间站的物品。 2. 学生能享受与他人的互动。	教师注意示范引导，积极肯定学生的表达。

（6）观察记录表：

阶段	游戏	目标	形成性评量					评量方式	教学使用	通过与否	教学决定	备注
			1	2	3	4	5					
暖身	雨点变奏曲	1.学生能理解规则。										
		2.学生能按指令做出相应动作。										
	我的学习物品	1.学生能说出自己喜欢的学习物品。										
		2.学生能用身体造型表达自己喜欢的物品。										
		3.学生能理解他人喜欢的学习物品。										
发展	我的学习环境与资源	1.学生能描绘出自己的学习环境与空间。										
		2.学生能表达自己已有的学习资源。										
		3.学生能分享自己的作品。										
		4.学生能发现他人的资源与亮点。										
	学习空间站	1.学生能设计本组喜欢的学习空间站。										
		2.学生能与他人合作呈现学习空间站。										
		3.学生能欣赏他人的亮点。										
		4.学生能感受合理空间站的美好和舒适。										
结束	我们的学习空间站	1.学生能表达自己喜欢的空间站的物品。										
		2.学生能享受与他人的互动。										

（六）第六次活动方案

（1）主题：组织策略。

（2）目标：学生能梳理自己学习所用的组织策略，能掌握多样化的组织策略和复习策略。

（3）媒材：A4 纸若干、水彩笔或油画棒若干。

（4）时间：90 分钟。

（5）活动流程：

阶段	游戏	步骤	目标	备注
暖身（15分钟）	青蛙跳水	1. 教师讲解规则。由教师开始说："一只青蛙。"第二人："一张嘴。"第三人："两只眼睛。"第四人："四条腿。"第五人："噗通跳下水。"后面的人继续开始说"两只青蛙"，中途说错的学生请解释自己说错的原因，并从"一只青蛙"开始重新进行。 2. 按规则游戏。教师开始，学生轮次接话，重复玩5次。 3. 活动分享。学生分享活动过程的感受，分享获胜秘诀。	1. 学生能理解规则。 2. 学生能注意力集中且有序接话。 3. 学生能表达自己的感受。	教师引导学生接话的速度可以先慢后快，逐渐提升难度。
	球来啦	1. 教师讲解规则并示范。全体参加者围成圆圈，队员之间相隔半米，教师把皮球和网球分别交给处于对面位置的两位队员手中；游戏开始后，学生迅速按照逆时针方向，把球依次传递到右边的队员手中；当两个球都集中一位队员手中时，由这位队员说出自己在整理笔记时最常用的方法，并用动作表达出来。 2. 按规则传球。学生有序地传球，尽量不让球落地，速度由慢到快。直到有人同时得到两个球停止。得到两个球的人分享整理笔记的方法。重复5次。 3. 叫名传球。所有学生在场中自由走动起来，手中有球的人叫其他人的名字，被叫的人主动接球，其他人可以加塞增加接球难度。全场由两个球慢慢增加到5个球。最后5个手中有球的同学，分享自己学习中使用的学习新知识的方法。	1. 学生能理解规则。 2. 学生能按要求依次传递球。 3. 学生能叫出伙伴的名字。 4. 学生能展示自己学习知识的方法。	1. 教师注意示范和引导，促进学生有序地传球。 2. 教师注意提醒学生注意安全，不要有意用球砸人。
发展（65分钟）	组织策略图	1. 回答问题，写出答案。教师请学生根据自己的学习情况，如实回答，看看自己的学习都运用了哪些组织策略。教师要求学生在10分钟内完成下面的调查问题，将答案写到A4纸上： （1）你学习新知识都运用过什么方法？ （2）你怎样背诵一首没有学过的古诗？ （3）在同时学习多个新知识点时，你有什么方法快速记住这些知识点？ （4）你整理过学习资料吗？ （5）你发现语文、数学或者其他科目的学习之间有联系吗？ 2. 组内分享与设计。8人为一小组进行合作，对本组问题的回答情况进行分类整理。每组一张A4纸，合作设计本组共同喜欢的组织策略，形成本组的组织策略图，并用身体合作的方式呈现出来。 3. 轮组呈现。各组依次呈现本组的组织策略图，教师带领其他组猜测各组动作所表达的策略。 4. 教师总结与拓展。教师带领各组回顾使用的组织策略，并欣赏各自的亮点。此外，教师根据各组呈现的组织策略的情况，适当拓展和丰富多样化的组织策略。	1. 学生能诚实回答所调查的问题。 2. 学生能积极表达自己的观点。 3. 学生能对问题答案进行分类，形成组织策略图。 4. 学生能用形象生动的方式表达组织策略图。 5. 学生能理解多样化的组织策略图。	1. 教师可以根据当前学生常见的学习情况改编问题进行调查。 2. 教师注意轮组指导，帮助学生深入讨论组织策略，引导其更有创意地表达。
	复习妙招	1. 小明的困扰。教师讲故事：小明即将面临期末考试，特别是语文和数学的考试，那么多学过的内容都要复习，心里很着急，不知道怎么复习。请同学们为小明支招。 2. 分组讨论。各组就小明的困扰，商量对策，并合作用身体动作、表情和声音表达出应对语文、数学复习的有效方法。 3. 轮组呈现。各组合作用身体动作呈现出本组的应对妙方，教师引导其他组猜测表演组的应对方法。 4. 教师总结。教师带领各组回顾使用的复习策略，并欣赏各自的亮点。此外，教师根据各组呈现的复习策略的情况，适当拓展和丰富多样化的复习策略。	1. 学生能理解小明的困扰。 2. 学生能与他人合作找到应对方法。 3. 学生能与他人合作用身体表达应对方法。 4. 学生能理解他人的应对方法。	1. 教师注意适时引导各组深入讨论。 2. 教师可以根据当前学生常见的复习困扰改编"小明困扰"，以更有针对性帮助学生解决问题。
结束（10分钟）	我的收获	1. 我的收获卡。每个人在半张A4纸上写出今天课程学习的收获：今天，我发现我会哪些方法，同时学到了哪些新的方法。 2. 轮次分享。每个学生表达自己的收获，教师和其他学生注意倾听。	1. 学生能总结自己的收获。 2. 学生能表达自己的收获。	教师注意引导其他学生积极倾听。

（6）观察记录表：

阶段	游戏	目标	形成性评量					评量方式	教学使用	通过与否	教学决定	备注
			1	2	3	4	5					
暖身	青蛙跳水	1. 学生能理解规则。										
		2. 学生能注意力集中且有序接话。										
		3. 学生能表达自己的感受。										
	球来啦	1. 学生能理解规则。										
		2. 学生能按要求依次传递球。										
		3. 学生能叫出伙伴的名字。										
		4. 学生能展示自己学习知识的方法。										
发展	组织策略图	1. 学生能诚实回答所调查的问题。										
		2. 学生能积极表达自己的观点。										
		3. 学生能对问题答案进行分类，形成组织策略图。										
		4. 学生能用形象生动的方式表达组织策略图。										
		5. 学生能理解多样化的组织策略图。										
	复习妙招	1. 学生能理解小明的困扰。										
		2. 学生能与他人合作找到应对方法。										
		3. 学生能与他人合作用身体表达应对方法。										
		4. 学生能理解他人的应对方法。										
结束	我的收获	1. 学生能总结自己的收获。										
		2. 学生能表达自己的收获。										

（七）第七次活动方案

（1）主题：反思提升。

（2）目标：学生能学会反思自己的学习生活；能正确应对考试挫折；能积极欣赏和肯定自己，积极期待未来。

（3）媒材：音乐《我相信》《明天会更好》；A4 纸若干，签字笔若干，油画棒或水彩笔若干。

（4）时间：90 分钟。

（5）活动流程：

阶段	游戏	步骤	目标	备注
暖身（15分钟）	钱多多	1. 教师讲解规则并示范。全体参与者围成圈，教师讲解规则：女生代表1元钱，男生代表5角钱；教师说"钱多多"时，大家齐问"多少钱"，教师随机说一个数额，如"二元五角"，大家根据这个数额快速寻找同伴，如二女一男，或一女三男都可以，同时还要手牵手围成一圈蹲下来，就算成功完成任务；游戏过程中如果有人速度慢或者不敢主动去找人，没能找到符合要求的组合，就需要留下来回答有关自我反思的问题，比如晚上睡觉前，我会反思今天的学习生活吗？一周结束，我会反思这周的计划完成了吗？考试后，我会反思我的学习吗？我会分析考试成功或失败的原因吗？我会从哪些方面看待我的成绩？我怎样看待自己的不足？ 2. 钱多多。师生按规则实施游戏，重复五次。 3. 教师总结。教师根据大家的反应及问题的回答，引出本次主题。	1. 学生能理解规则。 2. 学生能按规则做出快速反应。 3. 学生能回答问题。	教师注意提醒大家在跑动过程中注意安全，不要互相碰撞。
发展（65分钟）	我的一周生活	1. 我的一周生活表。教师为每个学生发一张A4纸，在A4上，画7列，依次标注周一、周二到周日，然后引导学生写出每一天早上、上午、中午、下午、晚上主要做的事情。 2. 反思一周生活。学生根据前一个表，反思这一周所做的主要的事情：这些事情是按自己计划来的吗？做这些事情的心情怎样？达到自己的期待了吗？我有哪些做得比较好？有哪些做得不太好？我擅长什么？我不擅长什么？我怎样做会更好地实现预期？下一周，我可以怎样改进？有哪些人可以帮助我更好地改进？学生将思考的答案写在前一张表的背后。 3. 两两分享。学生与邻近的伙伴相互分享，表达自己的反思和发现，以及改进计划。 4. 志愿者代表分享。教师随机邀请自愿的同学分享，并有针对性的引导。 5. 教师总结。教师强调自我反思的重要性。	1. 学生能写出自己的一周生活表。 2. 学生能写出自己的反思结果。 3. 学生能向同学表达自己的反思。 4. 学生能理解反思的重要性。	教师注意引导学生细细地反思，仔细地回答反思的问题。
	考试挫折应对	1. 小红的挫败。教师讲故事：期末考试结束后，小红非常疲惫地回到家，想到今天考试发挥失常就很难受。第二天，妈妈把老师私发的成绩信息给小红看，语文85分，数学75分。 2. 有爱的一家人。邻近两对同学为一组，四人根据前面的故事，进行角色扮演：一人扮演挫败的小红，一人扮演冷静善于反思的小红，一人扮演温暖有爱的妈妈，一人扮演积极欣赏小红的爸爸。四个角色分工后，即兴演出故事的后继发展。 3. 轮组呈现。各组呈现自己小组四个角色的对话过程，教师引导其他组积极欣赏。 4. 教师总结。教师引导各组回忆前面的故事以及应对的方式，欣赏各组的亮点。同时，教师拓展应对考试挫败的态度、方法，强调积极反思的要点。	1. 学生能理解小红的挫败。 2. 学生能与组员合作表达应对挫败的方法。 3. 学生能欣赏其他组的特色。 4. 学生能积极看待考试挫折。	1. 教师可以根据学生年龄段，改编故事，以更符合学生现实情况。 2. 教师预先想好学生会面临的挫折，并想好应对挫折的方法。
	写给自己的信	1. 展望10年后的自己。教师说引导语：时间不会停留，每个人都会长大，请你想象一下若干日子后的自己会是什么样的，心态、学识、身体、生活环境等会发生怎样的变化。请在A4纸上画出10年后的自己，并写出其身心特点和状态。 2. 未来的自己给当下的自己写信。学生在上一个作品的背后，用10年后的自己的身份给现在的自己写一封信：表达未来的自己对现在的自己的欣赏和肯定，也看到自己的不足，激励自己努力走向理想的自己。 3. 把信装进信封。每人一个信封，信封上要写下能够收到这封信的地址和邮编，把信装进信封，把信封投进一个大信箱里。 4. 幸运交流。以随机抽取的形式，各自在信箱里抽取一个信封。抽到信的人打开信封，欣赏信的内容，不分析不评价，主动找它的主人分享自己的感受。	1. 学生能画出10年后自己期待的样子。 2. 学生能自我欣赏和激励。 3. 学生愿意分享自己的作品。 4. 学生能主动表达自己对他人的欣赏。	1. 教师引导学生画未来的自己时，注意强调意象的表达，不一定要画得很好。 2. 教师注意引导学生表达对他人作品的欣赏，营造尊重、理解、安全的心理氛围。

续表

阶段	游戏	步骤	目标	备注
结束（10分钟）	螺旋跳跃	1. 教师讲解规则并示范。全体学生排成一列纵队，排头的第一位同学有节奏地并腿跳跃，其他人模仿；每人将手搭在前面人的肩上，所有人跟随第一位同学以统一的有节奏的并腿跳跃的步伐向教室中间前进；直到成为螺旋状，所有人挤成一堆，无法动弹为止；无法动弹后每人做一个10年后的自己动作造型定格。 2. 螺旋跳跃并定格。学生学会并腿跳跃的步伐，有序地形成螺旋队形，以10年后的自己定格。 3. 明天会更美好。学生共同合唱《明天会更好》，结束课程。	1. 学生能统一完成并腿跳跃的动作。 2. 学生能用10年后的自己的动作定格。 3. 学生能积极期待未来。	教师注意引导学生注意安全。

（6）观察记录表：

阶段	游戏	目标	形成性评量					评量方式	教学使用	通过与否	教学决定	备注
			1	2	3	4	5					
暖身	钱多多	1. 学生能理解规则。										
		2. 学生能按规则给出快速反应。										
		3. 学生能回答问题。										
发展	我的一周生活	1. 学生能写出自己一周生活表。										
		2. 学生能写出自己的反思结果。										
		3. 学生能向同学表达自己的反思。										
		4. 学生能理解反思的重要性。										
	考试挫折应对	1. 学生能理解小红的挫败。										
		2. 学生能与组员合作表达应对挫败的方法。										
		3. 学生能欣赏其他组的特色。										
		4. 学生能积极看待考试挫折。										
	写给自己的信	1. 学生能画出10年后自己期待的样子。										
		2. 学生能自我欣赏和激励。										
		3. 学生愿意分享自己的作品。										
		4. 学生能主动表达自己对他人的欣赏。										
结束	螺旋跳跃	1. 学生能统一完成并腿跳跃的动作。										
		2. 学生能用10年后的自己的动作定格。										
		3. 学生能积极期待未来。										

（八）第八次活动方案

（1）主题：星语心愿。

（2）目标：学生能回顾过去，展望未来，接受告别。

（3）媒材：一个手鼓，音乐《我相信》《明天会更好》，静思音乐《全新的开始》，A4 纸若干，全开纸五张，签字笔若干，水彩笔或油画棒若干，前七次课程教学视频。

（4）时间：90 分钟。

（5）活动流程：

阶段	游戏	步骤	目标	备注
暖身（15 分钟）	冲破洪水	1. 洪水来啦。教师示范洪水流动的动作，学生模仿。之后，教师用不同节奏和力度击鼓，引导学生用身体模仿自己想象的洪水的样子，自由在教室内走动，不拘于任何路线及队形。 2. 教师讲解规则并示范。所有人分成两路队伍面对面站好，队伍之间相隔 1 米，形成一个长长的通道。两列队伍的人向前平伸手臂，形成"洪水"横挡在通道中；队列头上的人每次出来一位挑战者，先退离"洪水" 3 米之外，大喊一声"洪水分开"，然后往"洪水"通道跑过去；扮演"洪水"的手臂在这位挑战者即将冲到面前时迅速上下分开，让挑战者通过；挑战者冲过这条"洪水"通道后，站到队伍的最后面继续扮演"洪水"，直到所有人都依次从"洪水"通道中穿过。 3. 冲破洪水。学生依次扮演挑战者，从洪水通道穿过。 4. 分享感受。学生分享冲过"洪水"通道后有什么感受。	1. 学生能用身体模仿洪水的动作。 2. 学生能理解规则。 3. 学生能用自己的方式穿过"洪水"通道。 4. 学生能表达自己的感受。	教师注意示范和引导，促进学生积极参与。
发展（65 分钟）	我们的时光	1. 前七次场景视频回顾。教师播放事先准备的前七次课程内容的简短视频，引导学生回顾前七次课程的体验。 2. 放松静思。教师引导学生调整坐姿，闭上双眼，放松身体各部位，回忆前七次课程的主要内容，引导学生在心里总结对七次课程内容的收获与感受。 3. 我的收获卡。每人一张 A4 纸，用符号、形状表达自己在七次课程中的收获和感受，写下自己想对老师和同学说的话，并写好签名和日期。	1. 学生能想起过去七次的内容。 2. 学生能用自己的方式表达收获和感受。 3. 学生能表达想对他人说的话。	1. 教师事前需要充分地准备好课程回顾的剪辑视频。 2. 教师需要用自己的情感带动学生的情绪。
	我想对你说	1. 作品传递留言。集体围圈，将个人作品向右边传递，接到作品的人，在作品的背后写上自己对主人的欣赏和想对主人说的话，继续传递，直到作品回到主人手中。 2. 欣赏自己的作品。主人再次细细地欣赏自己的作品，感受他人的留言或图案。	1. 学生能真诚表达对同学的欣赏和祝福。 2. 学生能感受到同学的关注和爱。	教师注意引导学生积极表达对同学的欣赏和鼓励。
	花与路	1. 准备。教师将五张全开纸短边连接到一起，放在场地中间，学生选择自己喜欢的水彩笔或油画棒站在纸的周围。 2. 花与果。学生在面前的纸上画花或果，以及一条通往未来的路。学生在花或果的中间，写或画出自己最大的收获；在通往未来的路上，表达自己的愿望和祝福；签上自己的名字。 3. 为团体作品命名。所有人站起来围绕团体作品转一圈，欣赏作品，并为团体作品取名，一人一笔将作品名字写在团体作品上。 4. 教师为集体拍照。所有人围绕作品站成一个有层次的队形，教师为大家拍照。	1. 学生能有序地等待。 2. 学生能用自己的方式表达收获与希望。 3. 学生能与他人合作完成团体作品。	教师注意适时引导学生表达自己的收获和愿望。
结束（10 分钟）	感恩答谢	1. 感恩答谢。教师与学生围绕团体作品形成一个圆圈，依次表达自己在作品中所画的内容及当下的感受，包括感恩答谢。 2. 共唱一首歌。所有人共同合唱《明天会更好》，并结束课程。	1. 学生能表达当下的感受。 2. 学生能坦然接受结束。	教师注意用眼神肯定和激励学生进行表达。

（6）观察记录表：

阶段	游戏	目标	形成性评量					评量方式	教学使用	通过与否	教学决定	备注
			1	2	3	4	5					
暖身	冲破洪水	1.学生能用身体模仿洪水的动作。										
		2.学生能理解规则。										
		3.学生能用自己的方式穿过"洪水"通道。										
		4.学生能表达自己的感受。										
发展	我们的时光	1.学生能想起过去七次的内容。										
		2.学生能用自己的方式表达收获和感受。										
		3.学生能表达想对他人说的话。										
	我想对你说	1.学生能真诚表达对同学的欣赏和祝福。										
		2.学生能感受到同学的关注和爱。										
	花与路	1.学生能有序地等待。										
		2.学生能用自己的方式表达收获与希望。										
		3.学生能与他人合作完成团体作品。										
结束	感恩答谢	1.学生能表达当下的感受。										
		2.学生能坦然接受结束。										

第四节　考试焦虑情绪调节之感悟式游戏教学设计

许多研究表明，考试焦虑作为中学生比较典型的焦虑类型之一，已在世界范围内普遍存在，并且是青少年心理健康问题的主要源头之一（陈白鸽，2018）。在我国，针对儿童青少年焦虑症状的研究也不断增多。有研究者采用考试焦虑量表对150名初中生的考试焦虑情况进行调查，结果发现该学校初中生的考试焦虑水平偏高，其中高考试焦虑人数占48.9%（刘丽，苏景春，2016）。笔者在2021年5月也使用考试焦虑自评问卷和考试焦虑元担忧量表对重庆几所中、小学共计1 544名学生进行了考试焦虑状态的调查（小学生993人，初中生415人，高中生136人），结果发现607人存在轻度考试焦虑，409人存在中等程度焦虑，528人存在较高程度的考试焦虑，即处于中等程度和较高程度焦虑状态的人数为937人，占总人数的60%左右。另外黄琼和周仁来采用横断历史元分析法对中国近15年来学生的考试焦虑水平进行调查分析，结果发现随着年代的增加中学生和大学生的考试焦虑水平不断增高，中学生考试焦虑水平高的人数多于大学生。由此可见，中学生的考试焦虑现象发生率越来越高，考试焦虑的总体发展趋势是逐年上升。多数学生无论是在考试过程中还是考试评价等情境中都会感受到非常大的压力，表现出紧张不安或担忧等情绪。当学生的自我情绪管理能力无法正确处理这些问题时，其身心健康便会遭受侵蚀，从而影响考试成绩，进而影响身心健康状态。《关于加强心理健康服务的指导意见》中指出，儿童、青少年等人群被纳入重点心理健康服务对象，同时该文件还高度强调中小学要重视学生的心理健康教育发展，培养学生积极乐观、健康向上的心理品质，促进学生的身心可持续发展。《中小学心理健康教育指导纲要（2012 年修订）》在心理健康的教育内容部分也明确指出要培养学生正确的体验和表达情绪的能力，在高中阶段的教育内容中甚至明确提出积极应对考试压力，克服考试焦虑。因此，帮助学生合理认识考试焦虑情绪，积极应对考试压力十分必要和紧迫。

本次课程旨在帮助存在考试焦虑情况的学生正确看待考试焦虑，同时让其学习有效应对和改善考试焦虑的方法，最终提高学生考试焦虑应对能力，改善学生学业压力状态，提升心理健康水平。

一、教学对象

本节教学设计适合小学高段、初中、高中阶段的青少年团体，可用于普适性的心理健康课程，也可以用于受考试焦虑困扰的青少年发展性团体。

二、教学目标

1. 总目标

学生能正确看待考试焦虑情绪，同时会调节考试焦虑情绪。

2. 子目标

学生能觉察和评估自己的考试焦虑状态，能接纳考试焦虑情绪的存在并对这种状态进行积极赋义；学生能够分析自己的考试焦虑情绪背后的深层次担忧（元担忧）并进行认知调节；学生能分析并整合当下自身和环境资源，以及适合自己的补充心理能量的办法，找到为应对考试焦虑情绪提供心理能量的有效途径，如使用肌肉放松、正念想法观察、想象放松等技术，或者是重新建构考试对自己的意义等。

三、教学时间

每次上课时间为 90 分钟，共 7 次课程。

四、教学准备

（1）场地：专业的团体辅导室。

（2）音乐：音乐《晨之光》《文艺复兴的狗蛋》《菊次郎的夏天》《轻点》《Hear The Call》《皇家萌卫》《左手右手》《雨碎江南》《Only Time》。

（3）纸：A4 白纸若干、全开纸若干、卫生纸 1 卷。

（4）笔：彩笔、铅笔、签字笔（另备颜料、刷子若干）。

（5）其他：不同颜色的卡片若干、纸盒若干、考试焦虑元担忧量表、成长三部曲游戏历程图、社会支持网络图、幸福清单，写有事件、想法、自动思维、情绪、支持性证据、反驳性证据、夸大、必须等的字牌，场记板。

五、教学内容

（一）理论依据

考试焦虑是一种在应试情境下产生的并且通过不同的情绪反馈表现出来的一种心理焦虑症状，这种心理焦虑症状以担忧为基本特征，在肢体行动上往往表现出较强的防范和回避，在心理上表现出暴躁、喜怒无常。

考试焦虑的交互模型认为，考试焦虑既与威胁评估有关，也与相关情绪的消极或积极评估相关。具体而言，即个体因素和评价情境之间的相互作用影响学生对考试的认知评价，学生将考试情境知觉为对自身的威胁从而体验到不同程度的考试焦虑，同时伴有担忧、消极认知、自我贬低等认知活动，这些因素的相互作用共同影响学业成绩，成绩下降又反过来强化个体的担忧和消极认知，导致焦虑程度进一步提高。

有研究者对中学生考试元担忧的内容进行因素分析发现，中学生考试元担忧的主要来源为：社会评价、考试过程、家庭冲突、前途命运和父母状况。考试焦虑情绪严重的个体，焦虑、烦躁、无助、逃避、易激惹等问题比较突出。此外，有部分学生表现出如疲惫、力不从心、很困乏、倦怠、失眠等身体症状（郑希付，许锦民，肖星，等，2006）。

而关于考试焦虑的神经机制上的研究主要聚焦于探索考试焦虑对注意的影响。注意控制理论认为焦虑会对注意控制产生负面影响，其中包括转移和抑制，从而影响个体表现。也有研究发现，高考试焦虑者对考试相关的威胁刺激存在注意偏向。

（二）政策依据

《中小学心理健康教育指导纲要（2012年修订）》明确指出心理健康教育的重点内容是认识自我、学会学习、人际交往、情绪调适、升学择业以及生活和社会适应等方面的内容，同时分别在小学中、高段至初、高中阶段，均将正确的体验和表达情绪纳入教学内容。小学中段将"引导学生在学习生活中感受解决困难的快乐，学会体验情绪并表达自己的情绪"作为教学内容；小学高段将"帮助学生克服学习困难，正确面对厌学等负面情绪，学会恰当地、正确地体验情绪和表达情绪"作为教学内容；初中阶段则将"鼓励学生进行积极的情绪体验与表达，并对自己的情绪进行有效管理，正确处理厌学心理，抑制冲动行为"作为教学内容。

可见，能够正确地体验和表达情绪对学生身心发展十分重要。作为影响学生情绪变化的一大因素，正确地体验和表达考试焦虑情绪的重要性也不言而喻。《中小学心理健康教育指导纲要（2012

年修订）》在高中阶段的教育内容中甚至明确提出"积极应对考试压力，克服考试焦虑"。

（三）教学设计

鉴于考试焦虑与威胁评估、情绪的积极评估、消极评估、学业技能、注意偏向存在相关，为了降低学生的考试焦虑情绪，本节主要从对考试焦虑的情绪感知与评估、焦虑情绪的认知调节、应对技能等方面出发，设计本节活动的架构，具体如下：

考试焦虑情绪调节之感悟式游戏活动设计

阶段	主题	目标
初始	相亲相爱一家人	学生能积极融入团体，初步形成团体归属感。
中间	画说考试焦虑	学生能觉察和评估自身考试焦虑状态，接纳考试焦虑情绪的存在并尝试调试自己对考试焦虑情绪的态度。
	聆听身体的声音	学生会使用腹式呼吸放松、正念想法观察、系统脱敏等技术调节焦虑反应。
	考试与我	学生能正确认识考试难度，并正确认识考试对自己的意义。
	考试焦虑变奏曲	1. 学生能分析考试焦虑具体内容的支持性证据和反驳性证据。 2. 学生能了解不合理信念的两大特征。 3. 学生能使用垂直下降技术调整对考试结果的焦虑情形。
	从心出发，与你同行	学生能分析并整合当下自身和环境资源，找到为应对考试焦虑情绪提供心理能量的办法。
结束	放飞心梦想	1. 学生愿意尝试新的考试焦虑应对模式。 2. 学生坦然接受团体结束，自信前行。

六、活动设计方案

（一）第一次活动方案

（1）主题：相亲相爱一家人。

（2）目标：学生能积极融入团体，初步形成团体归属感。

（3）媒材：每组一张全开纸，水彩笔、油画棒、签字笔若干，音乐《晨之光》，轻快节奏的音乐一首。

（4）时间：90分钟。

（5）活动流程：

阶段	游戏	步骤	目标	备注
暖身（15分钟）	相遇	1. 心之形。全体成员根据老师的指导语快速或慢速移动。指导语："走起来……现在走快一点……更快……现在跑起来，尽可能地占据更多的空间，同时请继续避开其他人……你要占据整个房间。现在请慢下来，慢慢走，摸摸墙壁，摸摸窗户，呼吸一下窗外的新鲜空气，跺跺脚感受一下地板……" 2. 心灵电波。全体成员慢走，跟随指令与他人打招呼，介绍自己的名字。指导语："请走起来，可以快，可以慢，请用眼睛与见到的伙伴打个招呼，介绍自己的名字。""请走起来，可以快，可以慢，请用肩膀与见到的伙伴打个招呼，介绍自己的名字。""请走起来，可以快，可以慢，请用脚尖与见到的伙伴打个招呼，介绍自己的名字。""请走起来，可以快，可以慢，请用背与见到的伙伴打个招呼，介绍自己的名字。"	1. 学生能在移动中熟悉环境。 2. 学生能用身体部位与他人打招呼。	1. 教师引导学生快速移动时，提醒学生注意安全。 2. 教师观察学生对身体接触的反应，不愿意身体接触的不用勉强，尊重和看见即可。
发展（65分钟）	理想家园	指导语："现在，老师想带大家看看我理想的家园。这个家里，大家爱自己，也爱他人。" 1. 我为自己按摩。教师播放轻快的音乐，并示范从头到脚有节奏地拍打身体部位，学生模仿。 2. 我为家人按摩。所有人围成圆圈朝一个方向坐下，手臂可以轻松地搭在前面伙伴的肩膀上。教师播放轻快的音乐，示范有节奏地用适宜的力度为前面一位同学按摩肩膀、拍打背部，学生模仿教师动作为前面伙伴服务。 3. 主人和小车。指导语："这个家里的主人，有一辆很好的车。"根据上一个指令结成的对子，学生先相互自我介绍，然后两人分角色扮演"主人"和"车"。"主人"告诉"车"自己喜欢的车型和功能，"车"尽量扮演出主人想要的样子，然后主人可快可慢地开着车在教室空间里穿梭，与其他主人打招呼，假装游山玩水等，车要配合主人。然后轮换角色。 4. 美食展览。临近4对伙伴为一组，用身体合作的方式展现一样大家都喜欢吃的美食，轮组呈现，其他组猜。 5. 我们的家园。每组一张全开纸，纸上画一个大圆，圆内合作画出理想的家园，圆外画每个组员的双手轮廓，并在双手轮廓里写出自己可以贡献给家园的品质和力量及自己的名字。小组合作为作品取名，选出代表家园精神的口号和代表家庭情感的歌曲。 6. 轮组分享作品。各组依次分享作品内容、名字、口号和歌曲，教师引导其他组重复该组的组名和口号。 7. 齐唱一首歌。教师引导学生用一首大家都熟悉的歌表达理想家园的感觉，手拉手一起唱。	1. 学生能模仿教师动作自我按摩。 2. 学生能用适宜的力度为他人按摩。 3. 学生能相互配合完成角色要求。 4. 学生能合作用身体呈现美食。 5. 学生能合作创作理想家园。 6. 学生能与他人合作分享理想家园。 7. 学生能感受大家在一起的感觉。	1. 教师引导时，注意提醒学生为自己和他人按摩和拍打时的力度要合适，为他人按摩时问问前面的伙伴喜欢重一点还是轻一点，让伙伴舒服。 2. 游戏中，教师引导学生注意安全。 3. 在理想家园设计环节，教师注意引导学生积极参与并尊重其余同学的表达。
结束（10分钟）	感谢有你	1. 分享收获。教师引导学生自由表达活动过程中或者此刻的感受，或者对未来课程的期待。 2. 总结本课。最后教师总结今天的活动，表达对学生的欣赏和肯定。 3. 致谢。在舒缓的背景音乐中，全体同学围成一个大圈，教师感谢大家愿意在这个时间、空间里一起讨论、一起分享、一起成长，教师同时引导同学分别向两边的人真诚地说："谢谢你，正是因为你，让我感受到了……（积极的成长）"	1. 学生能表达自己的感受和期待。 2. 学生能真诚致谢。	

（6）观察记录表：

阶段	游戏	目标	形成性评量					评量方式	教学使用	通过与否	教学决定	备注
			1	2	3	4	5					
暖身	相遇	1. 学生能在移动中熟悉环境。										
		2. 学生能用身体部位与他人打招呼。										
		3. 学生能向同学说自己的名字。										
发展	理想家园	1. 学生能模仿教师动作自我按摩。										
		2. 学生能用适宜的力度为他人按摩。										
		3. 学生能相互配合完成角色要求。										
		4. 学生能合作用身体呈现美食。										
		5. 学生能合作创作理想家园。										
		6. 学生能与他人合作分享理想家园。										
		7. 学生能感受大家在一起的感觉。										
结束	感谢有你	1. 学生能表达自己的感受和期待。										
		2. 学生能真诚致谢。										

（二）第二次活动方案

（1）主题：画说考试焦虑。

（2）目标：

①学生能觉察和评估自身考试焦虑状态，了解耶克斯 - 多德森定律。

②学生能够经由其他团体成员对考试焦虑的理解，接纳考试焦虑情绪的存在并尝试调试自己对考试焦虑情绪的态度。

③学生能够分析自己的考试焦虑元担忧成分，同时能够经由他人的经历松动自己对考试焦虑元担忧内容内在逻辑的理解。

（3）媒材：音乐《文艺复兴的狗蛋》，白纸若干，彩笔若干，考试焦虑元担忧量表。

（4）时间：90分钟。

（5）活动流程：

阶段	游戏	步骤	目标	备注
暖身（15分钟）	奇妙传递	1.命名传递物。所有同学围成一个圆圈坐着；教师说出一个物体（无实物），并表演出抱着这个物体的状态，如这是一个刚煮熟的鸵鸟蛋，很烫很烫。 2.模拟传递。教师将这个物体传递给一个同学，该同学表演出他抱着这个物体的状态，并将该物体传递给下一个同学。 3.转化传递物。一轮结束后，教师或同学可以将该物体转化为新的物体，如这是一个巨大的饭团，并开始新的传递。一共传递3～5轮。 4.焦虑的样子。教师请学生自由分享在游戏活动中的身体变化和内在体验。 5.焦虑出没的生活。教师统计在刚才的游戏中感受到焦虑情绪的同学人数，引导学生思考焦虑情绪在生活中出现的频率。	1.学生能够积极参与游戏，建立开放、接纳的团体氛围。 2.学生在活动中感知焦虑情绪。 3.学生能够了解焦虑时的身体反应和内心体验。 4.学生能够理解出现焦虑情绪十分正常。	有的同学转化的物体可能比较负面，教师注意把控物体转化的权限。
发展（65分钟）	我的考试焦虑图（15分钟）	1.焦虑画象。学生用线条、颜色、图案、文字、形状等方式具象化表达出自己最近一次重要考试时的焦虑状态，并对其进行命名。 2.小组分享。以第一次课形成的小组为单位，学生在小组中分享自己的作品以及这样画的原因。	1.学生能够面对并分析自己的考试焦虑情绪。 2.学生能够了解出现考试焦虑情绪十分正常，每个人面对考试，焦虑程度不一样。	画焦虑图象时，教师注意引导学生不必介意画得好与坏，只要符合自己的真实情况即可。
	焦虑情绪光谱测量（30分钟）	1.焦虑光谱。教师讲解光谱测量方法，即以0分表示完全不焦虑，并请一个同学在教室中定点，表示0分的焦虑；100分表示焦虑到不能承受，也请一个同学在教室0分完全相反的位置定点，表示100分的焦虑；从0到100之间的距离是一个连续的光谱，然后请每个同学根据自己最近一次的重大考试的焦虑情绪分数站到相应的位置上。 2.我的焦虑我做主。教师请学生依次用动作和声音表达自己的焦虑体验。 3.我给焦虑写评语。教师引导学生思考并对刚才的光谱测量和情绪表达进行评价。 4.耶克斯－多德森定律。教师讲述耶克斯－多德森定律。 5.焦虑亦有度。教师询问学生如果回到过去，在重大的考试来临之前，如果考试焦虑情绪可以被成功调节，自己理想的焦虑分数是多少，同样地进行光谱测量，站到相应的位置。教师询问分数发生改变的学生，站位改变的原因。 6.转化焦虑。教师引导学生理解到与其担忧焦虑情绪会如何影响我的考试，不如想想怎么把焦虑情绪转化到自己的"适度"，让考试焦虑成为我的资源，为我所用。	1.学生能够参与光谱测量。 2.学生能用动作和声音表达自己的焦虑。 3.学生能够接纳考试焦虑情绪的存在。 4.学生能够了解适度考试焦虑有益于水平的发挥。 5.学生能够了解不同的人对考试焦虑情绪的耐受度不一样，即每个人的"适度"并不相同。 6.学生能够领悟到有考试焦虑情绪不可怕，把考试焦虑变成自己的资源更为重要。	1.光谱测量时，教师引导学生注意安全。 2.在对比两次团体光谱测量结果时，教师注意引导学生思考自己理想的焦虑耐受度和现实的焦虑状况之间存在差异的原因。
	担忧，说出来（20分钟）	1.我的焦虑原因。学生填写考试焦虑元担忧量表，教师讲解考试焦虑元担忧量表的计分规则。 2.焦虑小怪兽。学生用担忧小怪兽的方式将考试焦虑元担忧的成分画出来，并为怪兽配上台词，并在小组内分享。 3.小组分享。学生在小组中坦白自己的担忧，其余组员如果有不符合他担忧内容的经历，以自己的经历告知担忧者，以"如果我是你，我会这样告诉小怪兽……因为我曾经……"让担忧者理解到如果……的下一句，不一定就是那么会……如果自己也有相同的担忧，就挥挥手，支持一下他/她。	1.学生真实填写量表并能够分析自己的考试焦虑元担忧成分。 2.学生能够画出自己的担忧小怪兽。 3.学生能够获得同学的支持和认同，降低焦虑情绪带来的压力，同时经由他人的经历松动自己对元担忧内在逻辑（如果……就一定会……）的理解。	对于低年段的学生而言，填写量表可能存在困难，可以直接从第3步开始。

续表

阶段	游戏	步骤	目标	备注
结束（10分钟）	成长有我	1.致谢。在舒缓的背景音乐中，全体同学围成一个大圈，教师引导学生对自己和周围的人表达感谢，感谢自己和他人为改善考试焦虑情绪而做出的尝试和努力。 2.分享感悟。学生自由表达本次课程的收获、感受和对未来课程的期待。 3.总结课程，表达对下次课的期待。教师总结学生的表达，并对下次课程的成长表示期待。	1.学生能够进一步接纳自己的焦虑情绪。 2.学生能够尝试思考自己的成长。 3.学生愿意表达自己的感受和期待。	

（6）观察记录表：

阶段	游戏	目标	形成性评量 1	2	3	4	5	评量方式	教学使用	通过与否	教学决定	备注
暖身	奇妙传递	1.学生能够积极参与游戏,建立开放、接纳的团体氛围。										
		2.学生在活动中感知焦虑情绪。										
		3.学生能够了解焦虑时的身体反应和内心体验。										
		4.学生能够理解出现焦虑情绪十分正常。										
发展	我的考试焦虑图	1.学生能够面对并分析自己的考试焦虑情绪。										
		2.学生能够了解出现考试焦虑情绪十分正常，每个人面对考试，焦虑程度不一样。										
	焦虑情绪光谱测量	1.学生能够参与光谱测量。										
		2.学生能用动作和声音表达自己的焦虑。										
		3.学生能够接纳考试焦虑情绪的存在。										
		4.学生能够了解适度考试焦虑有益于水平的发挥。										
		5.学生能够了解不同的人对考试焦虑情绪的耐受度不一样，即每个人的"适度"并不相同。										
		6.学生能够领悟到有考试焦虑情绪不可怕，把考试焦虑变成自己的资源更为重要。										
	担忧说出来	1.学生真实填写量表，能够分析自己的考试焦虑元担忧成分。										
		2.学生能够画出自己的担忧小怪兽。										
		3.学生能够获得同学的支持和认同，降低焦虑情绪带来的压力，同时经由他人的经历松动自己对元担忧内在逻辑（如果……就一定会……）的理解。										
结束	成长有我	1.学生能够进一步接纳自己的焦虑情绪。										
		2.学生能够尝试思考自己的成长。										
		3.学生愿意表达自己的感受和期待。										

（三）第三次活动方案

（1）主题：聆听身体的声音。

（2）目标：学生会使用腹式呼吸放松、正念想法观察、系统脱敏等技术调节焦虑反应。

（3）媒材：音乐《Hear The Call》。

（4）时间：90分钟。

（5）活动流程：

阶段	游戏	步骤	目标	备注
暖身（15分钟）	模仿达人	1.情绪代言人。团体围成一个圈，教师站在圈中央，由老师带领团体做动作，教师可以表演不停地焦虑地搓手（焦虑），在房间里兴奋地跳来跳去（期待），摇摆不定地朝团体移动或者退回（矛盾），生气地跺脚或大叫（生气），从而通过动作、声音、语言等方式表达团体成员可能正在经历的真实情绪。 2.模仿达人。教师做一组动作时，学生模仿并夸大这个动作并配上相应的声音，目标是夸大这种情绪和感受。如教师表现出的焦虑情绪，学生则用自己的方式表演出更加夸大的焦虑情绪。 3.情绪变变变。教师根据现场情况对学生进行分组，请学生以小组的方式用身体动作和声音表演下面场景中的某种情绪。 今天是考试成绩下发的日子，看着老师抱着一大摞卷子走进教室的时候，我的心提到了嗓子眼，紧张极了（A组：紧张时心跳加快的动作和声音）。老师让课代表下发试卷，当看到我的同桌小明的成绩时，天哪！一个鲜红的50分！它不停地刺激着我的眼睛，此时老师还在说没有及格的同学一会儿放学后留下来，我焦虑极了，我考了多少分呢？会不会被留下来？（B组：焦虑时恐慌的声音和动作）。终于，我的试卷发下来了，当试卷摆在我面前时，我的眼睛小心翼翼地瞟了它一眼，还好还好，我的努力没有白费，我考了80分。（C组：放松时舒缓飘逸的声音和动作）	1.学生能够感受到愉悦、轻松的氛围。 2.学生能适度放开自我。	如果学生对夸大表演情绪有顾虑，教师可以降低难度至学生可以接受的表演程度。
发展（65分钟）	呼吸放松练习（20分钟）	1.调整呼吸。学生跟随教师的指导，进行呼吸放松训练。 第一步：找一个舒适的位置坐好或站好，全身放松； 第二步：闭嘴用鼻子深吸气至不能再吸； 第三步：稍屏气，心里默数8至10秒钟，同时感受身体的紧张感； 第四步：慢慢地把气从嘴里呼出来（想象面前有一根生日蜡烛，呼出来的气息不能将蜡烛吹灭）； 第五步：在呼气的过程中，注意感受身体的放松感。 2.循环放松。如此循环往复，直至感觉身体越来越轻松，心情越来越平静。	1.学生能跟随指令放松身体。 2.学生能够掌握腹式呼吸放松的步骤。	教师注意提醒学生，吸气时腹肌松弛，腹部慢慢鼓起，保证最大吸气量；呼气时腹肌收缩，感觉前后腹贴在一起。

续表

阶段	游戏	步骤	目标	备注
发展（65分钟）	系统脱敏练习（25分钟）	1. 列举焦虑场景。学生尽可能多地列出引发自己考试焦虑的场景。 2. 评分不同焦虑场景。以 0 至 100 的标准为这些场景打分，0 分表示完全不焦虑，100 分表示焦虑到无法承受。 3. 给场景排序。按分数由低到高为让自己感到焦虑的场景排序。 4. 检查场景。再次搜索生活中还有没有遗漏的考试焦虑场景，补充这个场景事件并赋分。 5. 系统脱敏练习。从最低分数的相应场景开始，想象自己回到那个场景，感受到焦虑情绪后开始用呼吸放松法让自己松弛下来。多试几遍，直到完全放松为止，想象自己在焦虑的场景下放松的状态。如果已经完全放松后可以继续下一个分数对应的事件。直到最后在最让自己焦虑的场景下也能放松。 6. 实际场景练习。如果条件允许，可以在实际的场景下尝试进行放松练习。	1. 学生能够尽可能多地列出令其感到焦虑的场景。 2. 学生能够结合自己的感受为列出的场景从 0 至 100 进行打分。 3. 学生能够按照分数由低到高排列事件场景。 4. 学生能够从最低分数的场景开始，用呼吸放松法让自己完全放松下来，放松完毕后进入高一级让自己感到焦虑的场景，直至最焦虑的场景。 5. 学生能够掌握系统脱敏技术的具体技巧，最终实现在实际的焦虑场景中放松下来。	系统脱敏需要一个比较长的过程，其不能一次性解决很多个焦虑场景。
	漂流的树叶（20分钟）	1. 集中注意力。以舒服的姿势坐好，请根据你自己的喜好，可以闭上眼睛或者把注视点固定在某一点上。 2. 想象练习。想象你正坐在潺潺流水的小溪边，水面上漂浮着片片落叶，请尽情发挥你的想象，这是你的想象（暂停 10 秒）。 3. 观察想法。在接下来的几分钟里，拿出你大脑里蹦出的每个想法，把它们放在树叶上，让它随着树叶飘动，无论这些想法是积极的还是消极的，愉悦的还是痛苦的，都放上去，即使他们是绝妙的想法，也把它们放到叶子上，让它们随溪飘走（暂停 10 秒）。 4. 停在当下。如果你的想法停止出现，那么请注视流水，你的想法迟早会再次出现（暂停 20 秒），让流水以它自己的速度流动，不要试图加快它，也不要试图将树叶冲走，你要允许它们以自己的节奏来来去去（暂停 20 秒）。 5. 保持专注于观察想法。如果你认为："这太蠢了"或"我做不到"，将这些想法放在树叶上（暂停 20 秒）。 6. 接纳变化。如果树叶被挡住，就让它在那里徘徊，不要强迫它飘走（暂停 20 秒）。 7. 感知感受，转化为想法。如果有不舒服的感觉出现，如厌烦或失去耐心，承认它，对自己说，这里有一种厌烦的感觉，或者这里有一种不耐烦的感觉，然后把它放到树叶上，让它们随之流动。 8. 保持专注于观察想法。你的想法会不时地勾住你，你就会不再处于练习的状态，这是很正常，也很自然的事情，它会反复发生，一旦你意识到这一点，请温柔地承认它，并重新开始练习，在第 8 步之后继续练习几分钟，并不时地用这些话来打断沉默，你的想法会一次又一次地勾住你，这很正常，一旦你意识到了，从头开始练习就好。 现在我们的练习要结束了，请你在椅子上坐好，睁开眼睛环顾四周，并注意你看到了和听到了什么，伸展一下你的身体，欢迎回来。	1. 学生能够学会观察自己的想法。 2. 学生能够与脑中的想法和谐相处。	如果有的学生感觉自己做不到，教师引导其了解正念观察需要一段时间的坚持练习，所以一开始做不到没关系，长久的练习必然会有改变。
结束（10分钟）	聆听身体的声音	1. 感悟分享。学生自由表达活动过程中或者此刻关于身体放松和紧张时不同的感受。 2. 总结本课。教师总结今天的活动，期待下次课程的相遇。	学生能够理解一种放松技巧。	

（6）观察记录表：

阶段	游戏	目标	形成性评量					评量方式	教学使用	通过与否	教学决定	备注
			1	2	3	4	5					
暖身	松鼠与大树	1. 学生能够感受到愉悦、轻松的氛围。										
		2. 学生能适度放开自我。										
发展	腹式呼吸放松练习	学生能够掌握腹式呼吸放松法的步骤和要领。										
	系统脱敏练习	学生能够掌握系统脱敏的具体技巧。										
	漂流的树叶	1. 学生能够学会观察自己的想法。										
		2. 学生能够与脑中的想法和谐相处。										
结束	聆听身体的声音	学生能够总结放松技巧。										

（四）第四次活动方案

（1）主题：考试与我。

（2）目标：

①学生能树立正确的考试观。

②学生能正确认识考试难度，降低对考试难度的焦虑。

③学生能够了解应考小技巧。

（3）媒材：音乐《菊次郎的夏天》，成长三部曲游戏历程图，纸、签字笔若干。

（4）时间：90分钟。

（5）活动流程：

阶段	游戏	步骤	目标	备注
暖身（15分钟）	成长三部曲	成长三部曲游戏。所有学生蹲在地上，扮作鸟蛋。学生采用两两猜拳的方式进行比赛，胜者晋升一级，成为小鸟，作半蹲状，并与其他胜出的小鸟猜拳，负者退回"鸟蛋"，继续寻找其他鸟蛋进行猜拳，争取晋升机会。由此类推：小鸟与小鸟猜拳的胜者晋升为大鸟，可以站立，负者打回到鸟蛋；大鸟与大鸟猜拳的胜利者晋升为凤凰，可以张开双手，负者打回到小鸟，凤凰与凤凰猜拳的胜利者最终胜出，可以回到自己的座位，负者打回到大鸟。直到无法再匹配同级别成员时游戏结束。	1.学生能够理解游戏规则并积极参与游戏。2.学生能主动觉察每次升级或降级时的内心感受。	教师引导学生积极参与，并注意同级进行比赛，按顺序蜕变，不要越级晋升，同时在游戏过程中注意安全。
发展（65分钟）	重新认识考试意义（30分钟）	1.绘制游戏经历图。学生绘制刚才游戏过程中的输赢经历，以先描点后连线的方式描绘自己的输赢历程，并在相应的点上标注自己当时的心情或感受。2.思考游戏经历与成长。学生观察自己的游戏经历图，思考每次猜拳对自己在游戏中的成长有什么意义。3.绘制考试曲线图，思考考试的意义。教师类比小学入学后的重大考试和本次游戏猜拳经历的相似之处，请学生回顾现实生活中已有的重大考试经历并将它画下来，同时思考每次考试对自己成长的意义。4.班级分享。学生在小组中分享自己对考试意义的理解，小组派代表总结本组对考试的赋义。	1.学生能够绘制游戏经历图。2.学生能够理解游戏中的猜拳经历对自己在游戏中成长的积极意义。3.学生能够理解考试对自己在现实生活中成长的积极意义。	1.开始绘图之前，教师可以示范一次游戏经历图的绘制。2.学生在分享考试意义的理解时，教师注意引导学生合理看待考试意义。
	正确认识考试难度（15分钟）	1.考试难度分析。教师讲解本区域内历年中考、高考难度系数和简单题、中等题、难题的分布比例。2.我的试卷。学生分别用身体外形、动作和语言展示出简单题、中等题、难题三类题型的特点。3.遇见未来考试的我。教师将学生分成三组，告诉学生我们即将乘坐时光穿梭机到未来，并请学生分组思考如果在未来遇到正在考试的自己，你会告诉他/她当分别遇到简单题、中等题、难题时，该如何应对？	1.学生能够了解重大考试的难度不会过高，同时简单题、中等题的占比较大，难题占比较小。2.学生能够降低对考试难度的过高估计和担忧，并找到恰当的应对三类题型的心理状态。	1.三组学生分别讨论简单题、中等题、难题的恰当应对的心理状态。2.注意数据来源的可靠性。
	考试小技巧（20分钟）	1.考试小锦囊。学生在组内分享自己曾经使用过，或看到他人使用过，有益于考试发挥的小技巧，比如带自己最喜欢的笔进考场，考前嚼口香糖，大脑空白时先喝口水等，并以小组为单位绘制成手账或思维导图。2.小组分享。小组派代表展示手账或思维导图并总结本组的小技巧。	1.学生能够参与分享并绘制手账或思维导图。2.学生能够了解并学习使用适合自己的应考小技巧。	教师注意引导学生选择适当的技巧，规避不恰当的技巧。
结束（10分钟）	我们在路上	1.回顾本课。在舒缓的背景音乐中，全体同学围成一个大圈，教师引导同学回顾、总结今天的活动。2.分享感悟。学生自由表达活动过程中或者此刻的感受，或者对未来课程的期待。3.致谢。最后学生分别向两边的人真诚地说："谢谢你，正是因为你，让我学习到……（积极的成长）"	1.学生能够梳理本次课程的改变。2.学生愿意表达自己的感受和期待。	在相互致谢环节，教师引导学生真诚致谢。

（6）观察记录表：

阶段	游戏	目标	形成性评量					评量方式	教学使用	通过与否	教学决定	备注
			1	2	3	4	5					
暖身	成长三部曲	1.学生能够理解游戏规则并积极参与游戏。										
		2.学生能主动觉察每次升级或降级时的内心感受。										
发展	重新认识考试意义	1.学生能够绘制游戏经历图。										
		2.学生能够理解游戏中的猜拳经历对自己在游戏中成长的积极意义。										
		3.学生能够理解考试对自己在现实生活中成长的积极意义。										
	正确认识考试难度	1.学生能够了解重大考试的难度不会过高，同时简单题、中等题的占比较大，难题占比较小。										
		2.学生能够降低对考试难度的过高估计和担忧。										
	考试小技巧	学生能够了解并学习使用适合自己的应考小技巧。										
结束	我们在路上	1.学生能够梳理本次课程的改变。										
		2.学生愿意表达自己的感受和期待。										

（五）第五次活动方案

（1）主题：焦虑情绪变奏曲。

（2）目标：

①学生能分析考试焦虑具体内容的支持性证据和反驳性证据。

②学生能了解不合理信念的两大特征。

③学生能使用垂直下降技术调整对考试结果的焦虑状态。

（3）媒材：小明的烦恼清单，我的烦恼清单，支持与反驳证据练习卡，我的烦恼分析图，音乐《轻点》，写有事件、想法、自动思维、情绪、支持性证据、反驳性证据、夸大、必须等的字牌，场记板。

（4）时间：90分钟。

（5）活动流程：

阶段	游戏	步骤	目标	备注
暖身（15分钟）	雨点变奏曲	1. 身体有节律。学生利用身体的任何部分碰撞发出两种以上的声音。 2. 雨点变奏曲。学生一起跟着教师的描述用有节奏的声音来演示雨点的节奏： 雷声——大力跺脚 手指互相敲击——小雨 中雨——手背敲手背 大雨——用力鼓掌 暴雨、暴风雨——跺脚加大力鼓掌。 引导语： 夏日的天空里布满了乌云，突然，一道闪电划过，雷声开始轰隆了，接着又一道闪电，又一阵雷声传来。中雨劈里啪啦地下了起来，街上的人们慌忙躲避，很快，中雨变成了大雨，紧接着又是一阵雷声，暴风雨来啦！又是一阵雷声，大雨倾盆，渐渐地，雨变小了，变成中雨，变成小雨，一阵又一阵雷声，大雨又降临了！轰隆隆，轰隆隆，大雨变成了暴雨，哗啦啦，哗啦啦，暴雨变成了大雨，接着大雨变成了中雨，最后中雨变成了小雨，最后，雨过天晴，天上出现了一道美丽的彩虹……	1. 学生能够跟随指导语合奏出雨点变奏曲。 2. 学生能够有一定程度的进步。	教师在讲述指导语过程中注意语言肢体的形象生动，这样更能将学生带入场景。
发展（65分钟）	识别自动思维（15分钟）	1. 小明的烦恼背后。学生以小组为单位，在小明的烦恼清单上选择一条想要分析的烦恼，小组成员一起讨论这条烦恼背后小明可能有的心情和想法。 2. 识别自动思维。教师讲解自动思维的含义，并请学生利用小明的烦恼练习识别自动思维。 自动思维：面临某种情形，浮现出来的想法。 自动思维容易与解释相混淆，解释是对所面对的情形的分析和说明。 如： 英语考试考差了，英语老师肯定对我失望极了。（自动思维） 英语考试考差了，是因为英语作文没写好，扣分太多。（解释） 3. 角色演绎自动思维过程。以小组为单位，学生分别扮演事件、想法、情绪、自动思维，用自我介绍和互动的方式演绎出小明的烦恼中自动思维发生的过程。 4. 查找我的自动思维。每个同学利用我的烦恼清单，填写自己最近跟学习和考试相关的印象深刻的烦恼，并回顾自己当时的心情和想法，找到自己的自动思维。	1. 学生能够感知和理解什么是自动思维。 2. 学生能够了解自己的自动思维。	教师要注意帮助学生区别解释与自动思维。
	不合理信念特征（15分钟）	1. 美国心理学家埃利斯的情绪ABC理论 美国心理学家埃利斯认为，引起我们困扰的不是外界发生的具体事件A——诱发性事件（activating event），而是我们对事件的态度、看法、评价B——个体对该事件的想法（belief）。因此，要改变情绪困扰不是致力于改变外界事件，而是应该改变认知，进而改变情绪C——在特定情景下个体情绪及行为的结果（consequence）。ABC理论的核心是改变引发困扰情绪的非理性信念。 2. 非理性想法的两种类型 （1）不切实际地夸大，常使用"受不了""糟透了"等以偏概全的词语； （2）不切实际的要求，常使用"必须""应该""一定"等词语，常把一些"希望""愿望"变成非要达到的"要求"，认为事情一定要按自己理想的情况发生。 3. 自动思维有是非。学生以小组为单位，对本组中小明的自动思维进行判断，除自动思维外，其余组员分别扮演支持性证据和反驳性证据，并从证据的视角出发，说出自己的支持性台词和反对性台词，由观众来判定是否有不合理信念的特征。 4. 扫描非理性想法。学生检查自己的自动思维（想法）里是否有符合非理性想法特征的。	1. 学生能够理解情绪ABC理论。 2. 学生能够了解非理性想法的特征。 3. 学生能够检视别人的自动思维中是否有非理性想法。 4. 学生能够检视自己的自动思维中是否有非理性想法。	教师讲解ABC理论时可以结合生活中的例子讲解，如在路上遇到一条狗，有人觉得很害怕，有人觉得狗很可爱。

阶段	游戏	步骤	目标	备注
发展（65分钟）	寻找支持性证据和反驳性证据(15分钟)	1. 非理性想法的辩论。学生在我的烦恼表里，选择一种非理性想法做支持性和反驳性证据练习。 2. 小组分享。每个同学在小组内分享自己的支持与反驳证据练习卡上的内容。组内其他同学根据分享者的想法，帮助其补充他没有发现的反驳证据。 3. 是真的吗？学生根据其他成员提供的证据再次评估自己对这个想法的相信程度。 4. 改变正在发生。学生以小组为单位演绎自动思维的产生、判断和改变的过程。	1. 学生能够对自己的想法进行支持性证据和反驳性证据的分析。 2. 学生对自己非理性想法的相信程度发生改变。	1. 教师注意强调证据是曾经发生过的事实，不是猜测和推理。 2. 小组演绎之后教师注意提醒成员去角色。
	垂直下降技术（20分钟）	1. 选择练习目标。学生再次在烦恼表里选择一种让自己焦虑的想法，可以仍然是上一个练习的想法。 2. 设想最糟糕的结果。学生以"如果我担心的事情变成现实，那么对我来讲最坏的结果会是什么？"格式来补充句子。 例：如果我这次期末考试考不好，那么假期的作业就会增加很多，初二也会跟不上学习节奏。 3. 更坏的可能。学生在上一个可能发生的最坏结果基础上进一步思考："如果这个也变成了现实，那么对我来说，又会发生什么更坏的结果？" 例：如果我初二没跟上，中考也会考不好。 （1）以此类推，直到结果无法再变得更坏时停止。 （2）在每个想法后面评估出这个想法变成现实的可能性（用百分数表示）。 （3）最后把所有的事情发生的可能性的百分数累乘，得到最坏的结果发生的概率。	1. 学生能够列出现在担忧的想法如果变成现实，可能会发生的最坏结果。 2. 学生能够以此类推至少4种越来越坏的结果。 3. 学生能够用累乘的方式计算出自己担忧的最坏结果发生的可能性。 4. 学生能够缓解焦虑感。	如果学生在练习过程中无法想象最坏的结果，教师可以适当引导询问，比如如果那真的发生了，你会做些什么/对你来讲意味着什么。
结束（10分钟）	蜕变有我	1. 总结本课。全体同学围成一个大圈，教师总结本课活动内容。 2. 分享感悟。教师引导学生自由表达本次课程带给自己的改变、感悟或收获。 3. 致谢。每个同学分别向两边的人真诚地说："谢谢你，正是因为你，让我发现了……"最后教师感谢学生的参与和分享，期待下次课程的相遇。	1. 学生能够梳理本次课程的知识和技巧。 2. 学生愿意表达自己的感悟与收获。	

（6）观察记录表：

阶段	游戏	目标	形成性评量					评量方式	教学使用	通过与否	教学决定	备注
			1	2	3	4	5					
暖身	雨点变奏曲	1.学生能够跟随指导语合奏出雨点变奏曲。										
		2.学生能够有一定程度的进步。										
发展	识别自动思维	1.学生能够感知和理解什么是自动思维。										
		2.学生能够了解自己的自动思维。										
	不合理信念特征	1.学生能够理解情绪 ABC 理论。										
		2.学生能够了解非理性想法的特征。										
		3.学生能够检视自己的自动思维中是否有非理性想法。										
	寻找支持性证据和反驳性证据	1.学生能够对自己的想法进行支持性证据和反驳性证据的分析。										
		2.学生对自己非理性想法的相信程度发生改变。										
	垂直下降技术	1.学生能够列出现在担忧的想法如果变成现实，可能会发生的最坏结果。										
		2.学生能够以此类推至少4种越来越坏的结果。										
		3.学生能够用累乘的方式计算出自己担忧的最坏结果发生的可能性。										
		4.学生能够缓解焦虑感。										
结束	蜕变有我	1.学生能够梳理本次课程的知识和技巧。										
		2.学生愿意表达自己的感悟与收获。										

（六）第六次活动方案

（1）主题：从心出发，与你同行。

（2）目标：

①学生能分析并整合当下自身和环境资源，分析自己所拥有的社会支持。

②学生能够分析自己的幸福清单，找到适合自己的恢复情绪的办法。

③学生能够找到为应对考试焦虑情绪提供心理能量的办法。

（3）媒材：卫生纸1卷，社会支持网络图，幸福清单，音乐《皇家萌卫》《雨碎江南》《左手右手》。

（4）时间：90分钟。

（5）活动流程：

阶段	游戏	步骤	目标	备注
暖身（15分钟）	风中的小树苗（15分钟）	1. 风中的小树苗。学生闭上眼睛，跟随老师的指导语，用身体感受风力程度的变化。 指导语：春天的风像一双柔嫩的手，轻轻地抚过你的脸，掺着花的香气，和着太阳的气息，给人以暖的感觉，舒适极了。慢慢地，风变大了，山风卷着松涛，如大海扬澜般带着骇人的声浪滚滚而来，乌云也越来越多，天空开始下起了雨，风越来越大，树枝摇摆不定，纸屑到处飞扬，人也有点站立不稳，打着的伞被吹出各种形状，哗啦啦，哗啦啦，一阵大雨落了下来。 2. 感受压力的大小。当老师的指导语结束时，请同学保持身体不动，睁开眼睛，观察自己的身体状态，分享在游戏过程中自己身体姿态变化和感受。身体变化的程度越大，说明感受到的压力越大，学生能够感知自己的压力大小。	学生能够通过身体反应，感受自身压力的大小。	学生可能会因为任务简单而发笑，教师可以引导他仔细感受承受压力时身体的反应。
发展（65分钟）	孤独的TA（15分钟）	1. 没有人是一座孤岛。学生以小组为单位，小组中的一位同学演示一个孤独的人封闭的状态，该同学四肢和嘴唇被卫生纸裹住，在保证卫生纸不破损的情况下移动和与人沟通。演示者和小组内的其他同学一起体会孤独、无助、封闭的情绪并分享感受。 2. 感受支持的能量。小组内的其余学生以手搭肩膀、后背或者拥抱这位同学的方式支持封闭的演员，所有成员均感受并思考与人有联结时，自身的感觉变化，之后可以进行分享。	1. 小组能够选出一个小组成员演绎封闭状态。 2. 学生能够感受到封闭带来的孤独、无助和闭锁感。 3. 学生能够感受到他人带给自己的支持感，体会到社会支持对于应对焦虑情绪的意义。	小组成员表达支持时，可能会因为男女性别的原因不愿接触，可以改为语言和动作。
	我的社会支持网（15分钟）	1. 我的加油站。学生完成自己的社会支持网图，分析自己的社会支持有哪些，构成了怎样的支持系统。 2. 小组分享。学生在小组内分享自己的社会支持网络图，经由其他组员的分享，反思自己的支持系统是否多样、有效。 3. 求助体验分享。学生分享自己在生活中寻求过社会支持的经历以及被帮助后的感受和体验。	1. 学生能够分析自身的社会支持资源状况。 2. 学生能从他人的分享中了解其他的获取社会支持的办法以及被帮助的感受。	
	我的幸福清单（15分钟）	1. 我的幸福清单。学生书写能够让自己心情愉悦起来的时刻和事件。（3至5件） 2. 小组分享。学生在小组内分享自己的幸福清单。	学生能够分析帮助自己复原情绪，提供能量的事件。	
	转化资源为能量（20分钟）	1. 我的考试加油包。学生在纸上描绘自己的手型轮廓，并标注左手、右手，针对即将来临的考试，分析自己的社会支持网络，思考可以从网络中得到怎样的支持，在左手范围内画或者写出自己拥有的外在资源。 2. 我的情绪复原胶囊。学生参考自己的幸福清单，思考可以从哪些方面帮助自己复原情绪，在纸上右手范围内画或者写出自己拥有的内在资源。 3. 握在手心里。学生跟随《左手右手》歌，一边拍手一边哼唱歌曲，将自己拥有的内外资源装进心里。	学生能够在社会支持和有利于提升心理能量的事件上获得支持感和控制感，缓解焦虑感。	
结束（10分钟）	小结与巩固	总结本课。教师总结今天的活动环节，引导学生自由表达活动过程中或者此刻的感受，或者对未来课程的期待。	学生愿意表达自己的感受和期待。	

（6）观察记录表：

阶段	游戏	目标	形成性评量					评量方式	教学使用	通过与否	教学决定	备注
			1	2	3	4	5					
暖身	风中的小树苗	学生能够通过身体反应，感受自身压力的大小。										
发展	孤独的TA	学生能够感受到他人带给自己的支持感，体会到社会支持对于应对焦虑情绪的意义。										
	我的社会支持网	1. 学生能够分析自身的社会支持资源状况。										
		2. 学生能从他人的分享中了解其他的获取社会支持的办法。										
	我的幸福清单	学生能够分析帮助自己复原情绪，提供能量的事件。										
	转化资源为能量	学生能够在社会支持和有利于提升心理能量的事件上获得支持感和控制感，缓解焦虑感。										
结束	小结与巩固	学生愿意表达自己的感受和期待。										

（七）第七次活动方案

（1）主题：放飞心梦想。

（2）目标：

①学生愿意尝试新的考试焦虑应对模式。

②学生坦然接受团体结束，自信前行。

（3）媒材：音乐《Only Time》。

（4）时间：90分钟。

（5）活动流程：

阶段	游戏	步骤	目标	备注
暖身（15分钟）	石头剪刀布	1.石头、剪刀、布游戏。学生自由与同学进行三个版本的石头、剪刀、布游戏并感受身体姿态的变化。 2.手部石头、剪刀、布。学生进行手部动作的石头、剪刀、布游戏。 3.表情石头、剪刀、布。学生进行表情的石头、剪刀、布游戏。 石头——生气 剪刀——笑 布——惊讶 4.身体动作石头、剪刀、布。学生进行身体动作的石头、剪刀、布游戏。 石头——站立的同时双臂交叉放胸前。 剪刀——双脚、双手一前一后交叉，呈跑步状。 布——双手双脚张开，呈开放姿态。 5.分享感悟。学生自由表达身体姿态的改变带给自己的变化。	1.学生能够依据动作完成不同版本的游戏。 2.学生能够适度放开自我。	在开始游戏前，教师可以示范各种动作。
发展（65分钟）	我们的成长印记（20分钟）	1.美好的成长时刻。教师播放前几次活动中的照片和视频资料，和学生一起回顾前几次课程的成长和美好瞬间。 2.画成长。学生在A4纸上用一种形状、色彩画出自己的收获和感受。	1.学生能够梳理整个团体辅导过程。 2.学生能够整合自己在整个课程中的收获。	
	过去、现在和未来（20分钟）	1.小组分享感悟。以小组为单位，学生在小组中分享自己的作品，谈课程带给自己的收获和感受。 2.过去与现在。学生依次在组内分享过去和现在考试焦虑情绪状态改变情况，谈一谈具体的改变是什么。 3.展望未来。每个同学谈谈未来自己再次有考试焦虑情绪时，将如何应对。	1.学生能表达自己在课程中的收获。 2.学生能够对比自身在课程前后考试焦虑反应上的变化。 3.学生有信心面对未来可能会出现的考试焦虑状态。	教师可以结合自己的焦虑情绪状态改变给学生做示范。
	互赠礼物与赠言（25分钟）	1.印象最深的事。学生分享整个课程中带给自己影响较大的人或事，或印象深刻的场景。 2.铭记与感恩。学生在表达收获纸上写出对同学的欣赏和感谢，并互赠礼物。	1.学生能够再次回顾课程中让自己发生触动和改变的人和事。 2.学生能够对其他成员表示感谢。	教师可以做出示范，引导学生积极参与活动。
结束（10分钟）	感谢有你	1.致谢。在舒缓的背景音乐中，全体同学围成一个大圈，学生依次用一句话表达对所有人的感谢或祝福。 2.总结课程，团体纪念。教师再次总结学生提到的成长，并对未来新生活寄予希望，最后学生自由行走形成一个心形，拍一个团体照，结束本课。	1.学生愿意表达自己的感受和期待。 2.学生能与大家合照结束课程。	

（6）观察记录表：

阶段	游戏	目标	形成性评量					评量方式	教学使用	通过与否	教学决定	备注
			1	2	3	4	5					
暖身	石头、剪刀、布	1. 学生能够依据动作完成不同版本的游戏。										
		2. 学生能够适度放开自我。										
发展	我们的成长印记	1. 学生能够梳理整个团体辅导过程。										
		2. 学生能够整合自己在整个课程中的收获。										
	过去、现在和未来	1. 学生能够对比自身在课程前后考试焦虑反应上的变化。										
		2. 学生有信心面对未来可能会出现的考试焦虑状态。										
	互赠礼物与赠言	1. 学生能够再次回顾课程中让自己发生触动和改变的人和事。										
		2. 学生能够对其他成员表示感谢。										
结束	感谢有你	学生愿意表达自己的感受和期待。										

第三章

自我意识之感悟式游戏教学设计 ◁▷

老子说："知人者智，自知者明。胜人者有力，自胜者强。"希腊神庙的柱子上刻有"认识你自己"的话。吴增强在《学校心理辅导通论——原理·方法·实务》中提到："自我意识的产生与发展是人与动物在心理上的最后分水岭。"由此可见，自我意识对儿童的行为、学习和生活具有深远的影响。早在1962年，朱智贤教授在其《儿童心理学》一书中，对儿童自我意识、自我评价的发生、发展及其作用作了深刻的分析。

针对中小学自我意识的发展也有很多学者做了相关研究。其中丁红莉、龚洁在《中小学生自我意识发展现状调查与思考》中描述到：小学低年级的学生自我意识逐渐发展，他们处于自我膨胀阶段，倾向于积极地评价自己，自我意识水平整体较高。二年级开始，学生对自己能力的评价开始更多地反映他人评价。小学中年级学生的自我意识内容更加丰富全面，能够连续说出一些身体特征作为自己的重要方面，且同伴关系变得越来越重要，学生们很关注那些可以巩固同伴地位的行为和特质，也更看重同伴对自己的评价。该阶段学生自我意识客观性发展呈现不平衡，只有不到一半的学生能对自己进行客观评价。初中年级学生主要面临的自我意识主题是自我同一性建立。他们的典型特征是自我描述中的不一致，他们能意识到，在所有情境中他们不可能是同一个人，这个事实让他们感到迷惑甚至气恼。该阶段学生自我评价较低。在躯体外貌方面，七年级学生随着第二性征的出现，感受到来自身体巨大变化的不安和不适应。小学中段学生社会自我认识开始迅速发展，学生越来越在乎他人的评价尤其是同伴的评价，七年级学生自我发育的提前，开始感觉到自己外貌与他人的不同及所带来的焦虑。

自我意识是人的自觉性、自控力的前提，对自我教育有推动作用。人只有意识到自己是谁，应该做什么的时候才会自觉自律地去行动，当一个人意识到自己的长处和不足，就有助于他发扬优点，克服缺点，取得自我教育积极的效果。根据学校心理健康教育目标、学生年龄特征、学生心理发展水平、当前的形势和学生心理健康的现状，目前中小学心理健康教育的具体内容包括自我意识的教育与辅导、学业发展的教育与辅导、生活适应的教育与辅导和生活发展的教育与辅导。其中特别强调学生的自我意识的教育与辅导。《教育部办公厅关于加强学生心理健康管理工作的通知》中也提到要针对学生在学习、生活、人际关系和自我意识等方面可能遇到的心理失衡问题，主动采取举措，避免因压力无法缓解而造成心理危机。因此在中小学校开展自我意识提高的辅导课程是非常有必要的。

本章节将通过八次感悟式游戏教学，让学生形成自我认识的意识，知道从哪些方面去认识和评价自己，提高自我认识，接纳自我，完善自我的能力。

一、教学对象

适合小学高段、初中、高中和大学阶段的青少年群体，以及自我意识有偏差的青少年团队。

二、教学目标

1. 总目标

学生能从多方面去认识和评价自己，能够自我完善。

2. 子目标

学生能分别从生理特征、心理特征和社会关系几个方面全面地认识自己；能够知道从哪些途径来认识自我；能够分析自己的优缺点来客观认识自己，接纳自己的独特性，会确立合适的目标来分阶段地完善自我，在具体的自我完善的过程中，能自我控制和监督提高行动力。

三、教学时间

每次上课时间为 90 分钟，共 9 次课。

四、教学准备

1. 场地：专业团体辅导室。

2. 音乐：《天空之城（钢琴曲）》《那个冬天，风在吹》《Nothing To Fear》《菊次郎的夏天》《风的歌声》《风马》《Daydream》《The Magnificent Seven》《相亲相爱一家人》《Story Of My Life》《Only Wish》《相信自己》《Flower Dance》《Luv Letter》《The Right Path》《明天更美好》。

3. 所需材料：水彩笔、彩图卡纸、双色卡纸、彩色纸、A4 纸、白纸、大白纸、板凳、眼罩、扑克牌、障碍物、白纸条、木杆、线、苹果、手工材料、气球、《寻找失落的一角》视频、促进卡、收获卡、新知卡、提升卡、祝福卡、表演所需的丝巾、面具等道具。

4. 影音投影设备。

五、教学内容

（一）理论依据

自我意识是人对自己身心状态及对自己同客观世界的关系的认识，即自己对自己的认识。具体包括认识自己的生理状况（如身高、体重、体态等）、心理特征（如兴趣、能力、气质、性格等）以及自己与他人的关系（如自己与周围人们相处的关系，自己在集体中的位置与作用等）。自我意识的结构是从自我意识的三层次，即知、情、意三方面分析的，是由自我认知、自我体验和自我调节（或自我控制）三个子系统构成。自我意识的形成原理包括：正确的自我认知、客观的自我评价、积极的自我提升和关注自我成长。人生不同的发展阶段，其自我意识的形成各有特点。

自我意识主要表现为自我概念、自我评价和自我理想的辩证统一。在自我分化认识自我的过程中，自我概念好比"我是什么样的人"，自我评价好比"我这个人怎么样"，自我理想好比"我应该成为什么样的人"。2006年伍新春在《心理健康教育概论》中提出：自我意识的教育与辅导的内容主要包括自我认识的教育与辅导、自我接纳的教育与辅导以及自我完善的教育与辅导三个方面。

（二）政策依据

《中小学心理健康教育指导纲要（2012年修订）》指出心理健康教育的总目标是：提高全体学生的心理素质，培养他们积极乐观、健康向上的心理品质，充分开发他们的心理潜能，促进学生身心和谐可持续发展，为他们健康成长和幸福生活奠定基础。其中对心理健康教育的具体目标的描述提到：使学生学会学习和生活，正确认识自我，提高自我教育的能力。在心理健康教育的分阶段的具体教育内容中描述到：小学中年级具体教育内容包括帮助学生了解自我，认识自我。小学高年级的教育内容包括帮助学生正确认识自己的优缺点和兴趣爱好，在各种活动中悦纳自己。初中年级的教育内容包括帮助学生加强自我认识，客观评价自己，认识青春期的生理特征和心理特征。高中年级的教育内容包括帮助学生确立正确的自我意识，梳理人生理想和信念，形成正确的世界观、人生观。

（三）教学设计

伍新春在《心理健康教育概论》中提出，自我意识的教育与辅导的内容主要包括自我认识的教育与辅导、自我接纳的教育与辅导以及自我完善的教育与辅导三个方面。本次感悟式游戏教学设计方案如下：

自我意识提升之感悟式游戏教学活动设计

阶段	游戏		目标
初始	独特新世界		学生之间能相互熟悉，建立彼此之间的信任感，初步形成团体归属感。
中间	自我认识	看见我	1. 学生能有观察和认识自己生理特征的意识。 2. 学生能够客观地评价自己的生理特征。 3. 学生能知道从哪些方面来全面认识自己的生理特征、生理状况（如身高、体重、体态等）。 4. 学生能对不客观的认识进行辨析。
		感受我	1. 学生能有观察和认识自己心理特征的意识。 2. 学生能够客观地评价自己的心理特征。 3. 学生知道从哪些方面来全面认识自己的心理特征（如兴趣、能力、气质、性格等）。 4. 学生能对不客观的认识进行辨析。

续表

阶段		游戏	目标
中间	自我认识	我和我们	1.学生能有观察自己的社会关系的意识。 2.学生能够客观地评价自己的社会关系。 3.学生知道从哪些方面来全面认识自己与他人的关系（如自己与周围人们相处的关系，自己在集体中的位置与作用等）。 4.学生能够识别不合理的社会关系。
	自我体验	接纳不完美的我	1.学生能够客观评价自己的优缺点。 2.学生能够觉察面对缺点时的自我体验。 3.学生能够处理不良的自我体验。 4.学生能接纳不完美的自我。
		触手可及的未来我	1.学生能认识到自我完善是有阶段性的。 2.学生能确定合理的理想自我（怎么确立目标、计划）。
	自我完善	我的英雄之旅	1.学生能认识到完善自我需要付诸行动。 2.学生能管控好自我，实现自我完善。 3.学生能有效进行自我调节、自我监督（怎么与干扰作斗争、怎么克服不良行为习惯）。
结束		让生命充满阳光	学生能看见自己的特质与资源，对未来抱有积极的期待，形成积极的自我概念。
		我们在一起	学生能坦然接受团体结束，并对现在及未来赋能，坚定前行。

六、具体方案

（一）第一次活动方案

（1）游戏：独特新世界。

（2）目标：学生之间能相互熟悉，建立彼此之间的信任感，初步形成团体归属感。

（3）媒材：水彩笔、油画棒，动物图片，每组一张全开纸。开场和结尾配背景音乐《菊次郎的夏天》。

动物图片1——熊猫　动物图片2——长颈鹿

（4）时间：90分钟。

（5）活动流程：

①活动之前确定团体活动规则：积极参与，积极分享，不评价，不嘲笑，保持信任，相互尊重并保密。

②活动口令：教师说："123安静。"学生说："456收到。"

阶段	游戏	步骤	目标	备注
暖身（15分钟）	动物大世界	1. 选动物。教师在教室的地板上散放各种动物图片，学生根据自己的喜好选择动物图片。 2. 自我介绍。学生模仿所选动物的图片动作介绍自己的名字及其与动物相似的特征。 3. 动物行走。学生模仿所选动物的方式自由行走，听从教师指令做动作。教师指令有"摸摸墙壁""摸摸窗户""摸摸窗帘"等熟悉环境，"碰碰头""碰碰肩""碰碰膝盖"等与其他同学用动物动作打招呼。	1. 学生能选择适当的图片代表自己。 2. 学生能使用动物图片介绍自己。 3. 学生能模仿动物动作和伙伴打招呼。	教师注意讲清规则并示范。
发展（65分钟）	家族联盟	1. 分组。教师引导学生按动物属性分组，比如食肉动物组、食草动物组、家禽组、飞鸟组……学生快速找到自己的小组。 2. 动物家族群雕 （1）准备：以家族为单位，学生通过身体动作轮次呈现本家族的动物，并设计家族动作定格。 （2）以家族为单位展示家族群雕。	1. 学生能根据属性找到自己所属的小组。 2. 学生能设计家族动作。	教师现场根据学生选择的东西提供分组类别，并灵活调配人员。
	点亮家族	1. 我们家族最奇特的家具 （1）以家族为单位，学生用身体合作的方式扮演本组最喜欢的最奇特的家具。 （2）轮组呈现。教师带领学生拜访各组奇特的家具，请组员描述家具特征，感受家具功能。 （3）教师总结。教师带领大家分享自己所见的各组家具的奇特之处。 2. 我们家族最奇特的家园 （1）小组合作画出奇特家园，确定代表家园情感的歌曲，写出代表家园力量的口号、组名。 （2）轮组呈现。各组依次介绍自己小组的作品、组名、口号及歌曲。 （3）亮点。教师带领大家分享自己所见的各组亮点。	1. 学生能与伙伴合作用身体扮演家具。 2. 学生能与伙伴合作画出奇特家园。 3. 学生能看到各组的奇特之处。	教师注意引导学生欣赏各组的奇特之处。
结束（10分钟）	大联欢	1. 我们的歌。教师引导学生集体选出一首符合奇特世界的情感的歌曲。 2. 歌曲中互动。听歌曲，边唱歌边自由行走，大家在歌曲旋律中用身体互动：碰身体、穿洞、绕圈等，最后形成一个奇特的集体符号，定格拍集体照。 3. 分享与总结。一人一词依次表达当下的感受，教师总结。	1. 学生能选取适合的歌曲。 2. 学生能与伙伴积极地进行身体互动。 3. 学生能够用词语表达感受。	教师注意引导学生舞动的过程中注意安全。

（6）观察记录表：

阶段	游戏	目标	形成性评量					评量方式	教学使用	通过与否	教学决定	备注
			1	2	3	4	5					
暖身	动物大世界	1. 学生能选择适当的图片代表自己。										
		2. 学生能使用动物图片介绍自己。										
		3. 学生能模仿动物动作和伙伴打招呼。										
发展	家族联盟	1. 学生能根据属性找到自己所属的小组。										
		2. 学生能设计家族动作。										
	点亮家族	1. 学生能与伙伴合作用身体扮演家具。										
		2. 学生能与伙伴合作画出奇特家园。										
		3. 学生能看到各组的奇特之处。										
结束	大联欢	1. 学生能选取适合的歌曲。										
		2. 学生能与伙伴积极地进行身体互动。										
		3. 学生能够用词语表达感受。										

（二）第二次活动方案

（1）游戏：看见我。

（2）目标：

①学生能有观察和认识自己生理特征的意识。

②学生能够客观地评价自己的生理特征。

③学生知道从哪些方面来全面认识自己的生理特征（如身高、体重、体态等）。

④学生能对不客观的认识进行辨析。

（3）媒材：背景音乐《天空之城》、全开纸、水彩笔、促进卡。

促进卡

（1）在哈哈镜里我看到：＿＿＿＿＿＿＿＿＿＿＿＿＿＿

（2）我要这样看待它：＿＿＿＿＿＿＿＿＿＿＿＿＿＿＿

（3）今日思考：

＿＿＿＿＿＿＿＿＿＿＿＿＿＿＿＿＿＿＿＿＿＿＿＿＿＿＿＿

（4）时间：90分钟。

（5）活动流程：

阶段	游戏	步骤	目标	备注
暖身（15分钟）	走走停停	1. 即兴舞动。所有人围成圈，教师播放音乐《天空之城》，学生随着音乐随意地走动、舞动，用身体与伙伴打招呼。 2. 打招呼。学生在场地里和离他最远的那个朋友打招呼，招呼的话语和动作是："你好！很高兴认识你，你的衣服很漂亮（你的鼻子长得真好看或你的皮肤真好）。"然后点头、握手，再见！ 备注： （1）夸奖的内容是通过你的眼睛可以看见的部分，比如长相，身高，衣着等。 （2）每个人至少找 10 个不同的人进行交流。 （3）已经和 10 人交流过的学生就站在原地，然后寻找一个已经完成任务的同学两两组队。 3. 两两组队，分享感受 （1）学生分享刚才自己赞美了别人哪些方面。自己哪些方面被赞美。 （2）学生分享当被赞美时，自己的感受。	1. 学生能够与伙伴有适当的身体接触。 2. 学生能够学会用眼睛观察他人，寻找到别人身上的闪光点，并积极地表达。 3. 学生能分享自己的感受。	教师注意引导学生夸奖的内容是眼睛可以看到的外在特征。
发展（65分钟）	我的身体轮廓图	1. 发放媒材。每人一张全开纸，个子高的人可以两张全开纸接起来。 2. 两人合作画身体轮廓。一人躺在全开纸上，另一个人用对方喜欢的色彩的水彩笔画出对方身体轮廓。两人轮换。 3. 为身体上色。各自用自己喜欢的色彩装饰或添加自己的身体图像。 4. 我写我身。在身体轮廓上，学生写下自己最喜欢的地方、不喜欢的地方、特色、每个地方的历史，用丰富的形容词描述自己的身体特征，并写在身体轮廓外面。 5. 取名。为自己的作品取名。 6. 组内分享。分享内容：（1）活动过程中，发现了自己有哪些特征。 （2）小组内不同的特征给你什么感觉。	1. 学生能通过色彩表达自己的典型特征。 2. 学生能描述自己的生理自我特征。 3. 学生能向伙伴分享自己的自我认识。	教师需引导学生从生理特征的多个方面进行观察和总结。
	哈哈镜	1. 教师分组。教师根据学生上一轮的描述中存在的典型的不接纳自我的现象，将学生分成四个小组。 2. 教师说规则并示范。在前面的活动中，我们被自己看见，也被他人看见，但是也许你会发现，每种看见不一定都是一样的，不是所有的镜子都是平面的，我们也可能会遇到哈哈镜。我们可能会在镜子里看到些什么呢？请各小组成员思考一下，在你的生活中，你周边的朋友有没有照哈哈镜的情况，那个情况是怎么样的？教师示范在小组内分享，其他组员用身体扮演出来。 3. 组内故事分享与哈哈镜。每人在组内分享一个与典型哈哈镜现象相关的故事。组员根据分享者的故事，用身体语言来扮演出来给分享者欣赏。 4. 策略与调整。表演结束后，其他小组的同学群策群力，为分享者提供认知支持，帮助主角寻找到新的认知与行为，调整哈哈镜效果。 5. 分享与感悟。小组代表分享体验与感受。 6. 教师总结。	1. 学生能觉察生理特征评价不客观的方面。 2. 学生能用动作表达不合理的认识。 3. 学生能够在活动中通过调整动作改变不合理的认识。	教师需要提醒学生，哈哈镜照出来的是眼睛看得见的特点，是个人的外在特征。
结束（10分钟）	反思与发展	1. 我的促进卡。每个学生持有一张"促进卡"，卡中需要填写的内容有： （1）在哈哈镜里我看到：_____ （2）我要这样看待它：_____ 今日思考：_____。 2. 合力墙。学生填好"促进卡"后，以小组为单位，一起手拿卡片，站立在树形墙边，手牵手齐呼："看见你，看见我，看见自己。加油！"然后将"促进卡"自主贴到树形墙上。	1. 学生能反思自己的问题，并坦然面对。 2. 学生能与伙伴一起面对真实的自己。	教师提前在团体辅导室的墙后面准备一张大大的树形图案。

（6）观察记录表：

阶段	游戏	目标	形成性评量					评量方式	教学使用	通过与否	教学决定	备注
			1	2	3	4	5					
暖身	走走停停	1.学生能够与伙伴有适当的身体接触。										
		2.学生能够学会用眼睛观察他人，寻找到别人身上的闪光点，并积极地表达。										
		3.学生能分享自己的感受。										
发展	我的身体轮廓图	1.学生能通过色彩表达自己的典型特征。										
		2.学生能描述自己的生理自我特征。										
		3.学生能向伙伴分享自己的自我认识。										
	哈哈镜	1.学生能觉察生理特征评价不客观的方面。										
		2.学生能用动作表达不合理的认识。										
		3.学生能够在活动中通过调整动作改变不合理的认识。										
结束	反思与发展	1.学生能反思自己的问题，并坦然面对。										
		2.学生能与伙伴一起面对真实的自己。										

（三）第三次活动方案

（1）游戏：感受我。

（2）目标：

①学生能有观察和认识自己心理特征的意识。

②学生能够客观地评价自己的心理特征。

③学生知道从哪些方面来全面认识自己的心理特征（如兴趣、能力、气质、性格等）。

④学生能对不客观的认识进行辨析。

（3）媒材："收获卡"、背景音乐《风马》、水彩笔、油画棒、A4纸。

> **"收获卡"**
>
> （1）在活动中我发现我是：_____的人。
> （2）在_____这些方面我还需要做出调整。
> （3）今日思考：
> _____

（4）时间：90分钟。

（5）活动流程：

阶段	游戏	步骤	目标	备注
暖身（15分钟）	玩转"心灵"球	1.教师说规则并示范。所有人围圈，教师用动作来表达拿球的样子，用语言和动作描述球的形状、大小、材质和其他特征，表示手上有一个虚拟的"兴趣之球"。教师要用眼神和身体动作示意他将会把这个球传给下一位同学，下一位同学用特有的姿势接球。"你接到的球就会变成你的'兴趣'之球。你可以随意地玩耍，并用语言和动作描述你的球的颜色、大小和材质。然后传递给下一位，依次进行。" 2.兴趣球传递。学生按规则用语言和动作传递自己喜欢的兴趣球，比如唱歌球、绘画球、弹钢琴的球、昆虫球等。 3.能力球传递。这一轮同时由5个人发球，用语言和动作传递个人特殊能力之球，比如弹力球、伸缩球、跳高球、计算球等，在场中走动将自己的能力球送给其他同学。 4.内在特质球传递。这一轮所有人同时出发带着自己的内在特质球，用语言和动作传递个人特殊内在特质之球，比如温柔之球、耐心之球、善良之球、好奇之球等，在场中走动将自己的能力球送给其他同学，相互交换球后，再传递出去。 5.分享感悟。学生自愿分享感受。 6.教师总结。教师全面总结，点出活动中的亮点，强化学生的积极特质。	1.学生能理解规则。 2.学生能够跟随教师的引导做出相应的动作。 3.学生能够用语言和动作表达自己的兴趣。 4.学生能够用语言和动作表达自己的能力。 5.学生能够用语言和动作表达自己的内在特质。	教师给出的球需要和心理特征相关。所传递之球，教师可以使用课件投影的提示进行，比如最先是"兴趣之球""能力之球""温柔之球""耐心之球"等。
发展（65分钟）	我的特质画	1.发放媒材。每人一张A4纸，折成四格。学生选择自己喜欢的油画棒、水彩笔。 2.我眼里的自己场景画。学生在每一格里写或画四个场景，要求场景最能代表自己个性。 3.我是导演。组内合作，组员轮次当导演，请其他同学扮演自己的四格动画，去看见特别的我。 4.小组代表分享。每组一个代表分享自己的作品，组员用身体呈现出来。 5.教师总结。教师积极肯定和欣赏学生的特质。	1.学生能够画出四个场景代表自己。 2.学生能用身体扮演四格动画。 3.学生能看见特别的我。 4.学生能在他人面前分享自己的特质。	教师通过PPT为学生提供可参考的关键词。
	歪曲的自我	1.抽签。教师在前一活动中，概括四种常见的不良自我歪曲的典型现象，各组抽签。 2.编故事。各组根据主题创编故事，并排演呈现故事。教师要求集体使用角色扮演方式展现自我歪曲的表现及其不良后果。 3.小组展示。各组面向集体展现本组创编的故事。 4.教师总结。教师引导学生发现故事前后的变化。	1.学生能够创编故事。 2.学生能编排并表演故事。 3.学生能看见自我歪曲的表现及其后果。	教师提前总结四种常见典型现象，如自卑、夸大等。
	心灵美故事宣讲会	1.分享与讨论。重点讨论以下问题： （1）故事中人物都有些什么品质？ （2）他们可以怎么克服自身的问题？ （3）组内分享活动中，各自都表现出了些什么心理特征？赞美优秀的品质，给需要改进的方面提出中肯的意见。 2.展示改正后的故事。各组把收到的改进意见，调整到故事中，用表演的方式展现调整后的故事。	1.学生能表达自己对自我歪曲及其应对方法的看法。 2.学生能合作改编故事找到应对方法。	教师引导学生积极地提出改进意见。
结束（10分钟）	收获与提升	1.填写"收获卡"。每人一张收获卡，并填写对应内容。卡片内容为： （1）在活动中我发现我是：_____ 的人。 （2）在 _____ 这些方面我还需要做出调整。 （3）今日感悟：_____。 2.贴树形图。学生以小组为单位，将收获卡贴在"树形图"上。	1.学生能够如实写出自己的认识，完成"收获卡"的填写。 2.学生能分享自己的收获。	学生可在小组间分享卡片。

（6）观察记录表：

阶段	游戏	目标	形成性评量					评量方式	教学使用	通过与否	教学决定	备注
			1	2	3	4	5					
暖身	玩转"心灵"球	1.学生能理解规则。										
		2.学生能够跟随教师的引导做出相应的动作。										
		3.学生能够用语言和动作表达自己的兴趣。										
		4.学生能够用语言和动作表达自己的能力。										
		5.学生能够用语言和动作表达自己的内在特质。										
发展	我的特质画	1.学生能够画出四个场景代表自己。										
		2.学生能用身体扮演四格动画。										
		3.学生能看见特别的我。										
		4.学生能在他人面前分享自己的特质。										
	歪曲的自我	1.学生能够创编故事。										
		2.学生能编排并表演故事。										
		3.学生能看见自我歪曲的表现及其后果。										
	"心灵美"故事宣讲会	1.学生能表达自己对自我歪曲及其应对方法的看法。										
		2.学生能合作改编故事找到应对方法。										
结束	收获与提升	1.学生能够如实写出自己的认识，完成"收获卡"的填写。										
		2.学生能分享自己的收获。										

（四）第四次活动方案

（1）游戏：我和我们。

（2）目标：

①学生能观察和认识自己的社会关系。

②学生能够客观地评价自己的社会关系。

③学生能从多途径多方面来全面认识自己与他人的关系（如自己与周围人们相处的关系，自己在集体中的位置与作用等）。

④学生能够辨析不合理的社会关系。

（3）媒材：背景音乐《The Magnificent Seven》《Nothing To Fear》《Daydream》，蓝黄双色卡纸、水彩笔、角色扮演所需道具、"提升卡"、"收获卡"。

提示词：先请大家闭上眼睛，安静下来，你们可以尝试调整你的姿势和呼吸，让自己慢慢地

```
┌─────────────────────────────┐   ┌─────────────────────────────────┐
│          "提升卡"            │   │            "收获卡"             │
│ 在游戏中我感到：_____  │   │（1）在活动中我发现我是：_____的人。│
│ （两形容词）                 │   │（2）在_____这些方面我还需要做出│
│                              │   │ 调整。                           │
│ 我发现又可以：_____    │   │（3）今日感悟：                   │
│                              │   │ _____ │
└─────────────────────────────┘   └─────────────────────────────────┘
```

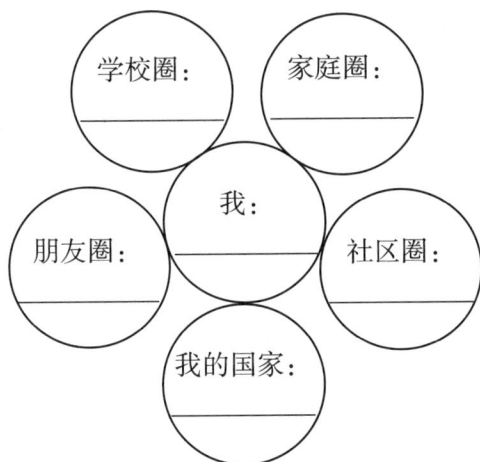

学校圈：　家庭圈：

朋友圈：　我：　社区圈：

我的国家：

安静下来。吸气，呼气，吸气，呼气……肩部放松，放松，手臂放松，放松；腹部放松，放松；大腿放松，放松；小腿放松，放松；脚背放松，放松；全身一点一点地放松。从刚才两人"框逃保护"的过程中可以感受到人与人之间的关系是密切而神奇的，我们伴随着音乐想象一下，如果我们所有的成员将被带到一个岛上，上岛后，我们可能会变成动物、植物、大山、水滴、建筑或者其他一切可能的东西，并在这个岛上发生一个我们自己的故事，每个人上岛的时间不一定是一样的，故事发展的阶段也不一样，你可以想象一下，可能会发生什么故事？你会在这个故事中扮演一个什么角色呢？

（4）时间：90分钟。

（5）活动流程：

阶段	游戏	步骤	目标	备注
暖身（15分钟）	我跳你框	1.问好！所有人在教室里面伴随着音乐自由走动，首先用眼神和其他同学问候。接着，跟随着教师的指令变换问候方式，碰碰指尖、握手、拥抱、碰肩、碰膝盖、碰脚尖…… 2.结伴共舞 （1）教师讲解规则并示范：教师将会发出一个口令（"两人成伴"），当你听到这个口令的时候，请你就近找一个同学两两成为同伴。成伴的两位同学，一个负责逃跑，一个伸开双臂负责拦，不允许这个同伴逃跑。音乐切换后，两个角色对换。 （2）学生按规则开始第一轮游戏。 （3）第二轮音乐《The Magnificent Seven》切换后，换同伴，继续玩游戏。 （4）第三轮，音乐《Nothing To Fear》换规则玩游戏。本次一个同学负责随意走动，另一个同学伸开双臂负责保护他不受外界侵犯。 （5）第四轮，音乐《Daydream》切换后，两个角色对换。 3.分享感受。学生分享游戏中的感受。 4.教师总结。教师点出学生的亮点。	1.学生能主动与他人用热情的方式打招呼和作出回应。 2.学生能按规则完成你跳我框的游戏。 3.学生能表达自己的感受。	背景音乐以节奏较快的舞曲为佳。
发展（65分钟）	我心中的岛	1.活动准备。教师提前准备蓝黄双色的彩色卡纸，用橡皮筋套上，以便后面可以戴在额头上。想象中的角色在蓝色面，第二个阶段实际扮演的角色写在黄色面。为每人发一张蓝黄双色卡纸。 2.静思。全体学生闭上眼睛，教师播放配背景音乐，使用静思词引导学生放松并进入内在的岛屿的想象中。 3.绘画角色。学生把刚才想到的岛上角色写或画在卡纸的蓝色面上，预计会发生的故事也可以简单地描述一下。	1.学生能够安静下来进入静思场景。 2.学生能够想象到小岛里的场景。 3.学生能写或画出自己想象的角色。	教师注意静思指导时的语气语调温和、稳定。
	小岛人生	1.场地准备。教师在场地里设置一块区域为小岛，在小岛和其他区域中间划定一个区域为码头。 2.讲解活动规则并示范 （1）接下来我们将开启上岛仪式，每个学生上岛的顺序由你们自己决定，已经准备好上岛的学生就可以拿着你的彩色卡纸到码头上来，排队上岛了。 （2）仪式模式：每人把自己的角色写在卡纸的黄色面，并戴在额头上。然后描述故事，并用角色该有的样子走到岛上的某个位置定格或者以某个特定的模式走动。 （3）第二个上岛的学生接着第一个学生的故事继续讲解并表演和定格。 （4）最后一个上岛的学生上岛以后，全体学生开始在岛上走动，然后选择一个最舒适的位置和姿势定格。 （5）注意事项：从第二个上岛的学生开始，随着故事的发展，也许原本想好的角色会发生变化，如果角色发生了变化，可以在码头用笔在黄色面写上你想要的新角色。 3.上岛。按流程开展上岛仪式。 4.结束仪式。教师宣布："全体同学请闭眼，回到教室。全体同学请睁眼。" 5.小组讨论与分享。分享主题： （1）角色有没有发生变化？如果有变化，为什么会变？ （2）故事中自己扮演的角色给当下的我有什么启示？比较像自己在哪个关系中的感觉和状态？ （3）在角色扮演的过程中，是否有找到自己比较舒服的位置，那个位置有什么特点？给你的现实提醒是什么？ 6.教师总结。教师点出学生亮点并提升主题。	1.学生能理解上岛规则。 2.学生能够积极地排队上岛。 3.学生能够合理地接故事并表演定格。 4.学生能积极表达自己的感受。	教师注意提醒学生：故事情节不可出现全部消失或全部拯救这种绝对性的超能力。

续表

阶段	游戏	步骤	目标	备注
发展（65分钟）	我的生活圈	1. 发放媒材。每人1张 A4 纸，选择自己喜欢的水彩笔。 2. 绘画与思考。学生在 A4 纸的中心画一个圆，写"我"，圆外分5份：分别写出自己的家庭圈、社区圈、学校圈、网友圈与我的国家。在圆外五格里画或写出对自己影响重大的人及亲密度，以及他们对自己的支持和帮助有哪些？在他们眼中的自己是怎样的？ 3. 组内分享。 4. 小组合作扮演准备。典型的生活圈：小组根据绘画的生活圈，选择一个典型的生活圈作为蓝本，合作用身体表演出来。 5. 轮组呈现。各组依次呈现。 6. 教师总结。教师引导各组发现亮点，提升主题。	1. 学生能按要求画出生活圈。 2. 学生能分享自己的生活圈。 3. 学生能表演出典型的生活圈。 4. 学生能理解生活圈对自己的影响。	教师观察全场，适时提示和引导。
结束（10分钟）	感悟与提升	1. 学生填写"提升卡"。卡片内容： 在游戏中我感到：＿＿＿＿＿＿＿（两形容词） 我发现又可以：＿＿＿＿＿＿。 2. 舞动中贴"提升卡"。教师提前设置码头到大树墙的红毯，播放节奏较强的舞曲，每个同学拿着"提升卡"，伴随着音乐，用不同的舞蹈动作，沿着码头走出剧场，在"大树墙"上贴上自己的"提升卡"。	1. 学生能完成"提升卡"。 2. 学生能随音乐跳舞。	1. 教师课前准备要充分。 2. 教师舞动示范。

（6）观察记录表：

阶段	游戏	目标	形成性评量					评量方式	教学使用	通过与否	教学决定	备注
			1	2	3	4	5					
暖身	你跳我框	1. 学生能主动与他人用热情的方式打招呼和作出回应。										
		2. 学生能按规则完成你跳我框的游戏。										
		3. 学生能表达自己的感受。										
发展	冥想入境	1. 学生能够安静下来，进入静思场景。										
		2. 学生能够想象到小岛里的场景。										
		3. 学生能写或画出自己想象的角色。										
	小岛人生	1. 学生能理解上岛规则。										
		2. 学生能够积极地排队上岛。										
		3. 学生能够合理地接故事并表演定格。										
		4. 学生能积极表达自己的感受。										
	我的生活圈	1. 学生能按要求画出生活圈。										
		2. 学生能分享自己的生活圈。										
		3. 学生能表演出典型的生活圈。										
		4. 学生能理解生活圈对自己的影响。										
结束	感悟与提升	1. 学生能够完成"提升卡"。										
		2. 学生能够随音乐跳舞。										

（五）第五次活动方案

（1）游戏：接纳不完美的我。

（2）目标：

①学生能客观评价自己的优缺点。

②学生能觉察面对缺点时的自我体验。

③学生能处理不良的自我体验。

④学生能接纳不完美的自我。

（3）媒材：《寻找失落的一角》视频，"新知卡"、水彩笔、大白纸、表演所需的丝巾、面具等道具。

"新知卡"

今天我对自己有了新的认识：

_____。

愿我可以：_____。

视频《寻找失落的一角》故事概要：

一个圆缺了一角，它一边唱着歌一边寻找那失落的一角。有的角太大，有的又太小，它漂洋过海，历经风吹雨打，终于找到了与自己最合适的那一角，它们组成完整的圆，但是圆却发现自己再也无法歌唱，所以它轻轻放下已经寻到的一角，又独自上路继续它的征途……

（4）时间：90分钟。

（5）活动流程：

阶段	游戏	步骤	目标	备注
暖身（15分钟）	奇特行走	1.奇特行走。学生在场地中先随意走动，然后听从教师指令用特定方式行走，指令可以为完美的方式行走、以跛脚方式行走、以单腿跳着走、单臂行走、歪鼻子歪嘴行走、跪走、蹲走、臀行、背行、腹部前行。 2.祖母带队。教师随意选择两个同学作为"祖母"，"祖母"在团队里随意走动，走动的过程中，被"祖母"用手碰到的同学将站到这个祖母的后面，跟着"祖母"的走路方式行走。当祖母选择到3个队友以后就解脱变成自由人。然后队伍中的第二人就变成新的"祖母"，新的"祖母"需要调整新的步伐。后面的队友需要跟着新步伐走动。	1.学生能用不同方式行走。 2.学生能够创造不一样的步伐。 3.学生能感受得与失的变化过程。	教师注意示范、引导和积极肯定学生用不同的方式行走。
发展（65分钟）	《寻找失落的一角》视频故事	1.欣赏视频。教师播放《寻找失落的一角》视频故事。 2.故事演出准备。教师引导学生发现视频里的主要角色，让学生选择自己愿意担任的角色。然后，学生根据自己的角色动手使用媒材制作表演要用的素材，即用剪刀、纸制作缺角的圆、小虫子、小三角、小石头、树叶等。教师与学生一起讨论并布置角色的表演场景。 3.表演《寻找失落的一角》。学生扮演"缺角的圆"在场内走动，一边唱着歌，一边找呀找。邀请其他学生来做他的替身，表达此时他的想法，"缺角的圆"继续找，找到了一个大的角。开启他们的对话。 4.分享。演员和观众分享感受。	1.学生能看懂视频。 2.学生能选择自己喜欢的角色。 3.学生能制作所需的媒材。 4.学生能进行角色扮演。 5.学生能分享自己的感受。	教师需要提前准备好各种需要使用的媒材。
	《不完美的我》故事展演	1.静思。闭眼放松，用内在的眼睛看自己，看见自己的缺陷和不足及其感受。 2.画我。画出在静思的过程中看到的我的缺陷及感受。 3.分享。组内分享自己的作品及感受。 4.编剧准备表演。小组合作创编不完美的我，并探讨应对不完美的我的策略。用剧目的方式表演出来。 5.轮组呈现。各组依次呈现。 6.教师总结。教师引导学生发现各组不完美的具体表现及其对策。	1.学生能跟随指引进入静思。 2.学生能画出自己的不足及感受。 3.学生能分享自己的作品。 4.学生能编写故事。 5.学生能合作表演不完美的我。	教师的静思引导语需要提前准备一下，引导时语音语调适中。
结束（10分钟）	随心所动	1.全体同学完成"新知卡"。卡片内容： 今天我对自己有了新的认识：＿＿＿＿＿＿＿＿＿。 愿我可以：＿＿＿＿＿＿＿＿。 2.贴新知卡。伴随着音乐，全体同学随意舞动，用身体表示自己的感受，然后一边舞动，一边在"树形墙"上贴上自己的"新知卡"。	1.学生能完成"新知卡"的填写。 2.学生能将新知卡贴墙上。	教师注意引导学生真实书写新知卡。

（6）观察记录表：

阶段	游戏	目标	形成性评量					评量方式	教学使用	通过与否	教学决定	备注
			1	2	3	4	5					
暖身	奇特行走	1.学生能用不同方式行走。										
		2.学生能够创造不一样的步伐。										
		3.学生能感受得与失的变化过程。										
发展	《寻找失落的一角》	1.学生能看懂视频。										
		2.学生能选择自己喜欢的角色。										
		3.学生能制作所需的媒材。										
		4.学生能进行角色扮演。										
		5.学生能分享自己的感受。										
	《不完美的我》	1.学生能跟随指引进入静思。										
		2.学生能画出自己的不足及感受。										
		3.学生能分享自己的作品。										
		4.学生能编写故事。										
		5.学生能合作表演不完美的我。										
结束	随心所动	1.学生能完成"新知卡"的填写。										
		2.学生能将新知卡贴墙上。										

（六）第六次活动方案

（1）游戏：触手可及的未来。

（2）目标：

①学生能够认识到自我完善是有阶段性的。

②学生能确定合理的理想自我（怎么确立目标、计划）。

（3）媒材：纸条若干，木杆，线，苹果，A4纸，水彩笔，"鼓励卡"。

> **"鼓励卡"**
>
> 实现_____的目标。
>
> 我有_____这些资源。
>
> （　　）_____加油！

（4）时间：90分钟。

（5）活动流程：

阶段	游戏	步骤	目标	备注
暖身（15分钟）	小鸡变凤凰	1. 教师讲解游戏规则。所有学生最开始都是鸡蛋，然后同级别两个学生通过猜拳游戏进行升级。升级历程：鸡蛋、小鸡、大鸡、凤凰。变成凤凰的学生完成游戏，没有同级别的晋升成员，就在这个层级完成游戏，不能再升级。 2. 开始游戏 （1）全体学生分别体验四个角色。鸡蛋抱腿蹲着走路，小鸡半蹲走路，大鸡站着走路，凤凰挥动手臂踮着脚尖走路。 （2）开始升级成长。学生两两之间通过猜拳游戏从鸡蛋开始升级。 3. 学生分享感受。教师特别采访最先升级凤凰的同学和未能成功升级为凤凰的同学。 4. 教师总结。教师点题引入。	1. 学生能理解规则。 2. 学生能够用动作代表不同的角色。 3. 学生能分享感受。	教师注意用身体示范四种角色。
发展（65分钟）	取苹果	1. 设置苹果高度。每个小组准备一个长杆并吊上一个苹果，其中苹果离地面的距离分别是：3米、2.5米、2米、1.5米。 2. 摸苹果。每个小组分别由一人负责举杆，然后从3米开始第一次测试，在不使用工具的情况下，小组内每位同学能够摸到的最高点是多少，并记录下来摸每个点的感觉。 3. 分享感受。组内分享感受，小组代表面向集体分享。 4. 教师总结。教师引导学生看到差异，确立自己的理想的重要性。	1. 学生能尝试不同高度摸苹果。 2. 学生能感受到目标苹果高低和自己的关系。 3. 学生能思考自己的理想自我应该如何确立。	教师注意设置苹果高度：最高根本不可能摸到；恰到好处蹦一蹦可以摸到；完全不用蹦，直接就可以取。三种情况都需要有涉及。
	静思绘画	1. 画现在的自己。学生把纸对折，在纸的左边画现在的自己，并用5个以上的形容词描述自己。 2. 小组依次分享。小组成员可以帮忙补充遗漏的部分。 3. 展望5年后的自己。教师引导学生放松，思考5年后的自己是什么样的。 4. 画5年后的自己。学生把对折的纸翻过来，在纸的右边画出未来的样子，并用5个以上的词语描述。 （备注：这个时候的纸还是对折的样子，并没有展开。学生在对折的中线两边分别画。） 5. 小组分享。学生分享理想中自己的样子。 6. 星光大道。学生站成两列，依次以未来理想自己的形象从中间走过。两边的同学拍手鼓励。	1. 学生能画和写出现在的自己。 2. 学生能发现他人的特质。 3. 学生能画出未来的自己。 4. 学生愿意分享理想的自己。 5. 学生能用理想的方式展示未来的自己。	教师注意引导学生真实表达自己。
	规划未来	1. 布置场地。教师把场地规划成现在和未来两个区域，中间空地是10个阶段性刻度。 2. 看图纸，写阶段性小目标。教师指导学生：展开图纸，你可以看见左边有一个当下的我，右边有一个理想的我。中间有个折痕。请在折痕上，写上10个过程性目标。10个过程性目标是阶段性的小目标，是从1至10依次完成的目标。我们要如何从左到右逐渐发展？ 3. 走向未来。学生根据自己的图纸，依次从现在区域走向未来区域，用自己的方式走过去。 4. 感受分享。小组成员组内分享，小组代表面向全班分享。 5. 老师总结。教师积极欣赏和肯定学生的特质。	1. 学生能确立阶段性的小目标。 2. 学生能用自己的方式象征性地走向未来。 3. 学生能分享感受。	教师注意示范规则，引导学生有创意地表达自己。
结束（10分钟）	寻找资源	1. 填写鼓励卡。学生梳理实现第一个目标所具有哪些资源，并在"鼓励卡"上写自我鼓舞的话。 "鼓励卡"： 卡片内容：实现　　　　　　的目标，我有：　　　　　　　　这些资源。 ××　　　　　　加油！ 2. 贴鼓励卡。学生以小组为单位，读卡片，设计小组展示动作，将卡片贴到"树形墙"上。	1. 学生能明确自己当下的目标及资源。 2. 学生能展示自己的鼓励卡。	教师注意引导学生如实完成自己的鼓励卡。

（6）观察记录表：

阶段	游戏	目标	形成性评量					评量方式	教学使用	通过与否	教学决定	备注
			1	2	3	4	5					
暖身	小鸡变凤凰	1.学生能理解规则。										
		2.学生能够用动作代表不同的角色。										
		3.学生能分享感受。										
发展	取苹果	1.学生能尝试不同高度摸苹果。										
		2.学生能感受到目标苹果高低和自己的关系。										
		3.学生思考自己的理想自我应该如何确立。										
	冥想绘画	1.学生能画和写出现在的自己。										
		2.学生能发现他人的特质。										
		3.学生能画出未来的自己。										
		4.学生愿意分享理想的自己。										
		5.学生能用理想的方式展示未来的自己。										
	规划未来	1.学生能确立阶段性的小目标。										
		2.学生能用自己的方式象征性地走向未来。										
		3.学生能分享感受。										
结束	寻找资源	1.学生能明确自己当下的目标及资源。										
		2.学生能展示自己的鼓励卡。										

（七）第七次活动方案

（1）游戏：我的英雄之旅。

（2）目标：

①学生能认识到完善自我需要付诸行动。

②学生能管控好自我，实现自我完善。

③学生能有效进行自我调节，自我监督（怎么与干扰作斗争，怎么克服不良行为习惯）。

（3）媒材：海盗服装、斧头、A4纸、水彩笔、音乐《我的未来不是梦》或《怒放的生命》。

（4）时间：90分钟。

（5）活动流程：

故事开始，我们将要进行一次旅行，出门以后才发现，一切的计划都赶不上变化，虽然计划很周密，但是路上发生了很多的突发事件，看看发生了什么？我们要如何才能完成我们的旅行安全地到达目的地呢？接下来让我们一起开始我们的故事吧！

阶段	游戏	步骤	目标	备注
暖身（15分钟）	海盗来了	1.海盗上船。大家围成圆圈，教师扮演海盗假装扔斧头，叫到某人的名字，某人就要假装被射中尖叫倒地，然后复活起来变成新海盗，重复前面的过程，重复五六次。 2.威力海盗。教师扮演海盗，叫某人的名字做扔斧头的动作，该人两边的同学大叫倒地，被叫的人不动。被叫的人成为新海盗，依次重复这个游戏。重复五六次。 3.呼唤英雄。教师说："海盗船遇到危险，急需英雄拯救。"每个学生用身体动作扮演自己心中的英雄，在场中自由走动，用英雄的方式与其他英雄打招呼。	1.学生能理解海盗上船规则。 2.学生能够扮演出英雄的样子打招呼。	教师注意形象生动地示范。
发展（65分钟）	我的偶像	1.画英雄。学生在A4纸上画出英雄偶像及其故事。 2.组内分享。组员在组内讲述自己喜欢的英雄故事。 3.组内创编英雄故事。要求凸显英雄的成长背景、挑战、队友协助、成功克服挑战的历程，创编一个完整的3分钟故事。 4.轮组呈现。各小组轮次分享小组故事。 5.教师总结。教师引导学生看到各组英雄应对挑战的策略。	1.学生能够绘画英雄，并编撰故事。 2.学生能在组内创编故事。 3.学生能够表演故事。	教师总结时尽可能引导学生看到各组亮点，增强学生自豪感。
	我的英雄之旅	1.发放媒材。每人一张A4纸，折成四格，选取喜欢的水彩笔。 2.画四格动漫。第一格代表当下的我，第四格代表5年后的我，第二格画我的障碍与挑战，第三格画我的助力，帮助我克服挑战的人和组织。 3.我是导演。每个人在组内担任导演，请其他组员扮演四格动漫的内容。组内轮流演出四格动漫。 4.代表呈现。小组代表面向集体演出四格动漫。 5.教师总结。教师引导学生看到成长的障碍与应对策略。	1.学生能按要求绘画四格动漫。 2.学生能通过身体表演动漫。	教师尽可能引导学生欣赏各自应对障碍与挑战的独特方式。
	我的收获	1.自我概括。"我是一个……我希望……我相信我可以通过……实现……"学生以这个句式概括自己的特质。 2.轮次分享。学生依次分享"我是一个……我希望……我相信我可以通过……实现……"。其他学生以掌声回应。	1.学生能够概括自己的特质。 2.学生能表达自己的特质。	教师引导学生积极倾听。
结束（10分钟）	英雄之舞	1.英雄舞动。教师播放音乐《我的未来不是梦》或《怒放的生命》，学生随音乐像英雄一样舞动，用身体打招呼，音乐结束时定格。 2.定格照相。全体学生用英雄的样子定格，排成群雕样，教师拍照。	1.学生能伴随音乐舞动。 2.学生能够以英雄的样子定格。	教师引导学生尽可能像英雄一样展现自己。

（6）观察记录表：

阶段	游戏	目标	形成性评量					评量方式	教学使用	通过与否	教学决定	备注
			1	2	3	4	5					
暖身	海盗来了	1. 学生能理解海盗上船规则。										
		2. 学生能够扮演出英雄的样子打招呼。										
发展	我的偶像	1. 学生能够绘画英雄，并编撰故事。										
		2. 学生能在组内创编故事。										
		3. 学生能够表演故事。										
	我的英雄之旅	1. 学生能按要求绘画四格动漫。										
		2. 学生能通过身体表演动漫。										
	我的收获	1. 学生能够概括自己的特质。										
		2. 学生能表达自己的特质。										
结束	英雄之舞	1. 学生能伴随音乐舞动。										
		2. 学生能够以英雄的样子定格。										

（八）第八次活动方案

（1）游戏：独特的我。

（2）目标：学生能看见自己的特质与资源，对未来抱有积极的期待，形成积极的自我概念。

（3）媒材：每人一张 A4 和 A3 纸；彩笔、油画棒若干；音乐《世界有你更美好》《拉德斯基进行曲》。

（4）时间：90 分钟。

（5）活动流程：

阶段	游戏	步骤	目标	备注
暖身（15分钟）	我的所爱	1.教师讲解规则并示范。音乐响起，学生自由跟随音乐节奏行走；音乐停之前，教师下指令，音乐停时学生按指令做出动作定格。教师的指令是：你最喜欢的花、最喜欢的草、最喜欢的树、最喜欢的动物、最喜欢的英雄或偶像、最喜欢的人、最爱自己的人。 2.正式开始游戏。教师播放《拉德斯基进行曲》，学生跟随音乐和指令行走或定格。学生定格时，教师可以适当询问学生，问问他们摆出的是什么。	1.学生能理解规则。 2.学生能用身体表现出自己的最爱。	教师用身体做示范，尽可能形象生动，带着欣赏和肯定与学生互动。
发展（65分钟）	我眼里的你	1.我的眼里只有你。学生两人一组，面对面，跟随教师指令，记住伙伴从头到脚的外显特征。然后两人背对背，10秒内做出三个外在的变化。再然后10秒内，找出伙伴的三个变化。 2.我的高光时刻。两人相互分享一件个人曾经获奖或最有成就感的事件。 3.画我眼里的你。两人面对面坐，眼睛看着对方，左手放在鼻梁上保证视线不能看到纸和笔，右手画出对方的脸的轮廓和五官，然后放下左手，做适当的添加和涂色。 4.发光的你。两两之间在画的空白处写出伙伴的特质，并在作品背后写上对伙伴的祝福语，并签名和写上日期。 5.赠送作品。将作品送给伙伴。 6.分享与总结。学生代表分享，教师总结。	1.学生能做出三个变化。 2.学生能找到伙伴的变化。 3.学生能分享自己成就事件。 4.学生能画出伙伴的脸。 5.学生能写出自己眼里的伙伴的特质。 6.学生能分享自己的作品和感受。	教师需要引导学生反思并分享，可以适当进行示范。
	我的生命树	1.我的生命树。两人一组，每人一张A3纸，相互帮助画双手的轮廓并在上方画圆。 2.我的资源和梦想。学生闭眼放松，回顾记忆中印象最深刻的快乐场景、成就事件，睁开眼睛后，将这些快乐场景和成就事件写在树的根部。将个人内在的品质、能力、特质及支持者，写在手指头轮廓里。在圆心写出或画出自己的愿望，表达10年后自己渴望的样子、生活与工作环境。在圆和手指轮廓之间添加实现梦想的方法途径。 3.特别的我。学生提炼出四句话表达自己：我是一个具有什么品质的人，我拥有什么品质和外在的资源，我希望成为什么样的人，我相信通过怎么样的过程我一定可以成为那样的人。 4.取名。学生再次完善整个作品，在纸上写上自己的姓名和日期，并取名。	1.学生能画出生命树的图案。 2.学生能发现自己的特质和资源。 3.学生能提炼一句话表达自己。 4.学生能为自己作品取名。	教师需要协助学生发现自己的内外资源，实时指导。
	我是大明星	1.明星排序。八人一组，每个人从1至8排序。 2.教师讲规则并示范： （1）明星待遇。明星站在小组中间的凳子上，粉丝围着明星。明星大声地一句一句说出作品里的四句话，粉丝大声重复里面的关键词三次。 （2）明星签名合影。明星从凳子上下来，粉丝们请他在自己身上签名，然后明星站在中心，粉丝与明星合影。 3.明星与粉丝。学生轮次当明星与粉丝。	1.学生能理解规则。 2.学生能扮演明星和粉丝。	教师注意示范明星和粉丝的做法，营造氛围。
结束（10分钟）	特别的我	1.汇聚特别的我。教师引导学生放松身体，学生闭眼在心里复述那四句话"我是……"，至少10次，慢慢感受拥有这句话的当下的自己的感觉，用形状、符号、色彩表达这个特别的自己。睁开眼睛在刚才的作品上画上这个符号。 2.闭眼聆听音乐《世界有你更美好》。教师引导学生闭眼，带着刚才这个符号聆听歌曲，感受歌曲。 3.强化自我。学生睁开眼睛后，对自己说"我是独特的，我是唯一的，我是不可替代的，世界有我更美好。"握着身边伙伴的手，对伙伴说："你是独特的，你是唯一的，你是不可替代的，世界有你更美好。" 4.特别的我定格合照。教师引导大家边听音乐边一起手拉手行走，走成一个心形，大家做出特别的我动作姿势定格，教师为大家拍照。	1.学生能感受到自己的特别。 2.学生能做出特别的姿势表达特别的我。	教师需要用温暖的语言引导学生内化特别的自己。

（6）观察记录表：

阶段	游戏	目标	形成性评量					评量方式	教学使用	通过与否	教学决定	备注
			1	2	3	4	5					
暖身	我的所爱	1. 学生能理解规则。										
		2. 学生能用身体表现出自己的最爱。										
发展	我眼里的你	1. 学生能做出三个变化。										
		2. 学生能找到伙伴的变化。										
		3. 学生能分享自己成就事件。										
		4. 学生能画出伙伴的脸。										
		5. 学生能写出自己眼里的伙伴的特质。										
		6. 学生能分享自己的作品和感受。										
	我的生命树	1. 学生能画出生命树的图案。										
		2. 学生能发现自己的特质和资源。										
		3. 学生能提炼一句话表达自己。										
		4. 学生能为自己作品取名。										
	我是大明星	1. 学生能理解规则。										
		2. 学生能扮演明星和粉丝。										
结束	特别的我	1. 学生能感受到自己的特别。										
		2. 学生能做出特别的姿势表达特别的我。										

（九）第九次活动方案

（1）游戏：我们在一起。

（2）目标：学生能坦然接受团体结束，并对现在及未来赋能，坚定前行。

（3）媒材：过去八周课程剪辑视频、大白纸、手工材料、祝福卡、音乐《明天更美好》。

（4）时间：90分钟。

（5）活动流程：完成了这次旅行，我们特别的开心，一起来回顾一下走过的历程。

阶段	游戏	步骤	目标	备注
暖身（15分钟）	天气预报	1.心情状态及动作。所有同学围成圈，依次用一句话和一个动作描述今天状态，其他人模仿。 2.心情交换。学生带着心情动作自由行走，教师发出交换的指令时，与离自己最近的同学交换心情动作，重复5次。	1.学生能用动作表达自己的心情。 2.学生能感受到他人的心情。	教师注意示范心情动作。
发展（65分钟）	视频回顾	1.课前准备。教师提前制作10分钟左右的视频回顾过去8次活动的点滴。 2.视频欣赏。	1.学生能认真观看视频。 2.学生能回忆起过去八次课的点点滴滴。	视频尽量包括前八次典型的场景，保证每个同学都有在视频中出现。
	我们的故事	1.树形图的故事。学生以小组为单位，到后面的树形图中取下各自的卡片，回到小组后，分享各自在活动中，以及在这个阶段发生的故事。 2.绘制小组离别海报。以小组为单位共同完成。海报中需包含的内容： （1）每个人的自画像（可以是人物，也可以不是）。 （2）每个人的收获与成长（文字和图画都可以）。 （3）对未来的计划（文字和图画都可以）。 3.分享。轮组上台分享。	1.学生能表达树形图中的故事。 2.学生能合作完成离别海报。 3.学生能面向集体分享作品。	教师注意示范和实时引导。
	告别寄语	1.制作小礼物。教师准备各种辅材，学生利用辅材制作小礼物和祝福卡片。 2.相互赠送祝福卡片。	1.学生能用自己的方式制作小礼物。 2.学生能赠送他人小礼物。	不限制只送给一个人。
结束（10分钟）	感谢与祝福	1.总结与祝福。学生轮次一人一句表达收获与祝福，最后教师总结和祝福学生。 2.共唱《明天更美好》。教师带领学生边走边唱，用身体互相打招呼、碰肩、碰背、靠背、靠肩、眼神问候、眼神告别，最后手拉手走成一个特定的形状，教师为集体拍照。	1.学生能接受结束。 2.学生能用自己的方式告别。	教师注意使用身体与学生互动。

（6）观察记录表：

阶段	游戏	目标	形成性评量					评量方式	教学使用	通过与否	教学决定	备注
			1	2	3	4	5					
暖身	天气预报	1.学生能用动作表达自己的心情。										
		2.学生能感受到他人的心情。										
发展	视频回顾	1.学生能认真观看视频。										
		2.学生能回忆起过去八次课的点点滴滴。										
	我们的故事	1.学生能表达树形图中的故事。										
		2.学生能合作完成离别海报。										
		3.学生能面向集体分享作品。										
	告别寄语	1.学生能用自己的方式制作小礼物。										
		2.学生能赠送自己的小礼物。										
结束	感谢与祝福	1.学生能接受结束。										
		2.学生能用自己的方式告别。										

第四章

◁▷ 人际关系之感悟式游戏教学设计

　　交往，是人类生存所必备的一种技能，是个体融入社会的必然要求。人只有处于集体之中并与其他的个体进行交流与沟通，才能形成正确的生活方式，获取社会的行为规范及道德准则，进而成为一名社会人。我国著名心理学家丁瓒教授也曾说："人类的心理适应，最重要的就是对于人际关系的适应，所以人类的心理病态，主要是由于人际关系的失调而来的。"因此，拥有良好的人际交往能力，和周围环境形成一种良性互动，是一个人生存与发展的必要条件。对于青少年学生而言，人际交往是他们了解自我、认识社会最直接、最主要的方式之一，是青少年社会化的起点。良好的人际关系能够促进其社会技能的完善、自我意识的发展、学业成绩的提高以及心理的健康发展。《中小学心理健康教育指导纲要（2012年修订）》中指出，中小学心理健康教育主要内容的重点之一就是人际交往。

　　民主和谐的师生关系有利于学生个性的发展，使学生感受到学校生活的温暖，而不和谐的师生关系是学生产生心理障碍的温床。在同伴中受欢迎的个体多表现出亲社会行为，而同伴关系较差的个体更可能表现出退缩、攻击性行为和消极情绪。不良的亲子关系容易使个体自小形成不良的性格，从而影响他们心理健康和人际关系。异性关系处理得当是个体心理和谐与发展的重要方面之一。

　　因此，本章从师生关系、同伴关系、亲子关系和异性关系这四个方面着手，围绕如何提高个体的人际交往认识和能力，改善个体人际关系，促进个体心理健康发展进行探索。

第一节　师生关系之感悟式游戏教学设计

　　师生关系作为教育领域的重要话题，古老而常新。师生关系是一种人与人之间的具有情感色彩的人际关系。在这样的人际关系中，教师扮演着多重角色：知识的传授者，学生心灵的塑造者，学生的朋友、伙伴、榜样，家长的代言人，团体活动的组织和领导者，教育教学的引导者，学生成长过程中的支持者和心理健康的咨询者。

学生的心理健康离不开教师的关注和支持，教师的关心和热情能够使学生感受到学校生活的温暖，而不和谐的师生关系是学生产生心理障碍的温床。当前学生厌学、逃学、偷窃、说谎、作弊的现象屡见不鲜，甚至离家出走的事件也时有发生；自私、任性、耐挫折力差、攻击、退缩、焦虑、抑郁等心理问题也越来越多；因某位老师的批评而终生厌恶这位老师所教授的课程的案例也是司空见惯，其中很大一部分原因就是教师的批评、惩罚、不公正的对待，教师的教育不当，不和谐的师生关系。有研究发现，由师生关系带来的压力和学习压力在中学生感受的压力中分别居前两位，而且有部分学生觉得师生关系紧张。教师的责骂和冷漠常使学生对学校和教师产生敌意和攻击、对学习产生厌恶、对自己失去信心，并最终导致学生出现了一系列的心理问题。这些问题主要表现为自我概念的偏差、不良人格的形成、学习心理障碍、人际关系等。除此之外，教师伤害事件频频爆出，也不断地刺痛着社会的神经。如在人民网输入"打老师"进行搜索，可以发现仅 2016 年就有十余起学生及学生家长殴打教师事件；据光明网报道，2015 年媒体报道并引起重大社会影响的教师伤害事件"至少有 13 起"。足见营造和谐师生关系的重要性。

师生关系是学生心理健康的一大支柱。作为学校生活中的最基本的人际关系之一，师生关系不仅仅是开展学校工作的主要心理背景，直接影响着教育教学的效果，更是老师和学生之间进行沟通和交流的最直接的途径，对学生的学习和心理发展有重大影响。

1. 师生关系影响学生的学习情绪

"亲其师"，才能"信其道"。在良好的师生关系中，学生感受到来自教师的鼓励、信任和尊重，就会特别喜爱和崇敬教师，进而促使学生喜爱教师所教授的课程，并在课堂学习中积极表现，学生的学习情绪是愉快的。而不良的师生关系，往往会使学生对该门课程失去兴趣。"罗森塔尔效应"告诉我们：当我们对一个学生充满良好期待的时候，学生就成为我们所期待的那个人。如果教师对学生抱有积极的期待，经过一段时间，学生的学习信心和自尊心得到增强，会激发出积极的学习行为。相反，如果教师以消极的态度对待学生，学生也会以消极态度对待教师和自己的学习，听不进教师的要求，学业成绩往往会急速下降。

2. 师生关系影响学生性格的发展

马斯洛将人的需要从低级到高级分为五类，即生理需要、安全需要、归属和爱的需要、尊重需要和自我实现。他认为，只有基本需要得到满足，较高层次的需要才有足够的活力驱动行为。在良好的师生关系中，教师与学生相互信任、欣赏与合作，教师的教学和管理方法能满足学生的基本心理需要，能激发学生团结协作、积极向上的学习动机，他们的性格就会向良好的方面发展。在不良的师生关系中，教师往往对学生漠不关心，或者忽视学生的心理需要，师生之间缺乏信任、互相排斥。这时，学生听不进教师的话，对教师的"苦口婆心"置若罔闻，他们甚至违抗教师的要求，做出一些违反学校纪律的举动，以表示对教师的反抗。久而久之，学生的是非观念逐渐模糊，养成了冷漠、多疑、攻击他人、拒绝合作等不良性格特征，这对他们的人格发展非常不利。

3. 师生关系影响学生自我意识的发展

自我认识对一个人的发展是非常重要的。在学校环境中，教师是学生心目中的"重要他人"，教师因有丰富的知识和高尚的人格而受到学生的尊敬。通过教师的评价来认识自己，是学生自我认识的重要途径。教师对学生采取鼓励和肯定的态度，会让学生觉得自己是有能力和有价值的，产生自尊感和自信感。如果教师经常批评和否定学生，学生就会自我怀疑，导致信心不足，自我价值感降低，产生自卑感。

4. 师生关系影响学生的心理压力变化

人生不可能永远都是一帆风顺的。每个学生在成长过程中，肯定不可避免地遇到一时难以克服的挫折和困难，产生紧张的心理状态，即心理压力。心理学研究表明，适度的心理压力，不会危害人的身心健康，反而有利于问题的解决。但是，如果压力过大、时间过长，就可能危害到人的身心健康了。民主、宽松、和谐的师生关系，可以让学生体验到安全感、信任感和良好的社会支持，有助于学生保持自由放松的心情，及时有效化解不良情绪。反之，如果教师对学生要求过于苛刻，经常批评和指责学生，不仅会挫伤学生参与课堂学习的积极性和主动性，还容易造成师生关系紧张，滋生不良情绪，造成学生心理压力过大。

因此，本节内容尝试以感悟式游戏教学的方式，从"认识、情感和行为"三个心理成分入手，改善师生交往，促进学生心理健康发展。

一、教学对象

本节感悟式游戏教学设计适合小学高段、初中、高中、大学阶段的青少年群体，可用于心理健康课程中，也可以用于师生关系不良的青少年团体。

二、教学目标

1. 总目标

学生能够试着理解老师，学会主动与老师沟通。

2. 子目标

学生能够理解老师的辛劳与良苦用心；感受老师对自己的爱，增进对老师的感情；掌握与老师交流沟通的方法，促进和谐师生关系的建立，师生共同成长。

三、教学时间

每次上课时间为 90 分钟，共 8 次课程。

四、教学准备

（1）场地：专业的团体辅导心理室。

（2）音乐：《长大后我就成了你》《绿叶对根的情谊》、久石让的舒缓音乐等。

（3）纸：A4 纸、A3 纸、全开纸等若干。

（4）笔：彩笔、蜡笔、染料绘画笔、签字笔、铅笔等若干。

（5）其他：卡片、不同颜色布巾、剪刀、胶水、毛线球等若干。

五、教学内容

（一）理论依据

在《中国大百科全书·教育》中，对师生关系的定义是"教师和学生在教育教学过程中结成的相互关系，包括彼此所处的地位、作用和相互对待的态度"。

一般而言，师生关系是多层次立体的关系，包括教学关系、一般人际关系、心理关系、情感关系、道德关系、伦理关系、个人关系等，是多重性质、多种关系的整合。

1. 师生关系影响学生学习及心理的理论依据

依恋理论：依恋对人类最初的社会性发展具有重要作用，表现为早期的安全型依恋有利于个体社会性的发展。良好的有安全感的师生关系可以促进学生的求助行为和学生之间的人际互动，相反不良的师生关系会导致学生的退缩行为和不安全感。与替代依恋相似，即使早期安全感不强的学生也可以通过良好的师生关系促进其行为的改进，使其更好地适应学校生活。

动机理论：该理论认为动机是由于需要产生的一种内驱力，积极的师生关系是学生寻求情感支持的重要手段，其可以促进学生更愿意花费更多时间和精力在学习过程中，而以冲突为特征的师生关系则会使学生产生厌倦心理，同时阻碍学习行为。

社会生态理论：心理活动是一个复杂的、相互影响的过程，既受到其自身内部因素的影响，也受到生活中各种环境的交互作用。根据这一理论，教师和学生之间的交互作用会通过影响应对方式等对其学校行为产生作用。如教师对学生的关爱会影响学生的应对方式，使学生更愿意和教师相处，产生更多的积极行为，从而形成良性循环，进一步促进学生的个人成长。

2. 营造和谐师生关系的理论依据

（1）师生关系的心理成分：心理学视角将师生关系界定为一种心理关系，师生关系是"师生之间共同进行教学活动而产生的心理交往和情感交流"。它包括认识、情感和行为三种心理成分。认识成分是指师生之间的相互认识和评价，教师对学生的认识或学生对教师的评价影响着他们之间的情感和交往活动。情感成分是师生之间情感体验和情感上的联系，师生在交往过程中情投意合、情感融洽，就容易使相互之间的关系和谐亲密。行为成分包括师生的言行举止、教学活动、交往活动及活动的结果等，它反过来会影响认识和情感成分。要营造和谐良好的师生关系，即可从这三种心理成分着手。

（2）萨提亚沟通姿态理论：该理论是心理学家萨提亚提出的独具特色的沟通理论，在她看来，个体为了维护自己的自尊不受到言语或者非言语、直觉到或是假定存在的威胁的侵害，会发展出特定的生存应对模式。萨提亚以夸张的形式将人们的沟通方式具体化、形象化，用讨好、责备、打岔和超理智四种姿态来雕塑个体不适的沟通姿态和这些沟通姿态典型的语言、行为、心理影响及生理表现。萨提亚用"表里一致"来形容个体最恰当的沟通姿态，当个体处于"表里一致"的沟通时，对自我、他人、情境把握处于完满状态，此状态是个体更加完善的最佳选择。当我们处于一致性反应的时候，我们是真实的自己，同时我们能关心他人并充分考虑现实情景。表里一致可以分为三个层次：首先是感受层面的一致，我们敏锐地觉察自己的感受，勇敢承认自己的感受，积极管理自己的感受，尽情享受自己的感受；其次是"自我"层面的一致，我们让自己处于内心世界的圆满状态中，通过与他人、情境的和平相处展示我们的高自尊；最后是生命力的一致，生命力和灵性的一致促进人类个体的成长。

（3）非暴力沟通：师生心理沟通是教师打开学生心灵之窗的钥匙，是教育成功的秘诀之一。教师应善于运用合理恰当的师生沟通艺术，与学生建立平等、和谐和互信的人际关系。通过沟通，学生才能感受到教师对他们的尊重和关怀；通过沟通，教师才能消除妨碍师生交流的心理障碍；通过沟通，教师才能走进学生的心灵世界，建立彼此信任的关系。因此，掌握沟通技巧，避免冲突是营造和谐师生关系的重要方法。

美国著名临床心理学家马歇尔·卢森堡博士认为，说话也有一条万能公式，当你这样说话时，别人真的会听，这就是"非暴力沟通"。而运用"非暴力沟通"的过程就是首先描述自己的观察，然后表达自己的感受，接着分析是因为什么引起了那种感受，最后提出改善的建议和请求。它倡导在交流过程中，通过专注于自己和他人的感受及需要，可以减少争辩和对抗，培养彼此的尊重与爱。这样，通过建立双方的感情联系并促进理解，矛盾就能以"非暴力"的方式解决。

（二）政策依据

《中小学心理健康教育指导纲要（2012年修订）》中指出，从小学中低年级开始，就要着重增加关于乐于、善于与老师交往方面的心理健康教育内容，足见师生关系对学生心理健康发展的重要性。

《关于加强和改进新时代师德师风建设的意见》指出，强化尊师教育，厚植校园师道文化。从幼儿园开始加强尊师教育，加快形成接续我国优秀传统、符合时代精神的尊重教文化。推进尊师文化进教材、进课堂、进校园，通过尊师第一课、9月尊师主题月等形式，将尊师重教观念渗透进学生的价值体系。强化各方联动，营造尊师重教氛围。强化权利保护，维护教师职业尊严。教师尊严不可侵害，对发生学生、家长及其亲属等因为教师履职行为而对教师进行侮辱、谩骂、肢体侵害，或者通过网络对教师进行诽谤、恶意炒作等行为，有关部门要高度重视，从严处理，构成违法犯罪的，依法追究相应责任。学校及教育部门应为教师维护合法权益提供必要的法律等方面支持。

（三）教学设计

根据前面提到的理论依据，本章从师生关系的"认识、情感和行为"这三个心理成分入手，结合萨提亚模式与非暴力沟通理论设计的师生关系主题系列感悟式游戏教学方案如下：

师生关系之感悟式游戏活动设计

阶段	主题	目标
初始	理想校园	学生能相互熟悉，形成团体凝聚力和信任感。
中间	老师，您好	学生能认识老师的工作，理解老师的工作。
	我喜欢的老师	学生能了解不同老师的特点，寻找受欢迎老师的特质。
	师生交往有技巧	学生能在活动中明白沟通的重要性，体验到沟通的技巧，悟出交往的真谛。
	爱在心，口要开	学生能正确认识师生矛盾产生的原因，学会沟通方式。
	非暴力沟通	学生能认识自己与教师交往中的沟通姿态，学会非暴力沟通。
	我和老师做朋友	学生能勇于表达自己的感受，平等地交往。
结束	爱的延续	学生能坦然接受团体结束，让爱延续。

六、活动设计方案

（一）第一次活动方案

（1）主题：理想校园。

（2）目标：学生能相互熟悉，形成团体凝聚力和信任感。

（3）媒材：彩笔，全开纸，音乐《愿世界对你温柔以待》，多种颜色的小方形纸若干（每张纸分别剪成四小块，形状不定，彼此能相互契合即可）。

（4）时间：90分钟。

（5）活动流程：

阶段	游戏	步骤	目标	备注
暖身（15分钟）	走走停	1.教师说规则并示范。教师播放音乐《愿世界对你温柔以待》，学生跟随音乐自由走动，在音乐停时，学生身体控制不动变成雕像。 2.学生体验雕像感觉。在学生定格成雕像时，教师去触碰学生的肩膀、手臂等部位，确保学生理解控制身体不动，并欣赏特殊的雕像。 3.变雕像。教师变化指令，学生变成特定雕像。学生可以触摸教室周围的物品，快快地走，慢慢地走，踮着脚尖走，脚后跟走；与对面的伙伴眨眼、微笑、碰肩、握手。	1.学生能理解规则。 2.学生能做出指令动作雕像。 3.学生能熟悉环境，并与他人自然互动。	教师注意做好示范，积极肯定学生的雕像表现。
发展（65分钟）	你好，新伙伴	1.自我介绍。所有成员围成一个圈，依次用身体动作去介绍自己的姓名，其他人模仿动作和名字。 2.问好。当一成员用动作介绍自己的姓名并说出"大家好，我叫×××，很高兴遇见大家"时，其他成员要模仿该成员的动作，并齐声回应"你好，×××，欢迎你"。	1.学生能用身体动作介绍自己。 2.学生能模仿他人的动作。 3.学生能感受到团体成员的友好，产生归属感。	教师要以活跃的姿态表现自我，引导课堂气氛，提醒学生注意安全。
	雕刻我的最爱	1.雕刻家与黏土。两人一组，一人当主人，一人当黏土，轮流将对方身体当做黏土，把对方雕刻成最喜欢的一种花、一种树、一位老师，并请被雕刻者猜是什么。然后轮换角色。 2.合作雕刻。两人一组，用身体合作表达学校里的某一建筑物。教师随机访问一个雕像，与雕像互动。	1.学生能雕塑自己的最爱。 2.学生能配合他人做出身体反应。 3.学生能合作表达两人共同的喜好。	1.教师要确保游戏过程的安全。 2.教师与雕像互动时需要带着好奇心，激发学生的创造力。
	我们理想的校园	1.绘制理想校园。8人一组，小组合作在全开纸中心画大圆，在圆里面画出共同喜欢的理想校园，圆外画手掌轮廓，写出我可以为理想校园贡献的力量和名字。 2.命名。小组成员共同为作品取名，选择代表理想校园情感的歌曲、力量口号。 3.展示。轮组呈现小组的理想校园。 4.总结。教师引导各组分享所看到的各组亮点，一起说出各组的组名、口号，让各组感受到积极的关注。	1.学生能画出自己的想法。 2.学生能与他人协同完成小组任务。 3.学生能协同呈现小组作品。 4.学生能为自己的作品自豪。	1.作品可以被筛选和保留，作为校园文化的一部分进行展示。 2.教师注意积极肯定学生的合作创意。
结束（10分钟）	理想校园群雕	1.校园群雕。教师播放音乐《愿世界对你温柔以待》，指定场地空间大致代表的校园布局，学生把自己变成校园里最喜欢的某物依次定格，教师为集体拍照。 2.分享。学生分享感受，教师总结，致谢。	1.学生能用身体表达自己最爱的校园景物。 2.学生能表达自己的感受。	照片可以发给学生留念。

（6）观察记录表：

阶段	游戏	目标	形成性评量					评量方式	教学使用	通过与否	教学决定	备注
---	---	---	1	2	3	4	5					
暖身	走走停	1.学生能画出自己的想法。										
		2.学生能与他人协同完成小组任务。										
		3.学生能协同呈现小组作品。										
发展	你好，新伙伴	1.学生能用身体动作介绍自己。										
		2.学生能模仿他人的动作。										
		3.学生能感受到团体成员的友好，产生归属感。										
	雕刻我的最爱	1.学生能雕塑自己的最爱。										
		2.学生能配合他人做出身体反应。										
		3.学生能合作表达两人共同的喜好。										
	我们理想的校园	1.学生能画出自己的想法。										
		2.学生能与他人协同完成小组任务。										
		3.学生能协同呈现小组作品。										
		4.学生能为自己的作品自豪。										
结束	理想校园群雕	1.学生能用身体表达自己最爱的校园景物。										
		2.学生能表达自己的感受。										

（二）第二次活动方案

（1）主题：老师，您好！

（2）目标：学生能认识和理解老师的工作。

（3）媒材：写有不同词语的卡片；神山纯一的音乐《风之诗》；每人一张 A3 纸，一支签字笔，彩色笔一套，每小组一张全开白纸。

写有不同词语的卡片内容举例：老人、司机、歌手、演员、批改作业、擦黑板、讲课、老师。

（4）时间：90 分钟。

（5）活动流程：

阶段	游戏	步骤	目标	备注
暖身（15分钟）	身体认字	1.活动身体。所有人站成一个圆，教师引导学生从头到脚依次活动身体的各个部位。 2.猜词语。请一个学生看教师给的词语，并用身体表达出这个词语，其余学生猜。在教师揭晓答案后所有学生一起用自己的动作去表达这个词语。 3.分享感受。最后出示的词语是"老师"，学生猜测出来并进行了自己的表达后，就近与周围同学分享暖身活动的感受。	1.学生能集中注意力于身体动作上。 2.学生能用不同的动作表达词语。 3.学生能表达自己的感受。	教师注意形象生动地示范，确保学生理解规则。
发展（65分钟）	自我静思	1.放松身体：学生以自己舒服的方式坐直身体，教师播放舒缓的音乐《风之诗》，用轻柔舒缓的语言引导学生闭上眼睛，让学生从脚部到头部依次放松身体。 2.回忆场景。教师引导学生在放松的状态下，慢慢地在头脑中回忆从记事以来到现在那些在生命中遇到的老师，他们给自己印象最深的场景。 3.结束静思。静思结束后，教师引导学生活动身体与椅子接触的部位，动动脚、手，拍打腿部和肩部，慢慢睁开眼睛。	1.学生能跟随指引放松身体。 2.学生能跟随指引回忆生命中遇到的老师。 3.学生能跟随指引回到现实。	教师的引导语言尽量舒缓，能让人感到放松。
	老师的形象	1.画老师。学生根据刚刚的静思，在A4纸上画出心中老师的形象，以及印象深刻的场景。 2.分享。学生在小组内互相分享自己的作品，并谈谈自己对老师各方面的看法。 3.制作关于老师的思维导图。以小组为单位，在全开纸上，组员共同完成心目中的老师各方面表现的思维导图，在导图中尝试用绘画的方式去表达老师的不同方面。 4.完善思维导图。各小组进行分享，完善老师的思维导图，可以是老师的职业、老师的生活、老师的性格、老师的专业等方面面。 5.完善形象。学生在小组内根据思维导图，选择自己对老师最熟悉和最陌生的两个部分，进行分享，并在最开始自己创作的作品中，呈现这两个部分。 6.展示。小组展示作品，大家相互欣赏。	1.学生能画出老师形象。 2.学生能与伙伴分享自己的作品。 3.学生能合作完成老师的思维导图。 4.学生能分享自己对老师熟悉和不熟悉的部分。 5.学生能完善自己的作品。 6.学生能欣赏他人的作品。	教师要引导学生完善关于老师的思维导图。
结束（10分钟）	老师，您好！	1.表达。所有人站成一个圆。学生依次模仿最喜欢的老师的动作，并说出："老师您好！您的××工作让我很××！" 2.分享感受。教师引导大家用一个身体动作表达这次活动的收获或感受。	1.学生能真实表达对老师工作的理解。 2.学生能用动作表达自己的收获。	学生可以将最后的表达在实际生活中传达给相应老师。

（6）观察记录表：

阶段	游戏	目标	形成性评量					评量方式	教学使用	通过与否	教学决定	备注
			1	2	3	4	5					
暖身	身体认字	1. 学生能集中注意力于身体动作上。										
		2. 学生能用不同的动作表达词语。										
发展	自我静思	1. 学生能跟随指引放松身体。										
		2. 学生能跟随指引回忆生命中遇到的老师。										
		3. 学生能跟随指引回到现实。										
	老师的形象	1. 学生能画出老师形象。										
		2. 学生能分享自己的作品。										
		3. 学生能够合作完成老师的思维导图。										
		4. 学生能分享对老师的熟悉和不熟悉部分。										
		5. 学生能完善自己的作品。										
		6. 学生能欣赏他人的作品。										
结束	老师，您好！	1. 学生能真实表达对老师工作的理解。										
		2. 学生能用动作表达自己的收获。										

（三）第三次活动方案

（1）主题：我喜欢的老师。

（2）目标：学生能了解不同老师的特点，寻找受欢迎老师的特质。

（3）媒材：A4 白纸、印有人形轮廓的 A4 纸、彩色笔、油画棒、音乐《绿叶对根的情意》。

（4）时间：90 分钟。

（5）活动流程：

阶段	游戏	步骤	目标	备注
暖身（15分钟）	如果我能变	1. 如果我能变。教师组织学生围圈而站。教师示范，例如：如果我能变，我愿意变成一只小鸟（模仿小鸟），因为可以在天空自由地飞翔（做飞翔动作），请学生模仿动作。然后，请每个学生根据自己内心真实想法配动作说出："如果我能变，我愿意变成……因为……"其他人模仿分享者的动作。 2. 变成老师。教师问："如果你能变成一位教过你的最喜欢的老师，你会变成谁呢？"学生用身体动作模仿该老师的经典动作，并分享自己的感受。其他同学模仿动作。 3. 跟随信号行走。教师有节奏地拍手，学生用自己最喜欢的老师的动作在场中自由行走，之后听到教师拍手定格指令后，与邻近的伙伴交换动作，教师继续有节奏拍手，学生用交换的老师动作行走。重复5次。	1. 学生能做出想变的事物的动作，并说出变化的事物和原因。 2. 学生能够想到一位教过自己的老师并找到他的特点。 3. 学生能模仿自己喜欢的老师的动作。	1. 教师鼓励学生思考并展示自己想变的事物，提倡其独特夸张地表达。 2. 教师关注学生联想到的老师及对方带给学生的感受，如果过于负面，要及时处理。
发展（65分钟）	心中的老师	1. 写老师特质。教师按照第一次辅导的分组，给小组内每人发一张白纸，同学们在白纸上写出5个自己觉得最喜欢的老师的特质。 2. 分享汇总。学生在小组内分享自己所写的特质，然后在这5个特质当中选出最欣赏的老师特质。小组成员一起把组内每个同学写的最欣赏的这个特质组合起来。 3. 演出特质。小组讨论，尝试用情景剧表演的方式演出老师的这些特质。 4. 交换表演。各个小组试着交换角色，去表演其他小组的老师角色，并感受不同老师的特点。 5. 分享。小组代表分享活动的感受。	1. 学生能够用词语表达喜欢老师的特质。 2. 小组成员能够拼凑出小组内的优质老师。 3. 学生能够通过情景剧表演，展示老师特质。 4. 学生能够体验不同老师的特质。	1. 教师要在情景剧讨论时为各小组给予指导。 2. 教师鼓励各组在角色交换时添加自发的创造。
结束（10分钟）	我想对您说	1. 涂色创作。教师给每一位学生发放一张印有人形轮廓的A4纸，请同学们用自己喜欢的颜色将自己喜欢的老师的特质涂到人形轮廓里面，可以进行创作。 2. 分享表达。所有人围圈，教师放音乐《绿叶对根的情意》，每个学生上前说出我最喜欢的老师有什么特点，并将画作放到团体中央的地上。直到每位同学都表达并放好作品。 3. 欣赏作品。所有人欣赏最后摆放在场地中心的作品，最后相互击掌结束课程。	1. 学生能用自己喜欢的颜色表达喜欢老师的特质。 2. 学生能用言语和作品表达对老师的欣赏。 3. 学生能欣赏自己的作品。	教师可以鼓励学生用自己的方式进行人形轮廓的创作。

（6）观察记录表：

阶段	游戏	目标	形成性评量					评量方式	教学使用	通过与否	教学决定	备注
			1	2	3	4	5					
暖身	如果我能变	1.学生能做出想变的事物的动作，并说出变化的事物和原因。										
		2.学生能够想到一位教过自己的老师并找到他的特点。										
		3.学生能模仿自己喜欢的老师的动作。										
发展	心中的老师	1.学生能够用词语表达喜欢老师的特质。										
		2.小组成员能够拼凑出小组内的优质老师。										
		3.学生能够通过情景剧表演，展示老师特质。										
		4.学生能够体验不同老师的特质。										
结束	我想对您说	1.学生能用自己喜欢的颜色表达喜欢老师的特质。										
		2.学生能用言语和作品表达对老师的欣赏。										
		3.学生能欣赏自己的作品。										

（四）第四次活动方案

（1）主题：师生交往有技巧。

（2）目标：学生能在活动中明白沟通的重要性，体验到沟通的技巧，悟出交往的真谛。

（3）媒材：2至3根13米的长绳。

（4）时间：90分钟。

（5）活动流程：

阶段	游戏	步骤	目标	备注
暖身（15分钟）	蜈蚣翻身	1. 分组排队。教师将全体学生分成两大组，组内推荐产生两位组长，两路纵队排好。 2. 练习跑动。教师宣布游戏规则并示范：全组学生把双手搭在前面同学的双肩上组成一条"大蜈蚣"，开始练习一下"大蜈蚣"跑动，看看彼此是否协调。各队练习5分钟后再开始正式比赛。 3. 蜈蚣翻身比赛。接下来开始做"蜈蚣"翻身比赛，要求第一位组员依次从第二、三人拉手处，第三、四人拉手处……一直到队伍最后两位的拉手处钻过去，第二位组员、第三位组员……跟随前面的组员一直钻完所有的拉手孔。 4. 决出胜负。完成"蜈蚣"翻身用时最少的组为胜。	1. 学生能锻炼身体的灵活性、柔韧性、协调性。 2. 学生能体验活动带来的压力与快乐。	1. 老师要说清楚规则并示范。 2. 活动要有一定的空间，使得"蜈蚣"可以"蠕动"起来。 3. 教师注意引导，使整条"蜈蚣"顺利"翻身"，每个组员都要快速"翻身"和"蠕动"。
发展（65分钟）	变形虫	1. 结绳圈。教师先把13米长的绳子两头相结成一个大绳圈，这样的大绳圈准备2至3个。 2. 分组。全班学生分成若干个组，每组5人。2至3组同时进行游戏比赛。 3. 变形准备。每组的5名同学分别戴上眼罩，站在绳圈中。 4. 变形。教师发出变形指令，如正三角形、正四边形、正五边形……5名参与者通过合作完成指令要求，用时最少的组为胜。	1. 学生能体验到沟通的必要性。 2. 学生能感悟人际交往中理解、合作、认同的重要性。 3. 学生能在体验和分享中学习人际交往技巧，提高人际交往的能力。	1. 长绳的长度以此5个人伸直双臂的总长度多5米为宜，不要太短，也不能太长，否则都会影响游戏的难度。 2. 一般以2至3个小组同时开展竞赛为宜，这样可以节省时间。 3. 在"变形"过程中，要求绳子充分展开，不可以收缩部分绳子，减短边长，降低难度。 4. 在合作变形的过程中，不允许用语言交流。
	老师的那一次批评与赞赏	1. 回顾事例。学生回顾老师对自己的一次批评或赞赏，可以是有正面影响的，也可以是有负面影响的。 2. 总结技巧。各小组选择一个事例，总结出师生沟通中做的好的点以及可以改善的点。	1. 学生能回顾事例。 2. 学生能总结出促进师生良性沟通的要点。	教师在帮助学生总结时，可以参考： 1. 批评的艺术：一忌情况摸不准，二忌当众揭伤疤，三忌乱翻陈年账，四忌言语生硬冷，五忌心急摘青果，六忌事后不沟通。 2. 赞赏的窍门：一是描述所看到的，二是表达自己的感受，三是注重过程和努力。
结束（10分钟）	师生交往有技巧	1. 写收获。学生在收获卡上写下本次活动的收获。 2. 总结。教师总结师生交往的技巧。	学生能整理自己收获的师生交往的技巧。	教师引导学生全面总结，领悟游戏中的内涵。

（6）观察记录表：

阶段	游戏	目标	形成性评量					评量方式	教学使用	通过与否	教学决定	备注
			1	2	3	4	5					
暖身	蜈蚣翻身	1.学生能锻炼身体的灵活性、柔韧性、协调性。										
		2.学生能体验活动带来的压力与快乐。										
发展	变形虫	1.学生能体验到沟通的必要性。										
		2.学生能感悟人际交往中理解、合作、认同的重要性。										
		3.学生能在体验和分享中学习人际交往技巧，提高人际交往的能力。										
		4.学生能回顾事例。										
		5.学生能总结出促进师生良性沟通的要点。										
结束	师生交往有技巧	学生能整理自己收获的师生交往的技巧。										

（五）第五次活动方案

（1）主题：爱在心，口要开。

（2）目标：学生能正确认识师生矛盾产生的原因，学会沟通方式。

（3）媒材：图片1张，每位同学两张A4白纸和一支笔，师生矛盾的小故事，音乐《春天的早晨》，收获卡：我知道以下与老师沟通的方法。

"师生矛盾小故事"案例：

不久前的一堂英语课上，学生小红由于未能听清老师所讲内容，便声音较大地询问起她的同桌。一向严肃认真的马老师并不清楚其中原委，较为严厉地斥责小红"破坏了课堂纪律"。小红不服，与老师争论，一气之下，马老师当场宣布，小红必须公开认错，否则下一堂英语课她不得进入教室。

（4）时间：90分钟。

（5）活动流程：

阶段	游戏	步骤	目标	备注
暖身（15分钟）	我说你画	1. 我说你画。教师请一位成员上台，由成员推荐或者自愿报名，单独看完样图，该位同学担当传达者对台下的同学描述图形的样子，其他同学根据他的描述画出自己理解的图形，期间不允许提问，之后教师公布样图比较同学们画的图和样图的差别。 2. 别样我说你画。教师再请另一位同学上台来单独看完一张样图，接下来由这位同学担当传达者向其他同学描述出图形的样子，在他描述的过程当中，其他的同学可以随时提问，然后再画出理解中的图形，之后教师公布样图比较同学们画的图和样图的差别。 3. 分享。同学们比较自己前后画的两张图的差别，并分享感受。	1. 学生能描述图形的样子。 2. 台下学生能在两次描述中保持安静和提问。 3. 学生能比较自己前后两图差异并分享感受。	教师要说清楚规则。图片可以任选，但不要过于复杂。
发展（65分钟）	心灵的演出	1. 故事引入。教师出示师生之间产生矛盾的场景小故事。 2. 选择立场。教师选出部分学生分成三个大组，一个组代表老师，一个组代表学生，另一组学生作为观众。 3. 小组讨论。两个组的同学各自讨论，师生冲突发生后，自己小组代表的角色分别会有什么样的情绪，并且安排不同的同学用身体或动作进行表达。 4. 展示情绪。两个组分别展示自己的情绪表达并且发出相应的声音。 5. 提出建议。观众根据两个组的表演，讨论出师生发生冲突的原因，并且提出有效沟通的建议。 6. 重新演绎。两个小组的同学根据观众的建议，用有效的沟通方法再次演绎冲突发生以后的故事。 7. 分享。两个演员小组分享自己在表演中的收获和感受，观众发表自己的观点。	1. 学生能演出师生发生矛盾的场景，并能用动作和声音展示情绪。 2. 学生能讨论矛盾产生的原因。 3. 学生能提出有效沟通的方式。 4. 学生能用有效沟通的方式再次演绎场景。	1. 教师引导鼓励观众参与表演，鼓励学生有更多的自发性和创造性。 2. 教师引导表演者用多种沟通方式。
	明明白白我的心	1. 写出或画出师生交往冲突或困惑。学生写出以往和老师交往中因为沟通原因让自己困惑的一件事（或者冲突严重的一件事）。 2. 我是小导演。3至5人一小组，每个学生在小组里分享冲突与疑惑场景，并担任导演，请组员还原场景。组员讨论解决的方法，找到有效沟通的方式。 3. 方法呈现。各组呈现一个最难的冲突或疑惑及其解决方法。 4. 总结方法。教师引导学生回顾各个场景，总结应对冲突的方法。	1. 学生能画或写出过往事件。 2. 学生能在小组里分享，再现冲突，并找到有效方式解决冲突。 3. 学生能合作呈现冲突场景及解决办法。 4. 学生能学到多种应对冲突的方法。	教师注意引导学生表达冲突的感受及其应对方法，引导学生多方面考虑。
结束（10分钟）	我的收获	1. 总结方法。学生将自己总结的沟通有效方式写到自己的收获卡上。 2. 相信自己。播放背景音乐《春天的早晨》，所有同学认真倾听，最后一起说出："我相信我可以很好地与老师沟通！"	1. 学生能总结出与老师沟通的方法。 2. 学生能信任自己的能力。	教师尽量引导学生全面总结沟通方法。

（6）观察记录表：

阶段	游戏	目标	形成性评量					评量方式	教学使用	通过与否	教学决定	备注
			1	2	3	4	5					
暖身	我说你画	1. 学生能描述图形的样子。										
		2. 台下学生能在两次描述中保持安静和提问。										
		3. 学生能比较自己前后两图差异并分享。										
发展	心灵的演出	1. 学生能演出师生发生矛盾的场景，并能用动作和声音展示情绪。										
		2. 学生能讨论矛盾产生的原因。										
		3. 学生能讨论出有效沟通的方式。										
		4. 学生能用有效沟通的方式再次演绎场景。										
	明明白白我的心	1. 学生能画或写出过往事件。										
		2. 学生能在小组里分享，再现冲突，并找到有效方式解决冲突。										
		3. 学生能合作呈现冲突场景及解决办法。										
		4. 学生能学到多种应对冲突的方法。										
结束	我的收获	1. 学生能总结出与老师沟通的方法。										
		2. 学生能信任自己的能力。										

（六）第六次活动方案

（1）主题：非暴力沟通。

（2）目标：学生能勇于表达自己的感受，平等地交往。

（3）媒材：眼罩、口罩、短绳、篮球、雨伞、椅子、书包、水桶、抱枕等物品，四种沟通姿态图、非暴力沟通图。

萨提亚沟通姿态：

讨好型

指责型

超理智型

打岔型

非暴力沟通四要素：

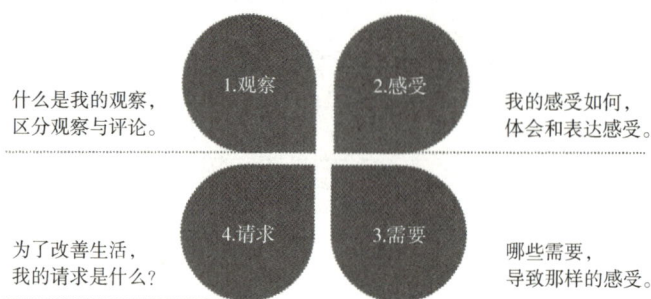

什么是我的观察，   1.观察   2.感受   我的感受如何，
区分观察与评论。   体会和表达感受。

为了改善生活，   4.请求   3.需要   哪些需要，
我的请求是什么？   导致那样的感受。

（4）时间：90 分钟。

（5）活动流程：

阶段	游戏	步骤	目标	备注
暖身（15分钟）	风雨同行	1.分组分角色准备。按7人一组分组，在7人中规定有2个"盲人"、2个"无脚人"、2个"无手人"、1个"哑巴"。 2.角色扮演。在角色分配完成后，"盲人"戴上眼罩，"哑巴"戴上口罩，"无脚人"捆绑双脚，"无手人"捆绑双手。 3.确定任务，开始搬运比赛。教师布置好场地，确定好起点和终点，把他们带到比赛起点，让小组成员把所有物品搬运到终点，以用时最少的组为胜。 4.分享。全班交流分享感受。	1.学生能感受到不同角色的难处。 2.学生能学会接纳他人的长处，取长补短。 3.学生能在团队合作中扬长避短。 4.学生能表达自己的体验感受。	1.教师根据场地和学生能力，设计起点与终点间的距离，以及设置障碍的难度。 2.每个组的所有物品，要求集体配合、共同承担、一次搬运完毕。
发展（65分钟）	我的沟通姿态	1.放松。学生以自己舒服的方式坐直身体，教师播放舒缓的音乐，用轻柔舒缓的语言引导学生闭上眼睛，让学生从脚部到头部依次放松身体。 2.回忆师生沟通。教师引导学生在放松的状态下，慢慢地在头脑中回忆自己平时与老师沟通时的表现，包括语气、状态、感受等。 3.结束静思。静思结束后，教师引导学生活动身体与椅子接触的部位，动动脚、手、拍打腿部和肩部，慢慢睁开眼睛。 4.了解沟通姿态。教师向学生介绍萨提亚沟通姿态，引导学生体验五种不同的沟通姿态。学生根据讲解，结合自己的思考与日常生活，了解自己的沟通姿态。 5.摆姿态。学生在小组内分享自己与教师沟通的姿态，摆出符合自身情况的沟通姿态雕塑。 6.调姿态。组员相互提建议，调整沟通姿态。 7.分享。学生分享感受，教师总结。	1.学生能了解自己与老师交往时典型的沟通姿态。 2.学生能体验不同沟通姿态。 3.学生能主动调整沟通姿态。 4.学生能辨别他人的沟通姿态并提出建议。 5.学生能自由表达感受。	1.教师讲解沟通姿态时，注意引导学生模仿不同姿态，体验不同姿态的不同感受。 2.教师引导学生主动调整自己与教师沟通的姿态。
	非暴力沟通	1.案例分享。教师随机请学生分享自己沟通失败或低效的案例。 2.了解非暴力沟通。教师结合案例介绍非暴力沟通。教师引导学生分析非暴力沟通的要点。 3.小组练习。学生自设情境，练习非暴力沟通。学生在小组内分享自己在生活中与教师沟通的冲突场景，组员相互练习非暴力沟通技巧。	1.学生能了解非暴力沟通要点。 2.学生能积极练习非暴力沟通。	学生没有案例时，教师可以讲一些提前准备的案例。
结束（10分钟）	分享与总结	1.分享收获。教师播放舒缓音乐，学生每人用一句话或一个动作表达自己的感受与收获。 2.教师总结。	学生能表达当下的感受。	

（6）观察记录表：

阶段	游戏	目标	形成性评量					评量方式	教学使用	通过与否	教学决定	备注
			1	2	3	4	5					
暖身	风雨同行	1.学生能感受到不同角色的难处。										
		2.学生能学会接纳他人的长处，取长补短。										
		3.学生能在团队合作中扬长避短。										
		4.学生能表达自己的体验感受。										
发展	我的沟通姿态	1.学生能了解自己与老师交往时典型的沟通姿态。										
		2.学生能体验不同沟通姿态。										
		3.学生能主动调整沟通姿态。										
		4.学生能辨别他人的沟通姿态并提出建议。										
		5.学生能自由表达感受。										
	非暴力沟通	1.学生能了解非暴力沟通要点。										
		2.学生能积极练习非暴力沟通。										
结束	分享与总结	学生能表达当下的感受。										

（七）第七次活动方案

（1）主题：我和老师做朋友。

（2）目标：学生能勇于表达自己的感受，平等地交往。

（3）媒材：轻快的音乐，不同主题的杂志或贴画若干，每人一张 A3 纸，胶水，剪刀，彩笔。

（4）时间：90 分钟。

（5）活动流程：

阶段	游戏	步骤	目标	备注
暖身（15分钟）	心有千千结	1.围圈。所有学生手牵手围成一个大圈，面向圆心。 2.记人。学生记住自己的左右手分别牵的是谁。 3.走动成结。所有学生松开手，音乐响起，同学们随着音乐在小范围内随意走动。音乐停，所有人站住，在不挪动位置的情况下去牵原来左右手牵的人。 4.集体解结。现在手与手之间、人与人之间，结成了一个异常混乱的死结。要求在不说话、不松手的情况下把结打开。最后恢复成大家开始时手拉手围成的一个大圆圈。 5.分享。学生分享感受。	1.学生能体验合作的力量，享受合作的快乐。 2.学生能感受活动中人际关系的信任。 3.学生能学会从细节处观察别人，解读对方表达的非语言信息。	1.当出现的"结"非常复杂，有人想放弃时，老师要鼓励，一定可以解开"死结"。 2.教师可以从以下角度引导：开始思路是否混乱？解开一点后，想法是否发生变化？合作和集体的力量；思维的多样化；非语言沟通的作用。
发展（65分钟）	我与老师	1.分组准备。学生分小组，每组的学生领取杂志、胶水、剪刀、彩笔。 2.拼贴画。每位同学在杂志上选取图片，进行剪裁，并且在A3的白纸上进行粘贴。主题为：我与老师。要求通过拼贴画的方式，展示出学生与老师之间的一个和谐温馨的场景。如果现实中没有，就拼贴出自己想象的场景。 3.写心里话。拼贴画完成以后，学生在白纸的背面写上想对老师说的心里话。 4.展示分享。每位同学在小组内分享自己的故事并展示拼贴画。 5.光谱测量。进行光谱社会计量，一端为：我很容易和老师成为朋友。一端为：我不会和老师做朋友。教师请同学们根据自己的情况，在这条看不见的光谱上选择自己的位置。 6.分享故事。光谱上，临近的同学组成一组，分享自己选择站在这个位置的原因，分享一个和老师的故事。站在很容易和老师做朋友的一端的同学们分享自己的经验。 7.讨论分享。每个小组进行讨论，探讨出如何与老师成为朋友的方法，并请小组代表进行分享。	1.学生能用拼贴画方式展示和谐师生关系。 2.学生能表达想对老师说的话。 3.学生能在小组内进行分享。 4.学生能进行光谱计量。 5.学生能分组讨论出与老师做朋友的方法。	1.任意杂志即可，最好能多一些图画。注意安全。 2.自由拼贴，不用在乎作品的美观，需要真实情感表达。
结束（10分钟）	静思放松	1.欣赏作品。学生将作品摆在场中围成一个圆圈，手拉手围着作品站好，绕着作品慢慢走，边走边欣赏作品。 2.静思。学生选择一个舒服的姿势，听着音乐，按照老师的指导语进行静思，内化与老师的关系，增强力量。 3.分享。慢慢苏醒过来，然后每人用一个词表达当下的感受，结束本次活动。	1.学生能有序欣赏自己的作品。 2.学生能够进行静思放松。 3.学生能表达当下的感受。	静思中引导语可以结合教学过程中的真实案例，强化良好师生关系的积极作用。

（6）观察记录表：

阶段	游戏	目标	形成性评量					评量方式	教学使用	通过与否	教学决定	备注
			1	2	3	4	5					
暖身	心有千千结	1. 学生能体验合作的力量，享受合作的快乐。										
		2. 学生能感受活动中人际关系的信任。										
		3. 学生能学会从细节处观察别人，解读对方表达的非语言信息。										
发展	我与老师	1. 学生能用拼贴画方式展示和谐师生关系。										
		2. 学生能表达想对老师说的话。										
		3. 学生能在小组内进行分享。										
		4. 学生能进行光谱计量。										
		5. 学生能分组讨论出与老师做朋友的方法。										
结束	静思放松	1. 学生能有序欣赏自己的作品。										
		2. 学生能够进行静思放松。										
		3. 学生能表达当下的感受。										

（八）第八次活动方案

（1）主题：爱的延续。

（2）目标：学生能坦然接收团体结束，让爱延续。

（3）媒材：彩色毛线团、信纸、奥尔夫音乐《伊比丫丫》、画笔水彩颜料若干。

（4）时间：90分钟。

（5）活动流程：

阶段	游戏	步骤	目标	备注
暖身（15分钟）	爱流	1.围圈放松。教师带领学生围成一个圆圈，并播放音乐《伊比丫丫》，学生跟随教师的示范动作和音乐的节奏给自己进行全身的按摩和放松。 2.互相放松。随机两人一组，跟随着音乐和教师的示范动作相互给同伴进行按摩和放松。 3.集体放松。所有人围成圆圈，并将双手搭在前面人的身上，保持好距离和力度，跟随音乐和教师示范动作进行集体按摩和放松。	1.学生能模仿教师动作自我按摩。 2.学生能模仿教师动作给伙伴按摩。	教师注意学生性别间的影响。
发展（65分钟）	回顾静思	1.调整姿势放松身体。学生以自己舒服的方式坐直身体，教师播放舒缓的音乐，用轻柔舒缓的语言引导学生闭上眼睛，让学生从脚部到头部依次放松身体。 2.静思回顾。教师用舒缓的语言引导学生回顾静思，指导语应紧紧围绕前8次课的主要内容，例如"调整好呼吸，跟随着呼吸放松身体，慢慢的会感受到一股力量指引我们向前，还记得第一次课么……我们在一起共同创建了美好的目标，找到了前进的方向……带着这股力量我们现在回到了当下。如果这股力量有形状，它是什么形状？它是什么颜色？请记住它！"	1.学生能放松身心。 2.学生能回忆8次课程，并形成一个整体的色彩感受。	引导语尽可能生动。
	我画我心	1.画出我心。静思结束后，每个同学按照刚刚看到的颜色，选择一种染料和一支画笔，在纸上用自己喜欢的方式表达此刻感受。要求：绘画时不能讲话，可以是任意的图形、颜色或文字。 2.欣赏作品。绘画全部结束后，学生将所有的作品放到场地中间，可以是任意的形状，所有人围着作品转一圈，欣赏作品，并依次分享自己的作品给团体成员，最后所有同学共同为眼前的整个作品取一个名字。	1.学生能画出心中的意象。 2.学生能合作为作品取名。	作品可以留作纪念。
	爱的丝线	1.围圈。教师拿出一个彩色的毛线球，全体同学围成大圆圈站好。 2.传递毛线球。教师将手里的毛线球的一端拿在手里，将另外一端传给想要传递的任何一名同学，并告诉他自己为什么要给他。接到毛线球的同学将它传递给下一位想要传递的同学，依次传递，直到每一位同学都将丝线传递出去。最后不同的丝线连接成网，让团体的每位学生都相互联系。	学生能通过毛线球表达对同伴的感受。	教师的表达起到示范和引导作用，强调温暖、感谢等。
结束（10分钟）	感恩答谢	1.表达感受。教师与同学们围成一个圆圈，依次表达自己当下的感受，包括感恩答谢。 2.手语操。所有人共同合唱《相亲相爱一家人》并做手语操，也可以用自己创作的动作表达，并结束课程。	1.学生能表达当下的感受。 2.学生能用自己的方式表达结束。	教师先将歌曲手语动作教给学生。

（6）观察记录表：

阶段	游戏	目标	形成性评量					评量方式	教学使用	通过与否	教学决定	备注
			1	2	3	4	5					
暖身	爱流	1. 学生能模仿教师动作自我按摩。										
		2. 学生能模仿教师动作给伙伴按摩。										
发展	回顾静思	1. 学生能放松身心。										
		2. 学生能回忆整个8次课程，并形成一个整体的色彩感受。										
	我画我心	1. 学生能表达出心中的意象。										
		2. 学生能合作为作品取名。										
	爱的丝线	学生能通过毛线球表达对同伴的感受。										
结束	感恩答谢	1. 学生能表达当下的感受。										
		2. 学生能通过手语操或者用自己的方式表达结束。										

第二节　同伴关系之感悟式游戏教学设计

罗曼·罗兰曾说："有了朋友，生命才显出它全部的价值。"同伴关系及人际交往是儿童青少年社会化发展研究的一个重要主题，同时儿童青少年时期是人生成长的重要阶段，也是心理健康发展的重要时期。在他们的生命初期除了父母和老师之外，接触最多的就是同伴，良好的同伴关系能够对儿童青少年的心理发展起到成人无法替代的至关重要的作用。

儿童发展心理学家皮亚杰提出，孩子的童年时代是两个世界。一个是父母和孩子之间相互作用的世界，另一个是孩子与同伴交往的世界。孩子与同伴之间良好的交往是儿童发展的一个重要里程碑。积极的同伴交往，会让学生获得关注和被赞赏的积极情绪体验，从而增强自信。同时，这也是学生满足社交需求，获得社会支持和安全感的重要源泉。对于学生来说，同伴关系是爱、亲密和可靠的同盟，从中可以获得归属感和包容感，为其提供工具性和指导性的帮助，能够抚慰陪伴和增进自我价值感。

同伴关系是中小学生社会性发展的一个重要方面，并对中小学生的心理发展有着很微妙的影响，它能够以独特重要的方式，塑造学生的个性、社会行为、价值观及态度。中小学阶段是人际交往关系的形成阶段，也是学生发生冲突的高频时期。学生的社会交往态度、交往原则和交往技巧等，都需要得到正确的引导。

同伴关系对于青少年（13 至 17 岁）尤为重要，这一时期身心急剧发展的青少年，正经历着从幼稚走向成熟，从家庭步入广阔社会的重要转折。青春期的动荡增加了他们的不安全感，他们急于重新认识自己，寻找自己在社会与同伴中的位置。在与同伴的社会比较中青少年学会了肯定自我，传递了多元化的社会规范和价值观念，以及获取了不便或未能由父母传递的信息、社会规范与价值观念。

近年来，中小学生的同伴交往问题一直备受关注，伙伴危机、交往能力不足、社会退缩、孤独感等词语不断出现在社会舆论之中，从《2016 年北京市中小学学生心理成长指数白皮书》发布的结果中可以看到同伴交往问题异常比率偏高，约为 31.25%。超三成中小学生存在同伴交往异常问题，并有 22.46% 的学生处于边缘水平。因此，在儿童青少年中开展同伴关系的相关课程非常有必要。本章节将通过 8 次感悟式游戏教学的方式，让学生形成正确的同伴交往态度，了解同伴交往原则和交往技巧，增强同伴合作意识，最终达到与同伴能够友好交往，建立和谐关系的目的。

一、教学对象

本章感悟式游戏教学设计适用于小学中高段、初中、高中新生班级，可用于心理健康课程中，也可以用于想要发展同伴关系以及同伴关系中存在轻度问题的青少年团体。

二、教学目标

1. 总目标

学生能形成正确的同伴交往态度，了解同伴交往原则和交往技巧，增强同伴合作意识，最终达到与同伴能够友好交往，建立和谐关系的目的。

2. 子目标

学生能相互熟悉，建立彼此之间的信任感，初步形成团体归属感；学生能体验被人孤立的难过和失望以及与人亲近友好和助人的快乐；学生能认识到在人际交往中，与同伴分享、换位思考、双向沟通等的重要性；学生能学习人际沟通的基本技巧，掌握方法并学会在人际交往中运用；学生能在活动中感悟到竞争与合作的关系，学会与同伴进行良好的竞争与合作；学生能欣然接受团体的结束，总结方法，坚定前行。

三、教学时间

每周一次课，每次上课 90 分钟，一共 8 次课。

四、教学准备

1. 场地：足够大的团体心理辅导教室。

2. 音乐：音乐《幸福拍手歌》《春水》《紫蝴蝶》《希望之歌》《布谷鸟》《夜的钢琴曲》

《听我说谢谢你》《天空之城》《菊次郎的夏天》《兔子舞》，动画视频《你的善良可以包裹世界的冷酷》。

3. 纸：A4 纸、16 开大小的彩纸若干张。

4. 笔：水彩笔、蜡笔、签字笔若干。

5. 其他：字母贴、眼罩、美食卡若干套、快乐小瓶子空白卡、糖果若干、图片卡、剪刀若干把、动物卡片若干套、布满不规则黑点的白纸若干、剧本若干、便笺纸若干、气球若干、无靠背椅子若干。

五、教学内容

（一）理论依据

同伴关系主要是指同龄人间或心理发展水平相当的个体间在交往过程中建立和发展起来的一种人际关系。心理学家加德纳的"多元智能理论"中也指出每个人都拥有八种主要智能，其中的人际交往智能是指与人相处和交往的能力。所以，中小学生的同伴交往能力是可以通过一定的媒介施加影响，从而提高这种能力的。

儿童青少年的同伴关系结构复杂、层次多样，呈现多侧面、多水平的特点。同伴关系，它在儿童青少年的社会能力、认知、情感、自我概念和人格的健康发展及社会适应中起着成人不可替代的独特的作用。不良同伴关系会引起青少年的行为问题。良好的同伴关系促进青少年自我同一性的形成和人格的发展，为青少年发展社会能力，获得熟练的社交技巧提供了重要的背景。

社会心理学家舒茨提出人际需要三维理论，分为包容的需要、支配的需要和情感的需要。这三种基本的人际需要，决定了个体在人际交往中所采用的行为，以及如何描述、解释和预测他人的行为，三种需要过多的满足，或者缺少满足，都会对个体的成长环境不利。只有适当的满足，才能够使学生正确地对待自己和他人，并能够适度地表达出自己的情感，接受别人的情感，和别人产生亲密关系。

美国著名的心理学家爱利克·伯奈依据对自己和他人所采取的基本生活态度，提出了四种人际交往心理模式，它们分别是：

（1）我不好—你好：表现为自卑，甚至是社交恐惧。他们喜欢以百倍的努力去赢得他人的赞赏，或者喜欢与父母意识重的人为友。

（2）我不好—你也不好：不喜欢自己也不喜欢别人，看不起自己，也看不起别人，常放弃自我、陷入绝境，极端孤独和退缩。

（3）我好—你不好：以自我为中心，自以为是，总认为自己是对的，而别人是错的，把人际交往中失败的责任推在他人身上，常导致自己固执己见，唯我独尊。

（4）我好—你也好：相信他人，能够接纳自己和他人，正视现实，并努力去改变他们能改变的事物，善于发现自己和他人的优点与长处，从而使自己保持一种积极、乐观、进取的心理状态，是一种成熟、健康的人际交往心理模式。

这四种人际交往心理模式中前三种均不成熟，最成熟的是第四种，因此，我们希望通过系列的感悟式游戏团体辅导活动，让学生改善不良的人际交往模式，逐步形成健康成熟的"我好——你也好"的人际交往心理模式。

通常，处理好人际关系的关键是要意识到他人的存在，理解他人，既满足自己，又尊重别人。其中，有四个重要的人际关系原则需要共同遵守。

（1）人际关系的真诚原则。真诚是打开别人心灵的钥匙，因为真诚的人使人产生安全感，减少自我防卫，越是好的人际关系越需要关系的双方暴露部分自我，也就是把自己真实想法与人交流。

（2）人际关系的主动原则。主动对人友好，主动表达善意能够使人产生受重视的感觉。主动的人往往令人产生好感。

（3）人际关系的交互原则。人们之间的善意和恶意都是相互的，一般情况下，真诚换来真诚，敌意招致敌意，因此，与人交往应有良好的动机。

（4）人际关系的平等原则。平等是建立人际关系的前提。人际交往作为人们之间的心理沟通，是主动的、相互的、有来有往的。人都有友爱和受人尊敬的需要，都希望得到别人的平等对待，人的这种需要，就是平等的需要。

（二）政策依据

《中小学心理健康教育指导纲要（2012年修订）》中明确提出中小学生心理健康教育的重点内容之一就是人际交往，小学低年级主要是培养学生礼貌友好的交往品质，乐于与老师、同学交往，在谦让、友善的交往中感受友情；小学中年级主要帮助学生树立集体意识，善于与同学、老师交往，培养自主参与各种活动的能力，以及开朗、合群、自立的健康人格；小学高年级主要帮助开展初步的青春期教育，引导学生进行恰当的异性交往，建立和维持良好的异性同伴关系，扩大人际交往的范围；初中年级主要帮助学生积极与老师及父母进行沟通，把握与异性交往的尺度，建立良好的人际关系；高中年级主要帮助学生正确认识自己的人际关系状况，培养人际沟通能力，促进人际间的积极情感反应和体验，正确对待和异性同伴的交往，知道友谊和爱情的界限。

《普通高等学校大学生心理健康教育工作实施纲要（试行）》提出应使大学生树立积极的交往态度，掌握人际沟通的方法，学会协调人际关系，增强适应社会生活的能力。

（三）教学设计

根据《中小学心理健康教育指导纲要（2012年修订）》中提到的人际交往具体培养内容"培养学生的交往品质，树立集体意识，善于与同学交往，扩大人际交往范围"的要求，依据舒茨的人际需要三维理论、爱利克·伯奈的人际交往心理模式以及处理人际关系的四个重要原则，我们设计了本节活动的架构如下：

阶段	主题	目标
初始	英雄家族	学生能互相认识和了解，建立彼此之间的信任感，初步形成团体归属感。
中间	我们做朋友	学生能体验被人孤立的难过和失望，用行动和语言主动表达自己对他人的亲近和友好。
	快乐小瓶子	学生能认识到与同伴分享的重要性，感受到分享带来的快乐，在人际交往中更加主动并愿意分享。
	优点大轰炸	学生能学习人际沟通的基本技巧——倾听，在同伴交往中发现别人的优点，并表达欣赏。
	此时我换位	学生能了解换位思考的重要性，掌握换位思考的方法并学会在人际交往中运用。
	沟通"心"方式	学生能明白双向沟通的重要性，了解沟通常见的四种模式，在同伴交往中使用积极的沟通方式。
	竞争与合作	学生能正确认识竞争与合作的关系，学会与同伴进行良好的竞争与合作。
结束	走向新世界	学生能欣然接受团体的结束，总结方法，向未来的新世界，坚定前行。

六、活动设计方案

（一）第一次活动方案

（1）主题：英雄家族。

（2）目标：学生能互相认识和了解，建立彼此之间的信任感，初步形成团体归属感。

（3）媒材：音乐《春水》《真心英雄》；每组一张 A3 纸，一支签字笔，一盒水彩笔。

彩色字母贴若干张：根据团体的人数及姓氏，准备足够的字母贴。

（4）时间：90 分钟。

（5）活动流程：

阶段	游戏	步骤	目标	备注
暖身（15分钟）	建立团体规范	1.介绍规则。教师向学生介绍团体规则。 2.宣读契约书。教师带领学生宣读团体契约书。	1.学生能理解团体规则。 2.学生愿意遵守共同的承诺。	教师注意用学生能懂的语言讲清注意事项。
	命运之轮	1.随音乐行走。所有学生聆听音乐《春水》，用自己喜欢的方式自由行走，并不与其他人有身体接触。音乐停止，行走停止。 2.眼神问候。音乐《春水》再次响起，学生继续行走，跟见到的每一个人用眼神问候，微笑点头，音乐停止，行走停止。 3.挥手问候，二人一组。音乐《春水》继续响起，学生继续行走，相互挥手问候，音乐停止，大家静止，学生自由与就近的人组成二人组合。	1.学生能用自己喜欢的方式自由行走。 2.学生能用眼神跟相遇的伙伴打招呼问候。 3.学生能通过动作和眼神与他人交流，主动观察团体里的新成员。	教师注意示范，积极引导学生互动。
发展（65分钟）	猜姓名	1.表演并猜测姓名。学生面对面，一人用动作演示自己的名字，另一人跟着做，并猜出姓名。 2.介绍对方姓名。相互交换角色，学习对方的动作，介绍对方的姓名。 3.大家一起猜姓名。学生重新围成大圈，在团体中，以二人组为单位，用动作向其他人做姓名介绍，大家一起猜。 4.动作声音齐介绍。揭晓名字后，所有人再一次跟随本人做动作，并大声喊出名字。 本人：我是××，大家好！（边做边说） 集体：××，你好！（边做边说）	1.学生能用动作演示自己的姓名，互猜。 2.学生能记住对方的姓名和动作，交换表演。 3.学生能用动作和语言向其他人介绍小伙伴，并互相问候。	教师注意示范，积极引导学生互动。
	同"姓"相吸	1.选择我的字母贴。地面放置若干字母贴，成员寻找并选择姓的首字母贴在自己的胸前。 2.寻找我的家族。学生在圈内自由寻找自己的同姓伙伴（大写字母一致），围坐在一起后，向圈内伙伴介绍自己的姓氏名字以及自己所喜欢的英雄。	1.学生能快速寻找到自己姓氏的首字母，并贴在胸前。 2.学生能和同姓伙伴围坐并介绍自己。	教师根据现场情况灵活调整，尽量均衡各组人数。
	家族英雄	1.家族英雄雕像。小组成员合作，用身体做出小组成员共同喜欢的英雄雕像组合。该组合可以是各自喜欢的不同的英雄组合，也可以是同一个英雄的不同特色侧面的组合，还可以是小组合作想象的一个特别的英雄。 2.轮组分享。各组呈现英雄雕像，其他组猜英雄。 3.英雄之家的特殊功能家具。各组学生分别用身体合作方式，共同创作一个特殊的家具。然后轮组展示，其他组猜测。教师总结。 4.英雄所喜欢的食物。各组学生分别用身体合作方式，共同创作一种特殊的食品。然后轮组展示，其他组猜测。教师总结。 5.英雄之旅： （1）每组领取一张A3纸，水彩笔一套。 （2）小组合作画出英雄的大致轮廓，合作创造一个英雄历险的3分钟小故事，并为故事取名、编口号。 （3）轮组分享。 （4）教师总结，引导学生为各组亮点点赞。	1.学生能合作扮演出英雄的外在样子。 2.学生能猜测其他组的英雄。 3.学生能与组员合作使用身体扮演家具。 4.学生能与组员合作使用身体扮演食品。 5.学生能与组员合作画出英雄。 6.学生能与组员合作演出英雄故事。 7.学生能欣赏别人的亮点。	教师注意示范，并观察各组，及时说明游戏要求，鼓励各组勇敢展示自己。
结束（10分钟）	家族大联欢	1.表达感受。大家围成一圈，每个学生轮次用一种声音或一个动作表达本次活动的感受，并做简单解释。 2.团体造型。播放《真心英雄》，学生边听音乐边用身体动作与旁边伙伴互动，最后形成一个有力量的英雄团体造型，教师拍照。	1.学生能用自己的方式表达感受。 2.学生能与他人友好互动，合作完成集体造型。	教师注意引导学生积极倾听。

（6）观察记录表：

阶段	游戏	目标	形成性评量					评量方式	教学使用	通过与否	教学决定	备注
			1	2	3	4	5					
暖身	建立团体规范	1.学生能理解团体规则。										
		2.学生愿意遵守共同的承诺。										
	命运之轮	1.学生能用自己喜欢的方式自由行走。										
		2.学生能用眼神跟相遇的伙伴打招呼问候。										
		3.学生能通过动作和眼神与他人交流，主动观察团体里的新成员。										
发展	猜姓名	1.学生能用动作演示自己的姓名，互猜。										
		2.学生能记住对方的姓名和动作，交换表演。										
		3.学生能用动作和语言向其他人介绍小伙伴，并互相问候。										
	同"姓"相吸	1.学生能快速寻找到自己姓氏的首字母，并贴在胸前。										
		2.学生能和同姓伙伴围坐并介绍自己。										
	家族英雄	1.学生能合作扮演出英雄的外在样子。										
		2.学生能猜测其他组的英雄。										
		3.学生能与组员合作使用身体扮演家具。										
		4.学生能与组员合作使用身体扮演食品。										
		5.学生能与组员合作画出英雄。										
		6.学生能与组员合作演出英雄故事。										
		7.学生能欣赏别人的亮点。										
结束	家族大联欢	1.学生能用自己的方式表达感受。										
		2.学生能与他人友好互动，合作完成集体造型。										

（二）第二次活动方案

（1）主题：我们做朋友。

（2）目标：学生能体验被人孤立的难过和失望，用行动和语言主动表达自己对他人的亲近和友好。

（3）媒材：动画视频《你的善良可以包裹世界的冷酷》，音乐《兔子舞》，松鼠、刺猬、小猪的角色卡，A4纸若干。

（4）时间：90分钟。

（5）活动流程：

阶段	游戏	步骤	目标	备注
暖身（15分钟）	动物大联欢	1.介绍并示范规则。所有学生围圈站立。每位学生都代表着一种自己喜欢的动物，跟随音乐用经典动作、表情在场内做自由运动，并与相遇的动物打招呼。音乐停止时，学生迅速地找到自己同类或具有相似特点的动物围在一起，介绍自己代表的动物及特点。（期间学生可调整归属） 2.进行游戏。学生在音乐《兔子舞》的伴随下进行游戏。 3.畅谈感受。在刚刚的游戏中，如果有小部分同学没有组队成功，教师请未能成功组队的学生谈谈感受。	1.学生能理解规则。 2.学生能根据规则进行游戏。 3.学生能表达感受。	教师尽量给予学生足够的时间组队。
发展（65分钟）	可怜的小刺猬	1.观看视频。观看动画视频《你的善良可以包裹世界的冷酷》前半段，分享交流，你看到了一段怎样的故事？ 2.角色扮演。小松鼠、小猪、小刺猬三人组，学生一人扮演一个角色，交流想法：想一想不愿意和小刺猬一起玩的小猪和小松鼠在想些什么呢？小刺猬又在想什么呢？然后角色互换，每人扮演一次小刺猬，说出想法和感受。 3.表达心情。每个人分别用彩笔画表情图，表达出小刺猬和其他小动物此时的心情。	1.学生能简述视频中的故事。 2.学生能根据角色卡片进行角色扮演。 3.学生能使用表情图表达小刺猬和其他小动物的心情。	教师引导学生积极倾听，尊重他人。
	可爱的小刺猬	1.带着问题再看视频。教师引导学生思考：看看小刺猬，它身上除了刺以外，还有哪些你觉得很有趣、很喜欢的点呢？然后再次让学生观看视频。 2.小组讨论并交流。教师请学生找一找小刺猬身上的优点和可爱之处，并在小组内交流分享自己的感受。 3.画出"小刺猬"的优缺点。在以前的同伴交往经验中，你有没有像"小刺猬"一样的伙伴？他们做了些什么让我们不愿跟他们一起玩？这些"小刺猬"朋友有优点吗？用一张A4纸，对折，一边画上"小刺猬"朋友的缺点，一边画上他们身上的优点。	1.学生能发现小刺猬身上的优点和可爱之处。 2.学生能在A4纸上画出"小刺猬"朋友的缺点和优点。	教师要向学生们强调重点关注小刺猬的优点，对于有说缺点的同学要及时引导。
	请让我来帮助你	1.讨论帮助小刺猬的方式。教师继续播放视频剩余部分，分享讨论：视频中的小动物们他们怎么去帮助小刺猬的？ 2.再次表达心情。学生再一次用表情图画出小刺猬和其他动物的心情。 3.分享感受。教师启发学生思考：两次表情图的背后，给你带来什么样的启示？ 4.写下方法。回看自己刚才画的"小刺猬"朋友，想一想，作为朋友，你会怎样帮助他呢？请将帮助他的方法写在旁边。	1.学生能总结出小动物帮助小刺猬的方法。 2.学生能用表情图画出小刺猬和其他动物的心情。 3.学生能主动分享两次表情图给自己的启示和感悟。 4.学生能书写出帮助"小刺猬"朋友的方法。	教师引导学生想出帮助"小刺猬"的方法。
结束（10分钟）	开心抱抱	与同伴拥抱并讲出同伴优点。学生们像视频中的小动物一样，用一颗友善待人的心，真诚快乐地跟每一个熟悉或不熟悉的朋友拥抱，并悄悄说说他的优点。	1.学生能与同伴拥抱。 2.学生能讲出同伴的优点。	教师引导学生拥抱并讲出同伴优点。

（6）观察记录表：

阶段	游戏	目标	形成性评量					评量方式	教学使用	通过与否	教学决定	备注
			1	2	3	4	5					
暖身	动物大联欢	1.学生能理解规则。										
		2.学生能根据规则进行游戏。										
		3.学生能表达感受。										
发展	可怜的小刺猬	1.学生能简述视频中的故事。										
		2.学生能根据角色卡片进行角色扮演。										
		3.学生能使用表情图表达小刺猬和其他小动物的心情。										
	请让我来帮助你	1.学生能发现小刺猬身上的优点和可爱之处。										
		2.学生能用表情图画出小刺猬和其他动物的心情。										
		3.学生能主动分享两次表情图给自己的启示和感悟。										
		4.学生能书写出帮助"小刺猬"朋友的方法。										
结束	开心抱抱	1.学生能与同伴拥抱。										
		2.学生能讲出同伴的优点。										

（三）第三次活动方案

（1）主题：我们的快乐时光。

（2）目标：学生能认识到与同伴分享的重要性，感受到分享带来的快乐，在人际交往中更加主动并愿意分享。

（3）媒材：美食卡若干套、快乐小瓶子空白卡、彩笔若干套。

（4）时间：90分钟。

（5）活动流程：

阶段	游戏	步骤	目标	备注
暖身（15分钟）	美食show	1.美食猜猜猜。以小组为单位，每个学生心中想一种食物，并用身体动作和表情进行表演，小组其他成员根据表演进行猜测。 2.食物表演。教师随机报出食物的名称，两名学生合作表演，接着三人合作表演、四人合作表演、小组成员一起表演。 3.学生分享活动时的感受。	1.学生能理解游戏规则并有序开展游戏。 2.学生能在游戏结束后分享自己的感受。	教师提醒学生游戏的目的不单单是玩耍，还要注重在游戏的过程中保持觉察和感受。
发展（65分钟）	美食记忆	1.选择食物卡片。每个小组有20张食物卡，小组成员随意选择自己喜欢的食物卡片。 2.分享卡片记忆。学生仔细观察自己的图片，在小组内找到自认为图案相互契合的另一位持卡人，他就是你的有缘人。和你的有缘人相互介绍： （1）想要和谁一起去吃卡片上的食物？为什么？ （2）关于这类食物你有怎么样的美好记忆？	1.学生能选择自己喜欢的食物卡片。 2.学生能主动找到自己的有缘人。 3.学生能和组内的有缘人分享自己的食物卡。	教师引导学生有序选择食物卡，避免哄抢。
	快乐小瓶子	1.引出快乐小瓶子。教师引导语：刚才的美食卡片唤醒了我们一部分沉睡的积极情绪和体验，接下来，让我们更加细致地捕捉我们的快乐时光。快乐小瓶子是前段时间非常流行的小游戏，今天我们就一起来体验一下。 2.讲解游戏规则并示范： （1）回想出至少7条，在人际交往中让你感到幸福的时刻、片段、瞬间或者事情（范围不限）。 （2）使用关键词把它们依次写在小瓶子标签上。 （3）为这些小瓶子依次涂色，快乐指数越高，涂色面积越大，颜色可以不相同。 （4）可以增加其他代表心情的装饰。 3.制作快乐小瓶子。学生按自己的喜好创作。	1.学生能回忆7条以上在人际交往中的快乐事件。 2.学生能用彩笔在小瓶子上书写、涂色。	教师使用积极的引导语，帮助学生回忆起更多的人际交往中的美好时刻。
	捕捞快乐小瓶子	1.被抽中的快乐小瓶。小组成员依次盲选右手边同学的1个快乐小瓶子，邀请对方分享：为什么这个小瓶子会带来快乐？上一次体会到快乐是什么时候？当时发生了什么……每个问题六位成员分享完再进行下一个问题。 2.主动分享。组员依次分享自己喜欢的3个小瓶子。 3.表达欣赏。组员依次分享自己最欣赏的其他人的1个小瓶子。	1.学生能主动分享自己的快乐小瓶子。 2.学生能倾听他人分享自己的快乐小瓶子。 3.学生能进一步感受快乐小瓶子给自己带来的积极情绪。	游戏进行得比较快的小组可以分享自己的全部小瓶子。
结束（10分钟）	幸福拍拍拍	1.唱跳《幸福拍手歌》。大家围成一圈，教师播放或大家一起唱《幸福拍手歌》，并跟着音乐跳幸福拍手歌：拍手、拍肩、跺脚、握手。 2.表达感受。最后在音乐声中，每个学生轮次用一个动作或一个词语表达本次活动的感受。	1.学生能根据音乐节奏做相应的动作。 2.学生能用动作、词语自由表达自己的感受。	在学生分享的过程中，教师引导其他学生认真倾听。

（6）观察记录表：

阶段	游戏	目标	形成性评量					评量方式	教学使用	通过与否	教学决定	备注
			1	2	3	4	5					
暖身	美食show	1.学生能理解游戏规则并有序开展游戏。										
		2.学生能在游戏结束后分享自己的感受。										
发展	美食记忆	1.学生能选择自己喜欢的食物卡片。										
		2.学生能主动找到自己的有缘人。										
		3.学生能和组内的有缘人分享自己的食物卡。										
	快乐小瓶子	1.学生能回忆7条以上在人际交往中的快乐事件。										
		2.学生用彩笔在小瓶子上书写、涂色。										
	捕捞快乐小瓶子	1.学生能主动分享自己的快乐小瓶子。										
		2.学生能倾听他人分享自己的快乐小瓶子。										
		3.学生能进一步感受快乐小瓶子给自己带来的积极情绪。										
结束	幸福拍拍拍	1.学生能根据音乐节奏做相应的动作。										
		2.学生用动作、词语自由表达自己的感受。										

（四）第四次活动方案

（1）主题：优点大轰炸。

（2）目标：学生能学习人际沟通的基本技巧——倾听，在同伴交往中发现别人的优点，并表达欣赏。

（3）媒材：糖果若干（每人平均5至10颗为宜）。

《神奇的苹果树》故事

大象："今年，我种的苹果树大丰收，我要和大家一起分享这份快乐。"

大象对小猴和小兔说："我想请你们把这些苹果送给森林里最勤劳的小动物。"

小兔："蜜蜂妹妹，你真勤劳，一大早就起来采蜜，这个苹果送给你。"

蜜蜂："谢谢你，小兔姐姐！"

小猴："啄木鸟，你一大早就'笃笃'啄个不停，吵死人了！害得我想多睡一会儿都不行。你以后迟点起来不行吗？"

啄木鸟："我早一点起床，就能多一点时间给大树治病，你的苹果我不要了。"

猫头鹰："我每天晚上捉老鼠，吵得大家不能好好睡觉，你还给我送苹果，真不好意思！"

小兔："没关系，没关系，你捉老鼠也是为了大家嘛！这个苹果送给你。"

大象："小兔的苹果都送出去了，还交了许多好朋友，而小猴一个也没送出去，没有小动物愿意和他玩。"

（4）时间：90分钟。

（5）活动流程：

阶段	游戏	步骤	目标	备注
暖身（15分钟）	传声筒	1. 宣布规则。所有学生围坐一圈。第一轮传递表情。由第一位学生选一个表情顺时针方向往下传，到最后一位，与第一位学生核对表情。第二轮传递感觉。从第一位学生开始逆时针传递捏手"电流"，到最后一位，与第一位学生核对"电流"次数。第三轮传递语言。从第一位学生开始顺时针、逆时针传递语言"你好可爱"，到最后一位，与第一位学生核对语言。 2. 开始游戏。学生根据规则开始游戏。 3. 交流感受。小组成员交流感受。	1. 学生能在成员之间传递表情、感觉和语言。 2. 学生能分享活动中的感受。	1. 教师提示学生捏手的力度要轻。 2. 教师告知第一位学生传递内容时可采取耳语，避免其他同学听到。
发展（65分钟）	倾听与回馈	1. 分组。3人一组，未满三人者，则分派到其他组组成四人一组。 2. 角色扮演。每组三人（或四人）轮流当说话者（一次一人）、倾听者（一次一人）与观察者（一至二人），每人皆须分别扮演三种角色，体会每种角色的立场与感受。 三种角色的任务如下： 说话者：在五分钟内主动引出各种话题。 倾听者：只扮演听与响应的角色，不主动引出任何话题。 观察者：不介入说话者与倾听者的对话，只负责观察两人的对话情形。 3. 事后讨论。每人皆扮演过三种角色后，小组成员分享经验，说话者与倾听者分享彼此的感受，观察者则说出所观察到的情形。	1. 学生能认真倾听其他成员讲话。 2. 学生能在角色扮演中，体会每一种角色的感受。 3. 学生能分享自己的感受和收获。	教师引导学生积极倾听，尊重他人。
	神奇的苹果树	1. 讲述故事。教师讲述《神奇的苹果树》，并启发学生思考原因。 2. 角色扮演。小组成员根据上述故事进行角色扮演。 3. 分享感受。小组成员之间分享交流感受。	1. 学生能根据角色进行扮演。 2. 学生能在活动中意识到发现别人优点的重要性。	教师引导学生进行角色扮演。
	甜心运动	1. 讲解规则并示范。送糖前的要求： （1）大家把自己手里的糖尽可能地都送出去，每人送出一颗糖之前必须向对方说出你欣赏他的一样特质。 （2）糖不能连续送给同一个人。 （3）不允许自己手中留有原本属于自己的糖，游戏结束后每个人手中的糖果都必须与最初的不一样。 2. 分发糖果。教师为每个学生分发5至10颗糖果。 3. 赠送糖果。学生在赠送糖果的同时说出自己所欣赏同伴的特质。	1. 学生能主动送出糖果。 2. 学生能发现和说出自己所欣赏同伴的特质。	教师要向学生们强调是说别人的优点，对于有说缺点的同学要及时引导。
结束（10分钟）	甜蜜分享	分享收获，赠送糖果。全体学生围成一个圆圈，依次用一句话表达自己当下的感受和收获，并将手中的糖果送给自己想感谢的人。	1. 学生能分享自己的感受和收获。 2. 学生能送出糖果并表达感谢。	教师积极引导学生总结分享。

（6）观察记录表：

阶段	游戏	目标	形成性评量					评量方式	教学使用	通过与否	教学决定	备注
			1	2	3	4	5					
暖身	传声筒	1. 学生能在成员之间传递表情、感觉和语言。										
		2. 学生能分享活动中的感受。										
发展	倾听与回馈	1. 学生能认真倾听其他成员讲话。										
		2. 学生能在角色扮演中，体会每一种角色的感受。										
		3. 学生能分享自己的感受和收获。										
	神奇的苹果树	1. 学生能根据角色进行扮演。										
		2. 学生能在活动中意识到发现别人优点的重要性。										
	甜心运动	1. 学生能主动送出糖果。										
		2. 学生能发现和说出自己所欣赏同伴的特质。										
结束	甜蜜分享	1. 学生能分享自己的感受和收获。										
		2. 学生能送出糖果并表达感谢。										

（五）第五次活动方案

（1）主题：此时我换位。

（2）目标：学生能了解换位思考的重要性，掌握换位思考的方法并学会在人际交往中运用。

（3）媒材：眼罩、图片卡、彩笔若干、A4 纸若干、音乐《夜的钢琴曲》《听我说谢谢你》。

（4）时间：90 分钟。

（5）活动流程：

阶段	游戏	步骤	目标	备注
暖身（15分钟）	换个位置看一看	1.抽取卡片观察。教师将图片卡打乱顺序（图片卡可重复），每个学生抽取一张，与同伴交流自己看到的是什么？教师引导学生思考为什么自己看到的事物和别人不一样呢？ 2.换角度观察图片。学生变换角度观察图片。教师引导并询问学生这次又看到了什么呢？ 3.交流分享。学生在小组内交流分享感悟。	1.学生能主动与同伴交流。 2.学生能意识到不同角度看到的事物不一样。	1.学生按照顺序抽取卡片。 2.教师引导学生积极分享感受。
发展（65分钟）	盲人旅行	1.带上眼罩，体验盲人。学生集体带上眼罩，扮演盲人，在带领者的指示下，逐个穿越周围的障碍，体验扮演盲人的无助、艰辛、甚至恐惧。 2.两组配合，完成旅行： （1）学生分为两组，一组继续扮演盲人，另一组扮演帮助盲人的"拐棍"，盲人在"拐棍"的帮助下完成周围所有的障碍旅行。 （2）完成后，两组学生进行角色交换，再次进行体验。 （3）所有学生均扮演盲人，两个盲人相互帮助，完成周围的障碍旅程。 3.小组交流，感悟收获。学生们围坐在一起进行交流，讲述在不同情况下，扮演不同角色的感悟及收获。	1.学生能体会到"盲人"的感受。 2.学生能体会到"拐棍"的感受。 3.学生能相互配合完成"盲人旅行"。	1.障碍旅程的设计，应该有跨越、钻圈、下蹲、上攀等多种障碍。 2.在角色互换的旅行中"盲人"与"拐棍"最好不要选择同一人，以陌生的对象为好。 3.整个过程中要确保学生的安全。
	课间风波	1.了解事件。教师讲述"课间风波事件"：小红和小东是同学。下课时，小红赶着去办公室交作业，走路的时候不小心碰倒了小东的水杯。由于水杯的盖子没盖好，杯里流出的水把小东的书和作业本都给弄湿了，这时小红和小东争吵了起来。 2.角色扮演。男生、女生分配角色，男同学扮演小东，女同学扮演小红。两人扮演吵架的场景。 3.视角反转。站在对方的位置看一看（小红和小东的角色交换），带领者分别采访小红和小东："现在你看到了什么？现在你的心情和想法是什么？此时你想怎么做？" （角色交换，小东看到自己原本干净的书和作业本，还有没有盖上盖子的水杯。小红看到小东被水打湿的书和作业本。） 4.交流分享。教师引导学生思考：怎样友好地处理这样类似的问题？小组交流讨论。（教师启发学生站在别人的角度去思考问题。）	1.学生能根据故事情节进行角色扮演。 2.学生能意识到换位思考的重要性。	教师在角色扮演的活动中，要根据学生扮演的情况给予及时正向的引导。
	心理"画"外音	1.情景再现。"你曾经和同伴之间有类似的矛盾吗？当时是怎样的场景呢？请你回想一下，并用彩笔将当时的场景画出来。"带领者引导学生将与同伴发生矛盾的场景画出来（画在A4纸的上半部分）。 2.换位思考。"如果你当时换位思考，意识到对方的想法之后，你会怎样做呢？"将换位思考后解决问题的想法及场景画出来（画在A4纸的下半部分）。 3.交流展示。小组内进行交流，个别同学在全体同学中展示、分享。	1.学生能简要画出与同伴之间发生矛盾的情景。 2.学生能用换位思考的方式解决问题。 3.学生能主动与同伴分享自己所画及所想。	1.教师积极引导学生使用换位思考的方式解决问题。 2.画的过程中教师播放音乐《夜的钢琴曲》。
结束（10分钟）	"替"我说"话"	1.找"替身"。学生在小组内找到一个同伴，相互做对方的"替身"。 2."替身"说收获。每个"替身"站在对方的角度上，用一句话总结今天的感受和收获。	1.学生能找到"替身"。 2."替身"能站在对方的角度表达感受和收获。	教师播放音乐《听我说谢谢你》。

（6）观察记录表：

阶段	游戏	目标	形成性评量					评量方式	教学使用	通过与否	教学决定	备注
			1	2	3	4	5					
暖身	换个位置看一看	1.学生能主动与同伴交流。										
		2.学生能意识到不同角度看到的事物不一样。										
发展	盲人旅行	1.学生能体会到"盲人"的感受。										
		2.学生能体会到"拐棍"的感受。										
		3.学生能相互配合完成"盲人旅行"。										
	课间风波	1.学生能根据故事情节进行角色扮演。										
		2.学生能意识到换位思考的重要性。										
	心理"画"外音	1.学生能简要画出与同伴之间发生矛盾的情景。										
		2.学生能用换位思考的方式解决问题。										
		3.学生能主动与同伴分享自己所画及所想。										
结束	"替"我说"话"	1.学生能找到"替身"。										
		2."替身"能站在对方的角度表达感受和收获。										

（六）第六次活动方案

（1）主题：沟通"心"方式。

（2）目标：学生能明白双向沟通的重要性，了解沟通常见的四种模式，在同伴交往中使用积极的沟通方式。

（3）媒材：音乐《菊次郎的夏天》、16开大小的彩纸若干张、剪刀若干把、动物卡片若干套（范例如下）。

绵羊式：

温顺的

【口号】：我什么都可以，只要你开心

狮子式：

霸道的

【口号】：我最大，你们必需听我的，我高兴怎样就怎样

鸵鸟式：

躲避的

【口号】：不争不辩，我躲躲躲。

海豚式：

聪明的

【口号】：你好，我好，大家都好！

　　情景小剧本：

　　周末，你和同伴一起出去逛街，你希望先去书店看看书，然后再去逛一些小饰品店，但你的同伴既不想看书，也不愿意去逛小饰品店，而是坚持要去打电玩……

　　（4）时间：90分钟。

　　（5）活动流程：

阶段	游戏	步骤	目标	备注
暖身（15分钟）	传递鸡毛信	1.成员分组。全部成员分成两组，每组至少8人，每组成员之间相隔1米，纵排站立。 2.讲解并示范游戏规则。教师为两组的第一位成员分发鸡毛信，当宣布比赛开始时，第一位成员要在30秒内读完鸡毛信，并小跑到后一位同伴面前，耳语传递鸡毛信内容，其他成员继续以接力方式，依次向队友耳语传递。最后一位成员将结果告知教师，教师据成员汇报准确度及小组的用时进行打分，总分100分，其中准确度90分，每错一个字或一个数字扣3分，速度10分，速度第一得10分，第二得6分，得分最高的小组获胜。 3.按规则游戏。听到开始指令，各组进行游戏。 4.小组交流。游戏结束后，小组成员围坐交流感受和收获。	1.学生能通过耳语的方式与其他成员传递鸡毛信。 2.学生能意识到同伴相互配合、团体协作的重要性。	成员必须以耳语的方式传递鸡毛信的内容，不得让第三个成员听到。大声传递信息的，全队一次扣10分。
发展（65分钟）	奇妙剪纸	1.分发材料。带领者给每位学生分发两张彩纸，一把剪刀。 2.活动规则。按照教师的指令： （1）把一张纸对折，剪去一个等腰三角形。 （2）再剪去一个等腰三角形。 （3）展开剪剩的纸，互相交流。 备注：学生在剪纸的过程中需要独立完成，不能提问和交流。 3.新的规则。拿出另一张彩纸，按照教师指令： （1）将长方形纸横向拿好，由下往上对折，在左下角剪去一个腰长为2厘米的等腰三角形。 （2）在刚刚剪掉这个角的对侧，再剪去一个腰长为1厘米的等腰三角形。 （3）展开剪剩的纸，互相交流。 备注：剪纸过程允许提问和讨论。 4.讨论交流。小组进行交流讨论。（可从这两个角度出发：两次剪纸过程及结果有什么不同？从中得到的启示是什么？）	1.学生能根据指令进行剪纸。 2.学生能在第二轮剪纸中提出问题。 3.学生能在活动结束后能分享感受和收获。	1.教师准备的长方形彩纸，长与宽的差距不宜过长，以接近正方形为好。 2.第一轮结束，教师让学生谈感受后再进行第二轮剪纸。 3.第一轮教师一定要强调不讨论、不提问，第二轮剪纸教师启发学生互相参考、讨论及向带领者提问。
	我的沟通方式	1.讲述交往故事。小组内部互相聊一聊，你与同伴交往的故事，可以是愉快顺利的，也可以是不愉快谈崩了的事情。 2.光谱测量。教师采用光谱测量的方式调查学生沟通故事顺利与否的大致比例。教师在教室找两个对角的位置，分别请两位学生站在端点上，一位学生代表10分（表示刚才讲述的沟通故事非常顺利），另一位学生代表0分（表示刚才讲述的沟通故事非常糟糕）。两端学生呈现的一条线段区域表示刚才讲述沟通是否顺利的程度，越接近10分，表示沟通越顺利，越接近0分表示沟通越糟糕。教师请学生根据自己的实际情况在直线区域内找到自己的位置并站好。 3.采访了解情况。教师采访沟通顺利的学生："发生了什么事情，怎么会沟通这么顺利的呢？"（不做深入分析，学生自己回应即可。）教师采访沟通不顺利的学生："发生了什么事情，怎么会沟通困难的呢？"让学生自己剖析，再引导其他同学分析。（互相不理解，表达方法不当。）"还有没有类似的沟通困难故事？你通常是用什么样的方式来沟通？" 4.介绍沟通方式。带领者介绍四种动物的沟通方式：绵羊（听话的）、狮子（霸道的）、鸵鸟（回避的）、海豚（聪明的）。 5.选择卡片。学生根据自己的情况，选择与自己平时沟通方式相近的卡片。	1.学生能主动和同伴分享自己的交往故事。 2.学生能根据自己平时的沟通方式选择适合自己的卡片。	有的同学的沟通方式可能是几种形式的混合，遇到这样的学生，教师可引导学生选择最能代表自己的卡片。

续表

阶段	游戏	步骤	目标	备注
发展（65分钟）	聪明的海豚	1.情景再现。两位学生进行角色扮演，再现情景。问："如果遇到这种情况，你可能会怎样沟通呢？" 2.角色扮演。 （1）4位同学扮演"我"的替身，分别使用四种不同的沟通方式处理问题。其他同学观察。 （2）扮演者、场内观察者分别谈自己的感受。（教师提问："假如可以改变，你愿意用哪一种方式和同伴沟通？"） 3.讨论交流。 （1）小组讨论海豚式的沟通方式有哪些秘诀？ （2）教师根据学生的回答进行总结。 聪明海豚式： a.让情绪冷静下来。 b.理解同伴的心情。 c.说出自己的想法。 d.想出你好，我好，大家好的解决方案。	1.学生能进行角色扮演。 2.学生能主动交流分享。	1.教师在学生扮演的过程中，进行积极正向引导。 2.教师尽量使用学生的语言来总结海豚式沟通的秘诀。 3.如果学生有上述典型的例子，教师可直接用学生的事例。
结束（10分钟）	美好的触碰	1.学海豚沟通。所有学生站立，围成一圈，在轻松愉悦的《菊次郎的夏天》音乐声中，随着音乐左右摇摆，接着，每位同学寻找一个同伴，使用海豚式的沟通方式，就两人如何用身体接触与对方达成一致。 2.美好触碰。采用两人都觉得舒服的方式进行身体的接触，感受由同伴带来的支持和力量。 3.美好延续。接触完成后，寻找下一个同伴，重复前两个环节，直到音乐声停止。	1.学生能使用海豚式的方式与同伴沟通。 2.学生能使用双方都舒适的方式与同伴进行身体接触。 3.学生能与不同的人进行沟通、触碰。	教师引导学生使用"海豚式"沟通方式与同伴进行交流。

（6）观察记录表：

阶段	游戏	目标	形成性评量					评量方式	教学使用	通过与否	教学决定	备注
			1	2	3	4	5					
暖身	传递鸡毛信	1.学生能通过耳语的方式与其他成员传递鸡毛信。										
		2.学生能意识到同伴相互配合、团体协作的重要性。										
发展	奇妙剪纸	1.学生能根据指令进行剪纸。										
		2.学生能在第二轮剪纸中提出问题。										
		3.学生能在活动结束后能分享感受和收获。										
	我的沟通方式	1.学生能主动和同伴分享自己的交往故事。										
		2.学生能根据自己平时的沟通方式选择适合自己的卡片。										
	聪明的海豚	1.学生能进行角色扮演。										
		2.学生能主动交流分享。										
结束	美好的触碰	1.学生能使用海豚式的方式与同伴沟通。										
		2.学生能使用双方都舒适的方式与同伴进行身体接触。										
		3.学生能与不同的人进行沟通、触碰。										

（七）第七次活动方案

（1）主题：竞争与合作。

（2）目标：学生能正确认识竞争与合作的关系，学会与同伴进行良好的竞争与合作。

（3）媒材：布满不规则黑点的白纸（A4 和 16 开两种规格）若干、各色水彩笔若干、剧本若干（每组一本）、音乐《天空之城》。

心理剧剧本：

小红和小玲是好朋友，小学时她们同级不同班，关系非常融洽，进入中学她们很幸运地分在了同一个班级。期中考试结束了，小红的成绩名列前茅，而小玲的成绩很不理想。看着同学们对小红羡慕的目光，听着同学们对小红亲近的话语，小玲的心里很不是滋味，如何才能赢得同学们的好感呢？小玲觉得既然学习不行，就在其他方面超过小红。从此，小玲开始注重衣着打扮，从穿着上比过小红，经常在别人面前说小红的坏话，故意不理小红而和其他同学玩等。慢慢的两个人的关系疏远了。

（4）时间：90 分钟。

（5）活动流程：

阶段	游戏	步骤	目标	备注
暖身（15分钟）	口香糖	1. 游戏规则。所有学生围站一圈，带领者站在中间，说："口香糖。"学生集体回应："粘什么？"带领者开始发令，比如："粘手臂。"所有的人必须迅速找到同伴，两个人的手臂粘在一起。以此类推。 2. 开始游戏。带领者发完指令后，全体学生开始寻找同伴，并根据指令做相应动作。每次指令需要跟不同的同伴完成。	1. 学生能积极地寻找同伴。 2. 学生能配合同伴完成相应的动作。	在游戏开始前，带领者要声明，像粘嘴唇、粘胸部等指令都是被禁止的。
发展（65分钟）	我们连连看	1. 黑点连连看。最后一次口香糖游戏粘在一起的两人，组成一个小组，教师每个小组发一张有许多黑点的图片，两人分别选一支颜色不同的水彩笔，轮流连黑点。游戏时间限定为2分钟。 游戏规则：每组中第一位组员首先将两个横向或竖向的黑点相连，小组中第二位成员依样连点，但必须接着前一位所连线的任一段，然后再由第一位组员继续完成相同的动作。在游戏过程中，整个线条的首尾不能相连，不能交叉，如果不能再连下去，则游戏结束。请记住游戏在谁那里被结束。 2. 引发思考： （1）各小组成员数一数自己的成果，即连点的个数，并依次汇报。各小组分别汇总小组的成果，教师表扬连线点数最多的小组。 （2）学生在小组内谈谈对这个游戏的感受，同时教师引导学生思考讨论： a. 自己为什么会假设这是一个竞赛？ b. 由于产生了这种竞赛的意识，自己有没有给同伴设下连线的障碍？并因此使得整个小组没有取得最好的成绩？如果有，现在的心情如何？竞争的滋味如何？ c. 小组内的成员能否得到双赢的结果？ 3. 联系实际。教师请学生举例说明在学习、生活中遇到的类似情况。	1. 学生能按规则轮流连黑点。 2. 学生能思考竞争与合作的关系。 3. 学生能理解并举例说明学习、生活中的竞争与合作。	教师引导学生思考：在分享中为什么一些学生会提到诸如输、赢这类词，而这些在游戏开始时并没有被提及。
	超级连连看	1. 升级黑点连连看。教师重新划分小组，要求6个人自由组合成一组，每组一张16开布满黑点的白纸，组内学生分别在活动室寻找一块地方进行连点游戏。 2. 总结反思。教师请学生再次分享与前面连点游戏的差别，引导学生理解竞争与合作的关系：竞争是合作的基础和前提，合作是竞争的目标和归宿。	1. 学生能相互配合完成游戏。 2. 学生能深入理解竞争与合作的关系，力求双赢结果。	在游戏的过程中，教师引导学生正确地看待合作和竞争的关系。
	心理情景剧	1. 排练展示。教师给刚才的6人组发一个心理剧剧本，按组内的想法排练接下来的情景，并团体展示。 学生思考并讨论交流，后面如何接着往下演： （1）如何看待小玲的行为？ （2）如果自己是小玲，遇到好朋友学习成绩好，且受同学喜欢，会有什么感受？会如何做？ （3）看到昔日的好朋友小玲这样对待自己，小红应该怎样做？ （4）在平时的生活、学习的竞争中怎样正确对待同学、朋友取得的成绩，化压力为动力，变嫉妒心为上进心？ 2. 交流想法。团体展示后，小组代表谈谈感受与想法。	1. 学生能根据小组分配的角色，进行情景剧扮演。 2. 学生能与小组成员交流讨论完善剧本后面的发展走向。 3. 学生能从活动中得到更多关于竞争与合作的启示。	教师指导学生进行情景剧扮演，积极引导学生交流讨论。
结束（10分钟）	解开手链	1. 形成手链。6人组学生手拉手围站成一个圆圈，左右手交叉，分别拉起周围同学的手，小组所有成员的手彼此相握，形成一个交错的"手链"。 2. 解开手链。在舒缓的《天空之城》音乐声中，小组成员可以使用跨、钻、绕、转等各种方式（但手始终不能放开），将这个错综复杂的手链解成一个大圆，并且解开后，成员之间面对面。 3. 再解手链。第二轮解手链，两个小组的成员合并，形成一个大圈，按第一轮的操作重复进行一次。 4. 小组交流。小组成员分享感受和收获。	1. 学生能积极主动想办法解开手链。 2. 学生能分享本次活动的感悟和收获。	当有成员想放弃时，教师暗示和鼓励学生，一定可以解开"手链"。

（6）观察记录表：

阶段	游戏	目标	形成性评量					评量方式	教学使用	通过与否	教学决定	备注
			1	2	3	4	5					
暖身	口香糖	1.学生能积极地寻找同伴。										
		2.学生能配合同伴完成相应的动作。										
发展	我们连连看	1.学生能按规则轮流连黑点。										
		2.学生能思考竞争与合作的关系。										
		3.学生能理解并举例说明学习、生活中的竞争与合作。										
	超级连连看	1.学生能相互配合完成游戏。										
		2.学生能深入理解竞争与合作的关系，力求双赢结果。										
	心理情景剧	1.学生能根据小组分配的角色，进行情景剧扮演。										
		2.学生能与小组成员交流讨论完善剧本后面的发展走向。										
		3.学生能从活动中得到更多关于竞争与合作的启示。										
结束	解开手链	1.学生能积极主动想办法解开手链。										
		2.学生能分享本次活动的感悟和收获。										

（八）第八次活动方案

（1）主题：走向新世界。

（2）目标：学生能欣然接受团体的结束，总结方法，向未来的新世界，坚定前行。

（3）媒材：便签纸若干（每组各六张，"嘴巴、人"各1张，"手、脚"各2张）、汽球若干、无靠背椅子若干。

（4）时间：90分钟。

（5）活动流程：

阶段	游戏	步骤	目标	备注
暖身（15分钟）	青蛙跳水	1.我们是青蛙。小组成员手拉手围站在一起，模仿教师做青蛙动作。 2.教师讲解规则并示范。教师将学生分成6人一组。第一组集体下蹲并说："一只青蛙。"第二个小组集体下蹲说："一张嘴。"第三个小组集体下蹲说："扑通。"第四个小组说："跳下水。"第五个小组或轮回小组说："二只青蛙。"后面小组依次说："二张嘴，扑通，扑通，跳下水……" 3.青蛙跳水接龙。各组按口令下蹲接龙。	1.学生能相互配合进行游戏。 2.学生在下蹲的同时能说出自己小组对应的口令。	教师做好示范，引导学生参与。
发展（65分钟）	合力吹气球	1.抽签。带领者请每组每人抽事前准备的"嘴巴""手""脚""人"的便签。 2.讲解游戏规则并示范。首先，抽到嘴巴的必须在抽到手的两人的帮助下将气球吹起（抽到"嘴巴"的人不能用手自己吹起气球）；然后两个抽到"脚"的人抬起抽到"嘴巴"的人把气球坐破。 3.各组按规则游戏。	1.学生能根据自己所抽到的角色进行相应的活动。 2.学生能相互配合成员完成游戏任务。	教师提醒学生在活动中注意安全。
	梦想长城	1.游戏准备。每组同学用椅子摆成一圈，然后每人坐在一张椅子上。每个学生用头靠在后面同学的腿上（如果要增强挑战难度，就用头，如果要降低挑战难度，可以换用背靠在后面同学的腿上），同时用腿撑着前一位同学的头。 2.看谁更厉害。准备好之后，工作人员把每个人身下的椅子抽出来后计时开始，看每组可以坚持多长时间。工作人员记录好各小组所坚持的时间，组成人椅后坚持时间最长的小组获胜。 3.采访学生，分享体验。教师采访最先放弃的学生：在活动的过程中，是否有依赖思想，认为自己的松懈对团队影响不大？最后出现什么情况？	1.学生能相互配合完成游戏任务。 2.学生能说出对于活动的收获和感受。	场地要求室外或室内空场地。
	坐地而起	1.四人起身。教师首先将成员分组，每组四人，围成一圈，背对背坐在地上。成员之间相互挽着胳膊，四人手挽手，然后一同站起来。游戏过程中，同学们的手不能触碰地面。 2.多人起身。每组成功之后，再加入两个人，每次成功之后，依次增加人员。随着人员的增加，游戏的难度会越来越高，对于团队成员配合的默契程度要求也越来越高。	1.学生能相互配合完成指定动作。 2.学生能手不触地，通过团队合作的力量起身。	1.教师引导学生注意安全。 2.教师鼓励学生尝试。
结束（10分钟）	为我们写诗	1.写出感受。每个人用一张便签纸写下一个表达自己参加本次系列活动的感受与收获的词语，并在小组内交流分享。 2.编写诗句。集体发动智慧，将组内所有词语串联成一首诗，表达对同伴关系的理解以及未来同伴交往的期待。 3.朗诵诗句。集体诵读并自配音乐、舞蹈表达这首诗。	1.学生能将活动中对同伴关系的理解用一个词来表达。 2.学生能用多种方式来表现集体智慧创作的诗歌。	1.教师引导学生开动脑筋编写诗句，也可以是打油诗。 2.教师鼓励学生大声诵读编写的诗。

（6）观察记录表：

阶段	游戏	目标	形成性评量					评量方式	教学使用	通过与否	教学决定	备注
			1	2	3	4	5					
暖身	青蛙跳水	1.学生能相互配合进行游戏。										
		2.学生在下蹲的同时能说出自己小组对应的口令。										
发展	合力吹气球	1.学生能根据自己所抽到的角色进行相应的活动。										
		2.学生能相互配合完成游戏任务。										
	梦想长城	1.学生能相互配合完成游戏任务。										
		2.学生能说出对于活动的收获和感受。										
	坐地而起	1.学生能相互配合完成指定动作。										
		2.学生能手不触地，通过团队合作的力量起身。										
结束	为我们写诗	1.学生能将活动中对同伴关系的理解用一个词来表达。										
		2.学生能用多种方式来表现集体智慧创作的诗歌。										

第三节　亲子关系之感悟式游戏教学设计

　　和谐的亲子关系是幸福家庭的前提。拥有良好亲子关系的青少年常常感觉到被爱、被尊重、更自信，适应力强，乐于交往，负面情绪和问题行为也更少出现。亲子关系在儿童青少年的健康成长中扮演着非常重要的角色。儿童在成长的过程中总会遇到很多挫折和问题，而很多问题的解决都依赖于亲子之间的沟通和互动。陈亮（2009）等认为亲密和谐的亲子关系对儿童的发展有积极的促进作用，主观幸福感等积极情绪更高；陈欣银（1995）等认为，和谐的亲子关系会让同伴关系、师生关系更和谐。李燕芳（2015）等认为，高亲密的亲子关系能缓冲幼儿所在班级冲突氛围对其内化问题行为的消极影响；而消极的亲子关系会阻碍儿童青少年的发展，使问题行为增加，让其消极情绪体验增多，甚至会导致犯罪行为的出现。有研究表明亲子关系通过影响儿童青少年的情绪和行为，进而影响他们的学业成就。

　　但是青少年时期又是容易产生亲子矛盾和冲突的时期，心理学家霍尔曾经把青少年时期称为"疾风暴雨"期。强烈而又频繁的亲子冲突，容易使孩子情绪不稳定，出现偏差行为等，给家庭带来动荡，给青少年的身心健康带来不良影响。许多学生不知道如何跟家长沟通，不知道如何表达对父母的感恩和爱，每当与父母有不同想法时，他们不确定自己能否说服父母，被批评时，情绪很容易失控。许多家长也因为工作繁忙而缺乏与孩子的互动交流，或者缺乏亲子沟通技巧，不能真正理解孩子，走进孩子的内心，亲子沟通质量不高，或者在亲子互动过程中缺乏情绪管理能力，直接或间接催化了亲子矛盾。其中一个很重要的原因就是家长不太清楚不同年龄阶段亲子关系的重点不一样。童年时，亲子依恋是亲子关系中的关键部分，糟糕的亲子依恋容易让儿童产生很多行为和情绪问题；青春期时，孩子和父母的关系开始疏远，亲子冲突开始上升，到青春期的中期达到最高值，青春期的晚期或成年期开始呈下降趋势。亲子冲突问题处理不当，儿童青少年容易出现攻击、网络成瘾等问题行为。《全国家庭教育状况调查报告（2018）》指出，表面上看，青春期的孩子对家长的依赖明显减少，渴望独立，与家长的沟通和相处时间减少，但实际上家庭在他们的心目中的地位反而变得更加重要。

如何根据不同年龄段孩子的特点建立良好的亲子关系？如何化解亲子矛盾？北京师范大学儿童家庭教育研究中心主任边玉芳认为，处理好亲子关系，最重要的是家长要学会读懂孩子，对孩子一直抱有好奇。苏霍姆林斯基在《睿智的父母》一书中指出，社会教育是从家庭开始的。形象地说，家庭教育好比树木的根须，供养着教育的树干、枝叶和花朵。《中小学心理健康教育指导纲要（2012年修订）》中明确提出心理健康教育的途径之一就是"要帮助家长树立正确的教育观念，了解和掌握孩子成长的特点、规律以及心理健康教育的方法，加强亲子沟通"。《教育部办公厅关于加强学生心理健康管理工作的通知》中提到要增强学校、家庭和社会教育合力，防止因家庭矛盾或教育方式不当造成孩子心理问题。

因此，帮助学生和家长彼此理解与支持，学习亲子沟通技巧，学习化解亲子矛盾的方法尤为必要。本节通过感悟式游戏教学的方式，让学生和家长在了解必要知识的基础上学习亲子沟通技巧，在具体情境中觉察与体验亲子互动过程中的情绪，感悟并练习亲子互动的行为，改善亲子关系，化解亲子矛盾和冲突，为学习和生活营造温馨、和谐的氛围。

一、教学对象

本节适合小学、初中、高中、大学阶段的青少年及家长群体，可用于心理健康课程中，也可以用于亲子关系不良的青少年及家长团体。

二、教学目标

1. 总目标

提升学生通过沟通解决问题的意识，进一步增强学生对家长的理解与支持，让学生学习亲子沟通技巧，初步掌握化解亲子矛盾的方法。

2. 子目标

学生之间能相互熟悉，建立彼此之间的信任感，初步形成团体归属感；学生能理解和梳理家庭人物及关系，增进相互理解；学生能宣泄对其他家庭成员的情绪，从而能更客观地看待彼此之间的关系；学生能学习一些增进关系，表达爱的方式方法；学生能有意识地通过沟通而非暴力解决彼此的冲突；学生能逐步接纳自己长大逐渐独立的事实，学会独立，有意识地帮助父母适应分离；学生能坦然接受团体结束，整合外在的资源和内在的力量，坚定前行。

三、教学时间

每次上课时间为 90 分钟，共 9 次课程。

四、教学准备

1. 场地：专业的团体辅导室。

2. 音乐：视频《唠叨之歌》《懂你》《放松—身体和灵魂的联系》《我是大侦探》《沟通从心开始》《包宝宝》《飞得更高》《好大一棵树》。

3. 纸：A4 纸、全开纸若干。

4. 笔：彩笔、蜡笔、荧光签字笔、铅笔若干。

5. 其他：便利贴若干；吐槽大会标识牌，宣传海报；侦探社招聘广告；"小兰，我想对你说"海报背景板一张。

五、教学内容

（一）理论依据

亲子关系是指父母与子女之间的互动关系，它是个体一生中出现最早、持续时间最长的一种人际关系。Bell 的控制系统模型最早阐述了儿童与父母通过上限控制和下限控制互相调节对方行为的过程。随后，大量探讨亲子之间双向控制系统的研究涌现，这些研究发现：不光父母会影响青少年儿童后来的发展，儿童青少年也可以影响父母的行为反应，亲子之间是双向作用系统。学者们普遍认为，影响亲子关系的三个最重要的因素是交流、对规则的理解和遵守以及亲子双方心理上的独立自主。因此，良好亲子关系的建立有三个主体：一是父母，二是儿童，三是环境支持系统。父母是教育者、监护人，是儿童环境的直接构建者，所以对广大父母群体加强亲子教育非常必要；环境支持系统主要提供情绪上的支持、工具性帮助（包括咨询、建议等）和社会期望（即提供什么是适当行为，什么是不适当行为的指引），需要家校与社区等相关部门共力发展；D.Bumrind 认为儿童是个能动的信息加工者，能在不同的发展水平上，根据自身不同的需要，选择性地接受或排斥家庭和社会环境施加的影响，所以在亲子关系的建设和经营方面，青少年儿童的主体作用不容忽视。

亲子关系的六个阶段：想象阶段（准备期）、养育阶段（婴儿期）、权威阶段（2 至 4 岁）、综合阶段（从学前到儿童期）、独立阶段（青春期）、分离阶段（离开家庭）。亲子相处过程中，冲突不可避免。亲子冲突也是有积极意义的，通过亲子冲突的应对与解决，孩子可以学习应付冲突、解决矛盾的方法，对其与同伴相处和成人后的社会适应有积极作用。亲子冲突的应对策略主要有回避、屈从或妥协、愤怒或攻击三种。方晓义（2010）等研究发现，青少年在解决亲子冲突时使用最多的是回避策略，使用最少的是第三方干预策略。但是，选择回避而不是积极解决问题，会导致问题爆发，亲子关系会进一步恶化。

本节着重从学生的角度探索学生如何主动积极面对与解决亲子冲突，学生如何成长与改变才能经营良好的亲子关系。

（二）政策依据

教育部在《中小学心理健康教育指导纲要（2012 年修订）》中明确提出学校要密切联系家长共同实施心理健康教育。学校要帮助家长树立正确的教育观念，了解和掌握孩子成长的特点、规律以及心理健康教育的方法，加强亲子沟通，注重自身良好心理素质的养成，以积极健康和谐的家庭环境影响孩子。重庆市教育委员会印发的《加强中小学心理健康教育十条措施》明确提出要加大心理健康家校共育力度。学校应畅通家校沟通渠道，通过家长学校、家长开放日、家长委员会、家长会等平台，通过致家长的一封信、微信公众号、家访等途径，对家长科学开展家庭心理健康教育进行指导，提高家长心理素养和开展家庭心理教育的能力。学校每学期应在家长中至少开展 1 次心理健康知识普及宣传教育活动，特别要提高家长预防、识别子女心理危机的能力。《健康中国行动——儿童青少年心理健康行动方案（2019—2022 年）》具体行动部分要求各级各类学校促进学生每天与家人有效沟通交流 15 分钟。可见亲子关系建设的必要性和学校在这件事情上的责任和义务。学校作为桥梁和纽带，以心理课程为载体，帮助父母和孩子用他们能接受的方式连接在一起。

《中华人民共和国家庭教育促进法》明确提出，未成年人的父母或者其他监护人负责实施家庭教育。未成年人的父母或者其他监护人及其他家庭成员应共同构建文明、和睦的家庭关系。

（三）教学设计

基于国内外学者对亲子关系的研究及政策的要求，本次主题活动拟从亲子关系的澄清、亲子关系中爱的表达、亲子关系中边界的建立、亲子冲突的认识与处理四个方面，注重激活学生内心的情绪情感体验，让学生在体验中再次觉察、审视亲子关系，并做出更靠近内心想法的选择。研究表明，影响亲子关系的三个最重要的因素是交流、对规则的理解和遵守以及亲子双方心理上的独立自主。本次主题的系列游戏设计方案如下：

阶段	主题	目标
初始	我们的花园团队	学生之间能相互熟悉，建立彼此之间的信任感，初步形成团体归属感。
中间	家庭动物园	学生能认识家庭中的各种角色，每种角色在家庭中的地位和作用。
	我的家庭金鱼缸	学生能了解自己家庭的成员，了解成员之间的关系，了解自己对家庭的感情。
	吐槽爸妈大会	学生能从生活实际出发，表达自己对父母的各种不满，对父母的情绪、情感在充分表达中得以被初步安放和整合。
	爱的表达与连接	学生能在活动中感悟到自己对父母的爱，能用爱的语言表达爱，用爱的方式表达爱。
	我们都是大侦探	学生能认识到，自己和父母是在不同时代背景和家庭背景中成长起来的，有差异是难免的。学生能接纳差异，求同存异，温和而坚定地表达自己的需求。
	有了冲突怎么办	学生能直面冲突，不逃避，不退缩，整合资源，尝试解决冲突。
	独立与分离之旅	学生能理解亲子分离需要过程，能寻找资源与支持，在独立成长的同时，帮助父母缓解焦虑。
结束	团队整理结束	学生能整理所学、所思、所感，坦然接受团体结束，并对现在及未来赋能，坚定前行。

六、活动设计方案

（一）第一次活动方案

（1）主题：我们的花园团队。

（2）目标：学生能相互认识，融入团体。

（3）媒材：每组一张全开纸、一盒水彩笔、一盒油画棒；轻快的音乐。

（4）时间：90分钟。

（5）活动流程：

阶段	游戏	步骤	目标	备注
暖身（15分钟）	有缘相识	1. 名字＋动作。集体围成一个大圆圈，每个人为自己的名字设计一个动作。教师示范说名字并做动作，其他人模仿。然后旁边的同学依次进行，直到所有人都介绍完。第二轮，学生轮次用男声、女声重复名字并做动作；第三轮，学生轮次用大声小声重复名字并做动作，其他人模仿。 2. 拍手传名。由带领者开始，喊除了自己以外其他人的名字，被叫到名字的人要拍手表示收到，然后再喊其他人的名字，直到所有人被叫完。 3. 大风吹。教师发指令，请具有该指令特质的同学朝中心走一步，互相握手。指令可以是外在特征，也可以是个人喜好。最后大风吹"1至3月出生的人""4至6月出生的人""7至9月出生的人""10至12月出生的人"。	1. 学生能模仿他人说名字并做动作。 2. 学生能快速记住他人的名字。 3. 学生能看到自己与他人的相似点。	教师讲清楚游戏规则，并示范。
发展（65分钟）	我们的花园	1. 无声组队。教师指示大家按四季组队，学生根据出生的季节，全程不能用语言交流，找到属于自己的小组。 2. 向阳花开。小组围圈，学生即兴合作，用身体扮演向日葵花的样子，四个组就有四朵花，教师可以假扮太阳，走到教室不同方向，花儿随之转动。小组围圈坐地板上，脚尖在中心，弯曲膝盖，教师说早上的花时所有人前倾手拉手向中心，上午10点半开的花，12点盛开的花，所有人慢慢收腹部手拉手向上向后倒；下午3点、下午6点的花，所有人手拉手慢慢收腹部向前倾。 3. 特别的花季。小组合作用身体表达自己所在的小组的季节最喜欢的花，并依次呈现，其他组猜。 4. 特别的果园。小组合作用身体表达自己所在的小组的季节最喜欢的果实，并依次呈现，其他组猜。 5. 我们的花园。根据每个组的生日月份特有的场景、植物、天气等，小组集体创作一幅作品，并取队名、口号，同时编一首简单的队歌或能代表小组精神的歌曲。	1. 学生能根据非语言提示找到组员。 2. 学生能与同学合作扮演特定的花。 3. 学生能与同学合作用身体表达特定季节的花。 4. 学生能与同学合作用身体表达特定季的果。 5. 学生能与同学合作创作小组作品。	1. 合作扮演花朵时，教师注意引导学生注意安全。 2. 画面不需要太美，能表达自己想法就可以。
	星光大道	1. 我们的风采。所有人排成两列，以队为单位，轮流展示自己队的风采。 2. 我们在一起。跟随轻快的音乐，所有人一起互动，握手打招呼，最后形成一朵大家最喜欢的花，教师为大家拍合照。	1. 学生能合作呈现小组作品。 2. 学生能感受到集体的魅力。	教师注意示范带动整个氛围。
结束（10分钟）	相约	1. 我的感受。每个人轮流用一句话描述当下的感受。 2. 相约。学生相互致谢，相约下次见。	1. 学生能表达自己的感受。 2. 学生能表达谢意。	教师积极关注学生的分享。

（6）观察记录表：

阶段	游戏	目标	形成性评量					评量方式	教学使用	通过与否	教学决定	备注
			1	2	3	4	5					
暖身	有缘相识	1.学生能模仿他人说名字并做动作。										
		2.学生能快速记住他人的名字。										
		3.学生能看到自己与他人的相似点。										
发展结束	我们的花园	1.学生能根据非语言提示找到组员。										
		2.学生与同学合作，扮演特定的花。										
		3.学生与同学合作，用身体表达特定季节的花。										
		4.学生与同学合作，用身体表达特定季的果。										
		5.学生与同学合作，创作小组作品。										
	星光大道	1.学生能合作呈现小组作品。										
		2.学生能感受到集体的魅力。										
	相约	1.学生能表达自己的感受。										
		2.学生能表达谢意。										

（二）第二次活动方案

（1）主题：家庭动物园。

（2）目标：学生能认识家庭中的各种角色，每种角色在家庭中的地位和作用。

（3）媒材：音乐《相亲相爱一家人》，小舞台的相关道具，如幕布、灯光、音响等。

（4）时间：90分钟。

（5）活动流程：

阶段	游戏	步骤	目标	备注
暖身 （15分钟）	动物模仿秀	1.动物模仿秀。教师先扮演一种动物，如大象，学生跟着一起模仿；教师再扮演老虎，同学们继续模仿。每位同学可以自己选择动物，然后用这种动物的典型动作将这种动物扮演出来。 2.动物管理员。教师选出一位动物管理员，请他将动物按照自己的理解进行分组，并说明分组理由。	1.学生能模仿动物动作。 2.学生能按动物习性进行分组。	教师讲清楚游戏规则，并示范。
发展 （65分钟）	小野兽来了	1.教师介绍故事背景。森林里，生活着各种各样的野兽。有一天，小野兽出生了，我们将呈现小野兽和它的爸爸妈妈一起生活的片段。 2.家庭角色体验。学生3人一组，一个扮演野兽爸爸，一个扮演野兽妈妈，一个扮演婴儿小野兽。典型动作定格，拍照。教师给出背景指导：婴儿小野兽，一会儿哭，一会儿大便，一会儿要吃奶，一会儿要到处爬，一会儿即将触碰危险的电插座，一会儿把地板弄脏了…… 3.以小组为单位，全班分享。以下问题供参考： 你们小组扮演的什么种类的小野兽？你们在照顾小野兽的过程中感受如何？小野兽的感受如何？爸爸妈妈为什么要对小野兽好呢？	1.学生能根据教师的语言提示进行相应表演，并能找到典型动作，定格拍照。 2.学生能在表演后交流分享感受，并思考这些现象背后的原因是什么。	如果教室能布置成舞台，建议每组商定好定格动作后去舞台中央表演、定格和拍照。
	小野兽变身	1.教师背景介绍：小野兽一天一天地长大了。现在小野兽已经上小学了。老师发出指令，野兽妈妈或爸爸喊小野兽："回家吃饭了。""快起床，马上就要迟到了。""已经到睡觉时间了，快点睡觉。""快点开始写作业。""再不听话，就要打你了！"小野兽继续长大，现在已经上中学了。老师发出指令，野兽妈妈或爸爸喊小野兽："不准玩手机。""幺儿，乖乖，你今天要不要陪妈妈逛街？""你要不要过来吃饭？""你确定你要打扮成这样出门？" 2.表演定格。野兽爸爸、野兽妈妈以及小野兽，在教师指导语的提示下迅速表演并定格。小学时期，小野兽基本都顺从。中学时期小野兽基本都是叛逆回应。典型动作定格，拍照。 3.思考时间。教师带领大家思考：爸爸妈妈那么辛苦，为什么还要对小野兽好呢？小野兽长大了，为什么对爸爸妈妈的态度发生了变化呢？当小野兽跟野兽爸爸妈妈顶撞时，它内心的想法和感受可能会是怎样的呢？小野兽的爸爸妈妈的内心想法和感受会是怎样的？ 4.野兽家庭的信。有一天，小野兽的爸爸妈妈实在受不了长大后的小野兽和他们对抗，他们决定给小野兽写一封信，表达他们一直以来对他的疼爱，以及目前他们之间出现的状况，以及他们对这些状况的困惑。而小野兽看完后也决定写一封信给野兽爸妈。 每一组商讨后，开始以小野兽的身份写信。 5.阅读信。教师收集信后随机发给其他小组的野兽爸妈。野兽爸妈展开信，朗读。 6.分享感受。野兽爸妈和小野兽分别谈论听完信后的感受。 7.教师总结。教师引导学生回顾过程，深化主题。	1.学生能以小野兽的身份和口吻给野兽爸妈写信，表达自己的想法、感受和情绪。 2.学生能从信的写作、朗读及倾听中，感悟家庭中爸爸、妈妈和孩子等不同角色的不同责任和价值。	
	心有千千结	1.打结的关系。每个人手牵在一起围成一个圆。教师从中间切断，于是成为一条线，老师自由地将线头穿梭在人群之间，所以所有的人会打结（手绝对不能断）。 2.解开那个结。所有的同学开始，在手不能断的前提下，把结打开。 3.教师总结。亲人之间，有时候吵架，就像打结，但每个人一起努力，就可以把结打开。	1.学生能融入游戏，形成结并积极打开结。 2.学生能感受到打结和解结过程中隐含的个人与家人之间关系的隐喻。	活动场地相对开阔一些。
结束 （10分钟）	相亲相爱一家人	1.唱出我心声。全班合唱《相亲相爱一家人》。教师或部分同学可以带领大家一起行动并歌唱。 2.致谢。野兽家庭的成员之间相互致谢，相约下次课见。	1.学生能通过唱歌表达自己的感受。 2.学生能表达谢意。	教师提前准备歌曲。

（6）观察记录表：

阶段	游戏	目标	形成性评量					评量方式	教学使用	通过与否	教学决定	备注
			1	2	3	4	5					
暖身	动物模仿秀	1.学生能模仿动物动作。										
		2.学生能按动物习性进行分组。										
发展	小野兽来了	1.学生能根据教师的语言提示进行相应表演，并能找到典型动作，定格拍照。										
		2.学生能在表演后交流分享感受，并思考这些现象背后的原因是什么。										
	小怪兽大变身	1.学生能以小野兽的身份和口吻给野兽爸妈写信，表达自己的想法、感受和情绪。										
		2.学生能从信的写作、朗读及倾听中，感悟家庭中爸爸、妈妈和孩子等不同角色的不同责任和价值。										
	心有千千结	1.学生能融入游戏，形成结并积极打开结。										
		2.学生能感受到打结和解结过程中隐含的与家人之间关系的隐喻。										
结束	相亲相爱一家人	1.学生能通过歌唱表达自己的感受。										
		2.学生能表达谢意。										

（三）第三次活动方案

（1）主题：我的家庭金鱼缸。

（2）目标：学生能了解自己家庭的成员，了解自己对家庭的感情，了解幸福家庭的表现，知道自己可以贡献给家庭的力量。

（3）媒材：每人两张 A4 纸，一支荧光签字笔；每组一盒水彩笔，一盒油画棒。

（4）时间：90 分钟。

（5）活动流程：

阶段	游戏	步骤	目标	备注
暖身（15分钟）	鲨鱼来了	1. 我是海洋里的一条鱼。教师引导大家想象自己是生活在海洋里的一条鱼，自由自在地游动，像鱼一样用身体与其他鱼打招呼。 2. 鲨鱼来了。教师讲解"鲨鱼出现，自救规则"。教师扮演鲨鱼，告诉鱼儿们，海洋里听到拍巴巴掌的声音，表示鲨鱼来了，鱼儿们要跑到教师用报纸圈定的安全区域。安全区域的数量随着游戏的进程会从5个降到1个。要求所有鱼团结互助，一个都不少，在危险时都能待在安全区域，如果有一条鱼被鲨鱼吃掉，游戏结束时所有人合作表演一个即兴节目表达对被吃掉的鱼儿的爱。	1. 学生通过游戏，将注意力聚焦到课堂活动中。 2. 全员互动，营造安全自由的环境和氛围。 3. 学生能通过扮演理解自己和家人之间的关系和差异。	教师营造海洋氛围，学生扮演鱼儿自由游，教师扮演鲨鱼，学生进入安全区域。教师注意氛围的营造，给学生足够的时间进入安全区域。一次结束就减少一张报纸，安全区域数量减少。
发展（65分钟）	家庭金鱼缸	1. 忆我家的幸福一刻。教师引导学生放松身体每一个部位，然后回忆家庭中的幸福时光，如果用鱼来代表家人，他们是怎样的形象。 2. 画我的家庭鱼缸。教师请学生绘制家庭金鱼缸。鱼缸代表家庭，鱼代表自己和家人。可以添加各种自己喜欢的元素。不用考虑自己有无绘画基础，随着心去画。 3. 观察作品。完成后，仔细地观察作品。 4. 分享作品。你的作品带给你什么感受？与同桌交流你的感受，然后小组内交流，以下四个问题供参考。 问题1：每条鱼分别代表了你家庭中的谁？ 问题2：你不喜欢他的什么？你喜欢他的什么？ 问题3：这条鱼为什么待在这个地方？ 问题4：他为这个家做了什么？ 5. 提升幸福指数的方法。在自己的家庭水族宫的后面，写出家庭水族宫的幸福指数和提升幸福指数的方法。 6. 幸福家庭金鱼缸故事。以小组为单位，编一个幸福家庭金鱼缸的故事，要求涵盖成员提升家庭幸福指数的方法。 7. 幸福家庭展演。幸福家庭鱼缸故事及提升幸福指数方法展演。小组成员将编的故事表演出来。 8. 感受分享。学生自愿分享展演感受。 9. 教师总结。教师引导学生发现各组亮点，总结提升主题。	1. 学生能够完成家庭金鱼缸的绘制。 2. 学生能分享图画元素背后的含义。 3. 学生能找到提升家庭幸福指数的方法。 4. 学生能与他人合作展现幸福家庭的故事。 5. 学生能掌握多种提升幸福家庭指数的方法。	班级分享环节，同学自愿申请分享。团体之间的共性，带领者可以利用团体动力给予强化或支持。
结束（10分钟）	我想对你说	1. 我的力量。每人用一个词语表达我能为幸福家庭贡献的力量。 2. 身体互动表达爱。学生在《相亲相爱一家人》的音乐下互动，用动作表达家人之间相亲相爱，集体造型拍照。	学生能够把对家人的感受从课堂上移至家庭生活中，移到亲人身上。	教师注意积极关注学生的发言。

（6）观察记录表：

阶段	游戏	目标	形成性评量					评量方式	教学使用	通过与否	教学决定	备注
			1	2	3	4	5					
暖身	鲨鱼来了	1.学生能积极参与到游戏当中。										
		2.学生能初步感受到团队的支持和力量。										
发展	家庭金鱼缸	1.学生能够完成家庭金鱼缸的绘制。										
		2.学生能分享图画元素背后的含义。										
		3.学生能找到提升家庭幸福指数的方法。										
		4.学生能与他人合作展现幸福家庭的故事。										
		5.学生能掌握多种提升幸福家庭指数的方法。										
结束	我想对你说	1.学生能够用词语表达对幸福家庭的贡献										
		2.学生能够用动作表达对幸福家庭的贡献。										

（四）第四次活动方案

（1）主题：吐槽爸妈大会。

（2）目标：学生能从生活实际出发，表达自己对父母的各种不满，对父母的情绪、情感在充分表达中得以被初步安放和整合。

（3）视频《唠叨之歌》《懂你》；吐槽大会标识牌，宣传海报；每人一张 A4 纸、一支荧光签字笔；若干盒彩笔。

（4）时间：90 分钟。

（5）活动流程：

阶段	游戏	步骤	目标	备注
暖身（15分钟）	爸妈的唠叨之歌	1. 欣赏视频。教师播放视频《唠叨之歌》。 2. 角色扮演。学生两人一组，面对面站立，一人扮演爸或妈，一人扮演孩子，在视频《唠叨之歌》播放过程中，表演爸妈的唠叨，和孩子听到唠叨的反应。 3. 定格动作。视频结束时，每个人用夸张的动作表现你扮演的角色，定格。 4. 分享感受。教师邀请几组同学谈论动作背后的生活场景及感受。	1. 学生能够理解唠叨的表现。 2. 学生能够根据自己对唠叨的理解表演相应的角色。 3. 学生能表达行为的含义及行为背后的感受。	教师关注分组情况，视频开始播放时，率先表演，起到示范带动作用。
发展（60分钟）	爸妈吐槽大会	1. 放松静思。教师引导学生放松身体各部位，然后回忆在家里父母唠叨的场景。 2. 画出四格漫画。每人一张 A4 纸张，折成四格，把家里典型的四格唠叨场景画出来。 3. 我是导演。5 人为一个小组。每人轮次在组内当导演，让其他成员演出自己的四格漫画。 4. 小组经典唠叨故事排练。小组综合组内的唠叨场景，选出四格经典场景组合一个小剧场，并在组内排练。 5. 集体展演。各组依次呈现"我们的唠叨剧场"。 6. 轮组演出。各组演出应对唠叨的方式。 7. 总结。教师引导学生欣赏各组亮点，总结应对方法。	1. 学生能够开口抱怨自己对爸妈的不满。 2. 学生能互相分享吐槽内容。 3. 学生能够认真倾听，并从别人的故事中有所感悟。	关于吐槽的内容，教师要提前了解并指导。吐槽表演尽量选择善于表演的同学。
	吐槽新发现	1. 分享感受。教师邀请学生分享吐槽后的感受。 2. 其他发现。教师引导学生体会并分享，对爸妈除了爽快的抱怨之外，有没有其他感情生发出来？比如突然觉得他们也挺不容易的，他们不懂装懂时也挺可爱的，他们破口大骂时很无助的样子让人心酸……	学生能分享真实感受。如对父母诸多的不满，对父母的愧疚……	教师需要激发学生分享的欲望。
结束（15分钟）	爸妈我想对你说	1. 视频欣赏。教师播放沙画视频《懂你》。 2. 体会亲情。教师引导学生体会自己与父母之间那份深深的情感连结。 3. 给爸妈的信。学生在沙画视频《懂你》背景音乐中，给爸妈写一封信，诉说此时此刻想对爸妈说的话。不满也可以，感恩也可以，建议也可以。 4. 作业建议。学生把信带回家给父母。	1. 学生能够有意识地去觉察自己当下的情绪与感受。 2. 学生能够表达自己的情绪与感受。	教师尊重学生情感的自然流淌。

（6）观察记录表：

阶段	游戏	目标	形成性评量					评量方式	教学使用	通过与否	教学决定	备注
			1	2	3	4	5					
暖身	爸妈的唠叨之歌	1. 学生能够认真观看视频。										
		2. 学生能够根据视频表演相应的角色。										
		3. 学生能表达行为的含义及行为背后的感受。										
发展	爸妈吐槽大会	1. 学生能够在教师的引导下放松身体各部位，然后回忆在家里父母唠叨的场景。										
		2. 学生能够画出家人的唠叨四格漫画。										
		3. 学生能够轮次在组内当导演，指导其他成员演出自己的四格漫画。										

续表

阶段	游戏	目标	形成性评量					评量方式	教学使用	通过与否	教学决定	备注
			1	2	3	4	5					
决定	吐槽新发现	1. 学生能觉察到自己当下的感受。										
		2. 学生能分享自己当下的感受。										
		3. 学生能够认真倾听他人的分享。										
结束	爸妈我想对你说	1. 学生能够有意识地去觉察自己当下的情绪与感受。										
		2. 学生能够表达自己的情绪与感受。										

（五）第五次活动方案

（1）主题：爱的表达与连接。

（2）目标：学生能在活动中感悟到父母对自己的爱和自己对父母的爱，能用爱的语言表达爱，用爱的方式表达爱。

（3）媒材：音乐《放松——身体和灵魂的联系》；每人一张 A4 纸，一支铅笔。

静思活动指导语：

在空间中自由行走，让我们的身体慢慢平静下来，感知觉察膝盖，两侧髋关节是否均衡，是否饿或困，检查脖颈，眼睛睁开环视周围，用眼睛鼻子说你好。快速奔跑再慢慢停下来，找到一个让自己舒适、自信的空间，深呼吸，用大拇指慢慢触碰其他手指，感受皮肤及皮肤下的骨骼。用手来触摸手臂，你曾经用你的手臂和多少人接触过？你能否感受到拥抱？慢慢地用双手触碰双肩，感受肩膀所承受的重量。用双手感受脖颈、面部皮肤、鼻子、嘴唇、头发、眼睛。慢慢将双手放于腹部，用丹田说您好。接下来，慢慢触碰大腿前侧、双脚，感受它带领我们行走，去过多少地方、走过多少路。慢慢地站起来，双手垂于身体两侧，聆听音乐，感受雨滴淋过身体，张开双臂，仿佛迎接雨滴的坠落。手臂慢慢地流动起来，感觉慢慢在雨中玩耍，感觉风拂过身体。慢慢在空间中流动起来，寻找一个让你感觉踏实的人，在触碰的过程中，想象他就是你爱的人，可能是家人，可能是朋友，可能他离你很远，把他想象成你想见的人，做任何你想做的事情，拥抱他，被他拥抱，这是你身体缺失已久的，用这种方式建立起这样的连接，把这些感觉带入你的身体。所有的人向声音聚集，用头寻找肩膀或者背部，享受这种支持，轻轻地左右晃动，感受群体左右晃动，感受到安全，感受到舒适。

接下来，随着音乐，我们平躺，从脚趾、脚掌、脚踝、小腿、膝盖到颈部、下巴、面部、头顶做身体的扫描。当扫描到某个部位时，停留片刻，感受这个部位，这个部位能让你想到哪个家人，你们在做什么？你当时有什么样的表情？什么动作？周围的场景如何？想不起来也没关系。伴随着感受，想你能想得到的。

（4）时间：90 分钟。

（5）活动流程：

阶段	游戏	步骤	目标	备注
暖身（15分钟）	与自己连接	1.唤醒身体，建立与自己的连接。所有学生闭上双眼，跟随音乐，跟随老师的指导语，充分体验。学生沉浸在自己身体感受中，带着这份放松与美好的感觉准备进入到课堂中。 2.回忆与身体感觉有关的家庭经验。学生感受头脑中出现的相关家庭画画，感受爱的场景。	1.学生能跟随指导语静思或活动，感到放松。学生能感受到自己与身体的连接。 2.学生能够在回忆中与家产生连结。	教师在课前排除声音干扰，帮助学生沉浸其中。
发展（60分钟）	爱的涂鸦与扮演	1.心情涂鸦。放松过后，滑过你内心的画面是什么，请用铅笔在A4纸上画下来。画的旁边用文字记录下你此时的心情。 2.小组分享爱的故事。小组成员依次分享自己的作品及故事。 3.故事创编。小组合作创编家庭经典爱的故事，并准备演出故事。 4.故事呈现。小组轮次演出家庭爱的故事。 5.教师总结。教师根据学生的分享，适时总结。如我们与家人的互动，有些感受被储存在身体里，或许是爱的瞬间，或许是爱带来的压力，或许是没有被表达出的爱。	1.学生能画出、写出自己的感受。 2.学生能分享及表演自己与家人之间的故事。 3.学生能分享自己的感受与想法。	教师提醒学生不用在意绘画技巧，重要的是表达感受。
发展（60分钟）	爱的困惑	1.爱的光谱测量。光谱测量学生与亲人之间沟通感受情况。有时候我们与亲人互动过程中会产生很多感受，有的感受被我们表达了出来，有的没有。按照你表达感受的多少站在光谱线的不同位置上。教师邀请两位同学站在光谱线的两端，一人代表交流所有的感受，一人代表感受交流几乎为零。 2.班级分享。光谱分区亲子之间感受交流情况及原因。 3.教师总结。很多感受却不交流，往往源于不知道如何交流对方才能懂。	1.学生能够参与到光谱测量中。 2.学生能够在光谱分区上与同伴交流自己的感受。	光谱分区后交流感受时，如果学生不是很清楚，教师可示范讲解。
发展（60分钟）	爱的表达	1.识别爱的语言。辨识父母和自己表达爱的语言。教师就前面家庭中爱的故事进行分解，展示爱的语言和表达方式。学生写出家人之间的爱的语言和展示家人之间表达爱的方式。 2.学习我信息沟通。教师讲解"我信息"表达方式。"当我看到（听到）你……我觉得……因为……所以我期望……" 3.巩固"我信息"沟通表达方式。就前面演出的小组爱的故事情景里，学生思考父母和孩子之间如何表达爱的语言。教师请学生代表发言。 4.我信息的表达。学生再次感受个人作品，在作品背后写出想对作品里的人表达的"我信息"。 5.我想对你说。学生闭上眼睛，进入作品在心里对作品里的人包括自己表达爱的语言。	1.学生能够识别并分享一些爱的语言、手势、动作。 2.学生能够明白"我信息"的表达方法。 3.学生能尝试在生活场景中使用"我信息"表达。	真实生活场景的练习，可以由学生分享，或者由教师提供。
结束（15分钟）	爱的抱抱	1.自由走动。教师播放舒缓音乐，学生轻闭双眼，跟着音乐的节奏，自由走动。 2.拥抱。学生在团队中找到让自己信任的同伴，拥抱三分钟，静心感受自己内心的变化。 3.分享。学生分享自己的感受与想法。 4.作业建议。教师建议学生见到亲人时给亲人一个拥抱。	1.学生能够跟随着音乐不断走动。 2.学生能够认真拥抱认真感受。 3.学生能够分享自己的感受与想法。	教师帮助找不到拥抱同伴的同学组队。

（6）观察记录表：

阶段	游戏	目标	形成性评量					评量方式	教学使用	通过与否	教学决定	备注
			1	2	3	4	5					
暖身	与自己连接	1.学生能跟随指导语静思或活动，感到放松，感受到自己与身体的连接。										
		2.学生能够回忆与身体感觉有关的家庭经验，感受头脑中出现的相关家庭画画，感受爱的场景。										
发展	爱的涂鸦与扮演	1.学生能画出、写出自己的感受。										
		2.学生能分享及表演自己与家人之间的故事。										
		3.学生能分享自己的感受与想法。										
	爱的困惑	1.学生能够参与到光谱测量中。										
		2.学生能够在光谱分区上与同伴交流出自己的感受。										
	爱的表达	1.学生能够识别并分享与家人之间爱的语言、手势、动作。										
		2.学生能够明白"我信息"的表达方法。										
		3.学生能在生活场景中练习使用"我信息"表达。										
结束	爱的抱抱	1.学生能够跟随着音乐不断走动。										
		2.学生能够认真拥抱认真感受。										
		3.学生能够分享自己的感受与想法。										

（六）第六次活动方案

（1）主题：我们都是大侦探。

（2）目标：学生能认识到，自己和父母是在不同时代背景和家庭背景中成长起来的，有差异是难免的。学生能接纳差异，求同存异，温和而坚定地表达自己的需求。

（3）媒材：音乐《我是大侦探》；侦探社招聘广告；每人一张 A4 纸，一支荧光签字笔，四张便利贴；苹果和樱桃形状贴纸各 50 张；"小兰，我想对你说"海报背景板一张。

（4）时间：90 分钟。

（5）活动流程：

阶段	游戏	步骤	目标	备注
暖身（15分钟）	侦探社招聘	1.教师入戏说故事。某市发生了一起人口失踪案，一名16岁的学生晚自习后离奇失踪了。柯南侦探社和福尔摩斯侦探社都想第一时间侦破此案，因此招兵买马拟聘用善于推理的侦探若干名，并重金悬赏线索。 2.角色分工。教师张贴侦探社招聘广告，学生报名加入柯南侦探社和福尔摩斯侦探社。 3.佩戴标识物。每一个侦探社给新成员佩戴标识物，选出临时社长助理。	1.学生能够入戏，能根据教师指令积极参与不同侦探社。 2.学生能够积极参与招聘活动。 3.学生能积极参与社长助理竞选。	案件宣布宜夸张而神秘。
发展（65分钟）	寻找小兰	1.第一轮抢答积分。两个侦探社社员分别抢答，每答一条理由，记一分，分高者将额外获赠一条线索。 悬赏到的线索一：小兰，女生，高一，16岁，活泼漂亮。晚自习后，未归，截至目前已有11小时。 她为什么未归？ 她有可能去哪儿？ 危险指数几颗星（最高危险指数5颗星）？ 她可能面临什么样的危险？ 2.积分综合。助理计分并公布两个侦探社分数。 3.第二轮抢答积分。两个侦探社社员继续抢答，每答一条理由，记一分。 线索二：她手机关机，身上有一百元零花钱。 线索三：晚饭时，因为最近成绩下降，爸爸骂了她，她咬着下嘴唇，夺门而出；晚自习后，她曾和男同学一起走到家附近的岔路上，两人分开各自回家（奖励上一轮胜出的侦探社）。 她在哪儿？ 如何能找到她？ 两个侦探社社员继续抢答，每答一条理由，记一分。 4.原因归类。教师记录原因，并引导学生归类。 一天后，侦探社（胜出的一方）协助警方，最终在学校附近一家小旅馆找到了她。 询问离家出走的原因竟然是…… 离家出走的原因有可能是什么？	1.学生能够代表本社积极回答问题，赢得积分。 2.学生能积极谈论离家出走的原因。 3.学生能对原因进行归类。	教师可安排助教计分。
	小兰找到啦	1.教师说故事。 小兰向侦探哭诉，她内心委屈又愤怒。因为爸妈眼里只有好大学，每天念叨她的成绩；一看见她拿起手机，就唠叨个不停；不准她耍朋友；不准打游戏；不让她自己购买喜欢的衣物；她喜欢历史，想选偏文的组合，父母轮流劝说，让她选择物理，理由是就业面广…… 父母也一肚子怨气。不努力考个好大学能行吗？好大学意味着好的环境和人脉，将来可以少受苦，生活轻松而幸福。不用像他们现在一样，每天累死累活，还得不到太多尊重。小兰还小，不懂事，当父母的不管着，遇到危险了怎么办？感情受伤了，多难受…… 2.分组扮演。各组根据大意，创编"小兰的哭诉和父母的怨气"故事。 3.教师总结。 4.我是专家。 动不动就离家出走是很危险、很不理智的事情，警方委托侦探社教育孩子和父母如何处理冲突。作为侦探，你们将如何教育小兰的父母？又将如何教育小兰？ （1）两个侦探社，抽签决定教育父母或者教育小兰。社内，继续分组，四人一小组，分工合作。 （2）每个侦探社派出两个小组进行角色扮演。准备五分钟后，现场表演。	1.学生能领会故事中小兰及其父母的地位、内心感受，并能够表演出来。 2.学生能小组分工合作，分别对小兰及其父母实施有针对性的教育。	教师可提前准备适当道具，如侦探服装，父母或小兰的服饰妆扮等。
结束（10分钟）	我想对你说	1.写便利贴。小兰，就生活在我们身边。你有什么话要对小兰说吗？请写在便利贴上。 2.贴便利贴。学生将便利贴贴到"小兰，我想对你说"海报上。	学生能积极表达自己的感受和想法。	海报可以留存在班里。

（6）观察记录表：

阶段	游戏	目标	形成性评量					评量方式	教学使用	通过与否	教学决定	备注
			1	2	3	4	5					
暖身	侦探社招聘	1.学生能够根据教师指令积极参与不同侦探社。										
		2.学生能够正确佩戴标识物。										
		3.学生能积极参与社长助理竞选。										
发展	寻找小兰	1.学生能够代表本社积极回答问题。										
		2.学生能积极谈论离家出走的原因。										
		3.学生能对原因进行归类。										
	小兰找到啦	1.学生能领会故事中小兰及其父母的地位、内心感受，并能够表演出来。										
		2.学生能小组分工合作，分别对小兰及其父母实施有针对性的教育。										
结束	我想对你说	1.学生能积极表达自己的感受和想法。										
		2.学生能讲想法贴到海报栏中，并集体保存。										

（七）第七次活动方案

（1）主题：有了冲突怎么办。

（2）目标：学生能直面冲突，不逃避，不退缩，整合资源，尝试解决冲突。

（3）媒材：每人一张 A4 纸、一支荧光签字笔；歌曲《沟通从心开始》。

（4）时间：90 分钟。

（5）活动流程：

阶段	游戏	步骤	目标	备注
暖身（15分钟）	妈妈说	1."妈妈说"表演。教师先示范，围个围裙扮演妈妈，或拿个棍子当权杖。扮演者说："妈妈说……"所有人都要做跟妈妈说一样的动作。比如"妈妈说，起床啦"，所有人做起床的动作。如果没有加"妈妈说"三个字而下的指令，大家就不做。重复三次指令后，就可以让学生自愿者来当妈妈下指令。轮换5、6个学生后，进入下一个游戏。 2.相反游戏。这时教师扮演妈妈，下任何"妈妈说……"的指令，其他学生都做出与指令不同的或相反的动作。然后让学生来扮演妈妈下指令，重复5次后。进入下一个游戏。	1.学生能呈现生活中的经验。 2.学生能模仿妈妈的动作。	准备围裙等道具。
发展（60分钟）	家庭雕塑	1.冲突模拟。小组为单位，商讨并展示与家人发生冲突时的状态。 2.定格呈现。教师喊定格时，小组成员定在一个大家认为最具有代表性的动作上。教师引导学生猜测情景。 3.代表介绍。每组选派代表陈述这组动作代表什么？动作表达的含义是什么？	1.学生能够参与到小组活动中。 2.学生能够表达动作的含义。	如有学生落单，教师可以安排三个人一组。
	令眼看冲突	1.放松静思，回忆冲突。 2.画出印象深刻的冲突场景。每人1张A4纸，对折四格，在四格里画出印象深刻的冲突场景。组内分享。 3.冲突故事表演。小组整合，将典型的冲突场景变成一个故事，通过角色扮演方式准备3分钟的剧场演出。各小组依次呈现冲突剧。 4.教师总结。	1.学生能够回忆自己与家人之间曾经发生过的冲突。 2.学生能够用图画的方式将自己与家人之间的冲突呈现出来。 3.学生能够用戏剧表演的方式呈现自己与家人之间的冲突，并探索解决办法。	准备A4纸、画笔、计时器；教师和学生一起营造安全氛围，不过多评价。
	冲突时的协商	1.案例分析。教师带领学生一起分析前面同学呈现的亲子冲突案例，探索导致冲突的原因及协商时的注意事项。 2.实战演练。 情景一：爸妈以学校不准使用智能手机为由，收走了你的智能机和电脑，你非常生气，气到说不出话来。 情景二：初三妈妈说如果你能考上重点高中，就奖励你新马泰旅游。结果你真考上了，旅游却变成了他们公司团建顺便带上你。你都不知道说什么好了。	1.学生能够参与分析冲突原因，反省或学习他人的冲突应对策略。 2.学生能够理解协商不是为了说服而是谈判的理念，学习如何与父母谈判。	教师多采取提问的方式让学生多思考多表达，最好由他们自己得出结论。
	合理拒绝避免冲突	1.情景讨论。 情景三：明天就要期末考试了，你复习了一天功课，晚饭前等餐时掏出手机玩了一会儿游戏，还不到十分钟，妈妈就唠叨，"明天就考试了，你就不能看看书？你上次考得就不好……"你非常愤怒，大声争辩："我刚看了几分钟。不用你管！" 2.情景表演。各小组讨论如何应对冲突，情景表演。 3.总结。学生和教师一起总结如何拒绝才是合理的，又可以避免冲突。	1.学生能参与情景讨论与表演。 2.学生能够从中有所感悟。	教师引导学生多参与。
结束（15分钟）	沟通从心开始	1.总结感悟。学生将本节课的所思所想写到便利贴上。教师播放歌曲《沟通从心开始》作为背景音乐。 2.分享收获。教师请学生分享自己的收获。	1.学生能认真写下收获。 2.学生能够表达自己的收获。	教师收集学生的感悟，最后一次活动时使用。

（6）观察记录表：

阶段	游戏	目标	形成性评量					评量方式	教学使用	通过与否	教学决定	备注
			1	2	3	4	5					
暖身	妈妈说	1.学生能呈现生活中的经验。										
		2.学生能模仿妈妈的动作。										
	家庭雕塑	1.学生能够参与到小组活动中。										
		2.学生能够表达动作的含义。										
	令眼看冲突	1.学生能够积极分享与父母的冲突表现及应对。										
		2.学生能够更多了解自己和他人的亲子冲突应对。										
发展	冲突时的协商	1.学生能够参与分析冲突原因，反省或学习他人的冲突应对策略。										
		2.学生能够理解协商不是为了说服而是谈判的理念，学习如何与父母谈判。										
	合理拒绝避免冲突	1.学生能参与情景讨论与表演。										
		2.学生能够从中有所感悟。										
结束	沟通从心开始	1.学生能认真写下收获。										
		2.学生能够表达自己的收获。										

（八）第八次活动方案

（1）主题：独立与分离之旅。

（2）目标：学生能理解亲子分离需要过程，能寻找资源与支持，在独立成长的同时，帮助父母缓解焦虑。

（3）媒材：视频《包宝宝》《飞得更高》；每人一张A4纸，一支荧光签字笔；每组一盒彩笔。

（4）时间：90分钟。

（5）活动流程：

阶段	游戏	步骤	目标	备注
暖身（15分钟）	人生之旅	1. 星光大道。所有学生两人手拉手形成一纵队，跟随教师的带领在场子里随着音乐《波罗乃兹》行走，队形由一纵队变成两纵队，再交叉与对面伙伴握手，然后形成两列，中间空出形成星光大道。 2. 闪亮登场。两人面对面即兴跟随教师指令做动作依次从中间走过，两边的同学欣赏。教师下指令后，都需要用自己的方式示范，学生执行指令的内容相同但方式需要不一样。教师的指令依次是：一对恩爱的夫妻、怀孕的妈妈与家人、妈妈与1岁以内的孩子、2至3岁的孩子与父母、3至6岁的孩子与父母、6至12岁的孩子与父母、12至18岁的孩子与父母、18至28岁的青年与异性的他/她在一起结婚啦、退休的父母、年老的父母与孙子、去天堂的路上。	1. 学生能够在表演中感悟不同年龄段的不同角色和体验。 2. 学生能够在表演中感悟家人在不同年龄段带给自己的不同感受。	教师可以准备一些灯光等道具。
	抓逃手指	1. 围圈准备。同桌两人一组或所有学生围成一个大圈。相邻的学生，右手食指垂直向上，左右手掌水平向下。右手食指顶在相邻同学的左手手掌心下，左手手掌在相邻同学右手食指上方。 2. 听词反应。所有学生仔细听，当听到教师说"目送"的"送"字的时候，右手迅速抓住右边同学的手指，同时自己的左手手指快速逃脱。 3. 分享感受。学生分享自己活动中的感受：成功逃脱了多少次？抓住对方多少次？是什么让自己成功的？ 听到文章的大意是什么了吗？谈谈对文章的理解。 4. 总结。教师总结，并引导学生做好准备。	1. 学生能够沉浸在游戏氛围中，享受游戏。 2. 学生能够分享自己活动中的感受以及对文章的理解。 3. 学生能意识到凡事预则立。	抓逃手指准备环节，建议找两位同学在教师指导下做示范。
发展（60分钟）	与父母的分离	1. 欣赏视频。教师播放视频《包宝宝》，学生欣赏。 2. 讨论与分享。学生讨论：视频中的哪一幕最打动你？为什么？视频中，包宝宝有几次要离开，原因分别是什么？你觉得包宝宝应该离开吗？为什么？	1. 学生能积极参与讨论。 2. 学生能在讨论过程中体会离开是成长的需要，而离开会让父母难受。	视频中包宝宝离开的几个场景可以截图。

续表

阶段	游戏	步骤	目标	备注
发展（60分钟）	我的独立之旅	1.独立时趋势。教师总结离开的原因是因为想要独立，想要主宰自己的生活。介绍亲子关系的六个阶段：想象阶段（准备期）、养育阶段（婴儿期）、权威阶段（2至4岁）、综合阶段（从学前到儿童期）、独立阶段（青春期）、分离阶段（离开家庭）。 2.我的想法。我想独立吗？学生分享自己的感受与想法，如自己想过要独立吗？什么时候？都做了哪些事情呢？ 3.情景表演。学生根据情景提示表演，不违背主题的前提下，可适当添加故事情节。 情景一：爸妈安排家庭活动准备带上小乐一起郊游时，小乐懒洋洋地应付着，说作业多不想去。忽然，同学电话询问要不要玩剧本杀，小乐立马答应。小乐很纳闷，自己总想离父母远两步，而父母恨不得再靠近几步。 情景二：晗晗对妈妈发了脾气，因为他不止一次告诉妈妈，自己的房间自己来收拾，尤其是书桌。妈妈再一次帮他收拾了房间，导致他的生物笔记本不见了，他很冒火。其实他清楚，妈妈是想通过收拾房间来了解他，了解他最近在看什么书，了解他最近在关注什么。晗晗自己也清楚，其实没什么秘密，但是就不想对父母说太多。 情景三：琪琪喜欢天文，想知道浩瀚宇宙到底藏着多少秘密，他想考南京大学。但是爸妈觉得他成绩那么好，不考清华北大可惜了。而且学天文，不赚钱，非要他学金融。今天是填报志愿的最后一天，他和爸妈闹翻了。他冲他们吼：“我就是想自己做回主，我就是想离你们远一点，我就是不想再被你们控制。”爸爸妈妈也哭了。 学生表演。 教师邀请参演学生和观众谈论感受。 4.班级研讨：如何做好一个独立的、完整的人？ 逐步走向独立的过程中需要做哪些准备呢？ 我怎样向父母表达独立的需要？独立过程中，我可能需要父母的哪些支持？ 5.教师总结与引导。	1.学生能了解独立是成长必经之路。 2.学生能分享自己对独立的理解和感受。 3.学生能够选择情景资料，并表演。 4.学生能够自主发挥，将当事人的情感和内心活动呈现出来。 5.学生能够在参演过程中或观看过程中有所领悟。	教师介绍亲子关系阶段时，可适当举例。为提升演出效果，提前准备相关道具，如电话、郊区风景图片、同学卧室背景图、书桌、浩瀚星空图片等。
结束（15分钟）	心灵写作	1.心灵写作。限时3分钟，学生用笔记录下所有涌现的念头、想法、感受、情绪等，不用管语法，甚至不用管是不是句子。 2.感悟所写。学生阅读自己所写，用关键词记录自己想表达的主题。小组内分享。 3.放飞心事。全体学生合唱《飞得更高》。将写作纸折成小船或小鸟的样子，贴在事先准备好的人生河流上或者河流上方的天空中。 4.教师总结。	1.学生能专心写作。 2.学生能用关键词标识所写资料。 3.学生能将写满心事的纸安放在海报上。	这个环节有无背景音乐都可以。准备包含河流、天空元素的海报或者黑板报。

（6）观察记录表：

阶段	游戏	目标	形成性评量					评量方式	教学使用	通过与否	教学决定	备注
			1	2	3	4	5					
暖身	人生之旅	1. 学生能够在表演中感悟不同年龄段的不同角色和体验。										
		2. 学生能够在表演中感悟家人在不同年龄段带给自己的不同感受。										
	抓逃手指	1. 学生能够沉浸在游戏氛围中，享受游戏。										
		2. 学生能够分享自己活动中的感受以及对文章的理解。										
		3. 学生能意识到凡事预则立。										
发展	与父母的分离	1. 学生能积极参与讨论。										
		2. 学生能在讨论过程中体会离开是成长的需要，而离开会让父母难受。										
	我的独立之旅	1. 学生能了解独立是成长必经之路。										
		2. 学生能分享自己对独立的理解和感受。										
		3. 学生能够选择情景资料，并表演。										
		4. 学生能够自主发挥，将当事人的情感和内心活动呈现出来。										
		5. 学生能够在参演过程中或观看过程中有所领悟。										
结束	心灵写作	1. 学生能专心写出自己的真实感受、念头、情绪等。										
		2. 学生能大声唱歌。										
		3. 学生能将写满心事的纸安放在海报上。										

（九）第九次活动方案

（1）主题：团队整理结束。

（2）目标：学生能整理所学、所思、所感，坦然接受团体结束，并对现在及未来赋能，坚定前行。

（3）媒材：每人一张 A4 纸、一支荧光签字笔，绿色和棕色便利贴若干；每组一盒水彩笔。

隐喻故事：关于成长之树的隐喻故事

大树还是小树的时候，一年四季，春夏秋冬，四季轮回。春天，小树调皮地抬头萌发，生机勃勃地向上生长着。它冒出新芽，长出嫩枝，开出小花。不同的树，一样一样地开始开花，有迎春花、梅花、桃花、玉兰花……夏天，树木变得枝繁叶茂，绿色的叶子深深浅浅，新长出的是浅绿色，原来的叶片是深绿色。秋天，树林里色彩斑斓，红色、黄色、绿色，一阵秋风吹过，叶子纷纷起舞离开了树干，枝丫也被吹得摇头晃脑，但是小树挺直了腰背，仿佛在说"我不怕"。冬天，大地一片肃杀。但是小树明白，严冬不肃杀，何以见阳春。冬天就是这样一个季节，表面上冷酷，

其实却孕育着希望。

（4）时间：90分钟。

（5）活动流程：

阶段	游戏	步骤	目标	备注
暖身（15分钟）	勾肩搭背	1.爱自己。所有人围成圈，跟随音乐，跟随带领者动作，先进行自我按摩。从头到脚。 2.爱他人。全体左转，手搭在前面同学的肩上，用捏肩、捶背、敲背的方式来服务同学。 3.给予回报。全体右转，以同样的服务回报同学。	1.学生能放松身体。 2.学生能借由身体连接，增加彼此内心的联接，增进心理距离。 3.学生能回报爱。	建议教师也参与到这个活动环节，引领、示范、感受。
发展（65分钟）	回顾总结	1.作品布展。班委组织学生将所有活动过程中创作的作品提前布展，作品课按主题分组展示，用荧光棒装饰作品边缘。 2.感受作品。教师介绍游戏规则：关掉所有灯光，所有成员在教师的带领下逆时针欣赏作品。注意体会自己的感受。 3.分享感受。小组围坐，分享自己欣赏作品后的感受。 4.表达连接。小组成员用自己的方式表达彼此之间的支持与连接。	1.学生能够协助班委提前布展。 2.学生能够安静欣赏作品。 3.学生能够真实表达自己的感受。 4.学生能在小组内给出力量也收获力量。	教师注意维持纪律，让学生保持安静。
	成长之树	1.成长的隐喻故事。教师用隐喻故事的方式引导学生回顾这段时间自己的成长。 2.绘制成长树。根据刚刚的回顾，教师请学生在A4纸上，以树的形象，画出自己的成长。绿色便利贴上写自己表现出的有力量的部分，成长的部分，做得很棒的方面。用棕色贴纸写出自己仍然需要继续成长的部分，自己的潜能部分。 3.分享。学生依次跟同学分享自己"成长的树"。同学之间鼓掌表达支持与鼓励。 4.好大一棵树。师生跟随视频同唱《好大一棵树》。第二遍时，边唱边行走，最后所有人合作用身体组成一棵大树的雕像定格，教师拍照。	1.学生能够用心倾听教师的隐喻故事。 2.学生能够画出自己独一无二的树。 3.学生能在树上发现自己的力量与成长空间。 4.学生能给予同学真诚的支持与鼓励。 5.学生能开口唱歌。	如果时间不充裕，教师可以打印出树的轮廓，直接印发给学生。
结束（10分钟）	感恩有你	1.祝福。所有学生围成一个圈，说出自己最想对所有参与者（包括教师、其他学生和自己）说的话，包括感谢、祝福、希望等。 2.总结。教师总结，并送祝福。	1.学生能表达当下的感受。 2.学生能表达对他人的感谢与祝福。	教师积极关注学生发言。

（6）观察记录表：

阶段	游戏	目标	形成性评量					评量方式	教学使用	通过与否	教学决定	备注
			1	2	3	4	5					
暖身	勾肩搭背	1. 学生能放松身体。										
		2. 学生能借由身体连接，增加彼此内心的连接，增进心理距离。										
		3. 学生能回报爱。										
发展	回顾总结	1. 学生能够协助班委提前布展。										
		2. 学生能够安静欣赏作品。										
		3. 学生能够用心感受，敞开分享。										
		4. 学生能在小组内给出力量也收获力量。										
	成长之树	1. 学生能够用心倾听教师的隐喻故事。										
		2. 学生能够画出自己独一无二的树。										
		3 学生能在树上发现自己的力量与成长空间。										
		4. 学生能给予同学真诚的支持与鼓励。										
		5. 学生能开口唱歌，完成雕塑定格与拍照。										
结束	感恩有你	1. 学生能表达当下的感受。										
		2. 学生能表达对他人的感谢与祝福。										

第四节　异性关系之感悟式游戏教学设计

"人不可无群"，在社会中，青少年必然要与异性交往。异性关系是一把双刃剑，将之处理得好，则一生受益，反之则烦恼无穷。青少年阶段是人生社会化过程的重要时期，而青少年阶段的异性交往，又是实现其社会化过程中必不可少的链条。青少年只有学会与异性交往，才会形成良好的人际关系，保证学习、生活的正常进行。《中小学心理健康教育指导纲要（2012 年修订）》中明确提出，人际交往是青少年心理健康教育的主要内容之一，而异性相处是人际交往的重要内容。

两性研究专家潘绥铭先生认为，异性交往"是指不同性别之间、并不带有性动机或者性要求的、一般的人际来往和社会接触"。异性交往的影响因素有社会环境、学校教育、家庭教育以及青春期生理心理的需要等。近年来，青少年异性交往所引发的心理问题也频繁登上网络热搜。由异性交往带来的心理问题主要表现在认知失调——与异性交往的认识、观念不正确；情绪情感偏差——

与异性交往产生焦虑、抑郁、胆怯、恐惧、敏感、苦恼等情绪情感体验；行为障碍——拒绝、侵犯、过分关心异性，与异性交往的方式不当，不能有效消除与异性交往的矛盾和障碍等；态度、动机不合理——炫耀自己、盲目模仿、尝试爱情、满足生理需求、出于逆反心理等。

心理学诸多研究表明，异性关系处理得当是心理和谐与发展的重要方面之一。和谐的异性关系，可以满足个体正当的心理需要；可以激发个体内在的积极性和创造力，彼此间获得不同程度的愉悦感；可以促进异性间取长补短式的互补发展；可以实现彼此的性别角色认同；有利于社会性发展，为建立完整的人际交往奠定基础。青春期是个体由儿童独立成人的过渡阶段，处在该时期的青少年其心理呈现跌宕起伏，充满冲突与矛盾的特点。由于心理和生理的发育，他们体验到了从未有过的成人感和对异性的兴趣，学会与异性交往是这一时期青少年的主要发展任务之一，是帮助他们顺利成长、成人的必要过程。

一、教学对象

本节适合小学高段、初中、高中、大学阶段的青少年群体，可用于心理健康课程中，也可用于需要发展、改善异性关系处理问题的青少年团体。

二、教学目标

1. 总目标

学生能够清楚了解青春期的生理和心理变化，与异性能够和谐友好相处，正确看待爱情，树立健康的异性相处观念。

2. 子目标

学生能相互认识，融入团体；学生能树立良好性别角色认知；学生能了解两性差异；学生能了解异性交往的常见问题；学生能掌握异性交往原则与技巧；学生能处理异性亲密交往问题；学生能树立积极的爱情观；学生能自我成长，告别团体。

三、教学时间

每周一次课，每次上课 90 分钟，共 8 次课。

四、教学准备

1. 场地：团体心理辅导专用教室。

2. 音乐：《兔子舞》，轻音乐，舞曲，庆功音乐。

3. 纸：A4 纸，A3 纸，全开纸，卡片纸，柔软的纸（卫生纸、报纸、宣纸等遇水可制纸浆的纸），硬纸板。

4. 笔：彩笔、黑色碳素笔。

5. 其他：软纸纸棒，便利贴，《小欢喜》视频片段，《少年说》视频片段。

五、教学内容

（一）理论依据

心理学家埃里克森的人格发展阶段理论指出，人的发展历经八个阶段，每个阶段有每个阶段相应的核心任务，当任务得到恰当的解决，就会获得较为完整的同一性。核心任务处理得不成功或者失败，则会出现个人同一性残缺、不连贯的状态，处理的成功与失败即为两个极点。其中，青春期（12 至 18 岁）的主要任务是发展自我同一性，防止角色混乱的冲突，青少年要在这个阶段建立一个新的同一感或自己在别人眼中的形象，以及他在社会集体中所占的情感位置，其中对待异性的认知、态度以及处理异性关系是顺利完成这一任务的重要内容之一。

美国心理学家赫洛克把青春期的性意识分为四个时期。一是疏远异性的性厌恶期。当青少年身上发生青春期的生理变化时，他们对性产生了不安、害羞和反感，认为恋爱是不纯洁的表现，于是对异性产生回避、冷淡和粗暴的态度。二是向往年长异性的牛犊恋期。青少年会像小牛恋母一样倾慕于所向往的年长异性的一举一动，一般表现为默默向往，不会爆发出真正的追求。三是接近异性的狂热期。青少年会把年龄相当的异性作为向往对象，在异性面前积极表现从而吸引注意。四是青春后期的浪漫恋爱期。青少年开始将向往对象集中于一个异性，不愿集体活动，设法单独约会，从而得到独立感的满足。

根据我国心理学家的研究，我国青少年个体和异性交往的表现与发展大致划分为三个阶段。一是异性相斥期（11 至 14 岁）：由于自我意识的发展，个体开始将心理注意从客观世界转到主观世界中，强烈关心自己的成长，男女生之间产生了界限，并且疏远，但由于对异性生理和心理好奇与新颖感，这种"疏远"其实疏而不远。二是异性接近期（15 至 17 岁）：个体的意识更加成熟，也逐步摆脱心理上的闭锁状态，尝试打开自己开始与异性进行正常交往，并体会到与异性交往的愉悦感受，由疏远转向接近，这也是青少年在异性意识表现和发展时间最长的一个阶段。三是异性好感期（18 岁及以后）：个体的交往注意力转向异性，会以欣赏、喜欢、爱慕的态度和行为对待异性，想要和异性建立亲密关系。

（二）政策依据

联合国教科文组织提出"21 世纪人才的'四个学会'"，包括学会学习，学会做事，学会相处，学会生存。其中学会相处这一点就包括与异性的关系处理。

教育部在《中小学心理健康教育指导纲要（2012 年修订）》中明确提出，人际交往是青少年心理健康教育的主要内容之一，并在小学高段的具体要求中指出"青少年应建立和维持良好的异性关系"；在初中学段的具体要求中指出"要把握和异性交往的尺度"，在高中学段的具体要求中指出"正确对待和异性同伴的交往，知道友谊和爱情的界限"。

（三）教学设计

根据埃里克森人格发展阶段理论中的同一性发展任务，以及我国心理学者提出的异性交往三阶段理论，本次主题的系列游戏设计方案如下：

阶段	主题	目标
初始	创世神话	学生之间能相互熟悉，建立彼此之间的信任感，初步形成团体归属感。
中间	做最好的他	学生能树立良好性别角色认知。
	同与不同	学生能了解两性差异。
	异性吐槽大会	学生能了解异性交往的常见问题。
	亲密有间	学生能掌握异性交往原则与技巧。
	真爱密探	学生能学会处理异性亲密交往问题。
	爱情披萨	学生能树立积极的爱情观。
结束	满载而归	学生能回顾总结所学，告别团体。

六、活动设计方案

（一）第一次活动方案

（1）主题：创世神话。

（2）目标：学生之间能相互熟悉，建立彼此之间的信任感，初步形成团体归属感。

（3）媒材：每组一张全开纸，每组一盒多色彩笔，《兔子舞》音乐。

（4）时间：90分钟。

（5）活动流程：

阶段	游戏	步骤	目标	备注
暖身（15分钟）	感知新世界	1.介绍新世界。教师向学生介绍，教室里的一切事物包括人，都在一个全新的世界。 2.引导行走，感知世界。教师引导学生用不同形式行走，可以快快地走，慢慢地走，踮起脚尖走，也可以用脚后跟走，可以四脚爬行、翻滚。同时引导学生用不同方式感知环境，学生可以闻这个新世界的物品，用手触摸周围的东西，尝试感受这里的一切。 3.同伴间打招呼。大家自由地在场子里走动，对他人产生好奇，与所见之人用眨眼睛、微笑、点头、碰肩、碰膝盖、握手、拥抱等方式来建立联系。	1.学生能对探索周围产生兴趣。 2.学生能放开身体，活跃气氛。 3.学生能主动和周围的人做动作，彼此联系。	教师要调动学生对新世界的陌生感、好奇感。积极地、开放地、热情地鼓励学生打开身体。
发展（65分钟）	世纪初遇	1.结对熟悉。教师请学生自由组合，两人一组，彼此轮流介绍自己在新世界中的角色、特点等所有想介绍的信息。学生可以说自己是钢材、木板，可以是石头、螺丝，也可以是建筑师、雕塑家等。 2.交换同伴。和其他人交换同伴，寻找新的结对对象，介绍自己在新世界的信息。进行2至3轮，促进信息交换。 3.教师随机采访。	1.学生能完成结对，并介绍自己的信息。 2.学生能主动交换同伴，继续交流。	教师鼓励学生扩展想象，大胆设想角色、身份。
	万物问世	1.造物主的智慧。这个新世界需要丰富的构成要素，在刚才的信息收集基础上，临近的2人组形成一个四人组，把你们认为新世界所需要的物品或人物、组织等构建完成。通过身体合作展现出这些构成。 2.万物问世。临近的两个四人组合为一个八人组。每组一张全开纸，在中心画一个大圆，合作画出理想的新世界，尽量丰富地展现你们的世界中所有的信息。小组使用集体的歌声、不同的色彩、身体姿态的合作等形式展示新世界的图画和造型。 3.轮组呈现。	1.学生能完成四人成组，表达观点，放开身体。 2.学生能完成八人成组，合作完成作品。 3.学生能展现自我，交互合作。	教师要将游戏规则简洁、清晰地介绍给学生，给更多的同学创造展示自我的机会，引导学生在团队中相互配合。
结束（10分钟）	新世界、心触动	1.分享。教师引导学生分享所发现其他组的闪亮点、触动点、启发点。 2.联系世界。教师引导学生作为新世界的一份子，用身体互动的方式与这个世界打招呼，在音乐中有节奏地行走，向目光所及之人用微笑、点头、碰肩、碰膝盖、握手、拥抱等方式与这个世界建立联系。 3.定格。请大家用一个姿势定格这个世界，保持10秒钟，教师为全员拍照。 4.致谢、相约。每人用一个词、动作或声音表达当下的感受。教师总结，致谢，相约下一次再见。	1.学生能主动发表观点、见解，彼此感受到支持与温暖。 2.学生能热情地交流。 3.学生能主动放开身体，参与其中，融于集体。 4.学生能丰富、主动地自我表达，充满期待。	教师在每一个学生表达时，引导大家积极倾听。

（6）观察记录表：

阶段	游戏	目标	形成性评量					评量方式	教学使用	通过与否	教学决定	备注
			1	2	3	4	5					
暖身	感知新世界	1.学生能对探索周围产生兴趣。										
		2.学生能放开身体，活跃气氛。										
		3.学生能主动和周围的人做动作，彼此联系。										
发展	世纪初遇	1.学生能够完成结对，并介绍自己的信息。										
		2.学生能主动交换同伴，继续交流。										
	万物问世	1.学生能完成四人成组，表达观点，放开身体。										
		2学生能完成八人成组，合作完成作品。										
		3.学生能展现自我，交互合作。										
结束	新世界、心触动	1.学生能主动发表观点、见解,彼此感受到支持与温暖。										
		2.学生能热情地交流。										
		3.学生能主动放开身体，参与其中，融于集体。										
		4.学生能丰富、主动地自我表达，充满期待。										

（二）第二次活动方案

（1）主题：做最好的他。

（2）目标：学生能树立良好的性别角色认知。

（3）媒材：舒缓轻音乐，每人一张 A4 纸，每组一张 A3 纸，彩笔若干。

（4）时间：90 分钟。

（5）活动流程：

阶段	游戏	步骤	目标	备注
暖身（15分钟）	模仿秀	1.模仿动作。学生围成一个圆圈站立，教师在圆圈中央，首先做一个异性常做的或有趣的动作，请大家猜一猜这个动作是什么，并引导大家用自己的方式模仿出来。 2.动作模仿。教师随机点一名学生，请他/她到圆圈中央展示一个异性动作，其他人继续模仿。进行5至8轮。 3.打招呼。学生们用自己所欣赏的异性打招呼方式向自己左右两边的同学打招呼，对方模仿你的方式。 4.异性打招呼。学生用自己所喜欢的异性的走路方式走动起来，遇到他人就用喜欢的异性打招呼方式互相联系，同时模仿对方的方式。模仿5至8轮，彼此之间充分接触。	1.学生能主动猜出动作内容，做出动作，集中注意力。 2.学生能自由展现自我。 3.学生能建立彼此联系。 4.学生能够放开身体，互相熟悉。	教师引导学生集中注意力，积极参与，认真观察。
发展（65分钟）	我眼中的他/她	1.描绘你我。男女同学每人在自己的A4纸上画出眼中的异性同学身体轮廓，并用关键词描述其有什么特点。指导者可提示同学们从行为方式、情绪特点、人际关系、兴趣爱好、学习风格等方面入手。 2.交流分享。学生每8人围成圆圈就坐，组内尽量男女数量平衡。组员顺时针方向传阅各自写的内容，同时轮次用身体动作、表情及行为展示异性身上的特点，其他人可适当提问，可相互交流、解释自己想表达的信息。 3.信息汇。组内汇总各自罗列的异性特点，分别创设发生在男生和女生身上的两个情景故事，合作用语言、身体、行为、情景呈现出他们的情节内容。 4.教师总结。各组轮流呈现，教师引导其他组发现两性间的特点、差异，说出亮点，引导学生将关键的异性特质写在黑板上。	1.学生能罗列身边异性同学的特点。 2.在团体中收集异性同学的特点，学生能彼此分享交流。 3.学生能合作创设两性情节内容。 4.学生能积极展示。	教师充分引导学生仔细觉察身边异性同学的特点，与自己性别角色的差异。
	"非诚勿扰"	1.小组内讨论交流。每组构建一个最受欢迎的男性和女性虚拟人物，并在A3纸上画出人物的轮廓，将该人物内外特点及喜好写在人体轮廓的内外。人物从外貌到性格、从优点到不足等方面越具体越全面越好，该人物将作为"非诚勿扰"节目嘉宾出现。 2.小组扮演人物出场。小组合作扮演虚拟人物，通过多种方式凸显小组所喜欢的男性和女性的特质，表演后其他小组根据所看见的特点，每组各有一次向"嘉宾"提问的机会，该组成员负责解答。	1.学生能充分交流喜欢的异性特点。 2.学生能积极展示，回应受大众所喜欢的异性特点。	教师要引导学生寻找公认的异性同学好的特点，及时纠正性别刻板印象和性别角色偏差问题。
结束（10分钟）	我言我心	1.放松。引导者播放舒缓的音乐，请同学们伴随音乐做深呼吸，闭眼静思：自己作为男生/女生有着怎样的性别角色优点，比如：男生的勇敢、责任心、大度、刚强，女生的柔和、宽容、文静等。 2.小结分享。同学们用一两句话或一种身体姿态表达对自身性别角色的新认识，以及对异性同学性别角色的新认识。 3.教师总结，学生彼此击掌致谢。	1.学生能呼吸放松，信任环境。 2.学生能积极表达感受。 3.学生感受到集体的力量。	教师要用轻缓的语言逐步带领学生感受深呼吸带来的放松。

（6）观察记录表：

阶段	游戏	目标	形成性评量					评量方式	教学使用	通过与否	教学决定	备注
			1	2	3	4	5					
暖身	模仿秀	1. 学生能主动猜出动作内容，做出动作，集中注意力。										
		2. 学生能自由展现自我。										
		3. 学生能建立彼此联系。										
		4. 学生能够放开身体，互相熟悉。										
发展	我眼中的他/她	1. 学生能罗列身边异性同学的特点。										
		2. 在团体中收集异性同学的特点，学生能彼此分享交流。										
		3. 学生能合作创设两性情节内容。										
		4. 学生能积极展示。										
	"非诚勿扰"	1. 学生能充分交流喜欢的异性特点。										
		2. 学生能积极展示，回应受大众所喜欢的异性特点。										
结束	我言我心	1. 学生能学会呼吸放松，信任环境。										
		2. 学生能积极表达感受。										
		3. 学生能感受到集体的力量。										

（三）第三次活动方案

（1）主题：同与不同。

（2）目标：学生能了解两性差异。

（3）媒材：舞步音乐，柔软的纸（卫生纸、报纸、宣纸等遇水可制纸浆的纸），A4纸，彩笔。

（4）时间：90分钟。

（5）活动流程：

阶段	游戏	步骤	目标	备注
暖身 （15 分钟）	圈圈秀	1. 动态模仿。教师引导学生围成两个同心圆圈，里外两个圆圈的同学面对面一一对应站立。跟随音乐节奏，外圈顺时针转动，里圈逆时针转动，当音乐停止，面对面的两个同学用自己喜欢的身体姿态定格五秒，然后模仿对方姿态。音乐节奏快慢随机控制，进行5至8轮。 2. 随机采访。教师随机采访，学生可以分享自己展示的姿态内容，可以是喜欢的明星、动漫人物等。	1. 学生能主动调动身体姿态，友好与他人互动。 2. 学生能积极观察，分享观点。	教师鼓励学生放开身体，大胆展现。
发展 （65 分钟）	"找茬"剧场	1. 分组。教师将成员分为纯男生组、纯女生组、男女生混合组，每组人数尽量相当。每组成员自由安排顺序。 2. 人物制作。每组成员各自制作一个在圈圈秀环节喜欢的或印象深刻的纸浆人物。用纸浆把这个人物的性别特点、角色身份、特色姿态等塑造出来，同时用不同的彩笔将其上色，形象越丰富越好。 3. 交流分享。组内彼此交流各自的纸浆人物特点信息。根据他们的差异分类。 4. 组间展示。每个小组集中展示本组的纸浆人物特色，共性与差异。	1. 学生能顺利分组，找到归属。 2. 学生能动手制作，大胆表达。 3. 学生能各抒己见，寻找差异。 4. 学生能积极展示，自助分享。	教师有意识地引导学生自主合作。
	微故事－大舞台	1. 故事创编。教师引导学生根据纸浆人物的展示，在所有纸浆人物中自由选择，每组选择3至5个作为主人公，通过集体讨论，创编一个有情节、体现人物性别角色特点的故事。 2. 情报刺探。编创故事期间，每组可选一名队员到其他小组"刺探"情报。观察纯男生组、纯女生组和男女混合小组间故事的差异。 3. 分享交流。每组分享故事，可以边表演边解说，最后评选出"最佳情节奖""最佳角色奖""最佳表演奖"等。 4. 小结交流。教师引导学生，请每个人回忆刚才的故事，男生组的故事和女生组以及男女生混合组有什么不同，性别角色创编故事带来什么特色？每个人可以用语言说明也可以在A4纸上用不同颜色、形状画出自己的观察。从两性的情绪表达、处事风格、思维方式、创造性等方面思考、表达。	1. 学生能了解活动要求，大胆想象、设计。 2. 学生能充分交流，促进合作。 3. 学生能积极自我展示，学会欣赏，友好评价。 4. 学生能认识到性别不同，积极表达。	教师引导学生将生活事件与情景融入故事。教师积极参与各小组的讨论，有意识地引导学生将性别特色融入故事。
结束 （10 分钟）	夸夸卡	1. 做作卡片。成员间互赠"夸夸卡"。每人在所有成员中至少选择一名异性同学，为他/她制作一张匿名"夸夸卡"，上面必备内容"你是一名……的男生/女生"，署名：我是一名……的女生/男生"。其中"……"内容为该性别的同学身上你观察到的独具性别色彩的优点。 2. 互赠卡片。学生互相赠送卡片，可托其他人代送，彼此致谢。 3. 总结与分享。教师总结，学生每人用一句话分享活动感受。	1. 学生能积极发现异性闪光点。 2. 学生能勇敢交流，学会致谢。 3. 学生能表达感悟。	教师鼓励学生积极发现异性同学身上的优点和特色。

（6）观察记录表：

阶段	游戏	目标	形成性评量					评量方式	教学使用	通过与否	教学决定	备注
			1	2	3	4	5					
暖身	圈圈秀	1.学生能主动调动身体姿态，友好与他人互动。										
		2.学生能积极观察，分享观点。										
发展	"找茬"剧场	1.学生能顺利分组，找到归属。										
		2.学生能动手制作，大胆表达。										
		3.学生能各抒己见，寻找差同。										
		4.学生能积极展示，自助分享。										
	微故事-大舞台	1.学生能了解活动要求，大胆想象、设计。										
		2.学生能充分交流，促进合作。										
		3.学生能积极自我展示，学会欣赏，友好评价。										
		4.学生能认识到性别不同，积极表达。										
结束	夸夸卡	1.学生能积极发现异性闪光点。										
		2.学生能勇敢交流，学会致谢。										
		3.学生能表达感悟。										

（四）第四次活动方案

（1）主题：异性吐槽大会。

（2）目标：学生能了解异性交往的常见问题。

（3）媒材：森林舞曲音乐，软纸制作的纸棒，《少年说》视频片段。

（4）时间：90分钟。

（5）活动流程：

阶段	游戏	步骤	目标	备注
暖身（15分钟）	"棒打鸳鸯"	1.报数分组。所有成员按照1~n（n根据总人数而定，n是多少就分多少组，建议每组6至8人）循环报数，然后报了相同数字的同学自动分为一组。 2.动作展示。小组内每人想一个自己喜欢的动作，并向其他成员展示。 3.棒打鸳鸯。小组围成一个圆圈站立，从某个成员开始顺时针依次报数，凡是报到数字中有3或能被3整除的同学，就不说出该数字，将刚才自己的动作展示3秒钟，然后继续报数。同学间要互相监督是否有错报漏报数字、动作错误等情况出现。如有出错，则用软纸折成的纸棒"责打"，受惩罚的同学可自选被"打"部位。该同学和左手边第一个异性同学一起合作摆一个表达男女同学关系的动作，开展5至8轮。 4.升级游戏。在以上基础上，继续增加难度，请报到数字中有3或能被3整除字的同学，不说出该数字，同时不做任何动作保持静止3秒，该同学左右相邻的两名同学则要做出该同学之前展示的动作。同学间仍要互相监督是否有错报漏报数字、动作错误等情况出现。如有出错，则用软纸折成的纸棒"责打"，受惩罚的同学和左右两边的同学一起表演一个与异性交往的造型动作。受罚同学还需自选被"打"部位。开展5至8轮。 5.分享交流。自愿原则，学生分享活动过程中所看、所听、所想。	1.学生能快速分组，找到归属。 2.学生能积极自我展示。 3.学生能集中注意力，全身心投入活动。 4.学生能在互动中体验人际关系的紧密联系。 5.学生能观察团队表现，捕捉自我感受。	教师要调动学生积极性，引导学生积极投入注意力参与其中，同时保证学生活动过程的安全。
发展（65分钟）	观影说影	1.观看视频。教师向学生播放一段视频材料。视频文件为《少年说》节目片段，内容是一名女生"吐槽"他的异性同桌。 2.分组讨论。8个人一组，假如你们就是这期"少年说"节目台下的观众，一起讨论交流视频中的男女同学身上有什么特点，你对此的看法、态度。 3.组间分享交流。	1.学生能投入地观看视频片段。 2.学生能带入角色，主动发表观点，交流想法。	教师注意引导学生表达自己真实的想法。
	吐槽大会	1.设计节目。教师设计新一期"少年说"，以"异性同学吐槽大会"为主题，每8个人负责一个"主人公"出场设计。组内分工，由编剧、剧务、演员、音响师等角色组成。小组利用学生身体、声音、纸张和教室内其他可用物资，完成主人公的全部吐槽表演环节。 2.表演交流。每组主人公呈现表演，其他小组可与之互动。 3.分享交流。每组"吐槽"中涉及的相同"槽点"可以继续相互分享交流。在场的异性观众可以结合自己的生活实际适当解释"槽点"由来和想法。 4.教师总结。教师引导学生归纳以上槽点在自己身上的表现，随机采访学生谈谈感受。	1.学生能分工合作，设计方案，觉察异性同学身上的问题与特点。 2.学生能调动资源，积极展示，彼此回应。 3.学生能交流合作。 4.学生能坦诚互动。	教师鼓励学生勇敢发现问题，勇于交流。
结束（10分钟）	自我赋能	1.放松身心。学生自愿报名，选择自己擅长和喜欢的方式带领同学们放松身心。可供选择的项目有：呼吸放松法、清唱歌曲引领法、肢体姿态放松法等。 2.总结分享。围绕刚刚被吐槽的异性问题和相处苦恼这一话题，每人用一句积极语言并配合一个身体动作，鼓励大家和谐相处。	1.学生能自主运用身心放松方法。 2.学生能积极面对异性相处问题。	教师鼓励学生用积极友善的态度面对生活中异性相处问题。

（6）观察记录表：

阶段	游戏	目标	形成性评量					评量方式	教学使用	通过与否	教学决定	备注
			1	2	3	4	5					
暖身	"棒打鸳鸯"	1. 学生能快速分组，找到归属。										
		2. 学生能积极自我展示。										
		3. 学生能集中注意力，全身心投入活动。										
		4. 学生能在互动中体验人际关系的紧密联系。										
		5. 学生能学会观察团队表现，捕捉自我感受。										
发展	观影说影	1. 学生能投入地观看视频片段。										
		2. 学生能带入角色，主动发表观点，交流想法。										
	吐槽大会	1. 学生能够分工合作，设计方案，觉察异性同学身上的问题与特点。										
		2. 学生能调动资源，积极展示，彼此回应。										
		3. 学生能交流合作。										
		4. 学生能坦诚互动。										
结束	自我赋能	1. 学生能自主运用身心放松方法。										
		2. 学生能够积极面对异性相处问题。										

（五）第五次活动方案

（1）主题：亲密有间。

（2）目标：学生能掌握异性交往原则与技巧。

（3）媒材：《小欢喜》视频片段，每组一张全开纸，笔。

（4）时间：90分钟。

（5）活动流程：

阶段	游戏	步骤	目标	备注
暖身（15分钟）	爱的抱抱	1.爱的抱抱。所有成员围成一个圆圈，缓慢跑动起来。伴随着音乐，引导者喊三次"爱的抱抱"后说一个数字，如说3，就3个人抱在一起。没有和其他人及时抱成团的学生用一个身体姿态或声音表达感受，然后加入新的圆圈获得"重生"，继续参与活动。进行5至8轮。 2.分享交流。教师请从未被淘汰的学生用关键词说说自己的"成功秘诀"，请淘汰圈的学生说说自己的"失败感言"和"重生感受"。	1.学生能集中注意力，活动身体。 2.学生能积极表达，各抒己见。	教师把握好口令节奏，快慢随机，启发学生积极分享与同伴肢体接触的感受。
发展（65分钟）	他们的抱抱	1.视频呈现。教师向学生呈现《小欢喜》中的男女主人公乔英子和方一凡在楼道拥抱的影视片段。（视频材料见附件） 2.分组扮演。8人小组，男女平衡。每个小组在英子、一凡和两位主人公妈妈、班主任、两位主人公爸爸和陌生人的角色中选择一个身份，以小组为单位共同扮演角色，各组有10分钟的时间商量情节。 3.组间交流。组间将所想情节进行交流，完善剧情呈现和后续发展。 4.演绎情感。根据以上交流，每个组从各自角色角度，准备好一会儿要发表的观点、身体姿态、态度、立场和应对方式。从角色角度演绎情感和行动。 5.总结分享。小组内讨论男学生、女学生、家长、老师、陌生人眼中认为合理的异性接触尺度、频率等，在每组的全开纸上用线条、刻度、坐标等方式设计呈现，每人在上面标注自己认为合理的空间位置。	1.学生能认真观看视频片段。 2.学生能相互交流商讨，确定小组角色。 3.学生能倾听他人想法，能调整设计方案和进度。 4.学生能结合不同社会身份，展现对待异性亲密接触时所持态度。 5.学生能自主设计，用具象化的形式自我表达异性亲密接触的认知调整。	教师引导学生身临其境，发挥想象，情真意切地演绎。
结束（10分钟）	魔镜魔镜	1.镜面人。教师引导大家站立，围成两个同心圆圈。每个人面对面结为对子，对方是彼此的"镜面人"。学生面对"镜子"讲述此次活动中的感受与收获，"镜面人"根据对方的表述做出友好的表情回应。同心圆一个顺时针走动，另一个逆时针走动，彼此间倾诉、回应。 2.教师总结。教师引导学生用"爱的抱抱"致谢。	1.学生能倾听，积极组织语言，并主动回应。 2学生能感受团队支持。	教师注意强调安全的氛围。

（6）观察记录表：

阶段	游戏	目标	形成性评量					评量方式	教学使用	通过与否	教学决定	备注
			1	2	3	4	5					
暖身	爱的抱抱	1.学生能集中注意力，活动身体。										
		2.学生能积极表达，各抒己见。										
发展	他们的抱抱	1.学生能认真观看视频片段。										
		2.学生能相互交流商讨，确定小组角色。										
		3.学生能倾听他人想法，能调整设计方案和进度。										
		4.学生能结合不同社会身份，展现对待异性亲密接触时所持态度。										
		5.学生能自主设计，用具象化的形式自我表达异性亲密接触的认知调整。										
结束	魔镜魔镜	1.学生能倾听，积极组织语言，并主动回应。										
		2学生能感受团队支持。										

（六）第六次活动方案

（1）主题：真爱密探。

（2）目标：学生能学会处理异性亲密交往问题。

（3）媒材：卡纸、全开纸、庆功音乐、A4 纸、彩笔。

（4）时间：90 分钟。

（5）活动流程：

阶段	游戏	步骤	目标	备注
暖身（15分钟）	密探"招新会"	1. 公告。教师自我介绍自己是密探神兵社社长，因机构发展，特需招募新密探加入组织。请所有应招人员充分发挥自己的密探本领，完成招募考察。 2. 蛛丝马迹。学生内外圈两两面对面站。教师引导学生观察对方的外形特征并找出变化。 （1）记住伙伴的外形。教师引导学生相互在 10 秒内观察对面伙伴从头到脚的外形特征并记在心里；然后内圈向后转，外圈观察内圈伙伴从头到脚的背影特征；然后内外圈向后转，内圈观察外圈伙伴的背影特征。 （2）做出三个改变。内外圈学生同时向后转身，背对背，教师从 10 倒数到 1，学生在教师数到 1 前摆弄衣服、饰品等做出三个外在的改变。 （3）火眼金睛。在教师数到 1 时，内外圈学生同时向后转，面对面站，找出对方的三个改变。 3. 我很厉害。教师统计找到一个、两个、三个变化的人数，并随机采访学生找到的变化是什么？为什么能找到？被找到的感觉？找到的感觉？ 4. 我当选啦。教师扮演社长，宣布结果：所有人都入选。 5. 入职宣誓仪式。教师扮演社长带领社员宣誓入职。所有人举起右手，社长说一句誓言，社员跟读一句，最后说自己的名字。	1. 学生能对教师的行为产生好奇心。 2. 学生能记住伙伴外形特征。 3. 学生能做出三个外形改变。 4. 学生能找到伙伴的三个变化。 5. 学生能积极表达活动感受。	1. 教师注意用语音语调激发学生参与热情。 2. 教师数数时注意观察学生的完成度，尽可能时间充分确保所有学生都已经做出三个改变了。
发展（65分钟）	密探"组建会"	1. 理想的密探。所有密探社团的新成员每 8 人一组，组内商量探讨，在全开纸上画出你们认为新社团中应该有的密探身份角色。可以用绘制服饰、经典动作、表情特点等方式展现这个人物的综合气质。 2. 角色分享。各组逐一分享所设角色。 3. 分工。所有新成员在以上角色中选择自己喜欢的角色，同一角色的成员组成新的小组，即职能部门建立。选出本部门部长，确定部门工作宗旨和部门誓言，并集体亮相。	1. 学生能合作完成角色身份设定。 2. 学生能积极表达观点。 3. 学生能听从内心做出选择，表达部门建设观点，积极展现自我。	教师引导学生根据自身特点选择角色身份，身临其境感受角色。

阶段	游戏	步骤	目标	备注
发展（65分钟）	密探"现场会"	1.密探任务。教师作为密探社长，介绍本次密探任务。"同志们，今天是新年的第一天，家家户户过新年，但由于我们特殊的职业却不能放假。刚接到一家长报案：我们所在城市失踪一女孩'京京'，她就读于市区某中学。一个哭泣的高中女孩，离家出走。"家长拿来的东西是线索之一：一双手套、钱包、照片、小纸条、文具、口罩、梳子、钥匙扣、糖、饼干早点。请侦探们"画"出女孩的"画像"。 2.交流信息。在社长带领下，各职能部门交流信息。讨论女孩的生活圈，不同职能部门将收集的信息和扩展信息分享。 3.开展密察工作。各职能部门明确自己的分工，从京京父母、同学、老师、邻居等途径开展侦查工作。部门内成员设想自己是京京的生活圈人物角色之一，说说自己眼中的京京。 4.信息汇总。教师确认大家所得知的讯息有哪些？商讨京京离家出走的最可能原因。 5.案件转机。父母想起京京的日记，带给侦探社。（教师分别请两个学生读，共两遍，在读第二遍的过程中，边读边引导探员分析推测可能发生的故事。）日记里说明了京京自己的状况，因为一开始谈恋爱，但是家人与老师都反对，他们只好偷偷地谈，她和男朋友在一起很好，牵手也很好，可是后来…… 6.情景再现。侦探们扮演不同角色做出四个定格画面：刚交往时；父母、家长得知后反对；私底下亲密，女孩受伤；困惑期，离家出走。 7.目标人物出现。人偶扮演找到的京京。众侦探问问题。（开始只是哭，后来说明原因是平安夜男友约自己逛公园，手拉手去，但走到阴暗的角落男友对自己动手动脚，摸身体，觉得肮脏，受不了就回去了。觉得这和自己想象的和电视上看到的不一样，以为两人在一起拉拉手、拥抱就是恋爱了。） 8.劝说。每个人在家长、老师、同学、男朋友这些角色中选择，同一角色为一组。这些角色成两列排列，教师扮演京京，从两列中间慢慢走过。各个角色各有不同的声音，从各自的角度出发劝导京京回家，平复心情，调整状态。 9.分享建议。每组在纸条上写下具体建议。最后集体分享呈现。 10.故事追踪。每组绘制两个月后京京的生活状态。	1.学生能身临其境了解任务信息，表达自己的看法，合作完成信息汇总。 2.学生能带入角色，充分交流。 3.学生能明确任务分工，深入角色梳理信息。 4.学生能进一步交流信息，大胆设想。 5.学生能深入了解任务信息。 6.学生能真实演绎生活情境，体验不同身份对事件的影响和态度。 7.学生能体验京京当下的感受和情感变化。 8.学生能从不同身份入手，寻找劝慰方法。 9.学生能完成积极的故事续写。	教师入戏扮演，生动形象地展现社长的权威，增强代入感。
结束（10分钟）	密探"庆功会"	1.制作勋章。每人用卡纸制作一个色彩勋章，送给合作中的助手、帮手或者榜样，并彼此致谢。 2.致谢告别。密探社长带领大家，伴随着音乐，一起手拉手围成一个圈，用喜欢的方式欢呼，彼此点头微笑，彼此回应，调整脚步，形成默契舞步。告别，期待下次合作。	1.学生能积极表达当下感受，体验到问题解决的喜悦之情。 2.学生能欣赏、感谢他人。	教师入戏扮演，增强代入感。

（6）观察记录表：

阶段	游戏	目标	形成性评量					评量方式	教学使用	通过与否	教学决定	备注
			1	2	3	4	5					
暖身	密探"招新会"	1.学生能对教师的行为产生好奇心。										
		2.学生能记住伙伴外形特征。										
		3.学生能做出三个外形改变。										
		4.学生能找到伙伴的三个变化。										
		5.学生能积极表达活动感受。										
发展	密探"组建会"	1.学生能合作完成角色身份设定。										
		2.学生能积极表达观点。										
		3.学生能听从内心做出选择，表达部门建设观点，积极展现自我。										
	密探"现场会"	1.学生能身临其境了解任务信息，表达自己的看法，合作完成信息汇总。										
		2.学生能带入角色，充分交流。										
		3.学生能明确任务分工，深入角色梳理信息。										
		4.学生能进一步交流信息，大胆设想。										
		5.学生能深入了解任务信息。										
		6.学生能真实演绎生活情境，体验不同身份对事件的影响和态度。										
		7.学生能体验京京当下的感受和情感变化。										
		8.学生能从不同身份入手，寻找劝慰方法。										
		9.学生能完成积极的故事续写。										
结束	密探"庆功会"	1.学生能积极表达当下感受，体验到问题解决的喜悦之情。										
		2.学生能欣赏、感谢他人。										

（七）第七次活动方案

（1）主题：爱情披萨。

（2）目标：学生能树立积极的爱情观。

（3）媒材：用硬纸板剪成的圆盘、全开纸、卡片纸、彩笔。

案例：一天，还在上初一的小 A 在课本里发现了一位同班男同学写给她的纸条，大意是说他很喜欢她，希望和她成为好朋友，而且还邀她放学后在运动场见面。小 A 是第一次面对这样的情况，她慌张地将纸条揉成一团，紧紧攥在手里。可是握着它，小 A 既兴奋又害怕，她的心砰砰乱跳，脸上像火烤一样，她的眼前立刻浮现出男孩儿的笑容和眼神。这一切让她不知所措了……

（4）时间：90 分钟。

（5）活动流程：

阶段	游戏	步骤	目标	备注
暖身（15分钟）	爱情色彩汇	1.爱的神态。学生四人一组，尽量男女平衡，小组内每人轮流用一个动作或者表情表演"恋爱"中的人常有的神态或动作，组内其他人猜出表演者想展现的状态，并模仿。 2.合作创作爱情色彩。邻近两个四人组合成八人组，每组一张全开纸，中间画一个大大的"心"形，每人将自己认为的爱情应有的颜色用彩笔描绘出来，可以用喜欢的形状、事物来呈现。小组完成并组内互相阐释。 3.分享作品。每组呈现作品，并介绍分享。	1.学生能用神态或动作展现自己所看到的恋爱状态。 2.学生能与他人合作完成作品。 3.学生能表达自己对恋爱的理解。	教师引导学生从身边爱的人、影视作品等人物多角度呈现恋爱的人的各种状态。
发展（65分钟）	爱情主编	1.呈现案例。教师向学生呈现案例。 2.创编故事。八人小组就以上情景进行分析，充分讨论，然后续写"一周后的故事""五年后的故事"发展，用连载简笔画的方式呈现在一张全开纸上，可以简要标注文字。 3.舞台剧场。每个小组结合连载作品和身体表演，再现故事发展。 4.分享交流。教师引导学生分析故事发展，根据故事发展，尝试讨论"早恋""分手""心动"等话题。	1.学生能理解故事背景。 2.学生能积极展开想象，用画笔呈现故事发展。 3.学生能调动身体，用语言、身体展现故事情节。 4.学生主动分享话题。	教师注意引导学生结合实际思考故事发展。
	自制爱情披萨	1.自制爱情披萨第一轮。 （1）原料准备。教师向每组学生提供一个用硬纸板制成的大圆盘，作为披萨饼。提前准备写有下列文字的卡纸，作为披萨原料包。原料包内容参考：承诺、浪漫、尊重、着迷、独立、吸引、温暖、美貌、亲密、信任、气质、分享、激情、理解、忠诚、性感、责任、一见钟情…… （2）原料选择。八人小组成员在原料包中选择自己制作爱情披萨所需的原料，也可以在空白卡纸上写上自己需要的其他原料。 （3）小组内交流。八人小组成员轮流介绍自己的原料。相同的原料即合并，不同的原料可交流。 2.自制爱情披萨第二轮。教师告知学生，现在每组仅能保留三种原料来制作一份爱情披萨，成员们思考交流后，保留下三种原料，并用彩笔让各自小组的披萨更美观。 3.轮组呈现。每个小组将爱情披萨进行介绍和呈现，其他小组发现亮点、启发点并随机分享。 4.教师小结。参考：斯滕伯格的爱情解读——爱情的三种元素。激情是一种情绪上的着迷，是两性间的相互吸引，包括外在美、气质和性感等方面。着迷、吸引、美貌、性感、一见钟情等，都属于激情的内容。 亲密是爱情关系中的温暖体验，包括对爱人的亲密，可以比作爱情的加油站，我们赋予它温暖的黄色。承诺是维持亲密关系的决定或担保，包括忠诚、责任等，是爱情中最理性的成分。 5.调整爱情披萨。 通过老师的讲解，和对他们小组的观察，各小组可以对自己小组的披萨进行调整。教师邀请调整得比较多的小组分享。	1.学生能清楚规则，主动呈现心中所想。 2.学生能积极分享，认真倾听，各抒己见。 3.学生能主动思考取舍，能够选择。 4.学生能积极展示，主动分享。 5.学生能理解爱情元素。 6.学生能主动自我调整，积极分享。	教师鼓励学生独立思考，呈现自己内心的真实想法和选择。
结束（10分钟）	拥抱爱情	1.动态拍照。结合爱情披萨的收获，每人每5秒换一个动作，来表达自己期待的爱情模样，变换三个动作。换动作时，教师集体拍照。 2.致谢。所有成员尽可能多地与同伴进行联结，双眼对视，握手，互相说："谢谢你，很高兴与你一起探讨爱情！"	1.学生能主动进行身体表达。 2.学生能在团体间表达信任，团体融合。	教师给学生充分的时间沉淀自己的感受。

（6）观察记录表：

阶段	游戏	目标	形成性评量					评量方式	教学使用	通过与否	教学决定	备注
			1	2	3	4	5					
暖身	爱情色彩汇	1.学生能用神态或动作展现自己所看到的恋爱状态。										
		2.学生能与他人合作完成作品。										
		3.学生能表达自己对恋爱的理解。										
发展	爱情主编	1.学生能理解故事背景。										
		2.学生能积极展开想象，用画笔呈现故事发展。										
		3.学生能调动身体，用语言、身体展现故事情节。										
		4.学生能主动分享话题。										
	自制爱情披萨	1.学生能清楚规则，主动呈现心中所想。										
		2.学生能积极分享，认真倾听，各抒己见。										
		3.学生能主动思考取舍，能够选择。										
		4.学生能积极展示，主动分享。										
		5.学生能理解爱情元素。										
		6.学生能主动自我调整，积极分享。										
结束	拥抱爱情	1.学生能主动进行身体表达。										
		2学生能在团体间表达信任，团体融合。										

（八）第八次活动方案

（1）主题：满载而归。

（2）目标：学生能回顾总结所学，告别团体。

（3）媒材：学生自制的成长相册，A3纸，卡片纸，便利贴、音乐《我们在一起》。

（4）时间：90分钟。

（5）活动流程：

阶段	游戏	步骤	目标	备注
暖身（15分钟）	爱心按摩	1.我为你按摩。两两一组，一人先为另一人按摩，从头开始，到手臂、背。结束后角色交换。 2.大家都爱你。四人一组，三个人为一个人按摩，轮流当被按摩的人。 3.我们是一家人。所有人围成大圆圈，先顺时针方向，后一人为前一人按摩，再逆时针方向。	1.学生能开始放开身体，体验付出与被爱。 2.学生能在玩耍的氛围里体验爱与被爱。 3.学生能凝聚情感，在场内献出力量。	教师注意引导学生按摩的力度和方式让被按摩的人舒服。
发展（65分钟）	回顾历程	1.成长相册。所有人拿出自己之前的作品所组成的成长相册及一张空白A3纸，带领者可以将平时拍摄的教学活动照片打印出来，放在中间，所有人自由走动回顾。 2.祝福留言。学生能在作品旁边的空白A3纸上，为作品主人留言，表达观感及想要表达的期待与祝福。	1.学生能静心感受自己一路的历程。 2.学生能向同学表达感受。	教师可以引导学生将成长相册排列成一个圆圈。
	印象深刻的活动	交流分享。所有人围成圈，每个人轮流用语言讲述自己在整个过程中印象深刻的活动，或者自己深刻的感受，并用三个动作或者三句歌词来表示自己的感受。	学生能再次回顾活动，回忆自己的感受，看到自己的变化。	教师引导学生积极使用眼神关注发言者。
	我的收获	1.静思回顾。教师引导学生放松身体，闭眼回顾前面七次的学习历程，引导学生在内心去整体感受七次课的收获，并在心理用形状、符号和色彩表达自己的收获。 2.小结梳理。每个人在卡片上写下自己整个活动过程的一些感受和收获，可以用图形、事物、色彩、符号、线条呈现。	1.学生能回忆过去的经历。 2.学生能精炼陈词，总结收获。	教师引导时注意语速适中，全面、多角度引导学生回顾感受前七次的收获。
	畅想未来	1.写下期待。每个人在便利贴上写下自己对于未来的期待。 2.分享交流。每个人轮次分享自己的期待，贴到"许愿树"上。	1.学生能写出自己对未来的期许。 2.学生能分享自己的期待。	
结束（10分钟）	一起舞蹈	1.双人舞。两两一组，手拉手，一起舞蹈。 2.小组舞蹈。四人一组，手拉手，一起舞蹈。 3.集体舞蹈。所有人围成圈，手拉手一起舞蹈，最后拥抱彼此，互相道别。	1.学生能适应身体的触碰。 2.学生能放开身心，感受欢乐气氛。 3.学生能释放情感，结束团体。	教师注意带头引领学生进行身体互动。

（6）观察记录表：

阶段	游戏	目标	形成性评量					评量方式	教学使用	通过与否	教学决定	备注
			1	2	3	4	5					
暖身	爱心按摩	1. 学生能开始放开身体，体验付出与被爱。										
		2. 学生能在玩耍的氛围里体验爱与被爱。										
		3. 学生能凝聚情感，在场内献出力量。										
发展	回顾历程	学生能静心感受自己一路的历程。										
	印象深刻的活动	学生能再次回顾活动，回忆自己的感受，看到自己的变化。										
	我的收获	学生能精炼陈词，总结收获。										
	畅想未来	1. 学生能写出自己对未来的期许。										
		2. 学生能分享自己的期待。										
结束	一起舞蹈	1. 学生能适应身体的触碰。										
		2. 学生能放开身心，感受欢乐气氛。										
		3. 学生能释放情感，结束团体。										

第五章

情绪管理之感悟式游戏教学设计 ◁▷

安东尼·罗宾斯曾说："成功的秘诀在于懂得怎样控制痛苦与快乐这股力量，而不被这股力量反制。如果能做到这点，你就能掌握自己的人生。反之，你的人生就无法掌握。"许多学者也认为，在个体发展中，情绪被视为个体整个生命连续发展的核心动力。

情绪作为人类心理活动的重要组成部分，在组织和指导人们的行为、交流与预测他人意愿方面都起着举足轻重的作用。情绪也是影响青少年生活、学习和人际交往的重要因素。青少年正处于身心发展不平衡时期。这个时候，青少年身高、体重和第二性征等发展成熟。生理上的逐渐成熟使青少年在心理上产生成人感。他们希望能获得与成人相当的尊重和权利，渴望变换社会角色。然而，由于此阶段身心发展的不平衡，有许多期望不能实现，容易产生挫败感。此阶段身心的不平衡发展，使青少年面临种种心理危机，常常表现出焦虑、抑郁、愤怒等情绪，且情绪起伏较大，容易走极端。因此，情绪管理不仅有助于青少年保持良好的情绪状态，更有利于青少年的身心健康发展。

从全国范围来看，相比于其他影响学生身心发展的因素，情绪问题在青少年当中的发生率较高。《心理健康蓝皮书：中国国民心理健康发展报告（2019—2020）》调查了青少年的抑郁情绪状况。报告显示：随着年龄的增长，儿童青少年抑郁检出率呈现上升趋势。小学阶段抑郁检出率为10%左右，其中重度抑郁检出率约为1.9%至3.3%，初中阶段抑郁检出率约为30%，重度抑郁检出率为7.6%至8.6%。高中阶段抑郁检出率接近40%，其中重度抑郁检出率为10.9%～12.5%。以上数据显示，青少年情绪问题不容乐观。不良的情绪状态不仅影响学生人际关系、学业等，当消极情绪的累积到一定程度时，青少年会采用某种极端的方式来宣泄或调节，如自伤行为、自杀行为、攻击行为，影响自己和他人的生命安全。因此，引导青少年科学管理情绪具有重大意义。

本次感悟式游戏教学设计方案以游戏为媒介引导青少年认识情绪、调节情绪，从而提高其管理情绪的能力。

一、教学对象

本章适合小学高段、初中、高中、大学阶段的青少年团体。可用于心理健康课程中，也可以用于发展目标不明确的青少年团体。

二、教学目标

1. 总目标

学生能识别自身和他人情绪，探索情绪产生的原因，积极调节消极情绪。

2. 子目标

学生能相互熟悉，形成团体归属感；能识别和表达自身情绪；能识别他人的负性情绪（怒、悲、焦虑、恐惧等）；能识别情绪产生的原因；能以科学的方式应对消极情绪。

三、教学时间

每次上课时间为 90 分钟，共 10 次课程。

四、教学准备

1. 场地：心理团体辅导室。

2. 音乐：舒缓音乐 3 首，《Glow》。

3. 纸：A4 纸若干。

4. 笔：彩笔、蜡笔、染料绘画笔、签字笔和铅笔若干。

5. 其他：扑克牌 5 张；剪刀 10 把；布巾 4 条；气球每人 2 个；红黄绿灯指示牌各一个；红黄绿色丝巾各一条；废旧杂志每人一本；双面胶 15 卷；卡牌 1 套；粘土 25 份；便利贴 10 份。

五、教学内容

（一）理论依据

情绪管理最先因《情绪智商》（《Emotional Intelligence》）一书而成名。丹尼·高曼（Daniel Goleman）提出，情绪管理是指善于掌握自我，善于调节情绪，对生活中矛盾和事件引起的反应能适可而止地排解，能以乐观的态度、幽默的情趣及时地缓解紧张的心理状态。Gross 认为，情绪管理是在情绪发生发展变化的过程中逐步展开的。在情绪发生发展的不同阶段，会产生不同的情绪控制与调节。在情绪发生过程的每一个阶段都会产生情绪调节，即情景选择（situation selection）、情景修正（situation modification）、注意分配（intentional deployment）、认知改变（cognitive change）、反应调整（response modulation）。选择情景是指个体有选择地趋近或避开某人、某事或某场合以调节情绪。当个体出现负面的情绪时就可以使用这种策略。情景修正是指个体通过对情绪的发生场景进行改变，来实现对整个情绪事件的有效控制。

晏红划分情绪管理的主要内容为了解自己的情绪、调节自己的情绪、关注他人的情绪、协调与他人情绪之间的关系和激励自我奔向目标，换而言之就是情绪理解、情绪调节、情绪知觉和情绪运用。有研究者将儿童情绪能力划分为情绪理解和情绪调节两大主要部分。张婉瑜将学生情绪管理的研究工具量表分为认识自己的情绪、妥善管理情绪、自我激励、认知他人情绪及人际关系处理五个构面。

由国内外理论研究来看，各学者提出的情绪管理理论要素构架含义相似。大多研究认为，情绪管理包括情绪觉察、情绪控制、情绪表达、情绪运用、情绪调节、情绪调适、情绪知觉等部分。

（二）政策依据

《中小学心理健康教育指导纲要（2012 年修订）》中指出，心理健康教育的具体目标是：使学生学会学习和生活，正确认识自我，提高自主自助和自我教育能力，增强调控情绪、承受挫折、适应环境的能力，培养学生健全的人格和良好的个性心理品质；对有心理困扰或心理问题的学生，进行科学有效的心理辅导，及时给予必要的危机干预，提高其心理健康水平。小学高段，帮助学生克服学习困难，正确面对厌学等负面情绪，学会恰当地、正确地体验情绪和表达情绪；中学阶段，学校心理健康教育应鼓励学生进行积极的情绪体验与表达，并对自己的情绪进行有效管理，正确处理厌学心理，抑制冲动行为；高中年级学生应建立对他人的积极情感的反应和体验。可见，情绪管理是中小学心理健康教育的重要内容之一。

（三）教学结构

根据晏红关于情绪管理的内容：了解自己的情绪、调节自己的情绪、关注他人的情绪、协调与他人情绪之间的关系和激励自我奔向目标，即情绪理解、情绪调节、情绪知觉和情绪运用。本次情绪管理主题的教学内容设计方案如下：

阶段	主题	目标
初始	很高兴认识你	学生能相互认识，初步形成团体凝聚力。
中间	情绪知多少	学生能体验情绪产生时的生理反应、面部表情等。 学生能辨别不同的情绪，能多样化地表达不同的情绪。
	情绪彩虹图	学生能觉察自己的情绪，体会每个人情绪表达的独特性。
	情绪来帮我	学生能识别积极情绪和消极情绪，能接纳自己的消极情绪，接纳自己的情绪。
	怒气冲冲	学生能了解愤怒的作用及表现形式，掌握调节愤怒的方法。
	和焦虑做朋友	学生能觉察自身的焦虑，并了解不同焦虑程度带来的影响，学会调节焦虑的方法。
	拥抱悲伤	学生能表达自己的悲伤，能找到应对悲伤的力量。
	当我害怕时	学生能了解害怕的表现形式，掌握调节害怕的方法。
	快乐常相随	学生能觉察自己的快乐，找到产生快乐的方法。
结束	快乐说再见	学生能回顾课程，总结收获，能积极面对分离，自信应对不同情绪。

六、活动设计方案

（一）第一次活动设计

（1）主题：很高兴认识你。

（2）目标：学生能相互熟悉，初步形成团体凝聚力。

（3）媒材：扑克牌 5 张（教师提前将每张扑克牌剪成 5 部分，将剪好的混合）。

（4）时间：90 分钟。

（5）活动流程：

阶段	游戏	步骤	目标	备注
暖身（20分钟）	初识	1.心随身动。教师带领学生慢慢伸展头、肩、手、腰和腿部。学生跟随教师放松身体。 2.身体对对碰。教师组织学生围圈而站。学生在圈内随意走动，与遇见的同学碰碰身体（手、脚、背等），如学生不愿与他人触碰身体某个部位，可将手放在胸前表示拒绝。 3.用身体动作表达"扑克牌"。教师引导学生思考扑克牌中的内容。教师说出某张牌（如方块9）后，随机指一位同学做某个动作代表该牌，该学生做完动作后，所有人都模仿他的动作，之后该学生说出另一张牌，并随机指定另一个学生做动作。依此循环，直至大部分同学都参与活动。	1.学生能按规则放松身体。 2.学生能与他人身体适宜地触碰。 3.学生能用身体表达扑克牌内容。	1.教师引导学生控制好身体碰撞的力度，不能有意伤害同学。 2.在认识"扑克"中，学生的速度要快，做的动作与扑克内容有关联。
发展（55分钟）	扑克家族	1.我想认识你。教师随机将五部分扑克牌放在桌上。学生每人抽取一张后寻找另外4个同学，拼好整张扑克牌。5人小组成员间互相介绍姓名和一个爱好。 2."扑克"大PK。教师引导学生以小组为单位，寻找一组"牌面"比本组大的小组PK。两小组成员两两划拳，胜者留在本组，败者到对方小组。挑战结束后，学生形成新的小组，小组成员相互介绍姓名和爱好。 3."扑克"展示：小组成员相互认识后，一起在全开纸上的大圆里制作代表本组特点的符号，圆外画自己的手掌轮廓，并在轮廓里写出自己可以贡献给小组的力量，协商本组的组名。学生完成后小组代表在全班分享。 4.话说"扑克"。教师引导PK的两组合成一组。学生结合本组成员及扑克牌面，编制本组特色故事并演出。 5.班级"扑克"展。各小组联合商量，将各小组特色融合，制定班级符号、口号，集体展示。	1.学生能找到小组。 2.学生能主动向他人介绍自己的姓名和爱好。 3.学生能与组员一起共同创作。 4.学生能与组员一起合作演出。 5.学生能为班级设计共同喜欢的标志。	1.教师需确保学生理解活动规则，为学生提供物品支持。 2.教师需关注没有参与活动的学生，了解其状态，给予适当支持。
	手搭肩	1.澄清。教师询问是否有学生不希望别人将手搭在其肩上，若有，教师询问该生：如果有同学选他时，他希望别人怎么做。 2.手搭肩1：学生思考"在教室中最早认识的人"。思考后，将手搭在该同学肩上。 3.分享：学生用一二人称分享"我认识你是在……"分享完后将手放下。 4.手搭肩2：学生思考："接下来你想进一步认识哪位同学。"思考后，将手搭在该同学肩上。	1.学生能理解规则。 2.学生能真诚地选择和分享。	教师注意澄清学生的想法。
结束（15分钟）	有谁和我一样	1.分享收获。教师请学生围圈而站，分享课程感受和收获。一位学生分享后，请具有与该同学相同感受、收获的学生向前走一步，直至大部分同学分享完毕。 2.致谢。教师引导学生相互致谢，期待下次相遇。	1.学生能表达自己的感受。 2.学生能表达感谢。	教师引导学生积极倾听，不评价和指责。

（6）观察记录表：

阶段	游戏	目标	形成性评量					评量方式	教学使用	通过与否	教学决定	备注
			1	2	3	4	5					
暖身	初识	1.学生能按规则放松身体。										
		2.学生能与他人身体适宜地触碰。										
		3.学生能用身体表达扑克牌内容。										
发展	扑克家族	1.学生能找到小组。										
		2.学生能主动向他人介绍自己的姓名和爱好。										
		3.学生能与组员一起共同创作。										
		4.学生能与组员一起合作演出。										
		5.学生能为班级设计共同喜欢的标志。										
	手搭肩	1.学生能理解规则。										
		2.学生能真诚地选择和分享。										
结束	有谁和我一样	1.学生能真实表达自己的感受。										
		2.学生能表达感谢。										

（二）第二次活动设计

（1）主题：情绪知多少。

（2）目标：学生能辨别和表达各种基本的情绪。

（3）媒材：A4纸、水彩笔、空椅子、情绪词汇表。

（4）时间：90分钟。

（5）活动流程：

阶段	游戏	步骤	目标	备注
暖身（20分钟）	情绪面具	1.身体发声。教师带领学生围圈而站。每位学生利用身体任何部位碰撞，发出2种以上声音。 2.情绪面具传递。教师用动作示范：假装戴上开心的情绪面具，做出开心的表情、声音和动作，然后假装取下传递给旁边的学生。接到面具的学生模仿戴面具、情绪表现和取面具，依次传递。传递5人次后，开心情绪面具换成悲伤面具传递，传递5人次后，换成愤怒面具，传递5人次后换成恐惧面具。 3.情绪动作模仿。教师即兴用声音、动作和表情表达一种情绪，其他人模仿。然后随机挑选学生换一种情绪表达，其他人模仿。	1.学生能用身体发声。 2.学生能辨别情绪面具的类型。 3.学生能用动作、声音和表情表达某种情绪。 4.学生能模仿情绪的声音、动作和表情。	教师引导学生尊重、接纳各种不同的情绪表达方式，鼓励创新。
发展（60分钟）	情绪知多少	1.我的情绪表情包。学生用表情包的方式画出自己经历过或身边的人经历过的情绪。教师随机抽取学生代表作品在班级分享。 2.基本情绪分类。根据学生的分享，教师总结学生所认识的情绪及其分类。根据分类，将学生分组。每组以一种基本情绪命名，学生选择一种自己最熟悉的基本情绪，加入对应小组。 3.情绪表现。教师引导学生小组准备情绪的呈现：合作用声音、动作、表情集体呈现该组情绪，要求呈现出情绪从轻到重的变化过程。 4.小组情绪展示。学生轮组展示小组情绪。其他组描述他们所看到的情绪及其表现。 5.教师总结。教师总结情绪的表现。	1.学生能画出自己所认识的情绪。 2.学生能用声音、表情和动作表达某种情绪。 3.学生能合作呈现情绪的变化过程。 4.学生能通过动作、表情和声音猜出某种情绪。	1.教师主动帮助活动中有困难的学生。 2.小组分享时，教师引导其他组积极观察情绪的表现。
	情绪大辨别	1.情绪之声。学生用抽到的"情绪词汇"朗读"我回来了"，其他同学猜猜，他们抽到的情绪词是什么？ 2.情绪脸谱。学生根据教师呈现的人物面部表情，说出表情代表的情绪。 3.情绪模仿秀。学生根据教师出示的情绪词汇，用面部表情或者动作表现出来，其他同学猜猜表演的是哪一种情绪？评出最佳"戏精"奖。	1.学生能用语音语调表达某种情绪。 2.学生能辨认出图片上的情绪。 3.学生能通过表情和语调分辨不同情绪。	教师注意引导学生用身体动作和表情恰当地表达情绪。
	情绪，我想对你说	1.光谱测量。教师选择一个点代表"我经常体能体会到某某情绪"（喜怒哀惧），另一点代表我常感受不到该情绪。教师引导学生根据其日常情况选择感受到特定情绪的程度。学生选择后，教师引导学生分享，分享内容为常感受到/不到该情绪带给自己的影响。 2.情绪，我想对你说。教师引导学生根据自己日常生活选择一种或多种情绪，写出对该情绪新的认识或想对其说的话。 3.空椅子。学生围圈面对椅子而站，将上环节所写的内容放在椅子上。教师引导学生想象某种情绪就坐在椅子上，全体学生同时轻声说出其想对该情绪说的话。学生转身代表情绪完成对话。	1.学生能辨识出自己感受到的情绪。 2.学生能表达对情绪的认识。 3.学生能说出对情绪想说的话。	意外应对：如果学生表达的对象是悲伤、遗憾、难过、愤怒等情绪，并且学生想表达的是希望这些情绪不要再跟着自己，但目前又无法摆脱。教师需认同学生的感受和处境，引导学生了解看到这个状态就已经是改变的开始了。
结束（15分钟）	我的分享	1.点状分享。教师询问学生本次课程的收获、感受，学生自愿分享。当某一学生分享完后，教师询问是否有和该生相同感受、收获的同学，请和他站到一起，并做相应补充。直至全体学生分享完毕。 2.相互感谢，相约下次课见。	1.学生能表达自己的收获和感受。 2.学生能真诚致谢。	教师注意关注全场，尽可能让学生的感受得到充分表达。

（6）观察记录表：

阶段	游戏	目标	形成性评量					评量方式	教学使用	通过与否	教学决定	备注
			1	2	3	4	5					
暖身	情绪面具	1.学生能用身体发声。										
		2.学生能辨别情绪面具的类型。										
		3.学生能用动作、声音和表情表达某种情绪。										
		4.学生能模仿情绪的声音、动作和表情。										
发展	情绪知多少	1.学生能画出自己所认识的情绪。										
		2.学生能用声音、表情和动作表达某种情绪。										
		3.学生能合作呈现情绪的变化过程。										
		4.学生能通过动作、表情和声音猜出某种情绪。										
	情绪大辨别	1.学生能用语音语调表达某种情绪。										
		2.学生能辨认出图片上的情绪。										
		3.学生能通过表情和语调分辨不同情绪。										
	情绪，我想对你说	1.学生能辨识出自己感受到的情绪。										
		2.学生能表达自己对情绪的认识。										
		3.学生能说出对情绪想说的话。										
结束	我的分享	1.学生能表达自己的收获和感受。										
		2.学生能真诚致谢。										

（三）第三次活动设计

（1）主题：情绪彩虹图。

（2）目标：学生能觉察自己情绪，体会到每个人情绪表达的独特性。

（3）媒材：A4纸、水彩笔。

（4）时间：90分钟。

（5）活动流程：

阶段	游戏	步骤	目标	备注
暖身（15分钟）	情绪万花筒	1.走走停。学生在教室内自由走动，听到教师击掌的声音就停，定格身体如雕像。教师检查定格情况，提示学生定格时感受自己的情绪。重复四次。学生继续自由行走，听到教师指令后做出与他人互动的动作，如头碰头、肩碰肩、脚碰脚、头靠肩等。 2.情绪变变变。学生自由走动，听到教师拍手击掌时做出教师指令动作：开心、恐惧、害怕、悲伤、抑郁等。	1.学生能控制自己的身体。 2.学生能做出指令动作。	1.教师根据学生的经验下指令词。 2.教师引导学生注意安全。
发展（60分钟）	我的情绪彩虹图	1.情绪静思。学生随着音乐声和引导语回忆自己近一周来体验到的情绪，感受当下自己的情绪。 2.情绪彩虹图。学生用不同类型的线条和颜色为过去一周每天的情绪配色，并在A4纸上绘出过去一周的情绪彩虹图。 3.小组分享。学生就近5人一组，在组内分享自己的情绪彩虹图及对应的情绪事件。	1.学生能辨别自己体验到的情绪。 2.学生能用色彩表达自己体验到的情绪。 3.学生愿意分享自己的情绪彩虹图。	学生分享时，教师强调其他学生注意倾听、不评价。
	班级情绪彩虹图	1.小组彩虹图。小组分享完成后，每位学生根据其他成员的彩虹图带给自己的情绪感受，选择一位成员，将自己的彩虹图放在被选成员彩虹图旁。选择完后，每位成员以第一二人称的句式（我选择你是因为……）分享做选择的原因。最后形成小组彩虹图。 2.彩虹会说话。小组将组员彩虹图里的情绪事件组合成一个新的故事，通过情景表演方式将本组的彩虹图故事演绎出来。演绎中，包含各种情绪的语言、身体姿势等。 3.班级彩虹图。小组彩虹图中心成员（被选人数最多者）在全班分享自己的彩虹图。根据其他中心成员的彩虹图带给自己情绪感受，每位中心成员选择一位成员，将自己小组彩虹图放在被选成员彩虹图旁。选择完后，以第一二人称分享做选择的原因。最后形成班级彩虹图。 4.风雨过后。学生走动观看"班级情绪彩虹图"，完成后选一个地方停留，分享关于情绪方面的感受。 5.教师总结。教师引导学生看到情绪的多样性，认识到自身情绪与生活情境的关系，看到自己情绪的独特性、与他人情绪的共性。	1.学生能主动观察他人的彩虹图。 2.学生能主动向同学表达自己的选择。 3.学生能合作演出彩虹图的故事。 4.学生能理解情绪的独特性与共性。	如果分享时，学生谁都不想选，教师可以提醒学生选择自己或与教师分享。
结束（15分钟）	回归当下	1.分享与总结。学生就地坐下，用一个词或一句话分享此时此刻的情绪感受。教师反馈学生表现。 2.感恩。教师带领学生感谢同学的陪伴，拍照留念。	1.学生能学会识别此时此刻自己的情绪。 2.学生能表达感恩。	教师注意积极反馈学生的分享内容。

（6）观察记录表：

阶段	游戏	目标	形成性评量					评量方式	教学使用	通过与否	教学决定	备注
			1	2	3	4	5					
暖身	情绪万花筒	1.学生能控制自己的身体。										
		2.学生能做出指令动作。										
发展	我的情绪彩虹图	1.学生能辨别自己体验到的情绪。										
		2.学生能用色彩表达自己体验到的不同情绪。										
		3.学生愿意分享自己的情绪彩虹图。										
	班级情绪彩虹图	1.学生能主动观察他人的彩虹图。										
		2.学生能主动向同学表达自己的选择。										
		3.学生能合作演出彩虹图的故事。										
		4.学生能理解情绪的独特性与共性。										
结束	回归当下	1.学生能学会识别此时此刻自己的情绪。										
		2.学生能表达感恩。										

（四）第四次活动设计

（1）主题：情绪来帮我。

（2）目标：学生能认识情绪的积极和消极作用，接纳自己的情绪。

（3）媒材：音乐《Glow》，布巾 4 条（不同颜色），气球每人 2 个，水彩笔每人 1 支。

（4）时间：90 分钟。

（5）活动流程：

阶段	游戏	步骤	目标	备注
暖身（15分钟）	队形大变换	1. 感受音乐。教师播放音乐《Glow》，学生感受音乐。 2. 队形大变换。全体学生跟随教师有秩序地走队形：先站两列，两列成员按照相同和相反的方向走、交叉走（变型）；两人交叉握手、钻山洞、跳舞、向其他成员挥手再见。	1. 学生能静心感受音乐。 2. 学生能积极模仿动作，与团队成员互动。	教师提前构思队形变化方式。
发展（65分钟）	相似圈	1. 有谁和我一样。全体学生围圈而站，符合教师指令相同感受/事件等的学生向前走一步。教师的指导语可为：在刚才的活动中，我很开心；开心情绪会提高我的学习/工作效率；我偶尔会伤心难过；此时此刻，我觉得我精力充沛；我认为情绪都有积极作用…… 2. 分享。每轮行动（向前走）后，教师引导学生分享（内外圈分享）。	1. 学生能做出自己的选择。 2. 学生能分享自己的感受。	指导语需正负面感受相间，最后为正面。
	情绪方形测量与展示	1. 分组。根据上次课程学生分享，学生自愿加入喜怒哀惧四组中的一组（每组人数尽量一致）；各组根据本组的情绪词创作一个情绪故事，用身体、声音、动作和适当的语言表现本组情绪从轻到重的过程。 2. 布置方形。在辅导室中央，教师用布巾拼成长方形。长方形四边分别为：我认为情绪对我们有积极作用；我认为情绪对我们有消极作用；我认为积极和消极作用均有；我对此没什么感觉或思考。 3. 选择站位。学生根据自己的实际情况选择长方形一方站立。 4. 分享。同一方的学生为一组，学生分享选择的原因，之后，小组同学用身体动作将小组认为的情绪的作用展示出来。 5. 教师总结。教师据此总结情绪的作用。	1. 学生能用身体、声音、动作和语言展现情绪。 2. 学生能理解长方形规则。 3. 学生能根据自己的思考、感受选择自己的位置。 4. 学生能积极参与小组分享和展示。 5. 学生能理解情绪的作用。	教师总结情绪的作用尽可能全面促进学生理解。
	情绪气球	1. 情绪气球标签。教师给每个学生两个不同颜色的气球，引导学生根据自己喜好确认一个开心气球和一个不开心气球。 2. 情绪气球。 （1）闭眼放松，回忆过往。教师引导学生坐好，通过呼吸调节放松身体，回忆近两周以来，自己所经历的主要事件，感受经历时的情绪。 （2）教师引导学生将近两周里感觉到开心的事吹到开心气球里，觉得不开心的吹到不开心气球里，直到两周的事件都回忆完。 （3）教师引导学生思考，如果人体是气球，装这么多开心和不开心的事件在心里是什么感觉，越装越多会是什么结果。 （4）学生吹大气球，用水彩笔将开心和不开心的事件画在气球上。 3. 分享。两人一组，相互分享主要情绪事件及情绪的感受，以及自己应对的方法。教师抽取学生在集体中分享自己的情绪事件及应对方法。 4. 教师总结。每种情绪都是特别的存在，对我们均有积极和消极的影响。长期过度处于某种情绪状况下对身心健康不宜。每种情绪都在向我们传递重要的信息，我们都需要去看见和接纳。 5. 与过去的开心和不开心说再见。教师将学生分成两大组，学生站成两列，将气球互相抛向对方，尽可能让自己一方的气球少，少的赢。学生自己决定是否将气球丢出去，然后和过去说再见。	1. 学生能放松身体。 2. 学生能区分开心和不开心事件。 3. 学生能感受到情绪强度变化的过程。 4. 学生能将开心和不开心事件画出来。 5. 学生能与同学分享开心和不开心事件。 6. 学生能理解情绪的影响。 7. 学生能放下过去的开心和不开心事件。	1. 教师引导学生注意安全。 2. 害怕气球的同学在旁观看，采用说的方式代替吹气球，踩气球时可以请其他同学帮忙。
结束（10分钟）	话说我心	1. 话说我心。每位学生用一句话说说本次课程收获、感受或建议。 2. 相互致谢，道别。	1. 学生能分享自己的收获或感受。 2. 学生能认真倾听他人分享。	教师注意积极反馈学生的分享内容。

（6）观察记录表：

| 阶段 | 游戏 | 目标 | 形成性评量 | | | | | 评量方式 | 教学使用 | 通过与否 | 教学决定 | 备注 |
			1	2	3	4	5					
暖身	队形大变换	1.学生能静心感受音乐。										
		2.学生能积极模仿动作，与团队成员互动。										
发展	相似圈	1.学生能做出自己的选择。										
		2.学生能分享自己的感受。										
	情绪方形测量与展示	1.学生能用身体、声音、动作和语言展现情绪。										
		2.学生能理解长方形规则。										
		3.学生能根据自己的思考（感受）选择自己的位置。										
		4.学生能积极参与小组分享和展示。										
		5.学生能理解情绪的作用。										
	情绪气球	1.学生能放松身体。										
		2.学生能区分开心和不开心事件。										
		3.学生能感受到情绪强度变化的过程。										·
		4.学生能将开心和不开心事件画出来。										
		5.学生能与同学分享开心和不开心事件。										
		6.学生能理解情绪的影响。										
		7.学生能放下过去的开心和不开心事件。										
结束	话说我心	1.学生能分享自己的收获或感受。										
		2.学生能认真倾听他人分享。										

（五）第五次活动设计

（1）主题：怒气冲冲。

（2）目标：学生能了解愤怒的作用及表现形式，掌握调节愤怒的方法。

（3）媒材：《幸福拍手歌》，轻缓音乐1首，红黄绿灯指示牌各一个。

（4）时间：90分钟。

（5）活动流程：

阶段	游戏	步骤	目标	备注
暖身（10分钟）	身体放松操	1.身体拉伸。全体学生围圈而站，跟随教师的指令完成从头到脚的拉伸动作。按摩头部、左右摆动头部、前后活动手臂、上下伸展身体等。 2.《幸福拍手歌》律动。教师唱《幸福拍手歌》，根据歌词做动作，学生模仿。然后教师改编歌词，将"幸福"改为愤怒，随请学生用动作和声音表达愤怒，其他人在唱到"如果感到愤怒，你就……"时模仿该同学的声音和动作。重复3至5次，随机抽取3至5位同学表达，其他人模仿。	1.学生能模仿动作。 2.学生能表达自己愤怒时的声音和动作。 3.学生能模仿愤怒的声音和动作。	1.教师引导学生尽力完成，不追求极限。 2.教师尽可能引导学生表达愤怒时的声音和动作。
发展（50分钟）	相似圈	1.有谁和我一样。学生围圈而站，教师提供指导语，具有相似经验、感受和行为的学生向前一步。指导语：在刚才的活动中，我感觉身体很放松；我很高兴再次见到同学们；在过去一周里，我情绪状态较稳定；过去一周里，我遇到让人愤怒的事情；我曾经经历过让人愤怒的事情。 2.分组分享。教师根据学生的感受状态随机分组，请学生在组内分享自己曾经遇到哪些愤怒的事情等。	1.学生能根据自己的实际情况作出选择。 2.学生能在组内分享自己的愤怒故事。	教师可根据学生当时的状态提供指导语，指导语应积极和消极相间。
	愤怒剧场	1.小组愤怒故事。小组选择一个有代表性的愤怒故事或将组员的愤怒故事串编成一个新故事，并合作演出愤怒发生的前因后果。 2.演绎愤怒剧。教师为各组编号，各组轮次表演，提醒各组用心观看，思考面对前一组的愤怒情绪解决之道。 3.总结。教师引导学生总结，发现愤怒背后的原因及其可能的后果，看到调节愤怒的重要性。学生汇总愤怒背后的原因及应对方式。 4.演绎调节方法。各组合作，用身体表演的形式，演绎前一组愤怒情绪的解决之道。 5.提炼方法。教师带领学生提炼处理愤怒的方法，并写在黑板上。	1.学生能合作编创并演出愤怒故事。 2.学生能认真观看和思考。 3.学生能理解愤怒的原因和结果。 4.学生能演绎解决愤怒的方法。 5.学生能获得多种处理愤怒的方法。	学生分享完后，教师可以总结升华。
	怒气冲冲	1.教师介绍以下两种方法： （1）愤怒红黄绿灯 红灯：停下，深呼吸，心平气和。 黄灯：表达感受（对方骂我，我特别生气）。 ①确定目标（黄灯说：我想知道对方为什么这样我，并让他知道我的感受。） ②想出多种处理方案（如争吵？打一架？谈一谈？） ③考虑后果（争吵会加剧矛盾，不行，打一架弄不好只打出祸事，也不行，谈一谈是好主意。） 绿灯：选择最佳方式，付诸行动。 （2）"怒"向"我"说 ①就事论事，说明引起愤怒的事情。 ②以"我"开头表达你此时的情绪状态。 ③严肃郑重提出让对方改正句式： 你这样说（做）的时候，我感受…… 我希望你…… 2.指导学生组内演练：学生就最开始分享的愤怒故事，分享自己喜欢的处理方式。	1.学生能理解愤怒处理的方法。 2.学生能积极演练愤怒处理的方法。	教师的讲授尽量清楚明了。
结束（10分钟）	愤怒消消乐	1.愤怒消消乐。以心理剧场小组为单位，每组商量最喜欢的一个调节愤怒情绪的方法，并用一个身体姿势展示，之后定格拍照。 2.我的收获。每人用一个词表达课程的收获或感受。	1.学生能合作表达愤怒调节的方法。 2.学生能真诚地分享自己的感受。	教师注意引导学生充分释放情绪。

（6）观察记录表：

阶段	游戏	目标	形成性评量					评量方式	教学使用	通过与否	教学决定	备注
			1	2	3	4	5					
暖身	身体放松操	1. 学生能模仿动作。										
		2. 学生能表达自己愤怒时的声音和动作。										
		3. 学生能模仿愤怒的声音和动作。										
发展	相似圈	1. 学生能根据自己的实际情况作出选择。										
		2. 学生能在组内分享自己的愤怒故事。										
	愤怒剧场	1. 学生能合作编创并演出愤怒故事。										
		2. 学生能认真观看和思考。										
		3. 学生能理解愤怒的原因和结果。										
		4. 学生能演绎解决愤怒的方法。										
		5. 学生能获得多种处理愤怒的方法。										
	怒气冲冲	1. 学生能理解愤怒处理的方法。										
		2. 学生能积极演练愤怒处理的方法。										
结束	愤怒消消乐	1. 学生能合作表达愤怒调节的方法。										
		2. 学生能真诚地分享自己的感受。										

（六）第六次活动设计

（1）主题：和焦虑做朋友。

（2）目标：学生能觉察自身焦虑程度及对自身的影响，学会调节焦虑的方法。

（3）媒材：红黄绿色丝巾各一条，废旧的有彩色图片的杂志每人一本，剪刀每人一把，双面胶 15 卷，A3 纸每人一张，彩铅（或水彩笔）10 盒。

（4）时间：90 分钟。

（5）活动流程：

阶段	游戏	步骤	目标	备注
暖身（15分钟）	成长三部曲	1.成长三部曲。教师引导学生围圈而站后开始剪刀石头布游戏。每位学生均为一枚鸡蛋。两人一组划拳，胜者升级为小鸡，输者继续为鸡蛋；同级别学生划拳，从鸡蛋升级为小鸡，再到大鸡，最后到凤凰。除升级为凤凰者外，其余学生均接受"惩罚"。 2.学生分享。学生自愿分享：在成长三部曲中最主要的情绪体验；听到升级失败会有惩罚时的感受。 3.教师总结。在面对对自己很重要的"任务"且不确定自己是否有能力完成时，我们常常会感到焦虑。	1.学生能按规则主动积极投入活动。 2.学生能积极分享自己的体验和感受。	教师关注全体学生的状态，主动为有困难的学生提供帮助。
发展（55分钟）	焦虑那件事	1.点状测量。学生围圈而站，教师请学生分享"最近一个月带给你焦虑感的事情"。有相同事件的学生为一组，分享焦虑事件及其带给自己的影响。 2.焦虑的故事。小组合作将焦虑事件及其影响串编成一个故事，用身体合作方式呈现。各组轮次表演。	1.学生能根据自己真实感受选择站立位置。 2.学生能分享自己的焦虑事件。 3.学生能合作演出焦虑故事。	教师在总结焦虑积极和消极影响时，内容应来源于学生的反馈。
	红黄绿灯	1.布置场景，区分"红黄绿灯"。教师将红黄绿丝巾依序首尾相连摆放。根据"焦虑那件事"学生的反馈，教师选择近期学生共同焦虑的事件为"红黄绿灯"环节探索事件（如考试焦虑）。绿灯代表"我一点都没有考试焦虑，我非常放松"；黄灯代表"我对考试有些焦虑，但我还能承受"；红灯代表"考试太让我焦虑了，已经严重影响我的生活和学习，我快承受不了了"。 2.选位置。学生根据自己的实际情况选择位置站好（如程度在两种灯之间可站在中间位置）。 3.学生分享。位置相近的学生组成一组，分享选择站在这里的原因及焦虑带给自己的具体影响。之后，每组选一名学生代表全班分享。 4.换一换。红、黄灯学生是否想与绿灯位置学生交换，愿交换的学生交换后分享原因及感受；红、黄灯学生询问绿灯学生如何做到不焦虑的，绿灯学生回答。 5.教师总结。教师用学生的事例讲清楚焦虑的积极和消极作用。	1.学生能理解规则。 2.学生能通过站位表达自己的焦虑状态。 3.学生能通过语言分享自己的焦虑程度及其原因。 4.学生能认真倾听和思考。 5.学生能理解焦虑的积极和消极作用。	学生分享时，教师需要留意情绪反应较大的学生，给予情感支持。
	剪贴画	1.寻找图片。学生翻阅废旧杂志，凭直觉剪下自己喜欢的图片。 2.剪贴画。学生将剪下的图片重新处理，在A3纸上粘贴出3种调节焦虑的方法，方法可为自己常用的方法，也可为自己想尝试的方法；学生完成后，可以整体修饰（画、贴等），取名。 3.我的法宝。学生在小组内分享解决焦虑的方法。之后，小组代表总结本组解决焦虑的方法在全班分享。	1.学生能找到自己喜欢的图片。 2.学生能找到自己解决焦虑的方法。 3.学生能分享自己解决焦虑的方法。	教师尽量准备足够多的有图片的旧杂志。
结束（20分钟）	重选红黄绿	1.重新评估。学生重新评估自己考试焦虑程度，选择红黄绿灯上的位置站立。 2.学生分享。学生分享站立该位置的原因。 3.我想说。面对考试焦虑，每位学生说一句想表达的话。	1.学生能看到自己焦虑状态的变化。 2.学生能表达自己面对焦虑的方法。	教师注意观察学生自我评分的变化。

（6）观察记录表：

阶段	游戏	目标	形成性评量					评量方式	教学使用	通过与否	教学决定	备注
			1	2	3	4	5					
暖身	成长三部曲	1.学生能按规则主动积极投入活动。										
		2.学生能积极分享自己的体验和感受。										
发展	焦虑那件事	1.学生能根据自己真实感受选择站立位置。										
		2.学生能分享自己的焦虑事件。										
		3.学生能合作演出焦虑故事。										
	红黄绿灯	1.学生能理解规则。										
		2.学生能通过站位表达自己的焦虑状态。										
		3.学生能通过语言分享自己的焦虑程度及其原因。										
		4.学生能认真倾听和思考。										
		5.学生能理解焦虑的积极和消极作用。										
	剪贴画	1.学生能找到自己喜欢的图片。										
		2.学生能找到自己解决焦虑的方法。										
		3.学生能分享自己解决焦虑的方法。										
结束	重选红黄绿	1.学生能看到自己焦虑状态的变化。										
		2.学生能表达自己面对焦虑的方法。										

（七）第七次活动设计

（1）主题：拥抱悲伤。

（2）目标：学生能表达自己的悲伤，能找到应对悲伤的力量。

（3）媒材：静思指导语，轻音乐1首，A4纸若干，彩铅/水彩笔10盒，卡牌1套，签字笔若干。

（4）时间：90分钟。

（5）活动流程：

阶段	游戏	步骤	目标	备注
暖身（10分钟）	雨点变奏曲	1. 身体的声音。每位学生利用身体任何部位碰撞，发出2种以上声音。 2. 下雨的声音。教师引导学生发出如下四种声音，将四种声音与下雨匹配：手指腹互相敲击（小雨）、手掌轮拍大腿（中雨）、用力鼓掌（大雨）、轮跺双脚（暴雨）。 3. 雨点变奏曲。首先，集体大圆圈里，教师引带领学生"合奏"一曲雨点变奏曲（教师手抬高表示声音变大，手放低代表声音变小）。然后，听教师指令，内外圈两人互动合奏变奏曲。 4. 分享。在活动中，你的情绪有哪些变化？由雨你会想到什么？	1. 学生能用身体发出声音。 2. 学生能用身体表达雨声。 3. 学生能与他人合作表达雨声。 4. 学生能对雨声产生联想。	教师注意示范不同的动作的特点，确保学生能记住。
发展（60分钟）	"悲伤"主题卡牌故事	1. 调整呼吸，放松身体。教师引导学生调节呼吸，让自己放松下来。 2. 选择卡牌。教师将卡片分散放在地上。学生跟随感觉，在地上众多卡片中，选择一张自己最感兴趣的卡片。 3. 学生分享。自由组成5人小组，分享"卡片中，我看到……我感受到……" 4. 绘说故事。本次课程的字牌是"悲伤"。小组成员将手中的图牌与字牌结合，依次说一两句关于"悲伤"的话。 5. 悲伤的故事。组员共同努力将每个人的关于悲伤的话语组合创编一个关于"悲伤"的故事。 6. 故事演出。小组成员合作演出组内创编的"悲伤"故事。	1. 学生能放松下来。 2. 学生能选择自己喜欢的卡片。 3. 学生能分享自己对卡片的感受。 4. 学生能将卡片与悲伤结合。 5. 学生能合作参与悲伤故事创编。 6. 学生能合作演出小组悲伤故事。	1. 教师引导学生观察悲伤的感觉和表现。 2. 教师注意关注存在困难的学生，课外单独辅导。
	悲伤与我	1. 我的悲伤。学生用文字或图画写或画出近一个月让自己悲伤的事情。0至10分为悲伤程度，各自根据自己的感受为悲伤事情打分。 2. 分享。2人一组，学生分享自己的作品。	1. 学生能画出或写出自己的悲伤故事。 2. 学生能分享自己的悲伤故事。	教师注意营造相互支持的氛围。
	我的力量手	1. 绘制力量手。学生选择自己最有力量的一只手，将其轮廓画在A4纸上；学生将认为可以帮助自己缓解悲伤的人、物或其他力量写或画在力量手上，之后可适当装饰。 2. 分享。学生在小组内分享自己的力量手，小组代表在全班分享。	1. 学生能画出力量手。 2. 学生能积极分享自己的力量手。 3. 学生能认真倾听他人的分享。	当学生找不到力量时的意外应对：教师可以请其他同学现场给予他支持。
结束（20分钟）	传递力量	1. 感受力量。每位学生将自己所画的力量手放在胸前，感受其力量。 2. 力量动作。每位学生根据"力量手"确定一个缓解悲伤的"力量动作"并命名。 3. 传递力量。全体学生围成一个圈，从任意一个同学开始，说名字并同时做力量动作，该同学做完后，其他学生一起重复，依次循环直至全部学生说完。 4. 感恩有你。感恩教师，感恩身边的每一位同学。	1. 学生能感受到力量手的力量。 2. 学生能做出缓解悲伤的"力量动作"。 3. 学生能表达对同伴的感恩。	教师注意关注情绪低落的学生。

（6）观察记录表：

| 阶段 | 游戏 | 目标 | 形成性评量 | | | | | 评量方式 | 教学使用 | 通过与否 | 教学决定 | 备注 |
			1	2	3	4	5					
暖身	雨点变奏曲	1.学生能用身体发出声音。										
		2.学生能用身体表达雨声。										
		3.学生能与他人合作表达雨声。										
		4.学生能对雨产生联想。										
发展	"悲伤"主题卡牌故事	1.学生能放松下来。										
		2.学生能选择自己喜欢的卡片。										
		3.学生能分享自己对卡片的感受。										
		4.学生能将卡片与悲伤结合。										
		5.学生能合作参与悲伤故事创编。										
		6.学生能合作演出小组悲伤故事。										
	悲伤与我	1.学生能画出或写出自己的悲伤故事。										
		2.学生能分享自己的悲伤故事。										
	我的力量手	1.学生能画出力量手。										
		2.学生能积极分享自己的力量手。										
		3.学生能认真倾听他人的分享。										
结束	传递力量	1.学生能感受到力量手的力量。										
		2.学生能做出缓解悲伤的"力量动作"。										
		3.学生能表达对同伴的感恩。										

（八）第八次活动设计

（1）主题：当我害怕时。

（2）目标：学生能了解害怕表现形式，掌握调节害怕的方法。

（3）媒材：轻音乐1首，便利贴10份，签字笔若干，A4纸50张，彩铅（或水彩笔）10盒，绘本《当我感到害怕》，安全岛指导语。

安全岛指导语

请你缓慢地吸气和吐气，让自己平静下来。我们要在你的内心世界找一个安全岛。在岛上，你能够感受到非常的安全和舒适。安全岛可能存在于你的想象世界里，也可能就在你的附近。这里只属于你一个人，没有你的允许，谁也不能进来。别着急，慢慢找一找这样一个神奇、安全、惬意的地方……一定有一个这样的地方，你只需要花一点时间，耐心地寻找……它长什么样子、在什么地方、有多大、周围是否有其他事物？请你按照自己喜欢的方式装饰你的安全岛。

把你的安全岛装饰好了以后，请你仔细体会，你的身体在这样一个安全的地方，都有哪些感受？你看见了什么？你听见了什么？你闻见了什么？你的皮肤感受到了什么？你的肌肉有什么感受？呼吸怎么样？你的腹部感觉怎么样？请你尽量仔细地体会现在的感受，这样你就知道，到这个地方的感受是什么样的……

如果你在你的安全岛上感觉到非常的安全，就请你用自己的身体设计一个特殊的姿势或动作，用这个姿势或动作，你可以随时回到这个安全岛来。以后，只要你一摆出这个姿势或者一做这个动作，它就能帮你在你的想象中迅速地回到你的这个地方来，并且感觉到舒适。你可以握拳，或者把手摊开。请你带着这个姿势或动作，全身心地体会一下，让身体记住安全岛上的感受。当你觉得已经在这个安全岛呆了足够的时间，请撤掉你的这个动作，回到当下，回到这个房间里来。

（4）时间：90分钟。

（5）活动流程：

阶段	游戏	步骤	目标	备注
暖身（10分钟）	惊吓一瞬间	1. 深呼吸。学生围圈而站深呼吸，让自己平静下来。 2. 身体写名字。学生向后转，用头、手臂、腰、臀、腿等部位写自己的名字。过程中不说话，只有身体行动。 3. 惊吓一瞬间。学生内外圈两两面对面站，听教师指令做动作。指令依次为：内外圈同时做害怕的动作和声音；内外圈同时做吓人的动作和声音；外圈做先做吓人动作面向内圈，内圈做害怕动作；内圈先做吓人动作面向外圈，外圈做害怕动作。	1. 学生能集中注意力。 2. 学生能积极用身体部位书写自己的名字。 3. 学生能做出惊吓的动作和声音。	教师引导学生一起行动。
发展（65分钟）	熊出没	1. 图片分享。教师呈现图片：一只棕熊闯入帐篷，小明正在帐篷中休息。 2. 点状测量、分组。你是小明，你的第一反应是什么？教师请学生分享自己的第一反应，具有相同反应的学生组成一组。 3. 身体雕塑。在小组内，每个小组成员轮次分享自己的第一反应，并一起将第一反应的面部表情、身体姿势用身体雕塑的形式形成一个整体。 4. 轮组展示各组的身体雕塑。学生与组员合作展示本组的身体雕塑。 5. 教师总结。当身心受到威胁时，我们会感到害怕，面部表情和身体姿势表现为某某（来源于学生分享内容），这些都是正常反应，他们提醒着我们正面临着危险，需要调动身体各部位一起应对。	1. 学生能做出自己真实的反应。 2. 学生能在组内分享自己的真实反应。 3. 学生能与同学合作展示身体雕塑。 4. 学生能理解恐惧的反应和表现及意义。	1. 点状测量中，可设定一个"其他"选项。 2. 教师提前澄清学生是否有身体禁忌（不想别人触碰），请有禁忌的学生给出替代性拥抱方式。
	我的害怕	1. 绘本欣赏。教师引导学生阅读绘本《当我感到害怕》。 2. 画一画。回顾近期最让自己感到害怕的一件事，用自己觉得安全的线条、文字、图画等将感受表达出来，并为其着色。 3. 小组分享。学生在小组内分享"我的害怕"。	1. 学生能理解绘本内容。 2. 学生能画出自己的害怕。 3. 学生能真诚分享自己的害怕。	教师注意学生的反应，如情绪强烈，应及时处理。
	与害怕对话	1. 场景布置。每组学生中间放置一个空椅子。 2. 写一写。学生在便签贴上写下面对"害怕"想说的话、可以帮助自己面对"害怕"的人或物以及处理害怕的方法。 3. 与害怕对话。学生轮流将"画"放在中间的空椅子上，挑选同学代表能帮助自己面对"害怕"的人站在自己身边，说出自己面对"害怕"想说的话及处理害怕的方法，将"写一写"便签贴在椅子上。 4. 学生分享。小组内分享感受，整理组员面对"害怕"的方法，并在全班分享。	1. 学生能写出面对"害怕"时想说的话，可帮助自己的人、物及方法。 2. 学生能用空椅子表达自己应对"害怕"的方法。 3. 学生相互配合完成组内分享。 4. 学生能理解多种面对"害怕"的方法。	教师先示范操作步骤，并引导组员之间相互配合。
	我的安全岛	1. 调整呼吸。教师请学生以舒服的姿势坐下，按照自己的节奏完成三个深呼吸，让自己平静下来。 2. 创建安全岛。教师请学生跟随自己的指导语放松，在放松的过程中建构自己的安全岛。	1. 学生能平静下来。 2. 学生能进入放松状态。 3. 学生能跟随教师静思。 4. 学生能构建自己的安全岛。	教师注意引导的语速、语调适宜，引导学生放松，熟悉安全岛的引导流程。
	回收桶	1. 与害怕告别。教师播放背景音乐，学生依次用一句话与害怕道别。 2. 回收桶。教师在教室中间放置一个回收桶。学生用自己喜欢的方式将"害怕"放置在回收桶里。	1. 学生能用语言与害怕道别。 2. 学生能将"害怕"放进回收桶。	教师注意用形象的动作示范引导学生释放情绪。
结束（15分钟）	拥抱害怕	1. 教师总结。教师总结害怕时的身心反应和调节方式。 2. 我的收获。学生用一个词或一句话分享本次课程的感受。 3. 支持和鼓励。全体教师和学生围成一个圈，手拉手，互相说："加油吧！我会在你身边，给你鼓励，给你支持，加油！"	1. 学生能表达自己的感受。 2. 学生能感受到集体的温暖和支持。	教师注意鼓励学生表达真实的感受。

（6）观察记录表：

阶段	游戏	目标	形成性评量					评量方式	教学使用	通过与否	教学决定	备注
			1	2	3	4	5					
暖身	惊吓一瞬间	1. 学生能集中注意力。										
		2. 学生能积极用身体部位书写自己的名字。										
		3. 学生能做出惊吓的动作和声音。										
发展	熊出没	1. 学生能做出自己真实的反应。										
		2. 学生能在组内分享自己的真实反应。										
		3. 学生能与同学合作展示身体雕塑。										
		4. 学生能理解恐惧的反应和表现及意义。										
	我的害怕	1. 学生能理解绘本内容。										
		2. 学生能画出自己的害怕。										
		3. 学生能真诚分享自己的害怕。										
	与害怕对话	1. 学生能写出面对"害怕"时想说的话，可帮助自己的人、物及方法。										
		2. 学生能用空椅子表达自己应对"害怕"的方法。										
		3. 学生相互配合完成组内分享。										
		4. 学生能理解多种面对"害怕"的方法。										
	我的安全岛	1. 学生能平静下来。										
		2. 学生能进入放松状态。										
		3. 学生能跟随教师静思。										
		4. 学生能构建自己的安全岛。										
	回收桶	1. 学生能用语言与害怕道别。										
		2. 学生能将"害怕"放进回收桶。										
结束	拥抱恐惧	1. 学生能表达自己的感受。										
		2. 学生能感受到集体的温暖和支持。										

（九）第九次活动设计

（1）主题：快乐常相随。

（2）目标：学生能觉察自己的快乐，找到保持快乐的方法。

（3）媒材：快乐指导语1份，粘土25份，A4纸50张。

快乐指导语：有一首非常好听的歌叫《快乐崇拜》。我很想问一下大家，你今天快乐吗？生活中总有一些意想不到的事情发生，有时给你快乐，有时让你烦恼。在今天快节奏的生活中，一切都很快，让我们记住境由心生。快乐可以选择，快乐可以常相随。

（4）时间：90分钟。

（5）活动流程：

阶段	游戏	步骤	目标	备注
暖身（10分钟）	快乐抓快乐	1.摆放手指。全体学生围成大圈而站。每位学生伸出自己左手手掌，放于身体左侧，在竖起自己右手食指，放于右手边同学手掌下，指尖抵住手掌心。 2.抓快乐。教师念快乐指导语，当听到"快乐"一词时，每位学生的左手需快速抓住手掌下的手指，同时右手的食指需快速逃离，以防被抓。 3.小组分享。学生在小组内分享"你抓住了几次快乐？你被抓住了几次？现在的感受如何？"	1.学生能理解指导语。 2.学生能根据指令做出反应。 3.学生能积极分享自己的感受。	教师根据学生的状态调节自己的语速和语调。
发展（60分钟）	快乐树	1.制作快乐树。每位学生用棕色黏土捏出一个树干，用绿色黏土捏出树冠。 2.回顾快乐。每位学生回顾近一周让自己快乐的事情。 3.我的快乐树。学生用不同颜色的粘土代表一周的快乐事件，黏土捏成小球，粘在树干上方的树冠里，构成自己的快乐树。 4.分享。学生5人一组，分享自己的快乐树，介绍快乐事件。 5.学生小组展示。每小组将成员的快乐树合并，形成小组快乐树（可以重做），为自己组的快乐树编一个故事并表演出来。 6.教师总结。从学生快乐故事中发现快乐的方法。	1.学生能用黏土捏出喜欢的树。 2.学生认真回顾一周的快乐事件。 3.学生能用黏土球代表快乐事件完成快乐树制作。 4.学生愿意分享快乐事件。 5.学生能合作创编并演出快乐故事。 6.学生能发现快乐的方法。	教师引导学生关注让自己开心的事情，不分大小，不与他人比较。
	快乐森林	1.快乐森林。学生将每位成员的快乐树依序放在地上，快乐树合在一起成为一个快乐森林。 2.森林小动物。每位学生想象自己是一种自己最喜欢的小动物，并摆出小动物的造型，在教室里自由地走。 3.快乐你我。学生想象自己处在一片快乐森林里，随着教师描绘摆出快乐时面部表情和身体姿势。教师为学生拍照。 4.教师总结。教师根据大家的面部、身体表现形式总结快乐的表现及意义。	1.学生能认真完成集体作品。 2.学生能扮演自己喜欢的小动物。 3.学生能感受到快乐的感觉。 4.学生能理解快乐的表现及意义。	教师的总结需来源于学生的反馈。
结束（20分钟）	快乐雕塑	1.快乐歌。全班学生合唱能代表此时此刻快乐心情的歌。 2.快乐雕塑。歌曲结束后，教师引导每位学生根据自身的喜好做一个快乐雕塑，用于提醒自己在日后的生活中关注快乐。 3.分享。每位学生用一句话分享雕塑的含义、此时此刻的感受、本节课自己最大的收获。	1.学生能合唱快乐歌。 2.学生能用动作雕塑表达快乐的感觉。 3.学生能分享自己的感受。	合唱的歌曲可以由学生推荐，教师也可提前准备几首让学生选择。

（6）观察记录表：

阶段	游戏	目标	形成性评量					评量方式	教学使用	通过与否	教学决定	备注
			1	2	3	4	5					
暖身	快乐抓快乐	1.学生能理解指导语。										
		2.学生能根据指令做出反应。										
		3.学生能积极分享自己的感受。										
发展	快乐树	1.学生能用黏土捏出喜欢的树。										
		2.学生认真回顾一周的快乐事件。										
		3.学生能用黏土球代表快乐事件完成快乐树制作。										
		4.学生愿意分享快乐事件。										
		5.学生能合作创编并演出快乐故事。										
		6.学生能发现快乐的方法。										
	快乐森林	1.学生能认真完成集体作品。										
		2.学生能扮演自己喜欢的小动物。										
		3.学生能感受到快乐的感觉。										
		4.学生能理解快乐的表现及意义。										
结束	快乐雕塑	1.学生能做出自己真实的反应。										
		2.学生能在组内分享自己的真实反应。										
		3.学生能与同学合作展示身体雕塑。										

（十）第十次活动设计

（1）主题：快乐说再见。

（2）目标：学生能汇总收获，能升华收获。学生能积极面对分离。

（3）媒材：A3 纸每人一张，剪刀 10 把，双面胶 20 卷，彩铅（或水彩笔）10 盒，轻音乐《全新的开始》，歌曲《幸福拍手歌》《我的未来不是梦》《掌声响起来》。

（4）时间：90 分钟。

（5）活动流程：

阶段	游戏	步骤	目标	备注
暖身（10分钟）	我们在一起	1.幸福拍手歌。教师边唱《幸福拍手歌》边带领大家根据歌词做对应动作。教师可以改编歌词，边唱边做动作，学生模仿教师动作，活动自己的身体部位。比如：如果感到幸福你就点点头，依次换为捏捏耳朵、拍拍肩、拍拍背、拍拍腿、跺跺脚。 2.改编幸福歌。学生内外圈站，教师根据《幸福拍手歌》旋律改编歌词，比如把动词换成点点头、握握手、碰碰肩、靠靠背，内外圈同学面对面做出对应的动作。 3.我说你做。学生边听教师唱《幸福拍手歌》边在教室空间自由走动，听到教师特定指令做出对应动作。比如，如果感到幸福，你就头碰肩、手拉手、5只手在一起、8只脚在一起。 4.感受自我。教师播放《全新的开始》，学生跟随着音乐在教室里按照自己喜欢的节奏走动，走动时关注自己的身体和情绪感受，最后找一个舒服的地方坐下。教师引导学生深呼吸，感受身体随着呼吸而平静下来的感觉。 5.回顾过往。教师引导学生简短回顾前九次课程内容及学生反馈。	1.学生能模仿动作。 2.学生能与同学有适宜的身体接触。 3.学生能与多人互动完成指令。 4.学生能放松身心。 5.学生能跟随指令回忆所学内容。	1.教师唱歌时，先慢后快，注意调动大家的积极性。 2.引导学生回顾时，教师语言要简洁清晰。
发展（55分钟）	重新出发	1.整合作品。学生打开前九次课程的作品并欣赏，剪下作品中满意的部分，在A3纸上重新整合成一个作品，表达自己在课程中的收获或感受以及对未来的期待，可以增加元素，也可以重新创作作品代表自己的收获和感受。作品完成后给作品命名。 2.小组分享。小组成员分享作品名字及含义。 3.小组展示。小组整合大家的作品内涵，合作用身体展示小组收获与感受。	1.学生能创作出表达自己感受和收获的作品。 2.学生能分享自己的作品。 3.学生能合作展示小组收获与感受。	教师注意全场巡回，适时协助学生创作自己的作品。
	迈向未来	1.确认路线。学生在教室里选择一个点为现在的自己，另一个点为将来的自己。 2.观想未来，走向未来。教师播放音乐《我的未来不是梦》作为背景音乐，引导学生简单放松，学生先闭眼观想自己想要的未来，然后以自己的速度往将来的自己方向行走三步，说出自己想要的未来。	1.学生能确定现在和将来自己的位置。 2.学生能说出自己想要的未来。	教师注意引导学生在内心里具体生动地展望未来。
结束（25分钟）	我想对你说	1.祝福你。小组围圈而坐。在小组内依次传递个人作品，并在其作品背后写上自己对该作品主人的祝福或想说的话。 2.我想对你说。教师播放《掌声响起来》作为背景音乐，所有人围成圈，依次走向教室中央，说出对所有人想说的一句话，并定格，最后组成一个心形，拍合照。	1.学生能对组员表达祝福或想说的话。 2.学生能对集体表达自己的感受。	教师注意引导学生表达出最后的感受，接受结束。

（6）观察记录表：

阶段	游戏	目标	形成性评量					评量方式	教学使用	通过与否	教学决定	备注
			1	2	3	4	5					
暖身	我们在一起	1.学生能模仿动作。										
		2.学生能与同学有适宜的身体接触。										
		3.学生能与多人互动完成指令。										
		4.学生能放松身心。										
		5.学生能跟随指令回忆所学内容。										
发展	重新出发	1.学生能创作出表达自己感受和收获的作品。										
		2.学生能分享自己的作品。										
		3.学生能合作展示小组收获与感受。										
	迈向未来	1.学生能确定现在和将来自己的位置。										
		2.学生能说出自己想要的未来。										
结束	我想对你说	1.学生能对组员表达祝福或想说的话。										
		2.学生能对集体表达自己的感受。										

第六章

生活适应之感悟式游戏教学设计 ◁▷

适应是对环境变化做出的反应。生活适应是个体在生活环境中，透过与其他人和环境交互作用的过程，不断地克服来自于人、事、物的压力和困难，以调适其心理与行为表现，寻求满足个人需求并与所处环境维持平衡的状态。"物竞天择，适者生存"，这句话完美地阐述了适应的重要性。它不仅影响每个人的身心状态，更直接影响其生存状况。颜华平（2010）发现适应对小学生学业成就有显著的预测作用。适应能力关系学业，关系个人的前途和命运，更关系到社会的繁荣和发展。

个体生活适应受到自身生物学因素和周围环境因素的影响与制约。影响个人生活适应的因素主要包括心理因素、家庭因素、学校因素和文化因素。影响青少年生活适应的心理因素主要包括自我意识功能和社会支持。赵建平（2006）研究发现积极、丰富、有效的社会支持有助于初中生对环境的适应。家庭中的父母教养方式、自身良好的人格特质以及家庭的完整都会对青少年人格的健康起到积极的作用。杨阿丽（2007）等人的研究发现，父母之间的高冲突会使青少年感受到紧张的家庭气氛，从而积累负性情绪，导致内外部适应不良。江光荣等人研究发现家庭因素中独生与否、父母受教育程度、家庭收入、共同生活者对高中生的适应影响显著；谢蓓芳（2004）等人发现父母积极的养育方式与儿童的适应行为、学业成绩呈显著正相关。学校方面，学校的教育观念、教学方式、师生与同伴关系等因素都会对个体的人格与适应产生深远的影响。大众文化通过消费娱乐功能和意识形态功能影响个人思想，进而影响着文化的变迁轨迹以及人们的生活适应。

随着社会的发展，人们生活节奏变快，竞争加剧，人际关系复杂，这就对身处其中的个体的生活适应能力提出了更高的要求。然而，现实经验和许多研究表明我国大部分大中学生的生活适应能力较差，在性别等维度上存在显著差异。王永丽（2005）等人调查发现，儿童的社会生活适应能力，随年级的增长呈上升趋势。聂衍刚（2008）等人调查发现，年级差异上表现为初一适应性最好，高一适应性最差；性别差异上，女生的适应性不如男生；城市户口的青少年良好适应行为总分显著高于在城市中学就读的农村户口学生，在不良社会适应行为方面则相反。谷金枝（2010）等人测查发现青少年生理和情绪适应状况良好，而社会、人际、学习和生活适应状况欠佳。

《教育部关于全面深化课程改革落实立德树人根本任务的意见》提出中国学生发展核心素养

以培养"全面发展的人"为核心，分为文化基础、自主发展、社会参与3个方面，综合表现为人文底蕴、科学精神、学会学习、健康生活、责任担当、实践创新等六大素养，具体细化为国家认同等18个基本要点。各素养之间相互联系、互相补充、相互促进，在不同情境中整体发挥作用。此外，我国不断推进素质教育。素质教育是指一种以提高受教育者诸方面素质为目标的教育模式。它重视人的思想道德素质、能力培养、个性发展、身体健康和心理健康教育。生活适应力是素质教育的本质要求，是培养学生核心素养的重要内容。

在《中小学心理健康教育指导纲要（2012年修订）》中，生活适应是每个年级心理健康教育的重要内容之一。例如，小学低年级心理健康主要内容之一为帮助学生适应新环境、新集体和新的学习生活；小学中年级为培养自主参与各种活动的能力，帮助学生建立正确的角色意识；小学高年级为积极促进学生的亲社会行为，逐步认识自己与社会、国家和世界的关系，为初中生活做准备；初中年级为建立良好的人际关系，把握升学选择的方向，培养职业规划意识，树立早期职业发展目标；逐步适应生活和社会的各种变化，着重培养应对失败和挫折的能力；高中年级主要包括：帮助学生确立正确的自我意识，正确认识自己的人际关系状况，培养人际沟通能力，促进人际间的积极情感反应和体验，帮助学生进一步提高承受失败和应对挫折的能力，形成良好的意志品质，在充分了解自己的兴趣、能力、性格、特长和社会需要的基础上，确立自己的职业志向，培养职业道德意识，进行升学就业的选择和准备，培养担当意识和社会责任感。

大中小学生是国家的未来和希望，他们能否适应社会不仅对自身发展有决定性影响，对整个社会的健康发展也起着决定作用。中小学阶段是世界观、人生观初步确立的阶段，这个时期学生刚刚离开父母的羽翼初次接触社会，面临着如何独立自主生活的问题，因此这个时期是生活适应能力逐步形成和提高的重要阶段。大学生群体正处于走向社会的准备期。他们适应状况的好坏，对于个人与社会的发展都有深远的影响。因此对于大中小学生生活适应的研究是很有必要的。

适应能力不完全是天生的，可经过长期训练形成。本章围绕"生活适应"这一主题，从生命教育、网络健康、休闲、挫折应对、消费管理和生涯规划六个方面系统地设计感悟式游戏，为大中小学心理教师开展"适应"主题的心理辅导与干预提供参考。

第一节　生命教育之感悟式游戏教学设计

生命是一切的基础。泰戈尔说："教育的目的应当是向人传送生命的气息。"人是教育的起点，也是教育的终点。《国家中长期教育改革和发展规划纲要（2010—2020年）》中明确提出要"重视安全教育、生命教育、国防教育、可持续发展教育。促进德育、智育、体育、美育有机融合，提高学生综合素质，使学生成为德智体美全面发展的社会主义建设者和接班人。"这标志着进行生命教育已成为国家教育发展的战略决策，具有极其深远的历史意义。

2020 年伊始，突如其来的新冠肺炎疫情扰乱了人们的正常生活，迫使人们停下脚步、宅在家中，被每天的疫情数据牵动。生命问题，尤其是生死问题直接摆在了人们面前，引发了人们广泛、全面、深刻的生命之思。然而，由于其冲动性、矛盾性等特点，青少年对自己和他人的生命漠视，导致冲动轻生、校园欺凌等事件屡屡发生。目前，全世界青少年自杀的比例都呈上升趋势，美国、日本及中国等国家，约有 20% 的青少年曾有过自杀观念。相关资料显示，我国 17 岁以下儿童青少年中，约 3000 万人受到各种情绪障碍和行为问题的困扰。如果没有深刻的、及时的、管用的生命教育，一念之差，就会成为令人痛彻心扉的悲惨案例。此外，随着新冠肺炎疫情的爆发，特别是长期、反复的封闭和隔离，人们的心理层面，特别是青少年的心理层面，都在发生着潜移默化、难以察觉的变化。一不留神，这些变化可能就成为选择死亡的导火索。因此，引导学生学会珍惜生命、理解生命、尊重生命，使他们认识到生命的意义与价值具有重大意义。

本次感悟式游戏教学设计方案以游戏为媒介引导青少年认识生命、珍惜生命，进一步提高其生命价值。

一、教学对象

本节适合初中、高中、大学阶段的青少年团体。可用于心理健康课程中，也可以用于生命意识淡薄的青少年团体。

二、教学目标

1.总目标

学生能够感受到自己的生命存在，体验生命价值与意义，发掘、培养、提升自己的生命智慧，直面生命。

2.子目标

学生相互认识，融入团体；学生了解身体，了解生命；学生认识生命，探索意义；学生珍惜生命，热爱生命；学生理解生命，尊重生命；学生保护生命，敬畏生命；学生获得生命意义，体验价值；学生回顾成长，延续生命。

三、教学时间

每次上课时间为 90 分钟，共 8 次课程。

四、教学材料

（1）场地：专业的团体辅导室。

（2）音乐：轻音乐 5 首，电影《狮子王》的音乐。

（3）纸：A4 纸、A3 纸若干。

（4）笔：彩笔、蜡笔、染料绘画笔、签字笔、铅笔若干。

（5）其他：瑜伽垫 6 张，椅子若干，动物图卡、花卉卡若干。

五、教学内容

《中小学公共安全教育指导纲要》指出，公共安全教育的重点是帮助和引导学生了解基本的保护个体生命安全和维护社会公共安全的知识和法律法规，树立和强化安全意识，正确处理个体生命与自我、他人、社会和自然之间的关系，了解保障安全的方法并掌握一定的技能。

Steger 等将生命意义感定义为"人们领会、理解或看到他们生活意义的程度，并伴随他们觉察到自己生命目的、使命、首要目标的程度"，包括拥有意义感和寻求意义感两个维度。王鑫强等经过本土化研究后，制定了生命意义感量表中文修订版。改良版的项目分析、因素分析和信度分析表明这 10 个问题具有良好的区分度、共同度和稳定性；探索性因素分析和验证性因素分析表明生命意义感的拥有意义感和寻求意义感的两方面适用于中国的中学生，弥补了该问卷在中学生群体中信效度不详的缺陷，具有一定跨文化和跨年龄的一致。

覃丽等的研究表明高中生相比初中生更加积极地探索和寻求生命（或生活）的意义，原来初中阶段建立的生命（或生活）意义感迅速瓦解，但新的生命（或生活）意义感还没有获得。研究认为，找不到生命的意义是产生心理问题和选择自杀的重要原因（李虹，2006）。而高中生寻找意义感的上升和拥有意义感的下降之间的矛盾可能正是高中阶段青少年心理健康问题剧增自杀行为频发的重要原因，因此引导学生领会生命意义感成为高中生命教育课程的首要目标。

基于以上研究，本方案将生命教育分为如下六个维度：

（1）认识生命。充分理解和把握自我生命，探索自我生命的意义。

（2）珍惜生命。了解生命的不易、珍惜自己的生命。

（3）尊重生命。了解到他人的生命与自己的同样重要。

（4）保护生命。保护自己的生命，保护他人的生命，保护大千世界的其他生命。

（5）激扬生命。让自己的生命充实丰富，积极、主动地成长，有激情，更加有意义。

（6）延续生命。在生活中寻求生命意义与价值，发散自己的生命魅力。

生命教育之感悟式游戏教学设计方案

阶段	主题	目标
初始	你好，我的小伙伴	学生能彼此认识、了解、熟悉，树立团体意识感，营造安全的氛围，建立良好的信任关系。
中间	生命，你好	学生能了解自己生命的由来。
	生命线，成长史	学生能够从过去、现在和未来三个维度审视自己的一生，在审视中增强生命力量和意义感。
	生命树，力量源	学生能够感受生命的力量，增强其力量感。
	生命不易，且行且珍惜	学生能够体会到生命的不易，有意识地珍惜生命、热爱生命，对自己的生命负责。
	保护生命，保护你我	学生能认识到生命的脆弱，模拟保护自我和他人。
	生命同等，和谐相处	学生能了解各类生命存在的意义，学会尊重其他生灵，与之和谐相处。
结束	生命之花茁壮成长	学生回顾成长，带着生命的力量迈向未来。

六、活动设计方案

（一）第一次活动方案

（1）主题：你好，我的小伙伴。

（2）目标：学生能彼此认识、了解、熟悉，树立团体意识感，营造安全氛围，建立良好的信任关系。

（3）媒材：轻音乐2首。

（4）时间：90分钟。

（5）活动流程：

阶段	游戏	步骤	目标	备注
暖身（15分钟）	心随身动	1.围圈准备。教师组织学生围圈而站，并播放轻音乐。 2.舒展身体。教师带领学生舒展身体，伸展头部，左右拉伸15秒。向上伸展手臂，同时踮起脚尖。左右转动腰部。最后，教师引导学生觉察目前最紧张的部位，并拉伸放松。	学生能跟随教师放松身体。	教师需提醒学生拉伸到自己能达到的状态，不用挑战极限，以防拉伤。
发展（60分钟）	走走停停	1.很想认识你。教师播放轻音乐。学生根据音乐的节奏在教室内随意走动。在走动的过程中，学生用身体动作与成员打招呼（手、面部表情、眼神等）。之后，学生二人一组，相互介绍自己的名字、一个兴趣爱好，之后用一个动作表示此时自己的心情。 2.动作大串联。二人组变成四人组（四人组变成八人组），完成介绍和动作的分享，并把4人（8人）的动作按照一定顺序串联在一起，全组成员一起完成一遍。 3.小组信息展。以8人小组为单位，小组成员间讨论本组成员介绍的信息，并整合后用舞蹈、音乐剧等方式表达出来。	1.学生能积极参与活动。 2.学生能真诚介绍自己的信息。 3.学生能认真参与小组作品展示。	1.教师需关注是否有学生无法参与活动，如有，应给予适当支持。 2.小组展示时，其他成员需认真观看和倾听。
	我的生命力	1.我欣赏的生命。教师引导学生组内分享。分享内容为：个人欣赏感觉到有生命力的动物、植物或人，用动作、声音表达出来。 2.生命图像展。小组讨论一个共同认为最有生命力的图形表达小组的看法，并画出来，取组名、口号、歌曲，依次呈现。 3.班级生命力。集体讨论本班觉得最有活动的一首歌，并配备动作造型。讨论完成后齐唱，展示动作。	1.学生能真诚分享。 2.学生能认真参与小组讨论和展示。	小组展示时，其他成员需认真观看和倾听。
结束（15分钟）	我的感受	1.分享收获。每位学生用一句话表达本次课程的收获。 2.感恩有你。教师引导同学手拉手围成圈，互相举起双手、鞠躬，表示感谢，并拍拍旁边同学的肩说："谢谢你的陪伴，我们下次再见。"	1.学生能真诚分享。 2.学生能表达感恩。	教师注意引导学生尊重每一个同学的表达。

（6）观察记录表：

阶段	游戏	目标	形成性评量					评量方式	教学使用	通过与否	教学决定	备注
			1	2	3	4	5					
暖身	心随身动	学生能跟随教师放松身体。										
发展	走走停停	1.学生能积极参与活动。										
		2.学生能真诚介绍自己的信息。										
		3.学生能认真参与小组作品展示。										
	我的生命力	1.学生能真诚分享。										
		2.学生能认真参与小组讨论和展示。										
结束	我的感受	1.学生能真诚分享。										
		2.学生能表达感恩。										

（二）第二次活动方案

（1）主题：生命，你好！

（2）目标：学生能了解自己生命的由来。

（3）媒材：背包5个，沙袋5个，鸡蛋2个。

（4）时间：90分钟。

（5）活动流程：

阶段	游戏	步骤	目标	备注
暖身（15分钟）	身体写名字	1.围圈准备。教师组织学生围圈而站。 2.身体写名字。从教师开始，用身体写自己的名字。某一成员完成后，其他成员重复该成员的名字和动作。	1.学生能熟悉其他成员的名字。 2.学生能放松身体。	教师提醒学生在自己身体承受范围内做动作。
	生命的历程	1.星光大道。教师将全班分为两列，面对面站，中间空出一条大道。 2.生命历程展示。横排2人一组，两人合作用动作展示生命的历程（如婴儿、儿童等）。每组的动作不能完全一样，直至2轮结束。	1.学生能与他人合作。 2.学生能认真完成动作展示。	教师提醒学生注意安全。
发展（55分钟）	生命演绎场	1.回顾生命历程。教师询问学生"人的生命如何产生"，并根据学生的回答将学生分成对应小组（受精卵、胎儿、幼儿）。 2.分组。学生选择自己最期待的小组加入，每组由主持人和成员组成。组成后，完成对应小组任务。 3.生命演绎。学生选择后，分享选择的原因，完成任务。受精卵组任务：3人一组"100米"冲刺；胎儿组：负重前行，每位成员胸前背着装有5斤重物的背包，完成蹲下系鞋带和行走20米的任务；幼儿组："护蛋任务"，该组需要配合，在不能用手直接护送的情况下，把鸡蛋护送到安全的地方孵化。 4.交换任务。各组学生与其他组互换，完成另一个任务，直至三个任务均完成。 5.生命的由来。学生回到最初的圆圈。教师请学生分享完成所有任务后的感受或收获，并用一句话描述生命的由来。 6.我的生命意义。学生用自己名字设计一个名片，凸显自己生命的意义，分享自己的名字与意义（父母赋予和自己赋予）。	1.学生能认真参与活动。 2.学生能认真配合完成任务。 3.学生能积极体会生命来之不易。 4.学生能真诚分享收获。 5.学生能认真设计名片。	1.教师需提前设定任务场地以及做好相关准备。 2.教师在游戏中注意全场观察，适时协助学生完成任务。
结束（20分钟）	话说生命	1.话说生命。教师引导学生用一个动作和词表达对生命由来的感受。某一同学表达完后，其他同学重复动作和语言。 2.生命定格。全体商量一个共同的动作表达对生命由来的感受，并一起完成并拍照。	1.学生能认真表达自己对生命的感受。 2.学生能积极思考和反馈。	教师引导学生用自己的方式表达自己的感受。

（6）观察记录表：

阶段	游戏	目标	形成性评量					评量方式	教学使用	通过与否	教学决定	备注
			1	2	3	4	5					
暖身	身体写名字	1.学生能熟悉其他成员的名字。										
		2.学生能放松身体。										
	生命的历程	1.学生能与他人合作。										
		2.学生能认真完成动作展示。										
发展	生命演绎场	1.学生能认真参与活动。										
		2.学生能认真配合完成任务。										
		3.学生能积极体会生命来之不易。										
		4.学生能真诚分享收获。										
		5.学生能认真设计名片。										
结束	话说生命	1.学生能认真表达自己对生命的感受。										
		2.学生能积极思考和反馈。										

（三）第三次活动方案

（1）主题：生命线，成长史。

（2）目标：学生能够从过去、现在和未来三个维度审视自己，在审视中增强生命力量和意义感。

（3）媒材：A4 纸每人一张，画笔每组 1 盒。

（4）时间：90 分钟。

（5）活动流程：

阶段	游戏	步骤	目标	备注
暖身（15分钟）	成长三部曲	1. 介绍规则并示范。教师组织学生围圈而站，介绍游戏规则。最初全体学生均为鸡蛋，蹲在地上。学生两人一组划拳，赢者升级。同级别间的学生划拳，依次升级为小鸡、大鸡和凤凰，对应的动作为半蹲、站立和飞翔。 2. 开始游戏。 3. 分享。结束后，教师请升级成功和失败的部分学生分享感受。	1. 学生能够专注做游戏。 2. 学生能按照规则完成游戏。 3. 学生能真诚分享感受。	教师需关注一次都没有赢的学生，利用团队成员的智慧帮助该学生。
发展（60分钟）	生命剧	1. 生命阶段。教师组织学生围圈而站。请学生思考：如小鸡一样，我们的一生不断"升级"，可分为哪些级。教师根据学生回答的级别将学生分成对应数量的组，如婴儿、儿童、青少年、成人等。 2. 编制生命剧。学生选择自己最喜欢或感兴趣的组加入。小组成员在该阶段说一句话，之后讨论本组所代表阶段的特点、常说的话、做的动作、可能会有的收获或困难等。讨论完后，小组成员编制本阶段的剧（3 至5 分钟），并排练。 3. 展示生命剧。按照一生的顺序，小组依次展示本组的剧。教师录制视频。教师将视频投放在大屏幕上，请学生观看。之后，请学生分享观看感受。	1. 学生能积极思考。 2. 学生能认真参与讨论和编剧。 3. 学生能积极展示。 4. 学生能认真倾听他人分享。	如学生不能回答人生的阶段时，教师可适当提醒。
	我的生命线	1. 我的生命线。教师引导学生根据自己的感受画自己的生命线。在线条上标记现在自己的位置，位置左边为过去，右边为将来。教师播放轻音乐，引导学生回顾从出生到现在的开心、难过或意义深远的事情，引导学生想象未来的自己（在做什么、心情以及期待）。学生根据回顾的信息，将自己印象深刻的事情标注在生命线上，积极的标注在生命线上方，消极的在下方。 2. 分享生命线。学生将期待的未来出现的事、人等标注在生命线的具体刻度上。学生在小组内分享自己的生命线。	1. 学生能认真回顾过去和展望未来。 2. 学生能积极绘制自己的生命线。 3. 学生能真诚分享自己的生命线。 4. 学生能认真倾听他人的分享。	如学生不愿绘制生命线的某个阶段，教师需尊重和陪伴。
结束（15分钟）	我的生命力	1. 我最喜欢的人生阶段。教师用桌椅呈现人生的各阶段（一个阶段一张桌或椅）。教师请学生结合自己的生命线，选择自己最喜欢的人生阶段。选择同一阶段的学生互相分享选择原因。 2. 与现在对话。教师请学生站着自己最喜欢的阶段，依次对现在的自己说一句话。 3. 课堂感受。学生用一个词分享本次课程感受。	1. 学生能真实选择。 2. 学生能真诚分享。 3. 学生能认真倾听他人的分享。	教师需注意学生的情绪状况。

（6）观察记录表：

阶段	游戏	目标	形成性评量					评量方式	教学使用	通过与否	教学决定	备注
			1	2	3	4	5					
暖身	成长三部曲	1.学生能够专注做游戏。										
		2.学生能按照规则完成游戏。										
		3.学生能真诚分享感受。										
发展	生命舞	1.学生能积极思考。										
		2.学生能认真参与讨论和编剧。										
		3.学生能积极展示。										
		4.学生能认真倾听他人分享。										
	我的生命线	1.学生能认真回顾过去和展望未来。										
		2.学生能积极绘制自己的生命线。										
		3.学生能真诚分享自己的生命线。										
		4.学生能认真倾听他人的分享。										
		5.学生不评价和指责他人。										
结束	我的生命力	1.学生能真实选择。										
		2.学生能真诚分享。										
		3.学生能认真倾听他人的分享。										

（四）第四次活动方案

（1）主题：生命树，力量源。

（2）目标：学生能够感受生命的力量，增强其力量感。

（3）媒材：每人一张 A3 纸，每组一盒彩笔。

（4）时间：90 分钟。

（5）活动流程：

阶段	游戏	步骤	目标	备注
暖身（15分钟）	松鼠和大树	1.教师用报数的方式分组。学生1至7报数。7名学生为一组围圈而站，报单数的学生站外圈，扮演大树，报双数的学生站内圈扮演松鼠。 2.规则讲解与示范。当教师说"着火了"时，"大树们"需离开原来的组，找到新的小组加入；当教师说"猎人来了"时，"松鼠们"需离开寻找新的小组加入；当教师说"地震了"时，全体成员需离开现在的组，组成新的小组。每次转换时，"松鼠"和"大树"的数量不能变。 3.按口令游戏。教师给出口令，学生根据口令行动。	1.学生能积极参与活动。 2.学生能根据口令快速做出反应。	教师需根据团队情况确定口令。
发展（60分钟）	生命树	1.生命故事分享。教师请学生自愿分享一个有关劫后余生、战胜重大困难和经历危机生存下来的故事。 2.演绎生命。教师请学生投票，选定生命故事分享中最吸引自己的生命故事。教师将学生分组，在组内学生选择故事中最吸引自己的人物扮演。 3.生命资源分享。学生小组内分享生命故事中自己感受到的生命资源。 4.生命树。教师为每位学生分发一张A3纸，每组一盒彩笔。教师播放轻音乐。学生绘制自己的生命树，并装饰和上色。学生绘制生命树后，教师引导学生思考自身所有的力量（自身特质，期待，家庭、朋友的支持等）。学生将自身所拥有的力量写在树干和树枝上。 5.生命的力量分享。学生在小组内分享自己的生命树和生命力量。小组根据成员的生命树，取其共同点绘制小组生命树。小组代表分享小组生命树。	1.学生能主动分享生命故事。 2.学生能演绎生命故事。 3.学生能分享生命资源。 4.学生能积极绘制生命树。 5.学生能认真思考自身所拥有的力量。 6.学生能真诚分享。	当学生不能寻找到力量时，教师可调动自身或小组的资源协助学生寻找。
	生命森林	1.生命森林。每组依次将本组的生命树放置在教室中央。学生共同商量，调整小组生命树，形成团体生命树。学生为团体生命树取名。 2.吸取力量。教师引导学生将团体生命树的力量吸收到自己体内。全体学生与团体生命树拍照留念。	1.学生能积极参与讨论。 2.学生能认真体会生命树的力量。	教师注意引导学生内化感受。
结束（15分钟）	感谢有你	1.分享力量。教师组织学生围圈而站。每人说一个自己感受到的团体力量。说出该力量后，该生将力量传给某位成员，依次传递，直至每位成员接收到力量。 2.感恩有你。教师引导学生感谢身边的伙伴和自己。	1.学生能积极传递力量。 2.学生能真诚表达感恩。	教师注意引导学生发自内心地分享力量。

（6）观察记录表：

阶段	游戏	目标	形成性评量					评量方式	教学使用	通过与否	教学决定	备注
			1	2	3	4	5					
暖身	松鼠和大树	1.学生能积极参与活动。										
		2.学生能根据口令快速做出反应。										
发展	生命树	1.学生能主动分享生命故事。										
		2.学生能演绎生命故事。										
		3.学生能分享生命资源。										
		4.学生能积极绘制生命树。										
		5.学生能认真思考自身所拥有的力量。										
		6.学生能真诚分享。										
	生命森林	1.学生能积极参与讨论。										
		2.学生能认真体会生命树的力量。										
结束	感谢有你	1.学生能积极传递力量。										
		2.学生能真诚表达感恩。										

（五）第五次活动方案

（1）主题：生命不易，且行且珍惜。

（2）目标：学生能体会到生命的不易，有意识地珍惜生命、热爱生命，对自己的生命负责。

（3）媒材：瑜伽垫6块，轻音乐《Love Home》。

（4）时间：90分钟。

（5）活动流程：

阶段	游戏	步骤	目标	备注
暖身（15分钟）	鲨鱼来了	1. 鲨鱼来了。教师将场地分为大小两块，小块的瑜伽垫为陆地，大块为海洋。学生扮演"海龟"，自由地在"海洋"内活动。教师摇动铃铛，当铃声停止时，教师随机指定一名同学为鲨鱼。鲨鱼负责抓海龟，海龟需远离鲨鱼，登上沙滩，保护自己。被"鲨鱼"抓住的"海龟"会失去生命。 2. 分享感受。教师邀请"死亡"和"幸存"的部分"海龟"分享感受。	1. 学生能积极参与活动。 2. 学生能积极分享感受。	教师需提醒安全问题。
发展（65分钟）	小红帽	小红帽。教师将全体学生分组，每组5至7人。每组学生手拉手围成一个圆圈，圆圈里面就是一个"家"。教师选择5名学生扮演坏人，分别站在五个"家"外，等待开始。教师宣布开始后，坏人要想尽办法进入"家"里，而组成圆圈的五人要手拉手阻止坏人进入（手不能放开）。	1. 学生能感受到团队的支持。 2. 学生能认真体会游戏的意义。	教师注意对"坏人"的情绪照顾，可让学生分别扮演"坏人"。
	自我保护贴	1. 场景选择。教师事先准备好5至7个场景，并将其写在纸上。每组抽取一个场景（一个人在家，陌生人来访，路上有人找自己借钱等），学生根据刚才的分组，小组讨论在生活中应如何保护自己。 2. 场景演绎。每组将其保护自我的方式用情景剧、舞蹈剧等方式展示出来。分两轮演绎场景。第一轮是展现威胁生命的场景，第二轮是轮组展示解决危险场景。 3. 自我保护贴。每组展示完后，可以在全开纸中心画圆，圆里用一个形状符号表达生命，圆外请其他组同学用便利贴写出自我保护的方法，形成整体作品。	1. 学生能积极思考生活中保护自己的方法。 2. 学生能认真演绎自我保护的方式。 3. 学生能认真写自我保护的方法。	教师注意全场观察，适时引导学生用恰当的方式表达。
结束（10分钟）	用心回顾	1. 分享收获。教师邀请学生分享这节课的感受和收获。 2. 感恩有你。教师播放轻快的音乐，学生手拉手围成圈，互相举起双手，鞠躬，感谢同学和自己。	1. 学生能积极分享。 2. 学生能表达感恩。	教师需提醒分享时不指责批评等。

（6）观察记录表：

阶段	游戏	目标	形成性评量					评量方式	教学使用	通过与否	教学决定	备注
			1	2	3	4	5					
暖身	鲨鱼来了	1. 学生能积极参与活动。										
		2. 学生能积极分享。										
发展	小红帽	1. 学生能感受到团队的支持。										
		2. 学生能认真体会游戏的意义。										

续表

阶段	游戏	目标	形成性评量					评量方式	教学使用	通过与否	教学决定	备注
			1	2	3	4	5					
发展	自我保护贴	1.学生能积极思考生活中保护自己的方法。										
		2.学生能认真演绎自我保护的方式。										
		3.学生能认真写自我保护的方法。										
结束	用心回顾	1.学生能积极分享。										
		2.学生能表达感恩。										

（六）第六次活动方案

（1）主题：保护生命，保护你我。

（2）目标：学生能认识到生命的脆弱，模拟保护自我和他人。

（3）媒材：无。

（4）时间：90分钟。

（5）活动流程：

阶段	游戏	步骤	目标	备注
暖身（15分钟）	灵巧的身体	1.自由放松身体。学生围圈，模仿教师动作放松身体，摇晃双手、双肩，小跑运动，伸展四肢，抖动全身。 2.熟悉身体部位。教师唱身体音阶歌并示范，学生跟随歌词做动作。 3.听指令做动作。教师下指令，学生用指令动作移动身体：自由行走、快走、慢走、跳高、蹲走、跪走、爬行、臀行、背行、侧行。 4.拖拉机。学生两人一组，每组一块布，一人坐在上，另一人拖布前行，把伙伴运送到空地。两人轮换体验。	1.学生能活动身体关节。 2.学生能熟悉身体部位。 3.学生能感受身体自由支配的感觉。 4.学生能感受合作的快乐。	教师注意示范引导，提醒学生注意安全。
发展（60分钟）	保护朋友	1.分组准备。教师将前面的临近四个组合并为一个8人小组。 2.讲解规则并示范。小组成员依次成为被保护的"朋友"。小组其他成员需将"朋友"护送到安全的地方。在护送过程中，小组成员可自由选择护送方式，但是必须让被护送的朋友舒服、安全地到达，不能让他走路与受伤。 3.护送朋友。小组中，每位成员均需体验被"护送"。	1.学生能体验到被呵护的感受。 2.学生能与他人合作完成任务。	教师需强调安全问题。
	情景模拟	1.选择情景。全班学生找个舒服的地方坐下，分为四个组。每个组抽取场景后，按照纸上要求模拟场景，准备show演。纸上写有"抢劫""溺水""违规过马路被撞""高考失利不能接受"等。 2.分组呈现。各组呈现自己的理解。 3.众志成城。众志成城克服困难，生命脱险。每组再轮组想出解决前面问题的方法并表演出来。 4.教师总结。引导学生看到对生命的尊重、个人和集体的力量、不抛弃不放弃的精神。	1.学生能与他人合作演出情景。 2.学生能与他人一起合作解决问题。 3.学生能理解对生命的尊重的方式。	教师全场观察，适时引导学生用创意的方式表达场景。
结束（15分钟）	回顾与反馈	1.分享感受。教师引导学生用一句话来分享今天活动的经验、心情。 2.定格拍照。每个学生用动作表达对生命的尊重，定格拍照。	1.学生能积极表达自己的感受。 2.学生能倾听他人的感受。	教师注意引导学生相互尊重。

（6）观察记录表：

阶段	游戏	目标	形成性评量					评量方式	教学使用	通过与否	教学决定	备注
			1	2	3	4	5					
暖身	灵巧的身体	1. 学生能活动身体关节。										
		2. 学生能熟悉身体部位。										
		3. 学生能感受身体自由支配的感觉。										
		4. 学生能感受合作的快乐。										
发展	保护朋友	1. 学生能体验到被呵护的感受。										
		2. 学生能积极参与活动。										
	情景扮演	1. 学生能积极思考。										
		2. 学生能认真参与演练。										
结束	回顾与反馈	1. 学生能积极分享自己的感受。										
		2. 学生能倾听他人的感受。										

（七）第七次活动方案

（1）主题：生命同等，和谐相处。

（2）目标：学生能了解各类生命存在的意义，学会尊重其他生灵，与之和谐相处。

（3）媒材：A4 纸大小的动物图片（提前剪成 8 至 9 份），《狮子王》配乐。

（4）时间：90 分钟。

（5）活动流程：

阶段	游戏	步骤	目标	备注
暖身（20分钟）	爱的电流	1. 闭眼。教师组织学生手拉手围圈而站，全体成员闭上眼睛。 2. 讲解规则并示范。教师随机捏左手或右手传递电流。接收到"电流"的学生在不发出声音的情况下依次传递，直至"电流"从教师另一只手传回。 3. 正式传递。一次一个方向一股电流，成功后，变成两个方向两股电流。	1. 学生能专注于当下。 2. 学生能认真参与活动。	教师需询问是否有不愿被别人拉手的同学，如有，可通过拉袖子等方式代替。
	寻找同类	1. 进入非洲大草原。教师用狮子王音乐暖身，引导学生想象进入非洲大草原，自己是草原上某种动物，学生用身体动作表达出来。学生围圈而站，依次模仿。 2. 动物你好。教师再次播放狮子王音乐，学生在音乐中用动物方式行走、打招呼，寻找同伴，同一类别的动物为一组。 3. 备用游戏。教师提前准备5至7张较大的动植物图片（兔子、狐狸、老鼠、蛇、草、老鹰等），并将每张图片剪成8至9份（每份大小可不同）。教师将剪好的图片放在地板上。学生随机选择一张图片，寻找与自己图片有关联的伙伴，并拼接成完整图。拼接后，同种动物的学生为一组，并成为该动植物。	1. 学生能积极扮演动物。 2. 学生能用动物的方式打招呼。 3. 学生能积极主动寻找伙伴。 4. 学生能合作完成拼图。	教师需准备A4纸大小的动植物图，并提前将其剪成8至9份。
发展（55分钟）	同台竞技	1. 特点展示。每组学生讨论本组动植物的特点（习性、爱好等），并将其用表演的方式展示。 2. 同台竞技。每组选择一人为保护者，其他成员跟随在后依次拉着保护者的衣服，保护者需抵御其他组的入侵及进攻其他组。每组观察其他组与自己的关系（兔子吃草等）。各组根据自身特点捕食。如某组一人被另一组保护者抓住，则该组整体被"捕获"。 3. 分享收获。教师引导学生分享感受和收获。	1. 学生能积极参与捕食游戏。 2. 学生能认真讨论和分享。	教师需强调安全问题，为学生尽量提供宽敞场地。
	消失了	1. 合作绘画。教师引导学生假想遭遇天灾，各组物种的生命状态及环境状态，并画出来。 2. 环境布置。小组依次分享自己的作品后，装扮自己所属物种，感受变化后的世界。 3. 视频赏析。教师播放环保视频。学生看后，结合前面的体验分享感悟。	1. 学生能认真思考和作画。 2. 学生能积极参与环境布置。 3. 学生能积极分享自己的观点。	教师可提前准备环境布置的材料，如草坪、花等，没有的话可以邀请学生画。
结束（15分钟）	我想对"你"说	1. 空椅子对话。教师组织学生围圈而站，向后转面对椅子。教师引导学生想象椅子上坐着今天带给自己特别感受的动植物，全体学生一起以简短的几句话说说自己的感受、收获或感谢等。 2. 分享收获。教师引导学生自愿分享本次课程的收获。	1. 学生能真诚表达收获。 2. 学生能认真参与活动。	教师提醒学生认真对话。

（6）观察记录表：

阶段	游戏	目标	形成性评量					评量方式	教学使用	通过与否	教学决定	备注
			1	2	3	4	5					
暖身	爱的电流	1.学生能专注于当下。										
		2.学生能认真参与活动。										
	寻找同类	1.学生能积极扮演动物。										
		2.学生能用动物的方式打招呼。										
		3.学生能积极主动寻找伙伴。										
		4.学生能合作完成拼图。										
发展	同台竞技	1.学生能积极参与捕食游戏。										
		2.学生能认真讨论和分享。										
	消失了	1.学生能认真思考和作画。										
		2.学生能积极参与环境布置。										
		3.学生能积极分享自己的观点。										
结束	我想对"你"说	1.学生能真诚表达收获。										
		2.学生能认真参与活动。										

（八）第八次活动方案

（1）主题：生命之花茁壮成长。

（2）目标：学生回顾成长，带着生命的力量迈向未来。

（3）媒材：花卉卡片若干，轻音乐一首，A3 纸若干。

（4）时间：90 分钟。

（5）活动流程：

阶段	游戏	步骤	目标	备注
暖身（10分钟）	生命之花	1.走走停。教师带领学生围圈而站。教师先请学生在教室内自由走，听到"停"时定格；然后请学生听指令做动作定格（最喜欢的花、全场5朵花、全场3朵花、一朵太阳花）。 2.生命之花。教师提前准备好各种花卉的卡片。教师将卡片展开放在教室中央。学生观看卡片，寻找自己的生命之花，并将该卡片拾起。学生2人一组分享选择该卡片的原因。	1.学生能积极寻觅生命之花。 2.学生能真诚分享。	教师需时刻关注团体状态。
发展（55分钟）	花的力量 我的收获	1.花的力量。每人一张花的轮廓图片。教师播放轻音乐，引导学生回顾前几次课程，请学生在每朵花瓣上写上自己的收获。教师引导学生看着花，然后闭眼静思。静思过程中，教师请学生回顾花瓣上的内容，回想自己身上已经拥有的收获，然后将花瓣上的收获安放在身体里，带给自己力量，勇往直前。 2.光谱测量。教师在教室前后各确定一点，分别代表"在这几次生命课中，我收获很大"和"这几次课我没有任何收获"。两点连成一条线。学生根据自己的实际情况选择线上的位置。学生均选择后，教师引导学生分享具体的收获，邀请"没有任何收获"的学生分享感受，与"收获很大"的学生换位。	1.学生能认真回顾课程。 2.学生能真诚选择光谱线上的位置。 3.学生能真诚分享收获。	教师需关注没有收获的学生的感受。
结束（25分钟）	带着生命之花前行	1.装饰生命之花。教师引导学生将自己的生命之花贴A3纸上，添加内容，展现自己期待的生命之花的样子。 2.AB站。教师引导学生在教室内选择2个点，分别代表现在和未来。确认后，学生从"现在"带着生命之花，以自己期待的方式（走、跑等）走向期待的"未来"。	1.学生能认真装饰生命之花。 2.学生能积极参与行动。	教师需要确定学生是否清楚规则。
	感恩有你	1.收入收获。教师引导学生将课程中的感动、收获收入自己的生命里。 2.感恩有你。教师引导学生感谢身体的同学和自己。	学生能真诚表达感恩。	教师需给分离情绪较重学生支持。

（6）观察记录表：

阶段	游戏	目标	形成性评量					评量方式	教学使用	通过与否	教学决定	备注
			1	2	3	4	5					
暖身	寻觅生命之花	1.学生能积极寻觅生命之花。										
		2.学生能真诚分享。										
发展	花的力量 我的收获	1.学生能认真回顾课程。										
		2.学生能真诚选择光谱线上的位置。										
		3.学生能真诚分享收获。										
结束	带着生命之花前行	1.学生能认真装饰生命之花。										
		2.学生能积极参与行动。										
	感恩有你	学生能真诚表达感恩。										

第二节　网络健康之感悟式游戏教学设计

网络已经成为青少年学习和娱乐的重要工具，为青少年探索世界和与他人进行交流提供了一种简单直接的方式。根据中国互联网络信息中心发布的第46次《中国互联网络发展状况统计报告》显示，截至2020年6月，我国网民人数已达9.4亿，其中19岁以下网民占18.3%，为1.72亿人。而以职业划分，学生占比最多，达23.7%，有近2.23亿网民处在学生阶段。同时报告也指出目前青少年网民平均每周上网时长为20.7小时，表现出上网时间不断延长、向低龄群体渗透的特点。

青少年时期是培养良好生活和学习习惯的重要时期，也是各种心理行为问题高发时期，这个时期的健康危险行为可能持续终身，对成人期健康构成重大威胁。《中小学心理健康教育指导纲要（2012年修订）》中明确提出"普及心理健康知识，树立心理健康意识，了解心理调节方法，认识心理异常现象，掌握心理保健常识和技能"是中小学心理健康教育的主要内容。互联网视野下青少年心理健康的概念，就是伴随着网络心理障碍的出现而提出的。付伟男和郝加虎（2019）的研究报告中指出过度使用所致网络成瘾现象已成为一个全球性的突出精神卫生问题。许多"网络中学生"痴迷于网络小说、网络游戏、网络聊天，甚至形成网络依赖或陷入"网恋"不能自拔而引发种种心理与行为问题，甚至出现网络心理疾病，比如"网恋"、逃学厌学、犯罪、人格障碍、人际交往障碍、神经质等。中学生网络成瘾的主要表现形式为网络游戏成瘾、网络交际成瘾、网络色情成瘾、网络技术成瘾、强迫信息收集成瘾等。

网络成瘾的干预方法除了使用药物治疗和个体认知行为治疗以外，不少研究证实团体辅导是可行和有效的。方鸿志和代勇真（2019）认为，通过提供情感与社会支持以及具有针对性的团体辅导活动，积极心理干预可帮助网络成瘾学生改善情绪状态，降低社交焦虑及孤独感，从而促进其心理社会发展，干预效果比较持久。黄海量（2015）等对国内团体辅导治疗大学生网络依赖的所有对照试验研究的Meta分析表明，团体辅导治疗大学生网络依赖有较好的效果，可以增强有网络依赖大学生的社会交往能力，改善强迫与焦虑症状。由此可见，有针对性地提供社会支持，帮助学生探索认识自我，提高自控能力和时间管理，促进辩证思维能力的养成和规划力、行动力的提高，将有利于学生建立健康的人际关系，疏导不良情绪，克服网络沉迷。

一、教学对象

本节适合小学中高年级、初中、高中、大学阶段的青少年团体，可用于心理健康课程中，也可以用于发展目标不明确的青少年团体。

二、教学目标

1.总目标

学生能树立健康休闲意识，明确网络生活与现实生活的差异，理性上网，合理分配时间。

2. 子目标

学生相互熟悉，形成团体归属感；体验网络带来好处和危害，辩证看待网络的利弊；明确上网行为背后的真正需要和期待，形成对网络的正确认识；正确认识虚拟人际和真实人际的差异，避免网络陷阱；提高自控力，学会时间管理；养成主动规划，形成良好的意志品质；健康使用网络，矫正自己的不良上网习惯；把精力从网络转移到其他更健康的休闲娱乐中，合理疏导情绪、探索自我；能坦然接受团体结束，坚定前行。

三、教学时间

每周一次课，每次上课时间为 90 分钟，共 9 次课程。

四、教学准备

1. 场地：专业的团体辅导心理室。

2. 音乐：轻音乐《雨落》《KISS THE RAIN》《A Little Story》《健康歌》《天空之城》《Refrain》《Summer》《亲爱的旅人啊》《童年》《琵琶语》《隐形的翅膀》《我一定可以》《丢手绢》《拉德斯基进行曲》《相亲相爱一家人》《吉祥三宝》。

3. 纸：A4 纸、A1 纸若干、彩色卡纸。

4. 笔：彩笔、蜡笔、染料绘画笔、签字笔若干。

5. 其他：坐垫若干，彩色毛线球、三色积木、彩色布巾、彩色丝带若干，椅子若干，贴纸若干，剪刀、胶水、小装饰物，冰山理论 PPT、行动口诀 PPT、珍惜时间名言 PPT、时间四象限理论 PPT，《字母舞》视频，相机，《意外报告书》《行为记录单》。

五、教学内容

（一）理论依据

随着社会信息化的发展，互联网普及率越来越高，对青少年群体渗透能力也在持续增强。网络心理健康是指在网络环境下能够保持心理活动的内容完整、协调一致，具体来讲就是学生在使用网络时能够保持健康、积极的心态，离开网络时身体上没有明显的不适应，线上线下保持心理的平衡和人格的一致，可以正确把握虚拟世界和现实社会之间的关系，并且在两者之间选择以现实社会为主。

网络本身没有好坏之分，互联网使用可以开阔青少年视野，加强其沟通交流能力，开发其内在潜能，但过度使用网络，青少年可能出现感觉孤独、人格变异，自我封闭、人际关系失调，迷恋网络、学习动力不足等问题，导致这些问题的原因也是多种多样的。首先，青少年在特定的年龄阶段，身体发育和心理成熟均处于不平衡期；其次，虚拟网络世界中的角色混乱造成人际情感的疏远和缺损；再有，网络沉溺带来的人格障碍影响青少年的独特个性形成和发展；最后，网络世界中的道德失范影响青少年学习、生活和心理健康。

雷雳与杨洋（2007）编制了青少年病理性互联网使用量表（见附录）。该量表包括突显性、耐受性、强迫性上网/戒断症状、心境改变、社交抚慰、消极后果六个维度。突显性（salience），指互联网使用占据了用户的思维与行为活动的中心；心境改变（mood alteration），指使用互联网来改变消极的心境；社交抚慰（social comfort），指认为在网上交流要更舒适、安全，依赖互联网作为其社交的途径；耐受性（tolerance），指互联网用户为了获得满足感而不断地增加上网时间与投入程度；强迫性上网（compulsive internet use），指希望减少上网时间，但无法做到，并且对互联网有近似于强迫性的迷恋；戒断症状（withdrawal symptoms），指停止互联网使用会产生不良的生理反应与负性情绪；消极后果（negative outcomes），指互联网使用对正常生活产生了负面影响，主要关注由于上网所造成人际、健康和学业问题。

（二）政策依据

《中小学心理健康教育指导纲要（2012年修订）》中明确提出"普及心理健康知识，树立心理健康意识，了解心理调节方法，认识心理异常现象，掌握心理保健常识和技能"是中小学心理健康的主要内容。《普通高等学校大学生心理健康教育工作实施纲要（试行）》明确提出要提供维护心理健康和提高心理素质的方法，使大学生学会自我心理调适，有效消除心理困惑，及时调节负性情绪；使大学生树立积极的交往态度，掌握人际沟通的方法，学会协调人际关系，增强适应社会生活的能力；使大学生自觉培养坚韧不拔的意志品质和艰苦奋斗的精神，提高承受和应对挫折的能力。2014年5月4日习近平在北京大学师生座谈会上的讲话指出："要勤于学习、敏于求知，注重把所学知识内化于心，形成自己的见解，既要专攻博览，又要关心国家、关心人民、关心世界，学会担当社会责任。"

刘新庚和刘建亚（2013）指出，网络心理健康是一种动态的平衡。为帮助青少年形成理性、健康的上网意识，纠正认识上的偏差，树立青少年心理健康教育新理念，积极培养青少年健康的网络心理素质，我们结合了小学中年级心理健康教育内容中"增强时间管理意识，帮助学生正确处理学习与兴趣、娱乐之间的矛盾"的要求和初中的心理健康教育内容中"鼓励学生进行积极的情绪体验与表达，并对自己的情绪进行有效管理，正确处理厌学心理，抑制冲动行为"的要求对教学进行设计。

（三）教学设计

根据雷雳与杨洋（2007）关于青少年病理性互联网使用的内容：突显性、耐受性、强迫性上网/戒断症状、心境改变、社交抚慰、消极后果六个方面，从认知（辩证性认识网络利弊）、情绪（合理纾解消极情绪）和意志（自我控制）三个层面进行设计，本次主题的系列游戏设计方案如下：

网络健康之感悟式游戏活动设计

阶段	主题	目标
初始	认识你我他	学生能相互认识和了解，消除紧张隔阂，参与活动中。
中间	网络红与黑	学生能体验网络带来好处和危害，辩证看待网络的利弊。
	一"网"情深	学生能认识到上网行为背后的真正需要和期待，对网络形成正确认识。
	网络你和我	学生能正确认识虚拟人际和真实人际的差异，避免网络陷阱。
	我的时间我做主	学生能提高自控力，学会时间管理，不沉迷网络。
	我的人生我规划	学生能养成主动规划，自我掌控的习惯，形成良好的意志品质。
	网络健康，我在行动	学生能正确健康使用网络，矫正自己的不良上网习惯。
结束	感受身边的美好	学生能把精力从网络转移到其他更健康的休闲娱乐中，合理疏导情绪、探索自我。
	回顾过去，展望未来	学生能回顾以往过程，总结收获，憧憬未来，告别团体。

六、教学活动方案设计

（一）第一次活动方案

（1）主题：认识你我他。

（2）目标：学生能相互认识和了解，消除紧张隔阂，参与活动。

（3）媒材：A4 白纸若干，轻音乐《雨落》，纸条 30 张，彩纸若干，彩色笔，粉笔和黑板，彩色毛线球。

（4）时间：90 分钟。

（5）活动流程：

阶段	游戏	步骤	目标	备注
暖身（15分钟）	介绍自己	1. 自我介绍。学生围成一个大圈，依次介绍自己，包括自己的姓名、昵称，并配上相应的动作来展现。 2. 动作介绍。在教师的带领下，每个学生和自己周围两侧的同学打招呼，重复自己刚才取的名字，并用动作表现出来。 3. 相互认识。学生轮次展现自己的名字和动作，其他人跟着说出别人的名字，同时做出动作，进行3至4轮，要求越来越快。	1. 学生能集中注意力于活动之中。 2. 学生能用动作表现自己的名字。 3. 学生能记住其他学生的名字和表现动作。	教师要以活跃的姿态示范，引导课堂气氛。
发展（60分钟）	小调寻友	1. 哼歌交友。每个人手上发一张纸条，上面有一首通俗歌曲的名称，成员随意走动，哼出那首歌，边哼边找到哼同一首歌的成员。 2. 介绍自己。学生给对方介绍关于自己的最喜欢的事、最讨厌的事、最得意的事。 3. 介绍他人。回到团体，介绍朋友。	1. 学生能哼出简单熟悉的歌。 2. 学生能放开自己，向他人介绍自己。 3. 学生能学会在团体中介绍他人的特点并分享自己的感受。	教师要确保学生理解规则，鼓励学生尽快找到伙伴。
	隐喻接龙	1. 隐喻接龙。5人一组。每个人说出三个关于自己的隐喻。由带领者"我是一朵长在花园的红玫瑰……"开始，5人组轮流用"如果你是一朵红玫瑰，那么我就是A""如果你是A，那么我就是B"这样的语言进行接龙，一共进行三轮这样的接龙。 2. 分享感受。学生在组内分享自己的三个隐喻的由来，以及三个隐喻与当前生活可能存在的关系。	1. 学生能够接龙说出自己第一时间想到的内容。 2. 学生能够对自己的三个隐喻与当前生活进行联想。 3. 学生能够在组内进行分享。	教师要确保学生理解活动规则，鼓励学生接纳自己头脑中出现的画面。教师通过示范让学生尽量把隐喻与当前生活进行联想并分享出来。
	小组取名	1. 网络功能。教师用报数的方式把团体分为6个小组，每个小组5人。小组头脑风暴所有网络的功能及其对应的软件。6个组依次选代表把讨论的内容写在大黑板上，重复的内容不写。 2. 投票讨论。小组通过投票讨论出网络最常用的6个功能及其两个代表软件，例如：聊天软件QQ和微信、视频软件腾讯视频和爱奇艺、游戏软件消消乐和我的世界等。 3. 小组取名。抽取网络相关的名字作为组名，比如聊天组、视频组、游戏组等。设计代表小组的图案和动作雕塑进行展示。	1. 学生能积极投入头脑风暴中，提供尽可能多的内容。 2. 学生能讨论出6个最常用的功能和软件。 3. 学生能用教师提供的美术材料在纸上设计出代表本小组的图案，并设计出一个动作雕塑，进行展示。	教师需要维持学生思考时的秩序，给予学生充分时间进行思考和讨论。教师可以记录小组设计图案和动作雕塑。
结束（15分钟）	信任大网	1. 分享感受。所有人围坐成一个圈，每个人用一句话表达今天的感想和收获。 2. 互抛线球。由第一个拿彩色毛线球的人开始，分享完之后，捏住毛线球的末端，把毛线球抛给任意的另一个人，再由接住毛线球的那个人开始分享，分享完，捏住毛线的一部分，把球扔给其他人。 3. 形成网络。所有人分享完毕，拉紧自己捏住的毛线形成一个巨大的网，并拍照。	1. 学生能深刻内省当前的身体反应和内心感受。 2. 学生能学会倾听他人的观点，等待时机进行表达。 3. 学生能当众进行自我表达。 4. 学生能拿住部分毛线的同时，抛出毛线球。	教师需要提前告知接和抛毛线球的方法，指导学生编制一个有连接的网。教师鼓励学生认真倾听他人的观点，真诚表达。
	感谢遇到你	1. 表达感谢。大家围成一个圈，拥抱自己身边的人，对他们今天一天的陪伴表示感谢，并向全场的人做爱心表示感谢。 2. 活动总结。教师带领大家简单总结活动。	1. 学生能建立倾听他人的观点，表达自己的态度。 2. 学生能表达自己的感受。	教师在每一个学生表达时，引导大家积极倾听。

（6）观察记录表：

阶段	游戏	目标	形成性评量					评量方式	教学使用	通过与否	教学决定	备注
			1	2	3	4	5					
暖身	介绍自己	1. 学生能做出表现自己名字的动作。										
		2. 学生能记住他人名字和动作，说出并模仿出来。										
		3. 加快节奏后，学生能迅速切换，动作连贯。										
发展	小调寻友	1. 学生能根据所抽纸条上的歌曲，哼歌。										
		2. 学生能主动积极寻找伙伴。										
		3. 学生能介绍关于自己的三个最。										
		4. 学生能记住伙伴的信息。										
		5. 学生能流畅地向大家介绍伙伴。										
		6. 学生能分享刚才活动中的感受和经验。										
	隐喻接龙	1. 学生能用小组接龙的形式进行联想和表达。										
		2. 学生能对自己的三个隐喻与当前生活进行联想。										
		3. 学生能认真倾听他人的分享和表达。										
	小组取名	1. 学生能头脑风暴出尽量多的网络功能及其对应的软件。										
		2. 学生能设计代表小组的图案和动作雕塑。										
结束	信任的大网	1. 学生能倾听他人的感受。										
		2. 学生能表达自己的感受。										
	感谢遇到你	学生能真诚地拥抱，表示感谢。										

（二）第二次活动方案

（1）主题：网络红与黑。

（2）目标：学生能体验网络带来好处和危害，辩证看待网络的利弊。

（3）媒材：A4 白纸若干，音乐《KISS THE RAIN》《A Little Story》，三色积木，坐垫若干，彩色笔。

（4）时间：90 分钟。

（5）活动流程：

阶段	游戏	步骤	目标	备注
暖身（15分钟）	萝卜蹲	1. 取名下蹲。教师根据功能再把 5 组分为 2 个小组（例如，视频组可分为 QQ 和微信），被叫到的组员要立刻下蹲，依次进行下去。举例：当说到 QQ 蹲时，QQ 组员蹲下，并接着说 QQ 蹲完微信蹲。没有及时反应的组及其组员就被淘汰。 2. 加快速度。一直玩，加快速度，直到最后一组获胜。	1. 学生能集中注意力于身体动作上。 2. 学生能克服冲动反应。 3. 增强团体的凝聚力。	教师需控制节奏和规则。
发展（65分钟）	踩报纸	1. 站上报纸。全场 8 张报纸，报纸上分别写着之前头脑风暴出来的网络的 8 个常用功能，分开放在场地中。当音乐响起来时，大家随意走动，当音乐停止时，所有人都要站在报纸上（大家可以抱着、背着，想各种办法）。 2. 减少报纸。报纸上人数最少的那张将被教师取走。部分同学不能踩到报纸。教师让没有踩上报纸的同学充分说明拿走的那张报纸上的网络功能的好处，对自己的重要性和有利的影响等，而踩上报纸的同学尽量说出那个网络功能对自己的不好的影响。 3. 利弊分析。一轮结束后，教师撤走一张报纸。每一轮都请踩上报纸的同学说不利之处，没有踩上的同学说它的有利之处。游戏共持续 7 轮。最后一轮时，全场共剩下 2 张报纸，将 2 张报纸合二为一。 4. 分享感想。学生分享活动过程中的感想，通过活动对生活中的网络功能应用有什么体会？	1. 学生能不受其他人影响，尽量多地思考网络功能的利弊。 2. 学生能反思自己对网络的某些特定功能的依赖，思考这种功能对自己的影响。	教师需要引导学生进行反思和自我表达。
	爱它有多深	1. 上网分类。教师列出一些典型现象，根据上网时长、情绪、态度和关系影响等表现，分成三种网络类型：休闲型（蓝色积木）、沉迷型（黄色积木）、成瘾型（红色积木），用三个点表示程度，让学生们根据自己的情况进行选择，站在对应的坐标点周围。 2. 讨论经历。三个组围圈进行讨论。组员分享自己上网的经历，包括对网络的态度、情感以及做法等。	1. 学生能反思自己的上网类型，评定自己的网络依赖程度。 2. 学生能讨论分享自己面对网络的态度、情感以及做法。	1. 教师提前准备三种网络类型测量的描述。 2. 教师引导学生讨论和表达。
	有利也有弊	1. 画出电脑。三组的学生围成一个圈坐下。教师给每个学生发一张 A4 纸。学生首先将 A4 纸对折一次，在纸的上半部分画一个电脑，然后将纸反过来再画一个电脑，也是同样的要求，即两个电脑在正反面。 2. 上网利弊。大家先在上面一个电脑上写下网络的优点，反过来在下面的电脑上写下网络的缺点。 3. 分享建议。写完之后大家在组内进行讨论，并说出如何避免网络的不利影响。每个人选择三个网络对自己的不利影响和做得不够好的方面，讨论原因进行分享，小组团体给与应对的建议。听完建议后，选择一个最能接受的建议，承诺尝试改变。回到大群里进行分享。	1. 进一步探讨网络的优缺点。 2. 分享自己应对网络弊端的方法。 3. 学习他人的好方法。	1. 教师要示范如何在纸上进行书写。 2. 教师鼓励学生在组内进行讨论并及时补充引导。
结束（10分钟）	分享与感谢	1. 总结感受。每个学生用一个词总结自己在游戏中的感受。 2. 教师点评。表达祝愿，情感提升，微笑着告诉自己旁边的同伴："谢谢你的分享，谢谢你的陪伴。"	1. 学会表达自己的真实感受。 2. 学会感恩，学会感谢生活中的你我他。	教师注意引导学生表达自己真实的感受。

（6）观察记录表：

阶段	游戏	目标	形成性评量					评量方式	教学使用	通过与否	教学决定	备注
			1	2	3	4	5					
暖身	萝卜蹲	1.学生能集中注意力于身体动作上。										
		2.学生能克制冲动反应。										
发展	踩报纸	1.学生能不受其他人影响，尽量多地思考网络功能的利弊。										
		2.学生能反思自己对网络的某些特定功能的依赖，思考这种功能对自己的影响。										
	爱它有多深	1.学生能评定自己的网络依赖程度。										
		2.学生能参与讨论自己的上网现状和感受。										
	有利也有弊	1.学生能从利弊两个方面看待网络。										
		2.学生能从解决问题角度看待网络的不利之处。										
		3.学生能根据自己的主要问题，认识到改变的困难。										
		4.学生能听取他人的意见和建议，形成改变的动力。										
		5.学生能在大群里进行感受分享。										
结束	分享与感谢	1.学生能概括自己最主要的收获并进行表达。										
		2.学生能对团体表达感谢。										

（三）第三次活动方案

（1）主题：一"网"情深。

（2）目标：学生能认识到上网行为背后的真正需要和期待，形成对网络的正确认识。

（3）媒材：音乐《吉祥三宝》《天空之城》《Refrain》，冰山理论的图片，彩色布巾若干，A4纸若干。

（4）时间：90分钟。

（5）活动流程：

阶段	游戏	步骤	目标	备注
暖身（10分钟）	吉祥三宝	1. 互动拍手。所有学生分为内圈和外圈、两两面对面站。先熟悉八拍的拍手动作、转圈的动作和牵手摆动三个动作。 2. 舞动身体。音乐开始，学生模仿带领者的动作舞动身体。要求：哼唱时两两牵手摆动身体，马提琴演奏时跟随节奏转圈，唱歌时两两面对面拍手打节奏，4个8拍完后内圈正时针、外圈逆时针跑动。进行两次。	1. 学生能集中注意力于身体动作上。 2. 学生能跟随音乐节奏舞动动作。	教师观察学生们的舞动的情况，确保学生们的热身达到效果。
发展（70分钟）	真真假假	1. 真话假话。7至8人一个小组，每组同学分别说出两个和自己有关的句子，两个句子中一句是真的一句是假的，且一般不能够通过直观观察了解真假。例如：我会说阿拉伯语。 2. 猜测反馈。其他同学猜猜哪句话是真的哪句话是假的。该同学对猜测进行反馈。	1. 学生要能想出两个和自己有关的话，且一真一假。 2. 每个人都能认真倾听，并对他人的话感兴趣。	教师要通过举例帮助学生去找一些关于自己内在特点的、且不易辨别的信息。
	相互取网名	1. 相互取名。已经组好的5个小组，根据之前活动中对小组成员的了解，头脑风暴给其他人取能代表其特点的"网名"并说明原因。取名要符合该同学的特点，不能起侮辱他人的名字。 2. 选择反馈。当其他人在给某人取网名的时候，这个人只需要认真倾听讨论内容，记录下所有名字，无需做出回应。都讨论完之后，再在所有网名中选出自己最喜欢的一个，进行反馈。	1. 学生能在了解他人的基础上给同伴取网名。 2. 学生能倾听他人对自己的评价。 3. 学生能通过他人反馈加深对自我的了解，扩展自我认识。	教师适当举例启发学生，学生取网名的同时不能进行人身攻击。
	情景故事	1. 冰山理论。教师介绍冰山理论。每个人行为背后都有其潜在的感受、观点、期待、渴望，像一座冰山。教师联系网络沉迷问题，告知学生网络行为只是表象，真正的问题掩盖在表象之下。 2. 分享冰山。由教师引导各小组成员自行讨论沉迷网络的人可能有的潜在感受、观点、期待、渴望，组员各自画出自己理解到的沉迷网络的人的冰山，在小组内分享自己的冰山。 3. 分组演出。小组选出几个代表性冰山，改编成一个完整的关于网瘾少年的不愉快的故事，并演练。其他组观看表演并发现故事中的不愉快原因。 4. 总结思考。由教师总结故事中造成不愉快的内因与外因，情绪是正面的还是负面的。大家思考怎样才能把这些不愉快的情绪消除，先组织小组交流，然后由小组里的一个学生汇总在所有学生中分享。 5. 演义方法。按照之前表演的顺序，后一组的学生接着前一组的故事表演，表演中要表演出消除网瘾带来的负面的结果的方法。 6. 改编故事。由教师引导学生自行讨论、分工，并且学生们要将每个成员想到的信息改编成一个完整的消除由网瘾带来的负面结果的故事，并给自己的故事取名。 7. 谈谈感受。每个学生一句话分享自己表演以及看了其他人表演后的感受。	1. 学生能画出一种网络心理现象的冰山。 2. 学生能改编网络成瘾少年的故事。 3. 学生能用表演的方式展示网瘾少年的故事。 4. 学生能想出消除故事中不愉快体验的方法。 5. 学生能表演改编的克服网瘾不快体验的故事。 6. 学生能给作品取名。 7. 学生能分享自己的体验。	教师要用举例的方式讲解理论，引导学生自己发散思维利用教室里已有的东西作为表演道具。教师提醒表演时注意安全。
结束（10分钟）	感谢你	1. 围圈分享。教师引导大家手拉手围成圈，让学生用一句话来分享今天活动的体验、心情。 2. 表达感谢。学生分享完后互相举起双手、鞠躬，表示感谢，对旁边的人拍拍肩说："谢谢你的陪伴，谢谢你们。" 3. 家庭作业。学生思考现实中的自己与网络中的自己有什么区别？	1. 学生能分享经验和心情。 2. 学生能表达对群体及他人的感谢。	教师注意引导学生学会倾听。

（6）观察记录表：

阶段	游戏	目标	形成性评量					评量方式	教学使用	通过与否	教学决定	备注
			1	2	3	4	5					
暖身	吉祥三宝	1.学生能集中注意力于身体动作上。										
		2.学生能跟随音乐舞动动作。										
发展	真真假假	1.学生要能想出两个和自己有关的话，且一真一假。										
		2.每个人都能认真倾听，并对他人的话感兴趣。										
	相互取网名	1.学生了解他人的基础上给同伴取网名。										
		2.学生能认真倾听他人对自己的评价。										
		3.他人的评价能扩展学生的自我认识。										
	情景故事	1.学生能画出一种网络心理现象的冰山。										
		2.学生能改编网络成瘾少年的故事。										
		3.学生能用表演的方式展示网瘾少年的故事。										
		4.学生能想出消除故事中不愉快体验的方法。										
		5.学生能表演改编的克服网瘾不快体验的故事。										
		6.学生能给作品取名。										
		7.学生能分享自己的体验。										
结束	感谢你	1.学生能分享经验和心情。										
		2.学生能表达对群体及他人的感谢。										

（四）第四次活动方案

（1）主题：网络你和我。

（2）目标：学生能正确认识虚拟人际和真实人际的差异，避免网络陷阱。

（3）媒材：贴纸若干，音乐《Summer》，6份《意外报告书》，《行为记录单》若干，30张名牌卡纸，水彩笔、签字笔若干，A4白纸若干。

（4）时间：90分钟。

（5）活动流程：

阶段	游戏	步骤	目标	备注
暖身（15分钟）	口香糖黏什么	1. 随意走动。全场所有人围成一个大圈。教师当发令员，引导大家随意行走、活动。 2. 口令组合。途中所有人问教师："口香糖，黏什么？"带领者发令："口香糖，黏两人的肩膀（后脚跟、耳朵等）。"发完口令后，所有参与者要迅速组合，没能组合成功的人要做一个小小的展示。 3. 学生发令。换成学生发指令，依次循环多次，最后由教师发指令，为下一个环节做准备。	1. 学生能及时根据指令做出反应。 2. 学生能接受规则，进行展示。	教师发的口令每次都要不一样，且要慢慢整合，最后让全体学生都融入一个动作。
发展（70分钟）	照镜子	1. 模仿动作。两两一组，面对面，教师播放音乐《Summer》，要求一个人模仿另一个人的动作。动作要求缓慢舒展，有手部的动作也要有脚部的运动。 2. 表演猜测。学生之间互相商量谁当"镜子人"，然后进行表演，让大家来猜。	1. 学生能跟随音乐表演动作。 2. 学生互相留意对方的动作，并模仿。 3. 学生要能通过观察尽量去猜谁带动谁。	教师要启发学生做出舒缓的动作，且提示同学要尽量相互照顾，让动作一致。
	猜猜我心意	1. 态度标签。教会在贴纸上写出关于正性的态度（如赞许、欣赏、喜爱等）和负性态度（如鄙视、仇恨、愤慨等）词语各15个。随机贴在每个人的额头上，每个人都不知道这个词是什么。 2. 做出表情。所有人在不交流的情况下，做出对方额头上的那个词相应的表情。 3. 猜测标签。每个人根据别人的表情猜测自己额头上的词是正性还是负性，是哪个词。 4. 分享感受。小组讨论，在网络中如果缺少非言语线索曾经产生过哪些误会，之前是怎么解决的。	1. 学生能做出相应态度的表情。 2. 学生能体会非言语交流的重要性和局限。 3. 学生能觉察网络交流和真实生活中交流的不同。 4. 学生能反思解决交流中问题的途径。	教师事先准备好30个关于态度的词，引导学生分享看到对方态度后的感受并反思应对误会的方法。
	谣言花絮	1. 划分角色。分5个小组依次进行。以其中一个组的活动为例，6名小组成员中的5人被请到另一间隔离室，留下一人和领导者以及其他四组的观察者在一起。 2. 传递信息。领导者分发谣言花絮观察单给观察者，请他们记录。然后领导者念观察单上的《意外报告书》给留下的一人听，但他不能做笔记。请隔离室的一位志愿者回来，第一位向第二位，第二位向第三位，直到第六位重复前一位听来的内容。 3. 引导讨论。教师展示记录单，讨论观察内容和他们的经历，引导讨论活动隐含的启示，既不盲从又不传谣。	1. 学生能根据规则要求，用自己的理解表达传递信息。 2. 学生能对网络信息有更全面的认识和了解。	教师要引导学生思考匿名对于网络信息真实度的影响，帮助学生提高鉴别信息真伪的能力。
	角色大比拼	1. 制作名牌。成员用自己喜欢的颜色的彩笔在纸上写下自己最常用的网名然后将其放入名牌夹中作为自己的名牌。 2. 猜猜网名。汇总后放进盒子，随意分发名片，每个人根据抽到的网名，来猜是谁，再将名片交给名片真正的主人，由名片真正的主人分析自己的网名，思考网名背后的含义。 3. 自我分享。组员在组内谈谈现实中的自己与网络中的自己有什么区别？每个组派一个代表总结小组成员的看法。小组代表面向集体分享。	1. 学生能思考自己网名的含义。 2. 学生能从第三者眼光看待网名对于他人的印象。 3. 学生能分享对于真实自己和网络自我差异的思考。	教师注意分发名片时，学生间不能相互交流。
结束（5分钟）	经验分享	1. 自我思考。每个人都思考："应该如何理性正确地在网络上建立社交？" 2. 分享看法。每个人依次发表自己对网络沟通和网络人际的看法。 3. 教师总结。	1. 学生能树立对待网络的正确态度。 2. 学生能分享总结网络沟通和网络人际的经验和体会。	教师要注意引导网络理性态度的建立，认真倾听发言，同时留意一些好的扩展性的发言。

（6）观察记录表：

阶段	游戏	目标	形成性评量					评量方式	教学使用	通过与否	教学决定	备注
			1	2	3	4	5					
暖身	口香糖黏什么	1. 学生能按教师指令进行游戏。										
		2. 学生能接受规则，进行展示。										
发展	照镜子	1. 学生能跟随音乐表演动作。										
		2. 学生能互相留意对方的动作，并模仿。										
		3. 学生要能通过观察尽量去猜谁带动谁。										
	猜猜我心意	1. 学生能做出相应态度的表情。										
		2. 学生能体会非言语交流的重要性和局限。										
		3. 学生能觉察网络交流和真实生活中交流的不同。										
		4. 学生能反思解决交流中问题的途径。										
	心有千千结	1. 学生能合作用非言语交流解决困难和问题。										
		2. 学生能合作用言语交流来解决困难和问题。										
		3. 学生能体验和分享两次活动的不同。										
		4. 学生能感受语言在沟通中的重要作用。										
	谣言花絮	1. 学生能根据规则要求，用自己的理解表达传递信息。										
		2. 学生能对网络信息有更全面的认识和了解。										
	角色大比拼	1. 学生能思考自己网名的含义。										
		2. 学生能从第三者眼光看待网名对他人的印象。										
		3. 学生能分享对真实自己和网络自我差异的思考。										
结束	经验分享	1. 学生能对网络保持更加理性的态度。										
		2. 学生能表达自己的感受。										

（五）第五次活动方案

（1）主题：我的时间我做主。

（2）目标：学生能提高自控力，学会时间管理，不沉迷网络。

（3）媒材：音乐《亲爱的旅人啊》《童年》，彩色丝带若干，10 把剪刀，6 个抽签工具，四象限理论 PPT。

（4）时间：90 分钟。

（5）活动流程：

阶段	游戏	步骤	目标	备注
暖身（15分钟）	钟表修理匠	1. 示范模仿。教师示范时钟的人体表达方式，学生模仿。 2. 扮演时钟。教师播放音乐，引导全场学生随意走动，教师随机说一个时间指令，所有学生需要扮演时钟。时钟摆好后学生们则需要静止不动，教师则会下场检查钟表的构造以及是否稳固，是否需要被修理。 3. 表演时间。所有人围成一个大圆圈，留出三人分别扮演时钟的时针、分针和秒针。教师随着背景音乐描述一个情景，学生们需要根据所描述的情景来判断时间，根据自己的判断用身体表演出时钟上对应的时间。如教师说："在这阳光明媚的一天，伴随着食物的香气，我们开始了新的一天的工作。"学生们则需要用身体摆出 7 这个数字。 4. 检查修理。时钟摆好后学生应静止不动，当背景音乐结束后教师应下场检查钟表的构造以及是否稳固，是否需要被修理。	1. 学生能模仿教师动作做出时钟的样子。 2. 学生能按指令做出时钟的动作。 3. 学生能根据描述的情景判断时间。 4. 学生能用身体摆出时间数字。	教师要尽量帮助学生了解规则，描述情景时要取典型画面内容并留有一定悬念。
发展（70分钟）	人生彩带	1. 生命彩带。教师给每个学生派发一米长的彩带。一厘米代表一年，即这一米长的彩带代表了 100 岁的生命。 2. 减掉多余。接下来做一个减法活动，学生按照年龄量出相应的长度，然后剪掉它。再剪掉退休后的年龄（以七十为标准，即剪掉 30 厘米）。将剩下的彩带折成三折，从一端剪掉一折（根据一个人一天中睡眠时间为 8 小时，没睡那么多的学生，可以酌情少剪一点）。学生根据自己将来要休假的时间量出 10 个左右的单位，剪掉。再剪去剩下的四分之一（吃饭、下课外出、购物、上厕所等）。如果有上课分心的学生，请酌情剪掉五分之一；有其他个人认为属于浪费时间的情况也酌情剪掉。 3. 讨论分享。学生将剩下的时间和教师手里这一百年的人生比一比。讨论分享：①看到时间一点一点被减去（与原来的 100 岁生命相比），你有什么感受？②根据可以让我们自己控制的时间，回想一下过去这一年的时间，你有什么感受？③面对所剩的时间，设想一下你之后会怎样？	1. 学生能理解人生长度和彩带长度的对应关系。 2. 学生能分步骤正确地减去彩带。 3. 学生能积极参与讨论，分享珍惜时间的感想和经验。	教师在说明时，需一步一步慢慢讲解清楚，并适当留点时间以免成员跟不上，必要时可从旁协助。
	时间四象限	1. 四个象限。学生列出 20 件以上最近一周内完成的事件，按自己的方式分配做这些事情的先后顺序，在组内分享这样安排的原因。画出四象限，成员们将这些事件填在表中的四个象限中。 2. 四种类型。用四象限量表测试你是哪种类型的人。教师介绍按照是否紧迫和是否重要四种不同种类的活动，划分出四种类型的人：拖拉的人（第一象限）、轻重缓急分明的人（第二象限）、唯唯诺诺的人（第三象限）、懒散的人（第四象限），介绍四种类型人在安排时间方面的特点和可能存在的时间管理的问题。 3. 分享感受。学生完成后在小组内分享：①在学习"时间四象限"之前，你是怎么排列做这 20 件事情的先后顺序的？②哪些活动我现在可以不予考虑或交别人做？③你怎么定义这四个象限的内容？（紧急且重要、重要但不紧急、紧急但不重要、不重要且不紧急）④看到这 20 件事件被分配到这四象限之后你的感受是什么？⑤通过这个活动你得到什么启示？	1. 学生能列出 20 件以上最近一周内完成的事件。 2. 学生能在组内分享安排事情先后顺序及其原因。 3. 学生积极参加测量评定，判断自己的类型。 4. 学生积极参与分享，有所启发。	教师清晰讲解时间四象限的内容，包括特点和存在的问题，引导学生理解珍惜时间的重要性。

续表

阶段	游戏	步骤	目标	备注
发展（70分钟）	时间情景剧	1.抽签表演。每个小组派一名代表上台抽签，决定自己小组表演情景剧的题目，情景剧题目包括：因玩手机学习效率低下、明知不该却老是拖延、时间分配不当导致主次不分、生活安排太忙碌疲惫不堪、做事毫无目的倍感无聊、打游戏荒废学业。 2.小组演出。各个小组在10分钟之内讨论将以什么内容表演出来，同时要分析出该内容背后的心理原因。各小组上台表演出自己的情景剧，时间要求在3分钟之内，最长不超5分钟。 3.分析原因。各小组分享各情景剧所表现内容的背后心理原因。其他组组员亦可补充。 4.讨论分享：①表演前你们讨论过哪些方面的原因？②听到别人对你们小组情景剧背后原因的分析，你的感受是什么？③在日常生活中，你有过类似的情况吗？现在改正过来没有？	1.学生能分析出情景内容背后的心理原因。 2.学生能生动地表演出情景剧内容。 3.学生能认真观看其他组的表演。 4.学生能联系自己情况进行分享。	教师要提前准备情景剧题目，引导学生利用教室资源进行表演。
结束（5分钟）	时光剪影	1.整体总结。PPT上滚动播放关于时间的名言。例如：①明日复明日，明日何其多，我生待明日，万事成蹉跎。（文嘉《明日歌》）②时间就像海绵里的水，只要愿挤，总还是有的。（鲁迅）③荒废时间等于荒废生命。（川端康成）④抛弃时间的人，时间也抛弃他。（莎士比亚）⑤盛年不重来，一日难再晨。及时当勉励，岁月不待人。（陶渊明）⑥黑发不知勤学早，白首方悔读书迟。⑦一个人越知道时间的价值，越倍觉失时的痛苦。⑧节约时间，也就是使一个人的有限的生命，更加有效，而也就等于延长了人的寿命。⑨早晨不起误一天的事，幼时不学误一生的事。⑩珍惜时间可以使生命变得更有价值。⑪莫等闲，白了少年头，空悲切！⑫一寸光阴一寸金，寸金难买寸光阴。 2.选择分享。每个人分享自己最喜欢的一句名言，并谈谈原因和感受。 3.表达感谢。教师播放轻快的音乐，引导大家手拉手围成圈，互相举起双手、鞠躬，表示感谢，对旁边的人拍拍肩说："谢谢你的陪伴，谢谢你们，我们下次不见不散。"	1.学生能发表自己对生命价值的看法。 2.学生能向他人表达感谢。	教师提前搜集关于时间的名言。

（6）观察记录表：

阶段	游戏	目标	形成性评量					评量方式	教学使用	通过与否	教学决定	备注
			1	2	3	4	5					
暖身	钟表修理匠	1.学生能模仿教师动作做出时钟的样子。										
		2.学生能按指令做出时钟的动作。										
		3.学生能根据描述的情景判断时间。										
		4.学生能用身体摆出时间数字。										
发展	人生彩带	1.学生能理解人生长度和彩带长度的对应关系。										
		2.学生能分步骤正确地减去彩带。										
		3.学生能积极参与讨论，分享珍惜时间的感想和经验。										
	时间四象限	1.学生能列出20件以上最近一周内完成的事件。										
		2.学生能在组内分享安排事情先后顺序及其原因。										
		3.学生积极参加测量评定，判断自己的类型。										
		4.学生积极参与分享，有所启发。										
	时间情景剧	1.学生能分析出情景内容背后的心理原因。										
		2.学生能生动地表演出情景剧内容。										
		3.学生能认真观看其他组的表演。										
		4.学生能联系自己情况进行分享。										
结束	时光剪影	1.学生能发表自己对生命价值的看法。										
		2.学生能向他人表达感谢。										

（六）第六次活动方案

（1）主题：我的人生我规划。

（2）目标：学生能养成主动规划、自我掌控的习惯，形成良好的意志品质。

（3）媒材：A4 白纸若干，彩笔若干，音乐《琵琶语》。

（4）时间：90 分钟。

（5）活动流程：

阶段	游戏	步骤	目标	备注
暖身（10分钟）	诺亚方舟	1. 邀请动物。学生围坐一圈。播放音乐的同时，教师扮演"船长"，在圈内随意走动，口里说："洪水要来了，洪水要来了。"然后随机停在一个学生的面前问："你是什么小动物呀？"学生回答一个小动物的名字（例如小兔子），老师说："那就上船来跟我走吧。"学生需起立跟在老师后面，用说出来的动物的姿势走动起来。 2. 洪水来了。教师依次邀请学生扮演的各种小动物上船，跟在老师后面走。由老师控制时机，突然大喊："洪水来了！"所有人包括老师要立马找空着的座位坐下。 3. 轮流开展。没有坐到座位的同学要接受一个小惩罚。然后由这位同学当"船长"进行下一轮活动。	1. 学生能理解活动规则。 2. 学生能用说出的小动物的动作跟随教师走动。 3. 学生能听到"洪水来了"就立刻做出反应。 4. 学生能接受小惩罚之后继续开展活动。	教师要指令清晰，有夸张的动作和表情，活跃气氛。
发展（70分钟）	泰坦尼克号	1. 角色清单。教师事先印好"待救助的任务明细及顺序选择表"，包括：自己、孕妇、大法官、运动员、市长、老人、股市大亨、电脑工程师、记者、医生、小孩、中学老师、导演、歌手…… 2. 拯救活动。在一次海洋旅行中，我们乘坐的"泰坦尼克号"不幸撞上了冰山即将沉没，船上只有一艘救生艇，只能乘坐5个人，此时船上有14名乘客，如果由你作决定，你觉得谁应该优先被救出来？ 3. 分享选择。每个人在小组内分享自己的选择，聆听别人的选择。 4. 充分讨论。学生决定是否修改或调整自己的选择，讨论自己从活动中获得的启发。	1. 学生能积极思考和自己价值观有关的排序。 2. 学生能清楚地明确自己的选择和原因。 3. 学生能开放性地分享自己的看法。 4. 学生能仔细认真聆听别人的观点。 5. 学生能在讨论中获得新的有意义的启发。	教师给予充分的时间让学生思考，可以做适当的示范。
	我的未来不是梦	1. 画添加画。每位学生一张A4白纸，横向摆放中间画一条竖线。10分钟左右每位学生在竖线的基础上添加任何想添加的东西，包括符号、文字、图片、人物、动物等。画完之后给画作命名。 2. 解释含义。教师进行简单的解析。竖线左侧代表学业或事业的过去状况；竖线的右侧代表学业或事业的未来状况；下方代表学业或事业的基础；上方代表学业或事业的发展。 3. 自我分享。两两分析讨论自己画图的含义以及自己对此的理解和联想，在群体里大声地说出自己的愿望。	1. 学生能完成添加画。 2. 根据解析，学生能分析自己画中的含义以及对此的理解和联想。	教师要明确清晰地讲解添加画同时保持中立，开放地接受学生对自己画内容的分析，更多倾听学生的内容，促进其自我探索。
	我的样子	1. 聆听歌曲。闭上眼睛，听歌曲《我的未来不是梦》。 2. 捏自我像。学生用彩泥捏一个用粘土制造"自我像"。 3. 自我分享。学生轮流介绍这个自我像具有哪些特点，兴趣和爱好是什么。	1. 学生能投入地听歌。 2. 学生能捏出自我像。 3. 学生能自我介绍和分享。	教师全场巡回，适时引导学生用自己的方式表达自我。
结束（10分钟）	激励团团转	1. 自我祝福。每个学生一张方形的彩色纸，写上给自己的祝福，并折成千纸鹤。 2. 分享感受。教师引导每位学生分享感受。从教师开始，顺时针依次进行。 3. 感恩。教师引导每位学生向左右伙伴表达感谢。	1. 学生能给自己写祝福并折纸鹤。 2. 学生能分享经验和心情。 3. 学生能表达对群体及他人的感谢。	教师注意引导学生自我祝福。

（6）观察记录表：

| 阶段 | 游戏 | 目标 | 形成性评量 | | | | | 评量方式 | 教学使用 | 通过与否 | 教学决定 | 备注 |
			1	2	3	4	5					
暖身	诺亚方舟	1.学生能清楚活动规则。										
		2.学生能用说出的小动物的动作跟随老师走动。										
		3.学生能听到"洪水来了"就立刻做出反应。										
		4.学生能接受小惩罚之后继续开展活动。										
发展	泰坦尼克号	1.学生能积极思考和自己价值观有关的排序。										
		2.学生能清楚地明确自己的选择和原因。										
		3.学生能开放性地分享自己的看法。										
		4.学生能仔细认真聆听别人的观点。										
		5.学生能在讨论中获得新的有意义的启发。										
	我的未来不是梦	1.学生能完成添加画。										
		2.根据解析，学生能分析自己画中的含义以及对此的理解和联想。										
	我的样子	1.学生能投入地听歌。										
		2.学生能捏出自我像。										
		3.学生能自我介绍和分享。										
结束	激励团团转	1.学生能给自己写祝福并折纸鹤。										
		2.学生能分享经验和心情。										

（七）第七次活动方案

（1）主题：网络健康，我在行动。

（2）目标：学生能正确健康使用网络，矫正自己的不良上网习惯。

（3）媒材：A4白纸若干、A1白纸5张，彩笔若干、马克笔5支，行动口诀PPT，胶水，地垫若干，音乐《我一定可以》。

（4）时间：90分钟。

（5）活动流程：

阶段	游戏	步骤	目标	备注
暖身（10分钟）	一分钟两分钟	1. 男生女生。女生为1分钟而男生则是2分钟。 2. 口令组合。根据教师说的分钟数，所有学生组成相应的数字，没组成符合要求的数字的，均被淘汰。比如，教师喊7分钟，学员组成一个小组，这个小组所有人的面值加起来应该是7分钟，没有组成小组的学员将被淘汰。 3. 轮流发令。教师在每一轮被淘汰的人中选取口令发送者。剩下的人继续组合，直到剩下2至3人为止，游戏结束，大家给剩下的人鼓励。	1. 学生能根据教师的指令快速做出反应。 2. 学生能遵循规则组合出正确的组合。 3. 学生能坚持游戏直到最后。	教师要清晰介绍活动规则，从简单到复杂难度逐渐加大，等学生熟悉之后再开始让学生发口令。
发展（70分钟）	网络健康全面观	1. 自我信件。6至8人一组。每个人1个信封，几张纸条。学生在信封上写上自己的名字，将自己目前对于网络最困扰的事情、最想得到的帮助写在纸条上，如：①哪些网络的使用是必须的？②哪些网络的使用是可有可无的？③哪些网络的使用是不应该的？④怎样合理规划网络使用时间？⑤哪些方法可以提醒自己合理使用网络？ 2. 回复他人。学生把写好的纸条发给每一位小组成员，每个人拿到的是他人写的纸条。请学生们认真思考，根据自己的经验及体会，怀着真诚助人的心情，以自己独特的方式回答，没有什么对错之分，把自己对问题的真实看法写出来，回答不用署名。 3. 阅读回复。回答完毕，装进信封内，每个成员取回自己的信封，抽出回条，一一阅读。 4. 分享启发。每个成员谈自己阅读完他人的意见后的感想，以及对自己解决问题有哪些启发。	1. 学生能尽可能思考自己在网络使用方面的问题并写出来。 2. 学生能针对别人提出的问题，认真思考。 3. 学生能根据自己的经验及体会，怀着真诚助人的心情，以自己独特的方式回答别人提出的问题。 4. 学生能尽可能谈自己阅读完他人的意见后的感想。 5. 学生能在分享过程中获得一定的启发。	教师对重复有争议的内容要进行澄清。
	行动计划	1. 网络气球。6至8人一个小组，每个人一个气球，吹成中等大小。每个人在气球上写出5个以上不同的关于不健康的网络行为。例如：熬夜追剧、看小说耽误完成作业等。 2. 替代卡纸。每个学生一张彩色卡纸，在卡纸的一面写出对应的积极替代行为，例如：晚上11点后不使用网络、睡前背半小时英文单词等。在卡纸的另一面写出3条以上提醒方法，即自己容易接受的方法，针对自己的不健康网络行为制订具体可操作的行动计划。 3. 分享计划。学生轮流分享行动计划，每个小组成员在分享后，其他成员给予鼓掌支持。 4. 气球口号。每个同学说："从今天起，我知道该怎么做了，请大家监督！"然后把气球打到空中。接到随机抛出落下的气球，把气球压爆。	1. 学生能写出五条以上不健康的网络行为。 2. 学生能写出不良行为的积极替代行为。 3. 学生能制订具体可行的行动计划。 4. 学生轮流分享行动计划。 5. 学生对其他学生的行动计划给予支持。	教师可以举例示范，启发学生写具体可操作的行动计划，认真倾听，必要时可以提问促进学生思考。
	我一定可以	1. 回想过程。全场围成一个大圈。音乐响起，学生围坐在地垫上，闭着眼睛听歌，教师引导学生在脑中回想行动计划，并做出积极替代行为的代表动作。 2. 心情涂鸦。学生在一张A4纸上涂鸦，画出这种有控制的状态下自己的心情。 3. 自我分享。学生依次分享当下感受和心情。	1. 学生能在音乐声中安静下来。 2. 学生能在教师的引导下回想行动计划做出动作。 3. 学生能画出代表心情的涂鸦。 4. 学生能积极分享当下感受和心情。	教师引导学生回想行动计划，语言要缓慢并具有典型性，示范做出替代行为。

阶段	游戏	步骤	目标	备注
结束（10分钟）	行动口诀	1.行动口诀。教师在PPT上展示行动口诀，例如： （1）我是我生命的主人。今天，就是我新生命的开始。 （2）我看见我的生命正慢慢展开，充满了迷人的光辉！ （3）我能感受到生命的馈赠和充沛，以及我内心深处的力量！ （4）我要微笑着面对这个世界，每一天，我都会越来越好！ （5）大家都会喜欢我，就像我喜欢我自己一样。 （6）我知道我是有能力的，重要的是不断积极行动！ （7）无论面对何种处境，我总能积极自如地应对。 （8）我能学会我想学的任何东西，我能成为我想成为的人。 （9）今天，我一定比昨天干得更好，越来越好！ 2.读出口诀。全场举起右拳，教师念一句，学生跟一句。全体学生大声坚定地念行动口诀。 3.分享感受。教师引导每位学生用一个词分享自己的感悟和体会。 4.表达感恩。教师引导学生向周围伙伴表达谢意。	1.学生能坚定大声念出行动口诀。 2.学生能用一个词分享自己的感悟和体会。 3.学生能真诚感谢伙伴。	教师坚定地念出行动口诀。

（6）观察记录表：

阶段	游戏	目标	形成性评量					评量方式	教学使用	通过与否	教学决定	备注
			1	2	3	4	5					
暖身	一分钟两分钟	1.学生能根据教师的指令快速做出反应。										
		2.学生能遵循规则组合出正确的组合。										
		3.学生能坚持游戏直到最后。										
发展	网络健康全面观	1.学生能尽可能思考自己在网络使用方面的问题并写出来。										
		2.学生能针对别人提出的问题，认真思考。										
		3.学生能根据自己的经验及体会，怀着真诚助人的心情，以自己独特的方式回答别人提出的问题。										
		4.学生能尽可能谈自己阅读完他人的意见后的感想。										
		5.学生能在分享过程中获得一定的启发。										
	行动计划	1.学生能写出五条以上不健康的网络行为。										
		2.学生能写出不良行为的积极替代行为。										
		3.学生能制订具体可行的行动计划。										
		4.学生轮流分享行动计划。										
		5.学生对其他学生的行动计划给予支持。										
	我一定可以	1.学生能在音乐声中安静下来。										
		2.学生能在教师的引导下回想行动计划做出动作。										
		3.学生能画出代表心情的涂鸦。										
		4.学生能积极分享当下的感受和心情。										
结束	行动口诀	1.学生能坚定大声念出行动口诀。										
		2.学生能用一个词分享自己的感悟和体会。										
		3.学生能真诚感谢伙伴										

（八）第八次活动方案

（1）主题：感受身边的美好。

（2）目标：学生能把精力从网络转移到其他更健康的休闲娱乐中，合理疏导情绪、探索自我。

（3）媒材：A4 白纸若干，彩笔若干，剪刀若干，胶水若干，小装饰物若干，大卡纸若干，音乐《Summer》《隐形的翅膀》。

（4）时间：90 分钟。

（5）活动流程：

阶段	游戏	步骤	目标	备注
暖身（15分钟）	网小鱼	1. 鱼儿渔网。教师将全班学生分成两部分，3/4 的学生扮演鱼儿，1/4 的学生扮演网。作为网的学生围成一个大圆圈，在教室一角。做鱼儿的学生站在圆圈中间。 2. 集体儿歌。游戏开始，全体学生念儿歌："鱼儿鱼儿游啊游，游到西来游到东，鱼儿鱼儿快快游，小心渔网网住你！" 3. 渔网网鱼。儿歌念完，做鱼儿的学生想象自己在海里自由地游来游去，做渔网的学生开始网鱼，做鱼儿的学生四散跑开、躲避，但做渔网的学生尽量把鱼儿网住。 4. 继续游戏。被捉到的鱼儿变成网的一部分，继续游戏。直到把鱼儿都捉完。第二次游戏让学生换角色进行。	1. 学生能根据规则进行游戏。 2. 学生能交换进行游戏。	教师提前询问学生对身体接触的接受程度，游戏之前将游戏规则讲清楚，不好理解的地方可以先示范，并提醒学生注意安全。
	身体扫描	1. 调整坐姿。学生找到一个自己最舒服的坐姿，脊柱保持自然、中正、垂直，安静地坐在地垫上。闭上眼睛、深深吸气，感受身体各部位的变化。 2. 全身扫描。想象外界有一双眼睛静静地关注身体从上到下各部位。身体逐渐放松，感受外界眼睛的关爱。 3. 关爱身体。觉察身体是否有某部位不舒服，如果有，给予更多关爱，直至其舒服。	1. 学生能平静内心，缓和情绪。 2. 学生能体察身体的变化与感受。	
发展（65分钟）	关爱你的身体	1. 心理教育。教师讲授身体健康的重要性。 2. 健康评定。 评定你的健康状况（九条）： （1）我十分了解并精通健康和健美的信息； （2）我每周至少锻炼三次，每次 20～30 分钟； （3）我很清楚我对水果、蔬菜、维生素和矿物质的需要； （4）我增加或保持了体能训练计划； （5）在运动时，我增加了锻炼心血管和灵活性的活动； （6）我睡眠充足； （7）身体需要时，我会休息或放松； （8）我吃垃圾食品和快餐每周少于两次； （9）我能有效和积极地面对压力。 3. 大风吹。学生围成圈，教师把以上 9 个问题提出来，学生依次进行分享。 4. 讨论问题。看到别人做，自己也愿意尝试的一项活动是？想了解更多的营养知识，具体是什么？	1. 学生能根据评定内容评定自己的身体健康状况。 2. 学生能在活动中分享自己的情况。 3. 学生能找出想要尝试的运动。 4. 学生能分享希望了解的营养知识。	教师引导学生进行分享，可以适当进行示范。

阶段	游戏	步骤	目标	备注
发展（65分钟）	关爱你的心灵	1.方法分享。每个人都有自己心灵滋养的方法，头脑风暴常用的几种做法。例如：听音乐、走进大自然等。思考并分享，我的精神食粮有？我希望增加的新食粮有？ 2.自我分享。人要自己选择精神食粮，而不是让别人替你做出决定。媒体有好的一面，也有坏的一面。思考：我接触的媒体有？在接触的媒体中，我觉得对我的情绪有害的是？出现这种情况的原因是？分享讨论。	1.学生在分享过程中能说出几项自己的精神食粮。 2.学生能说出希望增加的精神食粮。 3.学生能总结回顾自己在接触网络媒体过程中的情况并进行讨论。	教师需要从健康角度引导学生反思并分享，可以适当进行示范。
	理想小屋	1.画出小屋。教师分发给每位学生几张白纸，并将所需材料摆放在场地中央供学生选择。教师引导学生画出理想小屋，并用材料美化。 2.描绘理想。教师引导学生在理想小屋的里面和周围画上自己喜欢和期待的东西，描绘自己理想的生活。 3.相互参观。制作完成后，教师引导学生将理想小屋放在面前，让每一位学生参观。 4.介绍分享。每个学生轮流介绍自己的理想小屋。	1.学生能构建出自己的理想小屋。 2.学生能用语言介绍自己的理想小屋。	
结束（10分钟）	爱的按摩	1.相互按摩。教师播放舒缓音乐，所有人围成一个大圆圈，后面的伙伴给前面的伙伴按摩。 2.总结分享。教师总结今天的活动，学生轮次一人用一个词语表达此刻的活动感受。 3.表达感恩。教师引导学生相互致谢，期待下次相遇。	1.学生能放松下来。 2.学生能表达自己的感受。	教师在每一个学生表达时，引导大家积极倾听。

（6）观察记录表：

阶段	游戏	目标	形成性评量					评量方式	教学使用	通过与否	教学决定	备注
			1	2	3	4	5					
暖身	网小鱼	1. 学生能根据规则进行游戏。										
		2. 学生能交换进行游戏。										
发展	身体扫描	1. 学生能平静内心，缓和情绪。										
		2. 学生能体察身体的变化与感受。										
	关爱你的身体	1. 学生能根据评定内容评定自己的身体健康状况。										
		2. 学生能在活动中分享自己的情况。										
		3. 学生能找出想要尝试的运动。										
		4. 学生能分享希望了解的营养知识。										
	关爱你的心灵	1. 学生在分享过程中能说出几项自己的精神食粮。										
		2. 学生能说出希望增加的精神食粮。										
		3. 学生能总结回顾自己在接触网络媒体过程中的情况并进行讨论。										
	理想小屋	1. 学生能构建出自己的理想小屋。										
		2. 学生能用语言介绍自己的理想小屋。										
结束	爱的按摩	1. 学生能放松下来。										
		2. 学生能表达自己的感受。										

（九）第九次活动方案

（1）主题：回顾过去，展望未来。

（2）目标：回顾过往，总结收获，憧憬未来，坚定前行。

（3）媒材：上周的涂鸦画，彩笔若干，相机（可用手机代替），音乐《丢手绢》《拉德斯基进行曲》《相亲相爱一家人》，A1 纸一张，A3 纸若干，A4 纸若干，胶水。

（4）时间：90 分钟。

（5）活动流程：

阶段	游戏	步骤	目标	备注
暖身（15分钟）	丢手绢	1. 手绢游戏。全员参与，其中有一人拿手绢作为发起人，其他人暂坐地垫上。音乐响起，发起人随意把手绢丢在某一学生 A 的背后，A 学生要立即起身去追，追到，由发起人继续，跑一圈仍没追到，换 A 丢手绢。 2. 反馈鼓励。其他学生不要刻意提醒，及时给予鼓励。	1. 学生能集中注意力，灵活应变。 2. 学生能遵循规则追逃。 3. 其他暂时没有参与的学生也积极关注场上的情况。	教师要能做出示范，投入到游戏过程中。
发展（70分钟）	过程回想	1. 卡片配对。教师制作若干由随意图案线条组成的卡片，学生根据自己的感觉选择一张，两两配对分享选择这张卡片的原因。 2. 卡片涂鸦。教师发给学生上次课程的涂鸦画，让学生将卡片用自己喜欢的方式贴在涂鸦画中。 3. 回忆流程。教师引导学生回忆过往课程的流程，让他们在旁边写或画出一些形状和线条表达在课程过程中令人难忘的事情以及一句想对大家说的话，可以是对大家的祝愿。 4. 自我分享。学生完成绘画后，教师引导全体学生围坐成一个圆圈，依次进行分享。	1. 学生能选择让自己有感觉的卡片。 2. 学生能分享出选择卡片的原因。 3. 学生能在粘贴基础上画出一些表达性的涂鸦。 4. 学生能写出一句想对大家说的话。 5. 学生能分享当前的体验和心情。	教师需要引导学生反思并分享，可以适当进行示范。
	梦想树	1. 手型画画。两人一组，每人一张 A3 纸，相互帮助画双手的轮廓和圆。 2. 自我特点。闭眼放松，回顾记忆中印象最深刻的快乐场景、成就事件，写在树的根部。学生两两间相互发现对方内在的品质、能力、特质及支持者，写在手心和树干，在圆心写出自己的愿望或自己想成为的人。在圆圈外围写出实现愿望需要的品质、能力、特质及支持者。在手指上写实现梦想的方法途径。 3. 相互分享。提炼出一句话表达自己，如我是谁，具有什么品质，我希望成为什么样的人，我的梦想是什么，我相信通过怎么样的过程我一定可以成为那样的人。两两分享相互鼓励。 4. 签名取名。在纸上写上自己的姓名和日期，并取名。 5. 积极冥想。教师引导学生闭上眼睛想象自己的梦想，并想象利用积极资源和自己的努力实现梦想的过程。	1. 学生能画出愿望树的图案。 2. 学生能完成愿望树内容。 3. 学生能提炼一句话表达自己。 4. 学生能根据教师引导进行想象。	教师注意全场巡回，适时引导学生创作自己的作品。
	毕业签名	1. 表达祝愿。学生站成圆圈，依次分享自己上课体会和感悟，对大家说的话和对大家的祝愿。 2. 毕业签名。学生在一张标题为毕业签名的全开纸上签上自己的大名。 3. 合影留念。学生全部签完名之后，教师发表一些鼓励、表扬、感悟的话并对学生寄语，并签上自己的名字。大家拿着毕业签名合影。	1. 学生能分享体会感悟和祝福。 2. 学生完成签名。 3. 学生参与合影。	教师注意引导学生积极表达自己的感受。
结束（5分钟）	感恩环节	1. 表达感恩。教师引导全体成员手拉手围成圈，互相对左右的小伙伴说："感谢你这些日子的帮助！""感谢你这些日子的陪伴！""谢谢！""祝你有一个美好的未来！" 2. 分别留恋。教师引导大家一起手拉手说再见。	1. 学生能感恩，感谢身边的人事物。 2. 学生能接受分离和告别。	教师需要引导学生反思并分享，可以适当进行示范。

（6）观察记录表：

阶段	游戏	目标	形成性评量					评量方式	教学使用	通过与否	教学决定	备注
			1	2	3	4	5					
暖身	丢手绢	1.学生能集中注意，灵活应变。										
		2.学生能遵循规则追逃。										
		3.其他暂时没有参与的学生也积极关注场上的情况。										
发展	过程回想	1.学生能选择让自己有感觉的卡片。										
		2.学生能分享出选择卡片的原因。										
		3.学生能在粘贴基础上画出一些表达性的涂鸦。										
		4.学生能写出一句想对大家说的话。										
		5.学生能分享当前的体验和心情。										
	梦想树	1.学生能画出愿望树的图案。										
		2.学生能完成愿望树的内容。										
		3.学生能提炼一句话表达自己。										
		4.学生能根据教师引导进行想象。										
	毕业签名	1.学生能分享体会感悟和祝福。										
		2.学生完成签名。										
		3.学生参与合影。										
结束	感恩环节	1.学生能感恩，感谢身边的人事物。										
		2.学生能接受分离和告别。										

第三节　休闲教育之感悟式游戏教学设计

　　英国哲学家罗素曾经说过："能聪明地充实闲暇时间是人类文明的最新成果。"美国政治家富兰克林认为闲暇是为了做出某种有益的事而有的时间。英国思想家霍布斯说："闲暇是哲学之母。"这些名人名言都告诉我们休闲是人类生活和发展的重要组成部分，适当科学地休闲更有利于个人身心发展。

　　然而，广大青少年因学业负担过重等问题，致使他们对自己的休闲现状的满意度评价偏低。部分青少年休闲时间利用不太合理，看电视、上网聊天、打电子游戏是他们主要的休闲内容。学生参与休闲体育的时间频率及持续时间都较少。影响学生参与休闲体育的因素主要有：学业压力因素、休闲体育活动相关知识和技能因素、场馆设施因素、经济条件因素以及对休闲体育认知及参与休闲体育动机等。这样不仅会导致青少年生活单一化、碎片化，生活无意义感，缺乏合理规划时间和自我实现的能力，甚至有可能导致不良行为习惯的形成、成瘾，更有甚者最终走上犯罪的偏激道路。

赵忠心、符德新调查指出，假期是未成年人犯罪的高发期，对某市监狱青少年犯罪者的调查表示：87% 的犯人作奸犯科是在闲暇时间；77.7% 的犯人是因生活无聊、没意思就惹是生非，寻求刺激；86.6% 的犯人是因为在闲暇时间结交了思想落后、品质恶劣的朋友而走上歧路；96% 的犯人的恶劣习惯是在闲暇时间逐渐养成的。琳达·L. 凯德维尔（2009）提到一份对转型时期青少年的调查报告，其中大多数问题都集中于他们的生活方式，包括身心发展、休闲行为、消费行为、就业问题、大众文化、互联网使用和青少年犯罪，并由报告指出：中国青少年学业负担过重，空闲时间非常少，压力过大，更容易产生心理健康问题，养成不良行为的风险也随之增加。

面对严峻的现实，加强对青少年的休闲教育，培养他们的休闲技能和休闲鉴赏力，让他们确立正确的休闲价值观和休闲生活方式，提高个人幸福感和价值感，同时也是促进他们不断认识自我和发展、完善自我，教他们学会休闲，引导他们合理利用休闲时间，促使身心健康成长，有其重要意义。

本节将通过感悟式游戏教学的方式，让学生在课堂环境中了解休闲、体验休闲，进而初步树立自己的休闲价值观，对自己的休闲生活进行选择和规划，积极主动地成长。

一、教学对象

本节适合小学、初中、高中、大学阶段的青少年团体，可用于一般的心理健康教育课程中，也可以用于需要进行休闲引导的青少年团体辅导中。

二、教学目标

总目标：学生能确立正确的休闲价值观，了解和选择休闲生活方式，提高自我生活质量。

子目标：学生能相互熟悉，形成团体归属感；学生能了解自我和周围世界，了解自身所拥有的内在和外在休闲资源，觉知自己的休闲生活；学生能了解健康休闲的益处和重要性，以及休闲活动的多样性；学生能学习社会互动技巧，学习休闲技能；学生能在休闲时间中缓解消极情绪，增加理想的休闲体验；学生能选择令自己满意的、有意义的休闲活动和兴趣；学生能拟订一个休闲行动计划；学生能学会如何对自己行为负责地参与理想的休闲活动；学生能坦然接受团体结束，带着对休闲的新认识和新技能，坚定前行。

三、教学时间

每次上课时间为 90 分钟，共 9 次课程。

四、教学准备

1. 场地：专业的团体辅导室或无桌椅的空教室。

2. 音乐：音频《大海波浪声》《狂风暴雨声》《Boom》《抚慰的按摩回忆》《可爱动物歌》《柔和的冥想时刻》《爱我你就抱抱我》《幸福拍手歌》《竹林泉水》《红日》《快乐老家》《Dawn Amble》《溯》；视频《听我说谢谢你》手势操、Mary Braun 全身放松视频（10 分钟）、《奇妙动物世界》舞蹈视频、《兔子舞》视频、《熊孩子充值系列》视频 3 个、《感恩的心》手语操视频。

3. 纸：报纸、A4 纸、全开纸若干、小纸条、彩纸。

4. 笔：彩笔、蜡笔、染料绘画笔、签字笔若干、铅笔若干。

5. 其他：坐垫若干、足够的透明胶、剪刀、胶棒、足够的苹果型便签纸、空矿泉水瓶若干、眼罩若干、多张写有数字的卡片、足够的印有蛋糕简笔画的 A4 纸、足够的印有目的地简笔画的 A4 纸、大型张贴板。

五、教学内容

（一）理论依据

休闲是从文化环境和物质环境的外在压力中解脱出来的一种相对自由的生活，它使个体能够以自己所喜爱的、本能地感受到有价值的方式，在内心的驱使下行动并为信仰提供一个基础。休闲不仅是对闲暇时间的拥有，更是生命个体寻求身心愉悦与自我发展的一种自由自主状态和生活方式。

休闲教育伴随休闲活动的全部过程。克莱伯认为，休闲教育分为三种类型：寓教育于休闲、为休闲而教育以及为休闲教育进行的训练（也称通过教育了解休闲）。国内学者刘海春认为休闲教育是人们逐渐地理解自我、理解休闲、认识休闲与自己的生活方式及社会结构的关系的过程，其最终目标是提高休闲生活的质量。

结合学者的研究及教学实际，此处的休闲教育指教会人们具有利用闲暇时间充实个人生活、发展个人志趣的本领，为休闲而进行训练和体验，在教育过程中培养人的鉴赏力、兴趣、技能以及创造休闲机会的能力，使人能以一种有益的方式去安排自己的休闲时间，从而提高休闲生活的质量，实现成为人的过程。

米哈伊·奇克森特提出了"高产出"休闲活动金字塔模型，自下而上依次为"生活方式（如看电视、静坐、与朋友在一起）""观赏活动（如观看艺术博物馆、体育运动、音乐戏剧）""社交活动、志愿者活动等""创造性活动和积极的参与（如体育运动、音乐、摄影、美术等）"，他认为，一个健康的休闲娱乐活动应该建立在对个体环境活跃和创造性的参与上。而目前青少年在休闲生活中存在普遍问题，如休闲意识淡薄，青少年并没有充分认识到休闲对自己、对他人、对社会的重要性；休闲价值观偏误，他们没有把休闲生活的意义放在促进自身长远的发展上，而将休闲误认为是物质财富的体现，当成可以炫耀的资本；休闲技能不足，休闲活动的顺利开展需要一定的技能，但是社会、学校和家长并没有给予青少年所需的休闲知识和休闲锻炼；低产出休闲活动较多，目前在青少年中流行的多为室内形式的低水平休闲。而休闲教育正是为了解决这些问题。

琳达·L.凯德维尔（2009）认为，休闲教育有多种方式。一是休闲式教育方式，是指人们通过参与休闲了解自我和周围世界，使人们可以"在休闲中"进行学习。这既可在自然环境下，也可在人为营造的环境下展开。二是教育式休闲方式，是指人们通过休闲活动来培养技能（如下棋）、获取知识（如了解公交车路线）和培养态度（如认识到休闲价值，或向往健康休闲并从中受益）。并可以从以下几个方面来帮助学生进行休闲教育：①个人能决定令自己满意的、有意义的休闲活动和兴趣；②了解健康休闲的益处；③了解个人动机如何影响个人经历和个人健康行为；④在休闲时间中缓解厌烦情绪，增加最理想的休闲体验；⑤学会如何对自己行为负责地参与最理想的休闲活动；⑥认识并克服约束自己参与最理想的休闲活动的障碍等。

（二）政策依据

《中小学心理健康教育指导纲要（2012年修订）》中明确提出"使学生学会学习和生活"是中小学心理健康教育的具体目标之一，对于小学生，"增强时间管理意识，帮助学生正确处理学习与兴趣、娱乐之间的矛盾，积极促进学生的亲社会行为，逐步认识自己与社会、国家和世界的关系"；对于初中学生，"逐步适应生活和社会的各种变化，着重培养应对失败和挫折的能力"；对于高中学生，"帮助学生确立正确的自我意识，树立人生理想和信念，形成正确的世界观、人生观和价值观"；教育部在《普通高等学校大学生心理健康教育工作实施纲要（试行）》中提出对于大学心理健康教育应"根据学生身心发展特点和教育规律，提高大学生适应社会生活的能力，培养大学生良好的个性心理品质，促进大学生心理素质与思想道德素质、科学文化素质和身体素质的协调发展"。在《教育部办公厅关于加强学生心理健康管理工作的通知》中也明确提出，大力培育学生积极心理品质，吸引学生积极参加各种健康向上的校园文化生活和学生社团活动，切实培养学生珍视生命、热爱生活的心理品质，增强学生的责任感和使命感等工作要求。由此可见，"休闲教育"正能对这些教育目标的达成起到积极的促进作用。

（三）教学设计

本章内容根据琳达·L.凯德维尔提出的休闲式教育方式，使学生通过参与所设计的主题感悟式休闲活动了解自我和周围世界，并进行学习，从帮助学生了解健康休闲的益处，在休闲时间中缓解消极情绪，增加理想的休闲体验，选择令自己满意的、有意义的休闲活动和兴趣，了解个人动机如何影响个人经历和个人健康行为，学会如何对自己行为负责地参与理想的休闲活动等方面进行休闲教育教学设计。本次主题的系列游戏设计方案如下：

休闲教育之感悟式游戏活动设计

阶段	主题	目标
初始	海岛见面会	学生能相互熟悉，建立彼此信任感，形成团体归属感。
中间	同行之路	学生能学习社会互动技巧，学习休闲技能。
	余暇之趣	学生能了解健康休闲的益处和重要性，以及休闲活动的多样性。
	探索之旅	学生能了解自我和周围世界，了解自身所拥有的休闲资源，觉知自己的休闲生活。
	放松之行	学生能在休闲时间中缓解消极情绪，增加理想的休闲体验。
	我的休闲不是梦	学生能拟订一个休闲行动计划。
	我的休闲，我负责	学生能学会如何对自己行为负责地参与理想的休闲活动。
结束	新的明天	学生能坦然接受团体结束，带着对休闲的新认识和新技能，坚定前行。

六、活动设计方案

（一）第一次活动方案

（1）主题：海岛见面会。

（2）目标：学生能相互熟悉，建立彼此信任感，形成团体归属感。

（3）媒材：音频"大海波浪声""狂风暴雨声"，歌曲《Boom》《抚慰的按摩回忆》，足够的旧报纸，透明胶、剪刀、胶棒每组一份。

（4）时间：90分钟。

（5）活动流程：

阶段	游戏	步骤	目标	备注
暖身（15分钟）	浪中相遇	1.感受海浪。教师播放"大海波浪声"和"狂风暴雨声"。学生跟随音乐节奏伸展身体，可做动作或发出声音。 2.报数。教师请所有人手牵手围成一个大圈，转身朝同一方向，按照由头至尾的顺序依次报数，报的数字即为自己的编号，请学生记住自己的编号，教师将全班分为4至5列，每列选择一名船长。 3.海浪抱团共生。教师播放歌曲《Boom》，所有人跟随节奏按照现在的队列顺时针或者逆时针转圈。当教师说出一组具体数字时，如"1，4，7，8……"对应的学生在2秒反应时间内依次排序抱团，抱团后一起完成一个"浪花的动作"。教师可以变换排序顺序多次重复进行游戏。 4.浪中相知。未被清点到的学生（未在2秒内完成抱团或抱团排序组合错误的学生）请迅速进行自我介绍，让船长和抱团成功者进行复述，再请他们加入组合，视为成功救生。	1.学生能跟随音乐伸展身体。 2.学生能按教师指令报数知晓自己的编号。 3.学生能按要求按序抱团。 4.学生能主动向他人自我介绍，其他人能够配合进行介绍复述。	教师要以活跃的姿态表现自我，引导课堂气氛。

阶段	游戏	步骤	目标	备注
发展（65分钟）	登上海岛	1. 占领领土。每组一张报纸，铺在地面，作为"领土"的范围。组内所有人都可以站立在"领土"内，可单脚可双脚，要求能在"领土"上静止10秒，不移动不歪斜，即为赢得领土。 2. 逐渐缩小范围。对折报纸缩小"领土"再尝试。成功一次之后，将"领土"对折后再尝试全组人进行站立，进行下一轮挑战，重复直到"领土"完全站不下所有人为止。坚持到最后的小组获胜。 3. 分享收获。学生围圈分享，"求生过程中你们遇到了什么问题？是怎么解决的？""从这个游戏中你对你们建立的团队有何感受和寄语？"	1. 学生能按教师指令报数建立小组。 2. 学生能尝试全部站立在报纸上，静止10秒。 3. 学生能尽可能多地进行站报纸尝试。 4. 学生能主动分享自己的真实体验，建立信任，融入团体。	教师要确保学生理解游戏的要求，确保游戏过程中安全。
	建设海岛	1. 引入情景。教师介绍：潮水褪去，大家已成功在孤岛上存下来，救援不知道何时才能来，于是大家现在打算在孤岛上建设家园坚强地生活下去。你们已经在岛上找到了建筑材料，但它们太多太重，你需要制作"运输带"将材料运到适合建设的地方。 2. 规则讲解。教师分发给每个小组一定数量的报纸、胶水、胶带和剪刀等材料，请学生利用这些材料制作一条能让所有队员站进去的牢固的大纸轮"运输带"进行运输，形式参考履带。注意报纸的数量是有限制的，但可以不用完。 3. 制作"运输带"。各小组学生思考、讨论，确立方案，制作"运输带"。 4. 进行运输比赛。"运输带"做好后，各小组全体组员进入"运输带"，在起点线前站好。听到教师开始的口令后出发，组员可手脚并用，驱动"运输带"走向终点。如过程中有组员的脚踩出"运输带"外，全组需停止前进5秒；如果大"运输带"中途断裂，需要原地停下来修补好后才能继续前进。比一比哪一组的配合最好，速度最快。 5. 分享。教师请学生分享感受，"比赛前制作'运输带'你们是如何分工的？""运输中遇到了哪些问题？如何解决？""对你的团队或组员有什么想说的话？"	1. 学生能理解教师讲解的活动规则。 2. 学生能组内积极思考，完成"运输带"的制作。 3. 学生能积极投入比赛，遵守比赛规则。 4. 学生能主动分享自己的真实体验，感受团体的智慧和力量。	教师注意全场巡回，适时指导，协助学生完成任务。
	我们的海岛	1. 创作契约。小组成员共同制定小组海岛的名称、口号、标志和需要遵守的规则，将这些内容记录在纸上，形成"海岛契约书"。 2. 轮组呈现。各组集体分享小组小岛契约。 3. 我们的海岛契约。教师引导全体成员商量团体海岛规则、口号等。	1. 学生能积极参与团体，共同完成一份"海岛契约书"。 2. 学生能说明自己对"海岛契约书"的设计理由，对团体的理解，并能遵守共同制定的团体契约。	教师需关注每一个成员的参与，如果有成员未参与其中，进行协助。
结束（10分钟）	放松与庆祝	1. 圆圈围坐。教师请成员手牵手形成大圈，以逆时针的方式舒服地围坐。 2. 身体按摩。播放音乐《抚慰的按摩回忆》，学生将双手搭在前面成员的肩膀上，跟随节奏进行轻柔的按摩，按摩2分钟后，再逆时针继续。 3. 致谢和道别。按摩结束后，教师指导成员全体起立，请成员对身边的伙伴结合今天的活动收获，可以用一个词表达自己的内心感受，再用一句话致谢并道别。	1. 学生能够按要求逆时针围坐。 2. 学生能对伙伴进行轻柔的按摩，减轻彼此的焦虑，拉近距离。 3. 学生能表达自己的内心感受，对帮助自己的团队伙伴致谢和道别。	教师注意引导学生用恰当的力度为同学按摩。

（6）观察记录表：

阶段	游戏	目标	形成性评量					评量方式	教学使用	通过与否	教学决定	备注
			1	2	3	4	5					
暖身	浪中相遇	1. 学生能跟随音乐伸展身体。										
		2. 学生能按教师指令报数知晓自己的编号。										
		3. 学生能按要求按序抱团。										
		4. 学生能主动向他人自我介绍，其他人能够配合进行介绍复述。										
发展	登上海岛	1. 学生能按教师指令报数建立小组。										
		2. 学生能全部站立在报纸上，静止10秒。										
		3. 学生能尽可能多地进行站报纸尝试。										
		4. 学生能建立信任，融入团体。										
	建设海岛	1. 学生能理解教师讲解的活动规则。										
		2. 学生能组内积极思考，完成"运输带"的制作。										
		3. 学生能积极投入比赛，遵守比赛规则。										
		4. 学生能主动分享，感受团体的智慧和力量。										
	我们的海岛	1. 学生能表达对自己、对团体的期待。										
		2. 学生能积极参与团体，共同完成一份"海岛契约书"。										
		3. 学生能说明"海岛契约书"的设计理由，并能遵守共同制定的团体契约。										
结束	放松与庆祝	1. 学生能够按要求围坐。										
		2. 学生能对伙伴进行轻柔的按摩。										
		3. 学生能表达自己的内心感受，对帮助自己的团队伙伴进行致谢和道别。										

（二）第二次活动方案

（1）主题：同行之路。

（2）目标：学生能学习社会互动技巧，学习休闲技能。

（3）媒材：《听我说谢谢你》手势操、多张写有数字的卡片、空矿泉水瓶若干、眼罩若干、糖果若干。

（4）时间：90分钟。

（5）活动流程：

阶段	游戏	步骤	目标	备注
暖身（15分钟）	抓伙伴	1.情景引入。教师介绍：在我们的人生道路上，离不开身边伙伴们的陪伴，也正是因为有他们，我们的生活无论是忙碌还是休闲时，都充满欢乐，下面我们就来"抓伙伴"吧！ 2.介绍规则。所有学生围成一圈站立，举起双臂。伸出的大拇指就代表学生要抓住的"好伙伴"，左手将大拇指朝上，右手掌心摊开向下，放在右边伙伴伸出朝上的大拇指上方。 3.抓伙伴。当教师说抓"1个"伙伴，即在说话中提到"1"时，如"小明去菜市场买了1条鱼"。听到句子中出现"伙伴"数字1，学生立即尝试用右手抓住对方的大拇指，左手则尝试快速躲避或从别人的掌心中逃脱。	1.学生能够听懂游戏规则，并做好准备。 2.学生注意力能够非常集中，在游戏中快速反应。	教师注意用恰当的语音语调说出关键词。
发展（65分钟）	试默契	1.情景引入。教师讲述：一路上有朋友的陪伴，相信你不仅不孤单，还有无数的欢笑。而你也会发现，与伙伴保持默契，会让你们的快乐升级！我们就来试默契吧，发现与伙伴相处获得快乐的秘密！ 2.分组。教师组织学生分组，每组10人左右，按纵队队形依次站好。 3.规则讲解并示范。教师准备好写有数字的卡片，展示给每组的最后一个同学看，最后一个同学看明白之后，用手指在前面队员的背上写出这个数字。按此要求依次向前传递，整个过程中任何人都不能出声。传递结束后，按照倒序的方式请每一位同学说一说自己接收到的这个数字是什么。 4.尝试默契。每组按规则体验默契游戏。 5.分享。教师组织讨论、分享，"在传递的过程中你有哪些感受？""你对你们小组的合作有何寄语？"让学生体会收获快乐体验和人际交往、沟通的关系。	1.学生能够按要求排列，理解游戏规则。 2.学生能够遵守游戏规则，全程不出声，不提示。 3.学生能尝试通过传递数字知道正确答案，并表达出来。 4.学生能分享自己的真实感受，体会快乐体验和人际沟通交往的关系。	在活动过程中，教师注意控制游戏时间，提醒学生遵守游戏规则。
	寻快乐	1.情景引入。教师介绍：在大家结伴同行寻找快乐的路上，会遇到许多困难，我们个人能力或许有限，但相信有伙伴的帮助和支持，我们一定能找到自己的快乐！让我们在伙伴的帮助下一起去寻找快乐吧！ 2.规则讲解。教师在一条较长通道上较密集地摆满空矿泉水瓶，在通道终点摆放糖果。学生两人一组，其中一人戴好眼罩，另一人搀扶好戴眼罩者，参与活动的全程所有人不能说话。搀扶他人的伙伴需要通过肢体帮助戴眼罩的伙伴经过此通道，中间不能碰倒矿泉水瓶，否则退后一步扶正水瓶再开始。到达终点后可拿取糖果，搀扶他人的小伙伴将代表"快乐"的糖果喂给被搀扶的小伙伴后游戏结束。 3.寻快乐。学生有秩序地参加活动，在时间和场地条件允许的情况下，两个搭档小伙伴应交换身份再进行一轮活动。 4.小结分享。游戏结束后，教师请学生分享："在活动里，伙伴在获得快乐的过程中起到什么作用？为什么休闲时间里同伴交往很重要？"学生依次分享自己的看法。	1.学生能理解游戏规则，并遵守规则有序完成活动体验过程。 2.学生能分享自己的看法和感受。	教师需要保证学生在活动过程中的安全，让学生遵守游戏规则，全程安静不出声。

续表

阶段	游戏	步骤	目标	备注
发展（65分钟）	探才能	1. 活动导入。教师介绍：在我们的休闲生活中，我们知道伙伴是我们的快乐源泉之一，但也不要忘记，我们自己也是充满能量，能够给予自己快乐享受的，让我们一起来探索自己的才能吧！ 2. 规则讲解。教师讲解规则：给学生3分钟左右时间，思考自己在休闲时光里有哪些能力让自己和他人感到愉悦、轻松或快乐？随后以教师随机抽选的学生为开头，起立发言，说出自己会选择采用什么活动或方式带给自己快乐，如"闲暇时间我会打篮球，这会带给我快乐"，然后坐下。如果这样的休闲才能可以现场展示，也欢迎学生进行展示。 3. 小结。教师根据学生的表现评价和总结，我们在生活中已经掌握或可以学习非常多的休闲技能，这也会带给我们愉悦而充实的休闲感受。	1. 学生能理解游戏规则，认真思考。 2. 学生能尽可能多地表达出自己所拥有的休闲技能和方式。	对于无法表达的学生，教师应注意引导，从多方面进行提示，能力没有高低和优劣之分。
结束（10分钟）	表感谢	1. 感谢同伴。教师讲述：今天的活动过程，因为有伙伴们的互相帮助和陪伴，我们收获了加倍的快乐，让我们真诚地向伙伴们表达自己的感谢。请学生面对面，说"谢谢你"，然后拥抱对方。 2. 感谢自己。教师讲述：同时我们在活动中也发现，我们自己的休闲技能和能力，也是带给我们和他人放松、愉悦体验的重要因素。请学生对自己说"谢谢我自己"，然后拥抱自己。 3. 小结。学生一人一词说出自己对本次活动的感受。教师总结："休闲能带给我们放松和快乐，以及多种能力的提高，而人际交往也是休闲的重要方式之一，是获得快乐的有效途径之一。" 4. 感谢手语操。教师播放《听我说谢谢你》手势操，请学生随视频清唱歌曲，跟随动作进行手势操，结束本次活动。	1. 学生能对同伴和自己表达真诚的感谢。 2. 学生能说出自己对本次活动的感受。	教师需要提示学生人际交往也是休闲的重要方式之一。

（6）观察记录表：

阶段	游戏	目标	形成性评量					评量方式	教学使用	通过与否	教学决定	备注
			1	2	3	4	5					
暖身	抓伙伴	1. 学生能够听懂游戏规则，并做好准备。										
		2. 学生注意力能够非常集中，在游戏中快速反应。										
发展	试默契	1. 学生能够按要求排列，理解游戏规则。										
		2. 学生能够遵守游戏规则，全程不出声，不提示。										
		3. 学生能尝试通过传递数字知道正确答案，并表达出来。										
		4. 学生能分享自己的真实感受，体会快乐体验和人际沟通交往的关系。										
	寻快乐	1. 学生能理解游戏规则，并遵守规则有序完成活动体验过程。										
		2. 学生能分享自己的看法和感受。										
	探才能	1. 学生能理解游戏规则，认真思考。										
		2. 学生能尽可能多地表达出自己所拥有的休闲技能和方式。										
结束	表感谢	1. 学生能对同伴和自己表达真诚的感谢。										
		2. 学生能说出自己的感受。										

（三）第三次活动方案

（1）主题：余暇之趣。

（2）目标：学生能了解健康休闲的益处和重要性，以及休闲活动的多样性。

（3）媒材：拍拍操视频、Mary Braun 全身放松视频（10分钟）、静思音乐，足够数量的小纸条、A4纸，每人一支签字笔、每人一把剪刀、每人一套彩笔，足够的彩纸，歌曲《溯》背景音乐。

（4）时间：90分钟。

（5）活动流程：

阶段	游戏	步骤	目标	备注
暖身（15分钟）	勤劳的一天	1. 教师请学生起立站成一排，跟随视频进行拍拍操动作学习。动作有规律，如口令："头头拍拍，肩肩拍拍，头拍肩拍，头肩拍拍"，即拍两下头，击两次掌。学生学会动作后，音乐和口令的速度会越来越快，学生需要尽力正确完成。 2. 尝试重复。在上一遍结束之后，迅速播放第二次，学生再次尝试，完成后再进行第三次，中间不休息，循环至学生无法完成时停止。 3. 分享感受。教师请学生分享第一次完成时和现在的感受分别如何？为什么？	1. 学生能了解拍拍操的规则。 2. 学生能跟随视频完成拍拍操，能尽力多次重复完成拍拍操直至不能完成而停止。 3. 学生能分享第一次和现在的感受。	教师应该观察学生的状态，在学生疲劳不能完成完整拍拍操时立即停止，并注意观察，当个别学生无法完成时，尽力给予支持，不勉强。
	享受放松时刻	1. 放松活动。教师请学生进行放松，播放 Mary Braun 全身放松视频（10分钟），学生跟随视频动作进行全身放松，结束后就地躺下，闭眼休息。 2. 静心思考。教师请学生保持此躺下休息的闭眼状态，同时播放静思音乐，请学生思考：我们是否可以不需要休息或休闲？为什么我们需要休闲？休闲能带给我们什么？ 3. 分享想法。教师请学生围坐，按序逐次分享自己的思考收获和想法，教师在学生的分享中提取关键词进行小结休闲的重要性和益处。	1. 学生能跟随视频进行全身放松。 2. 学生能思考休闲的益处和重要性。 3. 学生能分享自己的思考收获。	教师注意提前准备好静思思路。
发展（65分钟）	为自己充电	1. 充电时光。学生围坐，教师引导，在学习和工作的缝隙中，我们总能找到为自己充电的方法，支持我们继续努力。请学生回忆：你所知道的休闲方式或者休闲活动有哪些？你最喜欢的有哪些？学生自主回忆。 2. 记录时光。学生回忆好之后，教师发放足够数量的小纸条和签字笔，学生将自己回忆的休闲方式或休闲活动写在小纸条上，放在不透明的口袋里。 3. 你的休闲时光。教师指导：一个人的视野和体验是有限的，你是否知道其他人心中最喜欢的或最好的休闲方式呢？一起来猜一猜吧。学生全部将纸条放入后，教师随机选取一位学生进行抽取，看到休闲活动或方式的名称，但不能让其他人看见。抽取者不能说话，只能用动作、表情来表达这种活动，其他人猜，轮换3至5轮次。 4. 小结。表演和猜测结束后，教师将所有的小纸条拿出，学生们轮换查看。教师指导分享："这个活动让你对休闲方式有何新了解？""你是否有类似的休闲经历呢？"学生谈感受。	1. 学生能尽可能多地回忆休闲活动或方式。 2. 学生能将回忆起的活动或方式写在纸条上，放入口袋。 3. 学生能够在不说话的情况下，通过自己的了解，用动作、表情表演出这种活动。 4. 学生能够分享自己对休闲方式的新了解、新感受。	学生如果抽到与前一次相同的休闲方式则再次抽取。
	Pick我的推荐	1. 分发材料。教师发放给学生材料，每个学生一张 A4 纸，一把剪刀，一套彩笔，足够的彩纸。 2. 制作推荐信。教师请学生在前一个活动中的所有休闲方式中，选择自己最喜欢的一种或几种，为它们设计一份"休闲方式推荐信"，介绍休闲方式的内容、优点、可能带给人的感受和收获等，将这些休闲方式推荐给其他伙伴。"推荐信"的格式不限，可以使用图画、剪贴、图文对照、漫画、表格等方式进行体现。 3. 分享。"推荐信"完成后，可先分为 5 人小组进行组内交流，再派出小组代表向集体分享，推荐自己选择的休闲方式。	1. 学生能为自己选择的休闲方式设计"推荐信"。 2. 学生能表达自己喜欢的休闲方式并推荐给其他同学。	设计"推荐信"的时间为 15 分钟，如果不够可以适当延长并留足交流时间。
结束（10分钟）	我的新看法	1. 欣赏。教师拿出粘贴板，学生们将自己的"推荐信"都逐一张贴在粘贴板上进行展示，学生互相欣赏。 2. 分享。教师请学生围坐，播放歌曲《溯》的背景音乐，学生充分放松，并轮流说一说通过本次活动知道了哪些休闲方式，一句话描述自己对休闲生活、休闲方式和活动的计划、选择和感受。	1. 学生能将自己的"推荐信"张贴展示，互相欣赏。 2. 学生能分享自己对休闲生活的新了解。	

（6）观察记录表：

阶段	游戏	目标	形成性评量					评量方式	教学使用	通过与否	教学决定	备注
			1	2	3	4	5					
暖身	勤劳的一天	1.学生能了解拍拍操的规则。										
		2.学生能跟随视频完成拍拍操，能尽力多次重复完成拍拍操直至不能完成而停止。										
		3.学生能分享第一次和现在的感受。										
发展	享受放松时刻	1.学生能跟随视频进行全身放松。										
		2.学生能思考休闲的益处和重要性。										
		3.学生能分享自己的思考收获。										
	为自己充电	1.学生能尽可能多地回忆休闲活动或方式。										
		2.学生能将回忆起的活动或方式写在纸条上，放入口袋。										
		3.学生能够在不说话的情况下，通过自己的了解，用动作、表情表演出这种活动。										
		4.学生能够分享自己对休闲方式的新了解、新感受。										
	Pick我的推荐	1.学生能为自己选择的休闲方式设计"推荐信"。										
		2.学生能表达自己喜欢的休闲方式并推荐给其他同学。										
结束	我的新看法	1.学生能将自己的"推荐信"张贴展示，互相欣赏。										
		2.学生能分享自己对休闲生活的新了解。										

（四）第四次活动方案

（1）主题：探索之旅。

（2）目标：学生能了解自身所拥有的休闲资源，觉知自己的休闲生活。

（3）媒材：《可爱动物歌》《柔和的冥想时刻》《爱我你就抱抱我》《奇妙动物世界》舞蹈视频，彩色笔一套，签字笔每人一支，足够的A4纸，粘贴板。

（4）时间：90分钟。

（5）活动流程：

阶段	游戏	步骤	目标	备注
暖身 （15分钟）	认识自己	1.我是一只小动物。教师请学生各自选择一种动物代表自己，表现自己的个人特点，并用动作表现自己休闲时的状态和感受。 2.介绍自己。学生选择好代表动物和动作后，教师播放《可爱动物歌》，请学生随着音乐在活动场地中自由以自己现在的状态缓慢走动，跟随节奏。当与另一个成员碰到时，介绍自己与动物的相似之处，如"我是小猫，因为我有时精力旺盛有时也懒洋洋"，并展示自己的动作。直到所有学生都向其他成员介绍完自己后结束。 3.展示自己。教师播放《奇妙动物世界》舞蹈视频，学生集体跟跳，在无歌词处展示自己的代表动物和动作，了解自己的特质和特点。	1.学生能选择一种动物代表自己的个人特点。 2.学生能用动作表现自己休闲时的状态和感受。 3.学生能了解自己，并将自己的特点介绍给他人。	教师可以以自身为例，选择自己的代表动物并进行动作示范。在活动中教师也可以参与其中。
发展 （60分钟）	了解自己	1.放松。学生以自己舒服的方式坐直身体，教师播放静思所使用的音乐，用轻柔舒缓的语言引导学生闭上眼睛，然后从脚部到头部依次放松身体。 2.引导静思。教师引导大家放松身体，引导学生在放松的状态下，慢慢地在头脑中回忆从记事以来到现在那些让自己获得放松和快乐的休息场景，一件一件地慢慢回忆，感受放松、休闲、娱乐时的心情，发现自己获得快乐的源头，慢慢梳理出自己所适应的休闲活动、方式，和给自己带来快乐的能力、特长，回忆自己在休闲放松时的收获，记住获得这些收获时的即时感受。引导大家询问自己理想中的休闲生活是什么样的？在每个时间段自己会在做些什么，说些什么，感受到什么？用心去感受这只属于自己的生活，在其中获得充实、愉快、轻松的体验，记住这种感受，然后记在脑海中，慢慢睁开双眼。 3.结束静思。教师引导学生觉知身体与椅子接触的部位，动动脚、手，拍打腿部和肩部，慢慢睁开眼睛。	1.学生能跟随指引放松身体。 2.学生能跟随指引回忆过去让自己获得快乐和放松的场景，能了解自己以往的休闲方式，觉知自己的休闲生活和自己理想中的休闲生活。 3.学生能跟随指引回到现实，进行放松。	教师的语言尽量舒缓，能让人感到放松。遇到无法进入静思状态的情况，也可以引导其思考。
	介绍自己	1.制作简历。教师给学生发放足够的A4纸、彩笔，请学生根据之前的静思和观看的演绎，把自己是一个怎样的人，自己在休闲时有怎样的状态，自己现在的休闲生活是怎样的，所期望的休闲生活是什么样的，能帮助达成自己休闲生活的外部条件，以及自己的理想中的休闲生活制作成个人休闲简历，将这些内容进行整理，用自己喜欢的方式，完成自己的简历。 2.介绍自己。学生分小组，组内展示交流自己的简历，进行自我介绍，听众认真倾听，听后为介绍者鼓掌，并用这样的句式致以肯定："通过你的简历使我认识了一个……的你，你的休闲生活一定会越来越好！" 3.交流感受。小组内轮换，交流后，教师指导学生用一句话概括自己梳理自己在休闲生活中可以利用的资源和条件，肯定自己的能力，以及交流时的感受。 4.进行展示。学生将制作的个人休闲简历张贴到粘贴板上，进行展示。	1.学生能根据自己的收获制作个人休闲简历。 2.学生制作的简历能够体现对自己和自己休闲生活的认识和感受。 3.学生能在小组中介绍自己，作为听众能对对方进行肯定。 4.学生能交流概括自己的感受。	教师对于自我认识困难或浅薄的学生，可以请学生先与其他学生进行交流，或教师以自己为例与学生进行交流。

阶段	游戏	步骤	目标	备注
发展（60分钟）	演绎自己	1.编写剧本。教师请学生以小组为单位编写出一个休闲情景小故事，表达自己的看法和感受。 2.演绎剧本。学生编写好剧本后，将剧本交给老师。教师打乱后，请所有小组学生随机抽取其他小组的剧本，根据剧本内容编排，进行演绎准备，时间为15到20分钟。准备结束后，各小组依次为其他成员展示演绎，直到所有剧本展示完毕。其他组学生对表演组的演出有产生共鸣的地方用表情、肢体语言（如鼓掌、挥手）等进行回应。 3.分享感受。在观看休闲小故事剧场后，各小组对自己感触最深的表演进行分享，表达自己的看法和感受。撰写故事的当事小组回顾自己的故事，再次表达自己的看法和感受。	1.学生能合作编写好休闲情景故事。 2.学生能写出自己休闲时获得快乐、放松的场景和故事，表达自己的看法和感受。 3.学生能写出自己当前喜欢的休闲方式或活动。 4.学生能结合自身实际和感受表达自己的看法。	教师需要帮助学生从曾经或理想的休闲场景中去发现自己在休闲生活方面的能力、特长和积极的感受。
结束（15分钟）	悦纳自己	1.舞蹈互动。学生围成一圈，教师播放《爱我你就抱抱我》歌曲，请学生随着歌曲自由走动，找到其他成员，根据自己的简历互相用一句话介绍自己，然后拥抱对方。 2.总结。教师引导大家轮次一人一句表达对本次活动的收获或感受。	1.学生能认识自己，接纳、拥抱对方。 2.学生能表达自己的收获。	

（6）观察记录表：

阶段	游戏	目标	形成性评量					评量方式	教学使用	通过与否	教学决定	备注
			1	2	3	4	5					
暖身	认识自己	1.学生能选择一种动物代表自己的个人特点。										
		2.学生能用动作表现自己休闲时的状态和感受。										
		3.学生能了解自己，并将自己的特点介绍给他人。										
发展	了解自己	1.学生能跟随指引放松身体。										
		2.学生能了解自己以往的休闲方式，觉知自己目前和理想中的休闲生活。										
		3.学生能跟随指引回到现实，进行放松。										
	介绍自己	1.学生能制作个人休闲简历。										
		2.学生制作的简历能够体现对休闲生活的认识和感受。										
		3.学生能在小组中介绍自己，作为听众能对对方进行肯定。										
		4.学生能交流概括自己的感受。										
	演绎自己	1.学生能合作编写好休闲情景故事。										
		2.学生能写出自己休闲时的场景和故事，表达自己的看法和感受。										
		3.学生能写出自己当前或喜欢的休闲方式或活动。										
		4.学生能结合自身实际和感受表达自己的看法。										
结束	悦纳自己	1.学生能找到休闲生活的共鸣。										
		2.学生能表达自己的收获。										

（五）第五次活动方案

（1）主题：放松之行。

（2）目标：学生能在休闲时间中缓解消极情绪，增加理想的休闲体验。

（3）媒材：音乐《幸福拍手歌》《竹林泉水》，《兔子舞》视频，静思音乐，印有目的地简笔画的 A4 纸若干，空白 A4 纸若干，彩笔签字笔若干。

（4）时间：90 分钟。

（5）活动流程：

阶段	游戏	步骤	目标	备注
暖身（15分钟）	旅途启程	1. 为你拍拍。教师播放《幸福拍手歌》音乐，请学生肩并肩围成圈站立，向右转呈前后站立围成圈，跟随歌词节奏，请后面的成员为前面的成员敲敲背、拍拍肩、捏捏肩膀做放松和热身运动。询问成员感受。 2. 感恩回馈。再反过方向，向左再进行一次。	1. 学生能跟随音乐进行活动。 2. 学生能按指令做出相应动作，充分放松和热身。	教师注意引导学生用适宜的力度为他人按摩。
发展（65分钟）	我的幸福清单	1. 情景引入。教师讲解，学生这次旅途的目的地将由自己设计。 2. 列出清单。教师给予学生画出目的地指示的 A4 大小纸张，请学生在目的地方向写下自己理想的休闲状态和体验，或所有有助于自己放松和休闲的状态和方法，列成表，形成自己的幸福休闲清单。示例：达成全身心的放松，增长自己的知识面等。 3. 分享。学生和同伴分享自己的幸福休闲清单，并简要说一说自己通常或想要通过什么休闲活动来实施和落实自己的幸福休闲清单。示例：我可以通过多了解博物馆或展览馆的活动，周末去场馆参观来增长自己的知识面。	1. 学生能列出自己的幸福休闲清单。 2. 学生能和同伴交流自己实施清单的方法。	教师给予学生的简笔画目的地图。 必要时可以在目的地箭头处标注虚线表格辅助线。
	吹跑坏情绪	1. 情景引入。教师讲解：在放松的旅途中，我们的身体就像是气球，好情绪充盈我们，使我们越飞越高，而消极情绪过多，就会让身体失控、"爆炸"。那么就让我们将自己的身体中的坏情绪吹跑，吹出去，让我们自己更加放松。 2. 姿势准备。学生坐在地面，身体挺直，腹部微收缩，双腿盘坐，肩膀自然下垂，排除杂念，双目微闭。 3. 调整呼吸。教师播放《竹林泉水》，请学生把注意力集中在腹部肚脐下方，用鼻子慢慢地吸气，吸气的同时，想象气流从口腔里顺着气管进入腹部，腹部慢慢鼓起来。吸足气后，稍微屏住气5秒，用口鼻同时将气从腹部慢慢地自然吐出来，好像在轻轻地将所有的负面情绪和压力吹出去，口、舌、颚感到松弛，心情感到舒畅、放松。跟随音乐，再缓慢重复五到十次。学生缓慢回神后起立。	1. 学生能跟随指示进行姿势准备。 2. 学生能跟随音乐彻底放松，缓解消极情绪。	如学生不能完全沉浸，教师可以请学生躺下，闭眼仔细听音乐即可。

续表

阶段	游戏	步骤	目标	备注
发展 （65 分钟）	畅游 思绪 海洋	1. 情景引入。教师讲解，现在大家将消极情绪吹走后，学生轻盈地飞到了思绪的海洋，就让我们放空自己，畅游这思绪的海洋。 2. 姿势准备。学生仰卧在地上，将四肢伸展放平，使自己感到舒适、放松，随着静思音乐和教师的指导语，使呼吸保持深慢而均匀。意识随着教师的指导语，想象意境，感觉自己身处平缓的波浪之上。 3. 静思。教师以柔和的声音进行指导，如我躺在美丽的大海边，沙子又细又软，我感到很舒服。我躺在温暖的大海边，一缕阳光照射在我的脸上，我感到温暖、舒服，耳边响起海浪的声音，我的思绪随着海浪而起伏。这是我理想中的休闲的舒服的状态。一阵微风吹过，吹走我身体里沉重的部分，使我感觉到轻盈而舒适……我在什么时候也产生过这样舒服而轻松的感受呢？是上一个假期的旅行，我的脚踏在乡村软软的泥土和草坪上时？还是晴朗周末，暖暖的阳光洒在我的身上，被窝散发出阳光的味道……我还有这样类似的体验，这样的休闲让我觉得舒适而放松。 4. 分享感受。随着音乐的结束，教师轻缓地指导学生活动部分身体至全身，缓慢调整呼吸，睁开眼睛。请学生依次分享："怎样的休闲方式能帮助我缓解消极情绪？我是怎样舒适地休闲的？"	1. 学生能跟随指导做好身体放松姿势。 2. 学生能跟随指导放松静思。 3. 学生能分享自己得到的理想休闲感受和缓解消极情绪的休闲方式。	如学生无法静思，教师可以请学生闭眼放松，联系生活实际思考问题即可。
结束 （10 分 钟）	通往 幸福 终点	1. 情景引入。教师讲解：经过大家的认真和努力，我们终于快要到达我们幸福的驿站终点。让我们动起来，带着自己的收获，互相加油打气吧。 2. 舞动。教师请学生站成一列纵队，要求后面的成员双手搭在前面成员的双肩上。教师播放视频和音乐，进行节奏指挥，如左两下、右两下、前跳后跳前两跳……直到学生能自主跟随音乐完成舞蹈动作。 3. 小结。学生停止并休息后，用一句话总结自己本次活动的收获，进行分享。	1. 学生能跟随指挥舞动，自主完成舞蹈。 2. 学生能分享自己的收获。	如个别学生完成舞蹈有困难，教师可以适当简化动作。

（6）观察记录表：

阶段	游戏	目标	形成性评量					评量方式	教学使用	通过与否	教学决定	备注
			1	2	3	4	5					
暖身	旅途启程	1. 学生能跟随音乐进行活动。										
		2. 学生能按指令做出相应动作，充分放松和热身。										
发展	我的幸福清单	1. 学生能列出自己的幸福休闲清单。										
		2. 学生能和同伴交流自己实施清单的方法。										
	吹跑坏情绪	1. 学生能跟随指示进行姿势准备。										
		2. 学生能跟随音乐彻底放松，缓解消极情绪。										
	畅游思绪海洋	1. 学生能跟随指导做好身体放松姿势。										
		2. 学生能跟随指导放松静思。										
		3. 学生能分享自己得到的理想休闲感受和缓解消极情绪的休闲方式。										
结束	通往幸福终点	1. 学生能跟随指挥舞动，自主完成舞蹈。										
		2. 学生能分享自己的收获。										

（六）第六次活动方案

（1）主题：我的休闲不是梦。

（2）目标：学生能拟订一个休闲行动计划。

（3）媒材：音乐《红日》《快乐老家》，印有蛋糕简笔画的 A4 纸若干，空白 A4 纸若干，彩笔签字笔若干。

（4）时间：90 分钟。

（5）活动流程：

阶段	游戏	步骤	目标	备注
暖身（15分钟）	闻鸡起舞	1. 自由舞动。教师播放音乐《红日》，请学生跟随音乐在教室内自由走动，活动身体，舞动。 2. 动作定格。学生跟随教师的指令进行主题舞动，动作展示，舞动一会儿听到教师将音乐暂停时定格。教师指令可以是"怡然自得""流连忘返""闻鸡起舞""吃美食""睡懒觉""吃蛋糕"等。学生听到教师喊停的时候定格，并用定格动作或表情尽可能表现这些词语。这样的活动循环7至10次。 3. 分享。教师引导学生分享在游戏过程中的感受。	1. 学生能跟随音乐自由舞动。 2. 学生能按指令做出相应动作。 3. 学生愿意分享自己的真实感受。	教师需关注学生动作，幅度较大的需要注意安全。
发展（65分钟）	切蛋糕	1. 围圈准备。教师请学生围坐，给学生每个人分发一张印刷有饼型蛋糕简笔画的A4大小纸张。 2. 教师引导。"如果每个人的一天是一块圆形蛋糕，你会如何分割和分配呢？"请学生独立思考，并画出自己的时间蛋糕分布。 3. 分享。画好后，教师请学生了解自己一天的时间安排，并标注出每一个时段学生自己可以进行什么活动。进行简要展示和说明。	1. 学生能在时间蛋糕上画出自己的时间分配。 2. 学生能根据之前对休闲的了解，对自己划分出的闲余生活进行活动的规划和分类。	蛋糕简笔画可以参考下图： 必要时可以在蛋糕上标注虚线辅助线。
发展（65分钟）	分享美味	1. 分享"蛋糕" （1）情景引入。相信同学们已经切好了自己的"一日蛋糕"，那就让我们把它分享给你的伙伴们吧！说不定大家在品尝的过程中还会有更多的收获！ （2）教师请学生对自己划分出的闲余生活时间进行再次细化、规划，可以在学生之前了解到的闲余生活方式和活动中进行选择，标注大致时间段。 （3）学生之间分小组交流，有哪些需要优化的部分，再次改进。学生围坐，教师给每位学生再次发放一张A4蛋糕图纸。教师提示学生根据之前游戏中的讨论内容，删减、补充、优化自己休闲方式的选择和休闲生活的目标，如观看一次话剧、完成一次夜跑、参与一次观影等。最好可以精确到小时。 2. 演绎"蛋糕" （1）学生以小组为单位分享后，通过动作、诗歌、音乐等放松展示小组的休闲时光。 （2）小组依次展示休闲时光。 （3）教师播放音乐。每个小组结合音乐的节奏展示休闲时光，小组间可整合一起展示。	1. 学生能互相交流补充。 2. 学生能完善自己的闲余时间规划。 3. 学生能合理优化自己的休闲生活计划。 4. 学生能参加小组展示。 5. 学生能随音乐节奏展示休闲时光。	教师注意观察，提示学生发现自己之前生活中休闲时间安排不合理之处并予以优化。
结束（10分钟）	快乐之家	1. 回顾和分享。学生围成一圈，在教师的带领下回顾今天的历程，然后每个人用一个词表达自己对个人休闲生活和计划实施的寄语。 2. 快乐老家。教师小结本次活动后，播放音乐《快乐老家》，学生一起边走边歌唱《快乐老家》，并与同伴击掌结束课程。	1. 学生能表达当下的感受，表达对未来休闲生活的寄语。 2. 学生能同唱歌曲，用肢体动作互相鼓励。	教师注意用眼神鼓励学生表达自己的看法。

（6）观察记录表：

阶段	游戏	目标	形成性评量					评量方式	教学使用	通过与否	教学决定	备注
			1	2	3	4	5					
暖身	闻鸡起舞	1.学生能跟随音乐自由舞动。										
		2.学生能按指令做出相应动作。										
		3.学生愿意分享自己的真实感受。										
发展	切蛋糕	1.学生能在时间蛋糕上画出自己的时间分配。										
		2.学生能根据之前对休闲的了解，对自己划分出的闲余生活进行活动的规划和分类。										
	分享美味	1.学生能互相交流补充。										
		2.学生能完善自己的闲余时间规划。										
		3.学生能合理优化自己的休闲生活计划。										
		4.学生能参加小组展示。										
		5.学生能随音乐节奏展示休闲时光。										
结束	快乐之家	1.学生能表达当下的感受，表达对未来休闲生活的寄语。										
		2.学生能同唱歌曲，用肢体动作互相鼓励。										

（七）第七次活动方案

（1）主题：我休闲，我负责。

（2）目标：学生能学会如何对自己行为负责地参与理想的休闲活动。

（3）媒材：音乐《Dawn Amble》，《熊孩子充值系列》视频 3 个，纸和笔若干，张贴板一块。

（4）时间：90 分钟。

（5）活动流程：

阶段	游戏	步骤	目标	备注
暖身（15分钟）	走走看看	1. 自由行走。教师播放音乐《Dawn Amble》，所有学生跟着音乐节奏在团辅室自由行走。 2. 指令动作。教师叙述看到的景象，学生则根据教师的指令做出相应的动作："走着走着，突然下起了大雨""走着走着，突然前面掉下一个花盆""走着走着，一辆车快速转弯与你擦肩而过""走着走着，撞到了一面堵死人行道的违建高墙""走着走着，踩到了一块香蕉皮""走着走着，路过的广场舞大喇叭发出高分贝的音乐声"。 3. 教师在不同路的基础之上，增加"快""慢""愤怒""着急"等速度、情绪词，让学生继续体验。 4. 感受分享。学生分享自己的感受与想法。	1. 学生能够根据教师指令做相应的动作。 2. 学生能够不断调整状态走不同的路。 3. 学生能分享自己的感受与想法。	教师关注学生动作，幅度较大的需要注意安全，如果有学生无法放开，可以使语言更幽默。
发展（65分钟）	社会剪影	1. 视频欣赏。教师播放《熊孩子充值系列》视频，讲解：电子游戏是我们休闲生活中常见的一种活动，它在带给我们愉悦的同时，似乎也带来了一些普遍的社会问题。你是如何看待的呢？对于"个体休闲责任"你是如何理解的？ 2. 休闲小剧场 （1）教师根据上述视频确定"电子游戏""学生""家长""舆论"等角色。学生自主选择一个角色。 （2）选择同一角色的学生为一组，围圈站一起，分享选择的原因及对类似休闲生活的看法。 （3）每组成员可到其他小组询问其对类似休闲生活的看法，注意每组至少留一个成员在小组。	1. 学生能联系休闲生活实际发现问题。 2. 学生能选择角色。 3. 学生能积极分享自己的看法和感受。 4. 学生能询问他人的看法和感受。	教师鼓励学生联系自我休闲生活实际谈看法。
	休闲自画像	1. 画休闲中的我。教师请大家回顾自己的休闲生活，以"休闲生活中的我"为主题，为自己画一幅自画像，需要在自画像上体现或批注自己在休闲生活中的状态、优缺点、面临的问题等。 2. 组内分享。学生在小组内逐次分享自己的自画像，并讲解自己体现的个人休闲生活中的特质以及这样认为的原因，还可以补充自己认为应该如何做得更好的办法。组内成员也可以给予建议和帮助。	1. 学生理解要求，能绘制出自画像。 2. 学生自画像能体现自己休闲生活中的状态。 3. 学生对自己休闲生活中的优缺点能够正确认知。 4. 学生能直面休闲生活中的问题并有责任解决。	如果有学生不愿下笔的情况，或者说自己画得不好，教师需告知绘画技巧无所谓，更重要的是内容本身。
	责任的力量	1. 情景导入。教师指导：经过之前的活动，我们发现有的人过度休闲、享乐至上而毫无责任感，因此导致严重的后果，但我很高兴大家能够直面自己在休闲生活中的问题，并积极地想办法解决它，这是为自己负责的表现。让我们一起感受责任的力量。 2. 活动体验。教师将学生分7到10人一组，每组请一个学生扮演"问题"本身，双手紧紧抱住自己的肩膀。其他人肩并肩将这个学生围在中心，双手有力地向前做承托动作，体现"责任感"。"问题"学生口令："我是问题，你们可以放任我，无视我。"其他成员则回应："我会直面你，撑住你，直到解决问题！"中间同学即向任意方向倒去，周围同学将中间同学承托住环绕一圈即代表成功解决问题。建议时间充足的话每个同学都体验一次。 3. 分享小结。学生逐一分享自己的体验感受和想法，教师小结：问题放任是风险，责任则意味着承担和面对。	1. 学生能理解活动规则，有效参与。 2. 学生能分享自己的活动体验和想法。 3. 学生能理解责任的力量。	教师注意学生参与可能引起的安全问题。
结束（10分钟）	我的誓言	1. 写誓言。教师请学生写下为自己休闲生活负责的誓言，内容自拟。 2. 确认誓言。教师请学生大声朗读自己的誓言，在末尾署名，并张贴在活动场地的张贴板上，结束活动。	1. 学生能写下为自己休闲生活负责的誓言。 2. 学生能大声朗读自己的誓言。	教师注意做好示范。

（6）观察记录表：

阶段	游戏	目标	形成性评量					评量方式	教学使用	通过与否	教学决定	备注
			1	2	3	4	5					
暖身	走走看看	1.学生能够根据教师指令做相应的动作。										
		2.学生能够不断调整状态走不同的路。										
		3.学生能分享自己的感受与想法。										
发展	社会剪影	1.学生能联系休闲生活实际发现问题。										
		2.学生能选择角色。										
		3.学生能积极分享自己的看法和感受。										
		4.学生能询问他人的看法和感受。										
	休闲自画像	1.学生理解要求，能绘制出自画像。										
		2.学生自画像能体现自己休闲生活中的状态。										
		3.学生对自己休闲生活中的优缺点能够正确认知。										
		4.学生能直面休闲生活中的问题并有责任解决。										
	责任的力量	1.学生能理解活动规则，有效参与。										
		2.学生能分享自己的活动体验和想法。										
		3.学生能理解责任的力量。										
结束	我的誓言	1.学生能写下为自己休闲生活负责的誓言。										
		2.学生能大声朗读自己的誓言。										

（八）第八次活动方案

（1）主题：新的明天。

（2）目标：学生能坦然接受团体结束，带着对休闲的新认识和新技能，坚定前行。

（3）媒材：A4 纸、彩笔和签字笔若干，《感恩的心》手语操视频。

（4）时间：90 分钟。

（5）活动流程：

阶段	游戏	步骤	目标	备注
暖身（15分钟）	爱的庇护	1.围圈准备。教师请所有学生围成一圈，学生注意听教师的口令。 2.教师介绍游戏规则。当教师说口令"爱的庇护"时，所有人齐问："请问干什么？"当教师说"找新家"时，大家迅速按三个人结成一个家（两个人面对面双手相牵组成一个"家"，另一个人双手交叉抱住自己肩膀躲在"家"中，作为娃娃，一个"家"里只能有一个"娃娃"）。当教师说口令"娃娃"时，"家"保持不动，"娃娃"需要离开原来的"家"寻找新的"家"，而刚才没有组成"家"的学生也可以去抢占"家"。当教师说口令"家"时，"娃娃"保持不动，而"家"要离开原来的"娃娃"去寻找新的"娃娃"。 3.开始游戏。每一轮"无家可归"的学生都能得到老师和邻近伙伴的一个拥抱。	1.学生能理解游戏规则，记住口令。 2.学生能与伙伴合作完成组合搭配。 3.学生能体验到集体中有归属的温暖。	游戏过程中教师注意提醒学生注意安全，不硬挤，也不要撞到同学。
发展（65分钟）	一路走来	1.调好坐姿。教师请所有学生找到舒适的地方和位置坐好。 2.静思回顾。教师播放静思音乐，并使用指导语帮助同学们进行回顾静思，指导语的内容应围绕前7次课的主要内容来进行，例如："放松自己的每一寸肌肉，每一根毛发，吸气，呼气，跟随呼吸进入我们脑海深层的回忆，回顾我们曾经的感受。还记得我们的第一次课吗？我们第一次美好的相识，共同建立了团体的目标，就好像远处的一座灯塔，被我们亲手点亮……我们在一起共同创造了美好的回忆，在灯塔微小但闪烁的灯光指引下，我们回到了现在。那么，未来的闲暇时光你准备好怎样度过了吗？如果用一句话来形容它，会是什么样子的呢？"学生在静思中梳理和回忆。	1.学生能投入静思过程中。 2.学生能认真梳理回顾收获。	教师需要事先做好静思思路的准备，用自己真实的身心感受引导学生静思和觉察。
	整理收获	1.整理收获 （1）教师组织学生围圈而坐。 （2）教师将彩笔、不同颜色的A4纸等放在辅导室中央。学生自主选择纸和笔，将自己的收获画或写在纸上。 （3）学生在小组内分享，之后小组代表全班分享。 2.走向未来 （1）学生以此时站的地方为现在，在辅导室中选择另一点为未来。 （2）学生站在"现在"，轻声或大声说出自己的困惑或决定等。 （3）学生带着"收获"以自己喜欢的方式（慢走、跑等）走向未来。 （4）学生在"未来"回复"现在"的疑问或表达对"现在"的祝福。	1.学生能按要求坐好。 2.学生能自主选择纸和笔。 3.学生能积极画或写收获。 4.学生能认真倾听他人的回答。 5.学生能找到未来点。 6.学生能以自己的方式走向未来。 7.学生能表达对未来的期待和对现在的祝福。	1.教师注意全场巡回，适时协助学生表达自己的收获。 2.教师鼓励学生用给自己的方式走向未来。
	传递收获	1.围圈准备。教师组织学生围圈而站。 2.收获传递。从某一个学生开始，学生用一个词表达在团队中的感受或对团队的祝福，说完后，将其传递到另一同学，直至每位成员都传递完收获。	1.学生能表达自己的收获和祝福。 2.学生能按要求传递祝福和收获。	教师注意鼓励学生用自己的方式表达感受。
结束（10分钟）	感恩有你	1.致谢。教师与同学们围成一个圆圈，依次表达自己当下的感受，包括感恩答谢。 2.结束课程。教师播放视频《感恩的心》，所有人共同合唱《感恩的心》，并跟随手语操动作用行动表示对伙伴的感谢。教师小结，并结束课程。	1.学生能表达当下的感受。 2.学生能用自己的方式表达结束。	教师应注意关注学生的情绪，处理好分离情绪。

（6）观察记录表：

阶段	游戏	目标	形成性评量					评量方式	教学使用	通过与否	教学决定	备注
			1	2	3	4	5					
暖身	爱的庇护	1.学生能理解游戏规则，记住口令。										
		2.学生能与伙伴合作完成组合搭配。										
		3.学生能体验到集有归属的温暖。										
发展	一路走来	1.学生能投入静思过程中。										
		2.学生能认真梳理回顾收获。										
	整理收获	1.学生能按要求坐好。										
		2.学生能自主选择纸和笔。										
		3.学生能积极画或写收获。										
		4.学生能认真倾听他人的回答。										
		5.学生能找到未来点。										
		6.学生能以自己的方式走向未来。										
		7.学生能表达对未来的期待和对现在的祝福。										
	传递收获	1.学生能表达自己的收获和祝福。										
		2.学生能按要求传递祝福和收获。										
结束	感恩有你	1.学生能表达当下的感受。										
		2.学生能用自己的方式表达结束。										

第四节　挫折教育之感悟式游戏教学设计

苏格拉底曾经说过："患难和困苦是磨炼人格的最高学府。"而中国古语，"天将降大任于斯人也，必先苦其心志，劳其筋骨，饿其体肤，空乏其身，行拂乱其所为，所以动心忍性，曾益其所不能"，也表达了相同含义，即需要经历挫折的洗礼，才能塑造更加坚韧的人格。一个全面发展的人，既能够享受成功时的喜悦，也能够抵御失败时的沮丧。儿童时期和青少年时期是实现完善人格的重要阶段，经历风雨后磨练了坚强的意志，才能促进自身的发展。

青少年群体是国家兴旺、民族团结、社会稳定的源泉和力量。青少年的综合素质和道德修养直接关系到国家、民族、社会的前途和命运。为落实立德树人根本任务这一项重要举措，适应世界教育改革发展趋势，提升我国教育国际竞争力，2014年教育部提出学生发展核心素养体系，该体系明确了学生应具备的适应终身发展和社会发展需要的必备品格和关键能力。此外，2016 年教育部正式发布研究成果，明确以培养"全面发展的人"为核心，分为文化基础、自主发展、社会参与 3 个方面，综合表现为六大素养，具体细化为 18 个基本要点。其中自主发展里面的健康生活素养中明确提出"健全人格的重点是培养学生具有积极的心理品质，自信自爱，坚韧乐观，有自制力，能调节和管理自己的情绪，具有抗挫折能力等。"

近年来，青少年自伤、自残甚至轻生事件屡屡出现。《2020 大众心理健康洞察报告》指出，一半的青少年（12 至 18 岁）受访者表示自己有一些压力，37.23% 的受访者表示压力程度在中等以上。他们普遍认为，最大的压力来源为考试压力，超过 1/3 的青少年表示，除了学业压力外，父母的管教、期望及沟通也是压力来源之一。可见，对青少年进行挫折教育尤为紧迫。我们应把握好这个成长关键时期，传授给青少年必要的心理健康知识，增强青少年面对失败或困难时的心理承受能力，帮助青少年克服困难和挫折。本节将针对青少年学生常见的挫折心理现象设计挫折教育主题的感悟式游戏活动方案，以促进青少年更好地提升抗挫折能力，提高心理素质。

一、教学对象

本节适合小学高段、初中、高中阶段的青少年群体，可用于心理健康课程中，也可用于有挫折经历的青少年团体。

二、教学目标

总目标：学生能了解生命中的挫折事件，认识挫折，树立正确的挫折观，了解更多适应挫折的方法和处理负面情绪的方法，在面对挫折的时候，不被学习中、生活中的挫折所打败，依然保持信心，并在挫折中获得成长。

子目标：学生能形成团队意识，能感受到团体的安全、自由和友好的氛围；能认识挫折，理解挫折，面对挫折，处理挫折；能在挫折中成长，增强心理弹性和韧性，为将来更好的成长奠定良好基础。

三、教学时间

每次上课时间为 90 分钟，共 8 次课程。

四、教学准备

1. 场地：专业的团体辅导心理室。

2. 音乐：《Easy Breeze》《Summer》《Journey》《兔子舞》《瞬间的永恒》《Inspire》《The Right Path》《我相信》《我真的很不错》《怒放的生命》《心若向阳》。

3. 纸：A4 白纸若干张、大卡纸若干张、便贴纸若干张、A3 纸若干张、彩纸若干张、A5 纸若干张、全开纸若干张。

4. 笔：彩笔若干支、中性笔若干支、彩铅若干支。

5. 其他：心灵卡牌、纸棒 1 个、椅子若干个、双面胶若干个、剪刀若干把、颜料若干瓶、凳子若干个、地垫若干张等。

五、教学内容

（一）理论依据

车文博将挫折界定为：挫折是个体从事有目的的活动时受到阻碍和干扰，以致其动机不能得到满足而产生的情绪状态。挫折的实质是当事者的一种主观感受和体验，即当事者是否受挫，不取决于旁观者的揣测和推论，而在于当事者对自己的动机、目标与结果之间关系的意识、评价和感受。

抗挫折能力和挫折教育的概念是以挫折的概念延伸细化出来的。抗挫折能力的概念最早是由美国著名心理学专家罗森茨威格所提出，他认为抗挫折能力是"抵抗挫折而没有不良反应的能力"。尹志红认为抗挫折能力是一种对于挫折的承受力和容忍力，使个体在遭遇挫折时能够修复创伤心境，勇于面对挫折且有效解决问题的能力。学者边和平（2005）认为挫折教育是青少年素质教育的重要内容，并以激励、陶冶、指导、磨炼人生为目的，教育引导青少年树立挫折意识，激发自身潜力，改变认知和行为模式，增强心理免疫力和抗挫折能力，从而提高对生活的适应力。张绣琴提出挫折教育是能够引导受教育者改善认知能力、增强韧性从而辩证地看到社会中的压力，克服消极情绪，适应环境的教育活动。边和平和张绣琴认为，挫折具有二重性：一方面，挫折具有砥砺作用，它能使人从中得到锻炼，形成顽强的意志品质；另一方面，挫折又具有消极作用，能使人心理失衡，挫伤人的生活和工作的积极性。所以，挫折教育的基本任务是：第一，提高学生的挫折认知能力，让其辩证地看待遭遇的挫折；第二，提高学生抗挫折的能力，帮助学生在遭遇挫折时能够修复创伤心境，勇于面对挫折且发展有效解决问题的能力；第三，发展自身潜能，增强心理免疫力和耐受力，从而提高对于生活的适应力。

因此，挫折教育是针对个人的环境适应力、抗挫折能力、认知能力等多方面心理因素进行有目的、有方法的教育和培养，充分激发其潜能，从而提高其心理耐受力、改变行为的一种教育。

（二）政策依据

《中小学心理健康教育指导纲要（2012 年修订）》中规定，要帮助初中学生"逐步适应生活和社会的各种变化，着重培养应对失败和挫折的能力"；帮助高中学生"进一步提高承受失败和应对挫折的能力，形成良好的意志品质"。《普通高等学校大学生心理健康教育工作实施纲要（试行）》指出培训心理调适的技能，提供维护心理健康和提高心理素质的方法，使大学生自觉培养坚韧不拔的意志品质和艰苦奋斗的精神，提高承受和应对挫折的能力。可见，挫折教育是青少年心理健康教育的重要组成部分。

（三）教学设计

因此，依据边和平和张绣琴对挫折教育的理解以及《中小学心理健康教育指导纲要（2012 年修订）》相关要求，本次挫折教育之感悟式游戏治疗方案设计如下：

挫折教育之感悟式游戏教学设计方案

阶段	主题	目标
初始	幸福乐园	学生能相互熟悉，初步形成团体归属感。
中间	我真的很不错	学生能发现自己的优势资源，增强自信心，为探索挫折做准备；学生能感受到团体间的凝聚力、亲和力。
	挫折初体验	学生能初步了解挫折的普遍性和种类以及常见的应对措施，并能辩证看待挫折。
	人生剧场	学生能增加抗挫折能力，树立积极信念，珍爱生命，能用合理的方式处理负面情绪，勇于面对挫折。
	我的曼陀罗	学生能在曼陀罗绘画中疗愈自我，发现挫折带来的意义，促进自我成长。
	英雄之旅	学生能在挫折经历中梳理发现自己的优势，提升能量，增强心理免疫力和耐受力。
结束	向未来前进	学生能整合本次辅导主题的收获，增强心理韧性，提升自信，促进自己成长。

六、活动设计方案

（一）第一次活动方案

（1）主题：勇士之家。

（2）目标：学生能相互熟悉，初步形成团体归属感。

（3）媒材：音乐《Easy Breeze》，每组一张全开纸，中性笔若干，不同颜色的彩笔若干。

（4）时间：90 分钟。

（5）活动流程：

阶段	游戏	步骤	目标	备注
暖身（15分钟）	英雄相遇	1. 自我介绍。所有人围成圆圈，教师先给大家打招呼，示范用自己所喜欢的英雄的方式介绍自己的名字及此刻的心情；学生依次用所喜欢的英雄的动作自我介绍名字及心情。 2. 像英雄一样行走中问候。教师引导学生用自己喜欢的英雄的方式行走，与他人打招呼。大家自由地在场子里走动，触摸周围物品，对其他人视若无物不碰到他人，快快地走，慢慢地走，踮起脚尖走，脚后跟走，爬行，翻滚，与对面的人眨眼、微笑、点头、碰肩、碰膝盖、握手。	1. 学生能用英雄动作介绍自己的名字和心情。 2. 学生能跟随教师指令做出相应的行为。	各步骤操作时，教师需要积极示范、引导，在场中与学生即兴互动。
发展（65分钟）	英雄神器	1. 组内自我介绍。学生3人1组，用英雄动作自我介绍姓名及喜欢的英雄故事。 2. 英雄神器。每人思考自己所喜欢的英雄的自我保护神器。3人轮流将伙伴当黏土，创造出自己的英雄神器，另一人猜测。教师随机采访，将看到的描述出来。 3. 小组共创英雄神器。临近的两个3人组合为一组。6人合作用身体创造大家觉得最好的英雄神器，轮组展示。	1. 学生能向他人分享自己所喜欢的英雄故事。 2. 学生能用他人身体创造出自己所喜欢的英雄的神器。 3. 学生能与他人合作展示英雄神器。	学生互动操作前，教师应先示范。
	英雄乐园	1. 共创英雄乐园。每组一张全开纸，在中心画一个大圆，合作画出英雄共同喜欢的幸福乐园，圆外写出体现英雄的幸福乐园力量的口号、组名、歌曲。 2. 轮组呈现。各组依次呈现英雄的幸福乐园作品、口号和组名。 3. 教师总结。教师引导各组分享所发现的亮点。 4. 我们的幸福乐园。全体用一首歌代表英雄集体喜欢的幸福乐园，边听边唱，用身体互动。最后再次集体用身体合作创作表达理想家园造型。教师为大家拍照。	1. 学生能与伙伴合作创作英雄的幸福乐园。 2. 学生能与伙伴合作展示小组英雄乐园的作品、口号、组名、歌曲。 3. 学生能发现各组亮点。 4. 学生能用歌曲表达对集体的喜欢，并用身体表达幸福乐园的造型。	1. 学生创作时，教师全场巡视，实时提醒、协助。 2. 身体互动时，教师需要使用身体即兴与学生互动，适当提醒。
结束（10分钟）	感悟分享	1. 感受分享。学生轮次用一句话或者一个词语分享自己在活动中的体会。 2. 教师总结与期待。教师对今天的活动进行简单的总结，肯定学生的亮点。	1. 学生能表达内心的感受。 2. 学生能理解活动的主题及意义。	教师总结需要尽可能全面表达学生的亮点。

（6）观察记录表：

阶段	游戏	目标	形成性评量					评量方式	教学使用	通过与否	教学决定	备注
			1	2	3	4	5					
暖身	英雄相遇	1. 学生能用英雄动作介绍自己的名字和心情。										
		2. 学生能跟随教师指令做出相应的行为。										
发展	英雄神器	1. 学生能向他人分享自己所喜欢的英雄故事。										
		2. 学生能用他人身体创造出自己所喜欢的英雄神器。										
		3. 学生能与他人合作展示英雄神器。										
	英雄乐园	1. 学生能与伙伴合作创作英雄的幸福乐园。										
		2. 学生能与伙伴合作展示小组英雄乐园的作品、口号、组名、歌曲。										
		3. 学生能发现各组亮点。										
		4. 学生能用歌曲表达对集体的喜欢，并用身体表达幸福乐园的造型。										
结束	感悟分享	1. 学生能表达内心的感受。										
		2. 学生能理解活动的主题及意义。										

（二）第二次活动方案

（1）主题：我真的很不错。

（2）目标：学生能发现自己的优势资源，增强自信心，为探索挫折做准备；学生能感受到团体间的凝聚力、亲和力。

（3）媒材：手语舞视频《我真的很不错》，音乐《怒放的生命》，A3 纸若干，中性笔若干，水彩笔若干。

（4）时间：90 分钟。

（5）活动流程：

阶段	游戏	步骤	目标	备注
暖身（15分钟）	我真的很不错	1. 欣赏视频。教师播放手语舞《我真的很不错》视频。 2. 动作学习。教师带着学生一起做模仿动作，教师边唱边做动作，学生模仿。 3. 为伙伴点赞。学生内外圈站，教师学生一起边唱边做动作，两两面对面与伙伴互动。 4. 移动中为不同伙伴点赞。全体学生在场中自由走动，边唱边与遇到的伙伴互动、点赞。	1. 学生能认真观看视频。 2. 学生可以模仿教师的手语舞动作。 3. 学生能与伙伴互动做动作。 4. 学生能在行走中与不同伙伴互动。	教师需要提前学习《我真的很不错》视频的动作，可以根据学生能力简化动作。
发展（65钟）	闪光时刻	1. 回忆那一刻。教师引导学生闭眼放松身体，回忆过去生活中的闪光时刻，回忆让自己印象深刻的有成就感的事。 2. 导演闪光时刻。学生5人一组，每人轮次分享自己最有成就感的一个事件，并扮演导演角色让其他学生根据自己的想法用身体摆出在此事件中的闪光时刻的造型，演出场景。 3. 随机小组展示。各小组推荐一个学生的闪光时刻向全体呈现。	1. 学生能放松身体，并想起一件有成就感的事。 2. 学生能分享成就事件，并指挥伙伴演出。 3. 学生能合作演出闪光时刻的造型及情景。	1. 引导学生放松回忆时，教师语速需要慢而轻柔。 2. 闪光时刻需要教师举例说明。 3. 导演角色需要教师示范。
	我的生命树	1. 画生命树轮廓。学生将双手的小手臂和手掌放在A3纸上，请旁边的同学帮助自己用笔描出轮廓，形成一棵树的形状。 2. 寻找并写出自己的资源。学生在自己的右手每个手指轮廓里写出自己从小到现在获得成就、幸福、快乐内在原因，即个人的优势、特质、兴趣爱好、能力、信念等；在左手的手指轮廓里写出支持自己获得成就、幸福、快乐的外在资源，包括父母、朋友、教师、邻居或重要他人、组织结构等的爱、支持和帮助。 3. 我是谁。学生在生命树的掌心部位，概括左右手的资源，写四句话："我是一个……""我拥有……""我希望我成为一个……""我相信我一定能……"同时，用水彩笔装饰作品，给自己作品取名，签名。 4. 默念我是谁。教师引导学生闭眼，在心理默念"我是……"四句话十次，并记在心里。	1. 学生能画出生命树轮廓。 2. 学生能找到自己的优势特质和资源。 3. 学生能概括表达出自己是谁。 4. 学生能记住"我是……"四句话。	教师全场巡视，协助学生寻找自己的优势和资源，给予启发和帮助。
	星光大道	1. 我是大明星。所有学生站成两列面对面，中间空出一条大道，学生拿着自己的生命树展示给大家看，依次在中间大道上自信地行走，并大声念出这四句话。其他学生重复"明星"的核心词句三次，为伙伴鼓掌。 2. 怒放的生命。教师播放歌曲《怒放的生命》，所有学生跟随音乐自由舞动，相互为对方点赞、鼓掌。 3. "怒放的生命"的群雕。学生依次摆出自己认为最自信的姿势，渐进摆出"怒放的生命"的集体造型，教师为集体拍照。	1. 学生能自信展示作品。 2. 学生能自由舞动，感受生命的力量。 3. 学生能摆出自信的姿势。	1. 走星光大道时，教师注意示范引导。 2. 舞动时，教师需要即兴用身体与学生互动。 3. 教师示范造型动作，耐心引导。
结束（10分钟）	分享与总结	1. 感受分享。学生依次简要表达当下感受。 2. 教师总结。教师总结课程并表达希望和祝福。	1. 学生能表达感受。 2. 学生能理解本次主题的意义。	教师总结需要升华主题。

（6）观察记录表：

阶段	游戏	目标	形成性评量					评量方式	教学使用	通过与否	教学决定	备注
			1	2	3	4	5					
暖身	我真的很不错	1.学生能认真观看视频。										
		2.学生可以模仿教师的手语舞动作。										
		3.学生能与伙伴互动做动作。										
		4.学生能在行走中与不同伙伴互动。										
发展	闪光时刻	1.学生能放松身体，并想起一件有成就感的事。										
		2.学生能分享成就事件，并指挥伙伴演出。										
		3.学生能合作演出闪光时刻的造型及情景。										
	我的生命	1.学生能画出生命树轮廓。										
		2.学生能找到自己的优势特质和资源。										
		3.学生能概括表达出自己是谁。										
		4.学生能记住"我是……"四句话。										
	星光大道	1.学生能自信展示作品。										
		2.学生能自由舞动，感受生命的力量。										
		3.学生能摆出自信的姿势										
结束	分享与总结	1.学生能表达感受。										
		2.学生能理解本次主题的意义。										

（三）第三次活动方案

（1）主题：挫折初体验。

（2）目标：学生能初步了解挫折的普遍性、种类以及常见的应对措施，能辩证看待挫折。

（3）媒材：椅子若干。

（4）时间：90分钟。

（5）活动流程：

阶段	游戏	步骤	目标	备注
暖身（15分钟）	诺亚方舟	1.动物行走。每个人为自己选一个代表的动物，学着动物的方式行走，与他人用身体打招呼，全场自由互动打招呼。 2.诺亚方舟。所有人围坐成圆圈（椅子比学生人数少一个），一名学生扮演诺亚，站到椅子围成的圆圈中央，一一走到每个人面前，他可以叫任何一个动物，被叫到的动物必须站起来跟着他走。当诺亚说："洪水来了！"全部人（包括诺亚）必须赶紧找个空位坐下，没有座位的人即变成新的诺亚，原来的诺亚则变成该动物。	1.学生能提高身体的活动能力，增进成员之间的互动。 2.学生感受到集体活动的快乐。	教师在动物行走时可以先做示范，引导学生破冰。
发展（65分钟）	挫折体验	1.分享挫折。学生坐成一圈，教师引导学生回忆过去的一年中经历的一次挫折。 2.点状测量。教师请几位同学站几个点，分别代表遭遇不同种类的挫折，如学业、人际关系、情感、亲子关系等，根据学生情况现场生成。其他同学根据自己受挫折最大的一方面进行选择，站到那位同学的身边。 3.小组讨论。根据上一环节的分组，学生分享自己在同类型的挫折中的感受、应对的方法。 4.我们的小剧场。大家选其中一人当主角，共同演绎主角的挫折经历，尤其是要演绎出不同人应对同类挫折的不同方法。	1.学生能认识到挫折的普遍性和种类。 2.学生能完成点状测量。 3.学生能分享自己的挫折经历、感受、收获，认识到挫折具有二重性。 4.学生能演绎挫折故事并展示出来。	教师要引导学生发现同类的挫折每个人有不同的应对方法，提醒学生在分享自己的解决办法时对他人的做法不评价不批评。
	挫折中的力量	1.小组讨论。学生在小组内讨论遭遇到这类挫折经历获得的收获。 2.小组展示。小组成员用身体雕塑来表达这种收获。	1.学生能讨论挫折带来的积极意义。 2.学生能用身体雕塑表达挫折的积极意义。	教师要引导学生发现挫折的积极意义。
结束（10分钟）	感悟分享	1.感受分享。学生依次简要表达当下感受。 2.教师总结。教师总结课程并表达希望和祝福。	1.学生能分享感受，敞开心扉。 2.学生能在别人的分享中获得感悟。	教师总结尽量全面。

（6）观察记录表：

阶段	游戏	目标	形成性评量					评量方式	教学使用	通过与否	教学决定	备注
			1	2	3	4	5					
暖身	诺亚方舟	1.学生能提高身体的活动能力，增进成员之间的互动。										
		2.学生能感受到集体活动的快乐。										
发展	挫折体验	1.学生能认识到挫折的普遍性和种类。										
		2.学生能完成点状测量。										
		3.学生能分享自己的挫折经历、感受、收获。										
		4.学生能演绎挫折故事并展示出来。										
	挫折中的力量	1.学生能讨论挫折带来的积极意义。										
		2.学生能用身体雕塑表达挫折的积极意义。										
结束	感悟分享	1.学生能分享感受，敞开心扉。										
		2.学生能在别人的分享中获得感悟。										

（四）第四次活动方案

（1）主题：人生剧场。

（2）目标：学生能增加抗挫折能力，树立积极信念，珍爱生命，能用合理的方式处理负面情绪，勇于面对挫折。

（3）媒材：音乐《兔子舞》《心若向阳》，一朵塑料花。

（4）时间：90分钟。

（5）活动流程：

阶段	游戏	步骤	目标	备注
暖身（10分钟）	击鼓传花	1. 游戏准备。学生围坐一圈，教师说规则。教师背对学生，播放音乐，随机暂停，学生传花，音乐停时花在谁的手里谁就接受一个挑战。可以多玩几轮。 挑战：背一首含有月亮的诗；唱一句有颜色的歌；10秒10个下蹲或俯卧撑等。 2. 开始游戏。学生击鼓传花，拿到花的学生接受挑战。	1. 学生理解规则。 2. 学生能接受挑战。	如果有同学完不成挑战，教师可联系引入挫折主题。
发展（65分钟）	人生剧场	1. 小哲的故事。教师播放视频，讲述小哲的故事。小哲是一名初三的学生，从小十分爱好篮球，已经练习了近十年，他憧憬将来可以成为一名像姚明一样出色的篮球运动员。可是，命运仿佛和他开了一个大大的玩笑，在毕业前小哲突然遭遇了一次车祸，虽然幸运的是活下来了，但是由于左腿受伤严重医生告诉他再也不能打篮球了……小哲后面会怎么样呢？教师出示几种情况：心灰意冷自暴自弃；接受现实，积极生活，重拾信心…… 2. 点状测量。请三位学生代表三个选项，其他学生做出自己的选择，选谁就站到谁的身边。 3. 分组讨论。学生在小组讨论小哲接下来的故事，并演出后面的故事。 4. 全班表演。三个小组的学生在全班表演出自己小组续写的小哲的故事。 5. 小哲寄语。教师给学生播放小哲对大家说的一段话。"大家好，我的身体已经逐渐康复了，虽然不能再打篮球了，但是我还很年轻，未来还有很长的路要走，我正在寻找自己新的梦想！最后送给大家一句话吧，心若向阳，便是晴天！"	1. 学生能看完这个故事。 2. 学生能做点状测量。 3. 学生能续写后面的故事并演绎出来。 4. 学生能在全班表演续写故事。 5. 学生能在寄语中有所领悟。	学生在做选择的时候，第三个选项是开放性的，根据学生在现场可能提出的其他的情况做选择。
	我的选择	1. 光谱测量。教师用两把椅子代表光谱的两个点。一个点代表遇到挫折很容易放弃，另一个点代表基本上能坚持不放弃。学生根据自己的情况做选择，站到对应的位置。就近的学生组成小组。 2. 教师采访。教师可以从遭遇挫折的感受、如何处理感受中的负面情绪、是什么信念支持你可以坚持下去等几个角度去随机采访几名学生。 3. 小组讨论。就近的学生组成小组，讨论刚刚教师提的几个问题。全班分享。 4. 教师总结。教师引导学生学会用合理的方式处理挫折中的负面情绪，树立珍爱生命，积极生活的理念。	1. 学生能按自己的真实情况选定位置。 2. 学生能回答这些问题。 3. 学生能思考并在小组中交流这些问题。 4. 学生能用合理的方式处理负面情绪，树立积极理念。	教师采访尽量照顾到不同学生的声音。
结束（15分钟）	感悟分享	1. 自由舞动。教师播放视频《心若向阳》，学生跟唱歌曲，身体随意舞动。 2. 学生总结。教师请每个人用一个词语或一句话谈这节课的收获。	1. 学生能跟唱歌曲，舞动身体。 2. 学生能分享感悟。	教师应用眼神关注发言的学生。

（6）观察记录表：

阶段	游戏	目标	形成性评量					评量方式	教学使用	通过与否	教学决定	备注
			1	2	3	4	5					
暖身	击鼓传花	1.学生能理解规则。										
		2.学生能接受挑战。										
发展	人生剧场	1.学生能看完这个故事。										
		2.学生能做点状测量。										
		3.学生能续写后面的故事并演绎出来。										
		4.学生能在全班表演并续写故事。										
		5.学生能在寄语中有所领悟。										
	我的选择	1.学生能按自己的真实情况选定位置。										
		2.学生能回答这些问题。										
		3.学生能思考并在小组中交流这些问题。										
		4.学生能用合理的方式处理负面情绪，树立积极理念。										
结束	感悟分享	1.学生能跟唱歌曲，舞动身体。										
		2.学生能分享感悟。										

（五）第五次活动方案

（1）主题：我的曼陀罗。

（2）目标：学生能在曼陀罗绘画中疗愈自我，发现挫折带来的意义，促进自我成长。

（3）媒材：音乐《瞬间的永恒》，纸若干，彩笔若干，心灵卡牌。

引导词：

请大家选择最舒适的坐姿，挺直腰背，双手手心朝上放到双腿上。轻轻地闭上双眼，随着这美妙的旋律，逐渐放慢我们呼吸的节奏，放松我们的面部表情，舒展眉心，嘴角微微上翘，挺直腰背放松双肩、放松双臂，让脊柱向上无限延伸。聆听着轻柔的音乐，让我们一起走进内心的世界。抛开所有的紧张、烦恼和不安，我们的心变的平静、祥和。让我们一起将注意力放在你的呼吸上，配合自己的呼吸频率做3至5次呼吸，让我们用心去体会这一呼一吸，吸有多长，呼就有多长。吸气时，感觉宇宙之间所有的能量慢慢地进入体内每个角落，滋养我们身体的所有细胞。呼气时，感觉体内所有的毒素、不快乐的情绪统统地被排出体外。

你已经全身放松了，整个人进入了一种空灵悠远的舒畅境地里，整个身体慢慢变得透明起来，随着我讲话的声音，你会感到有声音或气流在你的头顶旋转，中心部位缓缓地流入你的体内，舒缓地落入你的腹部，现在，你整个人开始慢慢地感受心灵的宁静与博大，身体随着心灵的宁静与博大，慢慢变空变大。这时候，从你的腹部慢慢地升起了一朵放射着光芒的莲花，把你的身体缓缓托起，向上托起。这莲花不停地放射着光芒，照亮了你的全身，照亮了你的头骨、颈椎骨、胸骨……照亮了你全身的骨骼。并接着照亮了你全身的肌肉，照亮了你的五脏六腑。你的身体此刻变得越来越轻盈，越来越空灵，越来越有力量……

（4）时间：90分钟。

（5）活动流程：

阶段	游戏	步骤	目标	备注
暖身（15分钟）	静思	1. 教师带领学生静思。教师播放音乐，念静思引导词。 2. 学生静思。学生跟随引导词静思。	学生可以逐渐放松，并跟随引导词静思。	教师的语音语调要适合静思词和学生的状态。
发展（65分钟）	我的曼陀罗	1. 创作曼陀罗。学生每人一张方形卡纸，折成九宫格并打开，中间按自己的需求画一个圆圈。在圆圈的中心用简单的符号画出刚刚在静思中获得的感受或力量。圆圈周围剩余的空格可以画上边框，自己决定起始位置，每个空格依次画上某个挫折事件、挫折带来的身体症状、心理感受、行为反应、对生命的意义。顺时针或逆时针由自己决定。 将上述内容整理成文字并记录下来。每个人给自己的曼陀罗图画取一个主题和编一个相应的故事。 2. 小组讨论。当你在事件中情绪低落时会有什么样的身体症状、心理感受、行为反应、对生命的意义？这个曼陀罗代表生命历程中的哪个阶段？你觉察到什么？有什么新的意义与想法？ 3. 卡牌启示。每人抽一张心灵卡牌。结合曼陀罗谈谈图卡的启发、暗示、建议。 4. 小组讨论。图卡对你而言有什么启发吗？有没有产生新的意义？	1. 学生能画出内在力量。 2. 学生能对自己的某次挫折经历进行梳理并在此过程中觉察自己的感受和成长，疗愈自己。 3. 学生能在图卡中发觉挫折带给自己的意义。	1. 顺时针绘画代表能量通畅，逆时针代表能量卡住了。 2. 教师在巡视时要关注逆时针绘画的同学。
	和谐曼陀罗	1. 小组创作曼陀罗。小组成员把自己的曼陀罗作品放在一张更大的白纸上，大家在周围作画，共同创作一副作品，并给这个曼陀罗取名。 2. 轮组分享。各组依次呈现作品。 3. 教师总结。教师引导学生发现各组亮点，并总结。	1. 学生能创作出一副小组的曼陀罗作品。 2. 学生能在创作过程中感受团队的能量。	教师巡回协助学生创作曼陀罗。
结束（10分钟）	感悟分享	1. 学生分享。所有人围成一个圆圈。学生分享曼陀罗绘画的感受。 2. 教师总结。引导学生对挫折意义的领悟。	1. 学生能分享感受。 2. 学生能感悟挫折带来的意义。	教师的引导需要结合学生实际表现。

（6）观察记录表：

阶段	游戏	目标	形成性评量					评量方式	教学使用	通过与否	教学决定	备注
			1	2	3	4	5					
暖身	静思	学生可以逐渐放松，并跟随引导词静思。										
发展	我的曼陀罗	1.学生可以画出内在力量。										
		2.学生能对自己的某次挫折经历进行梳理并在此过程中觉察自己的感受和成长，疗愈自己。										
		3.学生能在图卡中发觉挫折带给自己的意义。										
	和谐曼陀罗	1.学生能创作出一副小组的曼陀罗作品。										
		2.学生能在创作过程中感受团队的能量。										
结束	感悟分享	1.学生能分享感受。										
		2.学生能感悟挫折带来的意义。										

（六）第六次活动方案

（1）主题：英雄之旅。

（2）目标：学生在挫折经历中发现自己的优势、能量，增强心理免疫力和耐受力。

（3）媒材：A4白纸若干，音乐《Inspire》，彩笔若干，地垫。

（4）时间：90分钟。

（5）活动流程：

阶段	游戏	步骤	目标	备注
暖身（15分钟）	同舟共济	1. 游戏准备。教师讲规则，做好游戏准备，场地中放上几个地垫。 2. 学生开始游戏。学生扮演小鱼在活动室里随意活动。当音乐变得急促起来时，教师会扮演一条大鱼来抓小鱼。小鱼们就要站在安全的地垫上才不会被大鱼抓走。地垫的数量会逐渐变少，小鱼们的安全区域也逐渐变小。逐渐淘汰小鱼。	1. 学生能相互信任，相互鼓励与支持面对挫折，并且营造一个良好的气氛。 2. 学生能对团队精神、克服挫折有更多理解。	教师尽量用声音和动作带入到角色情景中，让学生感受到相应的情绪。
发展（65分钟）	我的英雄之旅	1. 回忆经历。老师引导全体同学围成一个大圈坐下，闭上眼睛，播放轻音乐，用语言引导他们回忆自己曾经受挫的一次经历。 2. 英雄之旅。第一格曾经受挫时的我，第四格当下的我，第二格我的五个优势，第三格我的助手。 3. 小组分享。完成画作之后，学生在小组中分享自己的画作，分享者作为导演，其他组员根据画作依次扮演画中人物，体验这个过程。分享者观看后分享自己的感受。	1. 学生能更好地了解自己。 2. 学生能发现自己的优势获得成长，发现自己身边的资源获得更多的支持。 3. 学生能扮演出不同的自己，在这趟旅程中获得正向激励。	学生画自己的优势和助手时可以参考第二次辅导中画的我的生命树的内容，也可以试试自己是否较上次有新的发现。
	千星之城	1. 小组创作。各小组整合每个学生的人物，共同创作改编成一个完整的励志的故事。 2. 小组表演。各小组进行表演。 3. 教师总结。教师引导大家分享感受，并总结。	1. 学生能创作英雄故事。 2. 学生能表演英雄故事。	教师注意引导和总结，尽量发现学生的亮点。
结束（10分钟）	怒放的生命	1. 播放视频。教师播放手语舞视频《怒放的生命》，示范做手语。 2. 生命怒放。学生跟随教师一起做手语舞。	1. 学生能跟随教师做手语舞。 2. 学生能在其中受到激励。	教师需要提前学习手语舞，可以简化动作，学生跟着一边唱一边做。

（6）观察记录表：

阶段	游戏	目标	形成性评量					评量方式	教学使用	通过与否	教学决定	备注
			1	2	3	4	5					
暖身	同舟共济	1. 学生能相互信任，相互鼓励与支持面对挫折，并且营造一个良好的气氛。										
		2. 学生能对团队精神、克服挫折有更多理解。										
发展	我的英雄之旅	1. 学生能更好地了解自己。										
		2. 学生能发现自己的优势获得成长，发现自己身边的资源，获得更多的支持。										
		3. 学生能扮演出不同的自己，在这趟旅程中获得正向激励。										
	千星之城	1. 学生能创作英雄故事。										
		2. 学生能表演英雄故事。										
结束	怒放的生命	1. 学生能跟随教师做手语舞。										
		2. 学生能在其中受到激励。										

（七）第七次活动方案

（1）主题：向未来前进。

（2）目标：学生能整合辅导主题的收获，增强心理韧性，提升自信，促进自己的成长。

（3）媒材：音乐《Spring In My Step》《我相信》，A3 纸若干，水彩笔若干。

（4）时间：90 分钟。

（5）活动流程：

阶段	游戏	步骤	目标	备注
暖身（10分钟）	突出重围	1. 游戏准备。教师说规则并示范。学生分成两队，人数相当，由一方向另一方挑战。甲队排成一排当城门，乙队是冲锋队，要冲出城门。甲队同学不可前进和后退，只能站着并拢拦截要出去的人。每出去一个人，就需撤掉一扇城门变为冲锋队，直至城门都撤完。两队更换角色，接着进行下一轮的游戏。 2. 学生开始游戏。教师发出信号，开始游戏。 3. 感受分享。学生自愿分享感受。 4. 教师总结。教师重点引导学生分享突出重围的方法，以及没有突围的应对态度。	1. 学生能理解规则。 2. 学生能在游戏中体会到合作、战胜困难的勇气。 3. 学生能分享自己突围的感受。 4. 学生能理解应对挫折的方法。	教师注意引导学生注意安全。
发展（70分钟）	梦想之旅	1. 绘画梦想。学生每人一张 A3 纸，画出自己梦想。预测自己在追梦过程中可能遇到的挫折，画出来，可以附加文字描述。 2. 梦想之旅。回想在之前的课中发现的内外资源，添加到这幅图中，合作拼图，创作我的梦想之旅。 3. 学生分享。学生组内互相分享自己创作的梦想之旅，并派出一个代表向大家分享。	1. 学生能画出自己的梦想和预测的挫折。 2. 学生能通过之前的收获整合自己的资源，为梦想路上可能遇到的困难做准备。 3. 学生能通过分享在团队中获得力量。	在学生绘画时，教师注意巡回关注与引导。
	神奇不倒翁	1. 人体不倒翁。小组合作用身体呈现不倒翁的各种不倒现象，教师轮组引导集体欣赏。 2. 不倒之秘。小组合作在 A3 纸上画一个不倒翁，写出不倒的秘密。	1. 学生能与他人合作呈现不倒翁。 2. 学生能发现不倒的策略。	教师用欣赏肯定的语言强化学生的智慧。
	激情飞扬	1. 我的宣言。学生总结四句话： "我的梦想是……我可能会遇到的挫折是……我会怎样去克服这些挫折……我一定会……" 所有学生坐成一圈，每人轮流站在中间大声朗读这几句话。其他人点赞鼓掌。 2. 我相信。教师播放手语舞视频《我相信》，示范做手语。 3. 学生做手语。学生跟随教师一起做手语舞。	1. 学生能写出四句话。 2. 学生能大声表达并对他人表示鼓励。 3. 学生跟做做手语舞，获得激励。	教师需要提前学习手语舞，可以简化动作，学生跟着一边唱一边做。
结束（10分钟）	朋友再见	1. 感受分享。学生依次表达这次心理辅导课的感受。 2. 教师总结。教师总结课程并表达希望和祝福。	1. 学生能表达感悟。 2. 学生能表达对他人的感谢和祝福。	教师的表达尽量真诚和全面。

（6）观察记录表：

阶段	游戏	目标	形成性评量					评量方式	教学使用	通过与否	教学决定	备注
			1	2	3	4	5					
暖身	突出重围	1.学生能理解规则。										
		2.学生能在游戏中体会到合作、战胜困难的勇气。										
		3.学生能分享自己突围的感受。										
		4.学生能理解应对挫折的方法。										
发展	梦想之旅	1.学生能画出自己的梦想和预测的挫折。										
		2.学生能通过之前的收获整合自己的资源，为梦想路上可能遇到的困难做准备。										
		3.学生能通过分享在团队中获得力量。										
	神奇不倒翁	1.学生能与他人合作呈现不倒翁。										
		2.学生能发现不倒的策略。										
	激情飞扬	1.学生能写出四句话。										
		2.学生能大声表达并对他人表示鼓励。										
		3.学生跟随做手语舞，获得激励。										
结束	朋友再见	1.学生能表达感悟。										
		2.学生能表达对他人的感谢和祝福。										

第五节　消费教育之感悟式游戏教学设计

消费是人类社会的一个永恒话题，也是伴随人们一生的持续行为。随着社会经济的不断发展，人们的消费心理和观念都在变化。党的十九大报告提出了"倡导简约适度、绿色低碳的生活方式，反对奢侈浪费和不合理消费"的明确要求。倡导合理消费，形塑合理消费风尚无疑是建设美丽中国的重要抓手和主要路径。学生群体不仅是消费人口的重要组成部分，更是国家未来消费文化的引领者。他们更应积极响应国家号召，学习和践行合理消费新风尚。

随着我国经济的发展，公民消费观发生了翻天覆地的变化。作为新时代的青少年，他们的消费观也受环境的影响而发生着变化。朱晓丽（2012）研究发现小学高年级学生在消费上存在消费维权意识薄弱、消费知识匮乏、消费结构不合理、赶潮流、攀比、造成重复消费、高消费、节制力差、消费行为缺乏计划性、理财能力欠缺等问题。姚茹（2020）对中学生消费现状进行问卷调查发现，当前中学生的消费来源稳定，且消费的自主性高，消费意见在家庭决策链条中受到重视，网络消费大众化，具有前卫的消费思想，消费方式多样化，趋向数字化、网络化。存在的消费问题主要表现为冲动消费，盲目购物，消费知识匮乏，安全意识淡薄，消费行为成人化。陈莎莎（2016）研究发现大学生消费行为存在消费结构失调、消费方式多变、消费心理失控、消费道德缺失等问题，应当从转变消费观念、把控消费心理、重建消费伦理、优化消费环境等方面着手调适大学生消费行为，以此帮助大学生养成良好的消费观。

以上调查发现：当代青少年出现了不良消费现象。青少年的不良消费现象所带来的负面影响不容低估，它不仅仅加重了家长的经济负担，还影响了孩子与家长的感情。对青少年个人来说，这一时期形成的消费观念，可能影响他一生的消费行为，并与其人生观、价值观、健全人格的形成和完善密切相关，长远来看，甚至对未来社会经济、文化发展产生一定影响。因此，我们应重视青少年消费心理和消费行为的新变化，加强对其消费心理和消费行为的辅导，有利于引导他们建立正确的消费观念，培养正确的消费心态，养成良好的消费行为。

本次感悟式游戏教学设计方案以游戏为媒介引导青少年探索自身的消费观，了解理性、合理、绿色消费的方法，从而提高其合理消费的能力。

一、教学对象

本节适合小学高年级、初中、高中、大学阶段的青少年团体，可用于心理健康课程中，也可以用于存在不良消费心理与行为的青少年团体。

二、教学目标

总目标：学生能澄清和识别自身的消费观和消费行为，探索其产生的原因，树立合理的消费意识。

子目标：学生能相互熟悉，形成团体归属感；学生能认识到合理消费的重要性；学生能识别自身的消费观；学生能识别自身不合理消费行为和原因；学生能养成理财意识；学生能提高理财能力。

三、教学时间

每次上课时间为90分钟，共9次课程。

四、教学准备

1. 场地：心理团体辅导室（空教室）。
2. 音乐：轻缓音乐4首、《相亲相爱一家人》歌曲1首、浪的声音1首。
3. 纸：A4纸、A3纸。

4. 笔：彩笔、彩铅、水彩笔、签字笔若干。

5. 其他：剪刀 10 把，固体胶 20 个，双面胶 20 卷，毛线一卷，岛屿场景 1 个，虚拟货币若干（可自行设计或定制），别针 10 盒，拍卖物品 10 个，布巾若干条，圆饼图每人一张，人民币 10 张。

五、教学内容

（一）理论依据

消费心理是指消费者在购买行为全过程中发生的系列心理活动，它是消费者对客观消费对象与其自身主观消费需求的综合反应。消费心理从认识过程经历情感过程直至发展到意志过程，是一个消费购买的决策过程，该决策过程除消费者本人外，旁人无从知晓。虽然消费决策过程是未知的，但消费者外观的消费行为不仅反映了外部环境对其行为的影响，而且反映了对购买决策起决定作用的自身特点，如文化教养、心理素质等。

关于消费教育，据美国罗德岛大学教授肖经建介绍，美国有一个广为接受的关于消费者教育的定义：消费者掌握有关消费资源管理和如何采取行动来影响消费决策因素的知识和技能的过程。美国学界关于消费教育的界定较为狭窄。消费教育不仅要使受教育者掌握消费方面的知识和技能，还要使消费者转变消费观念，改善消费方式，使自身素质得到提高并为其提供参与解决消费方面问题的机会。

国外学者对于消费教育的目的与目标也进行了深入的研究，综合起来有两点：

（1）使消费者成为清醒、明智的消费者，能在市场上做出明智的选择。

（2）培养消费者形成对自己权利和所承担责任、义务的意识。

在消费教育内容上，美国学者班尼斯特和威廉姆提出了消费教育的四大领域，即决策制定、个人理财、消费者权利和义务、包含消费者角色的经济学和资源分配。

（二）政策依据

党的十八大报告强调，生态文明建设要"形成节约资源和环境保护的空间格局、产业结构、生产方式、生活方式，从源头上扭转生态环境恶化趋势"。生态文明建设不仅要求文明生产，更要求文明消费，特别是合理消费。

习近平总书记在十九大报告中指出，加快生态文明体制改革，建设美丽中国。要推进绿色发展。加快建立绿色生产和消费的法律制度和政策导向，建立健全绿色低碳循环发展的经济体系。推进能源生产和消费革命，构建清洁低碳、安全高效的能源体系。推进资源全面节约和循环利用，实施国家节水行动，降低能耗、物耗，实现生产系统和生活系统循环链接。倡导简约适度、绿色低碳的生活方式，反对奢侈浪费和不合理消费，开展创建节约型机关、绿色家庭、绿色学校、绿色社区和绿色出行等行动。

此外，《中小学心理健康指导纲要（2012年修订）》指出心理健康教育的具体任务是使学生学会学习和生活，正确认识自我，提高自主自助和自我教育能力，增强调控情绪、承受挫折、适应环境的能力，培养学生健全的人格和良好的个性心理品质。消费行为属于生活的重要内容。

（三）教学设计

本节以消费者行为学的基本思想为理论基础，通过引导学生探索自己的消费现状，了解其消费需要、购买动机、购买行为过程和购买决策等，整合其消费观和行为特点，从而培养学生合理消费意识，修正其非合理消费行为。本次消费教育教学活动设计架构如下：

消费教育之感悟式游戏教学设计方案

阶段	主题	目标
开始	初相识	学生能相互认识，建立团队安全感。
中间	我的零花钱	学生能清晰自己的消费现状，了解消费分配。
	我的消费观	学生能觉察自己的消费观，体会在消费中什么对自己最重要。
	消费，父母与我	学生能在消费事件中运用沟通技巧，促进亲子积极沟通。
	需要与想要	学生能区分需要和想要，理性消费，避免盲从。
	消费有度	学生能从自身实际情况出发，树立适度消费意识。
	节约，节约	学生能感受到浪费的影响，树立勤俭节约的意识。
	储蓄与理财	学生能树立储蓄意识和理财意识，提高理性消费能力。
结束	后会有期	学生能汇总收获，快乐说再见。

六、活动设计方案

（一）第一次活动方案

（1）主题：初相识。

（2）目标：学生能相互熟悉，初步建立团体凝聚力。

（3）媒材：A4纸每组1张，水彩笔（或彩铅）10盒，签字笔每组1盒。

（4）时间：90分钟。

（5）活动流程：

阶段	游戏	步骤	目标	备注
暖身（20分钟）	相遇	1.伸展身体。教师询问学生如何用身体动作表达"小风""大风""台风"。教师邀请学生带领全体成员一起展示。学生跟随带领者伸展身体。 2.风来了。 （1）小风吹。教师说出某种特征（如穿着、兴趣爱好），具有该特征的同学以"小风"的动作行动，互相换位置。 （2）大风吹。教师说出一个数字，同学们快速找到相应数量的同学组成小组，一起做出大风吹的动作。 （3）台风吹。教师说出某种特征（如男生、女生），具有该特征的同学以"台风"的动作行动，组成小组。 （4）自由风。教师邀请学生根据自己的感觉来说指导语和确定风级，其他同学按要求做出反应。	1.学生能按规则伸展身体。 2.学生能快速反应，并做出指定动作。	在进行活动时，教师准备的特征要足够丰富，确保每一个同学都能动起来。
发展（55分钟）	我想认识你	1.风来风往。教师询问学生最喜欢的风，并按照学生喜好将其分为四个小组（小风组、大风组、台风组、自由风组）。每组学生在组内互相介绍姓名和一个爱好。 2."风"的展示。小组成员相互认识后，领取A4纸和彩笔，一起制作代表本组特点的标志，协商本组的组名，并用身体合作的方式集体呈现出来。分组呈现时，其他组猜。 3.风级大比拼。教师引导学生以小组为单位，寻找另一组比赛。两小组成员两两划拳，胜者留在本组，败者到对方小组。挑战结束后，学生形成新的小组，小组成员相互介绍姓名和爱好。 4."风言风语"。教师引导比赛的两组合成一组。学生结合本组标志、组名等，编排本组特色故事并演出。 5."风"的欣赏。教师带领大家欣赏各组表演，引导各组说出自己所欣赏的亮点。	1.学生能找到小组，并主动向他人介绍自己的姓名和爱好。 2.学生能与他人合作完成组名创作和呈现。 3.学生能在新的小组里介绍自己。 4.学生能与组员合作创编故事并演出。 5.学生能说出各组的亮点。	分组时如果很多同学都选择某一个风级，教师要灵活处理，比如将选择该风级的人分成2个组。教师需关注没有参与活动的学生，了解其状态，给予适当支持。
	我们在一起	1.班级"风貌"。在两组的标志和组名的基础上，学生再创作，增加或减少某些元素，设计符合班级"风貌"的班名和动作。 2."风貌"展示。全体师生一起做出代表班级风貌的动作，构成一个群雕，教师为集体造型拍照。	1.学生能为集体表达想法。 2.学生能与他人协同完成群体雕塑。	教师注意全场巡回，适时协助学生创作。
结束（15分钟）	我们都一样	1.相似分享。教师请学生围圈而站，分享课程感受和收获。一位学生分享后，请与该同学有相同感受和收获的学生向前走一步，直至大部分同学分享完毕。 2.致谢与期待。教师引导学生相互致谢，期待下次相遇。	1.学生能真诚分享自己的感受。 2.学生能表达感谢。	教师引导学生积极倾听，不评价和指责。

（6）观察记录表：

阶段	游戏	目标	形成性评量					评量方式	教学使用	通过与否	教学决定	备注
			1	2	3	4	5					
暖身	相遇	1. 学生能按规则放松身体。										
		2. 学生能快速反应，并做出指定动作。										
发展	我想认识你	1. 学生能找到小组，并主动向他人介绍自己的姓名和爱好。										
		2. 学生能与他人合作完成组名创作和呈现。										
		3. 学生能在新的小组里介绍自己。										
		4. 学生能与组员合作创编故事并演出。										
		5. 学生能说出各组的亮点。										
	我们在一起	1. 学生能为集体表达想法。										
		2. 学生能与他人协同完成群体雕塑。										
结束	我们都一样	1. 学生能真诚分享自己的感受。										
		2. 学生能表达感谢。										

（二）第二次感悟式游戏

（1）主题：我的零花钱。

（2）目标：学生能清晰自己的消费现状，了解消费分配，意识到一些消费不合理的状况。

（3）媒材：A4 纸每人一张，水彩笔（或彩铅）10 盒，圆饼图每人一张，人民币 10 张。

指导语：请各位同学闭上眼睛，挺直脊椎，找到你觉得最轻松的姿势，调整一下自己的呼吸，在这个过程中，你可能会听到周围的一些声音，没关系，它们只会帮助你更加专注在自己的内心世界。现在请你想象一下，当你吸气的时候，是把你生活中的紧张和疲劳统统聚集起来，呼气时，把身体内的浊气统统排出。每一次深呼吸都会让自己更加放松。就这样，深深地吸气，缓缓地吐气。随着你呼吸的调整，你越来越放松了。现在请你回忆一下，过去一个月自己有多少可支配的零花钱，自己用零花钱买了些什么，也许是喜欢的零食、想看的一本书、精美的文具、心仪的服装、水杯等。你花出去了多少零花钱？还剩多少？在脑海中慢慢梳理自己过去一个月的零花钱使用情况（停顿 30 秒，给学生自己梳理的时间）。当你梳理清楚后，你可以活动活动自己的双手，双脚，再慢慢地睁开眼睛，回到教室。

（4）时间：90 分钟。

（5）活动流程：

阶段	游戏	步骤	目标	备注
暖身（15分钟）	认识人民币	1.五角，一块。男生代表五角，女生代表一块。教师随意说出数值（如3元），学生快速抱团，组成对应数值。每一轮落单的同学在本活动结束后执行可爱萌拍任务。 2.认识"人民币"。 （1）教师引导学生思考人民币各种币值，并在PPT上呈现出相应图片（也可准备实物，增强体验感）。 （2）教师说出某种币值（如1元）后，指定一位同学做某个动作代表该币值，并邀请该同学分享用此动作代表该币值的想法。 （3）该学生做完动作后，说出另一币值，并指定需做动作的同学。依此循环，直至大部分人民币币值都被讨论到。	1.学生能积极参与到抱团游戏中。 2.学生能做出代表相应"人民币"币值的动作，并对"人民币"有初步认识。	活动开始前，教师帮助学生进行脱敏，一些必要的肢体接触是活动所需，男生女生之间不必太介意。
发展（60分钟）	我的零花钱	1.分组。教师按就近原则，将学生分成5人一组。 2.静思。每组学生围圈而坐。教师带领学生进行静思放松，邀请同学们回忆过去一个月自己的零花钱分配情况。回忆完后，学生睁开眼睛。 3.我的零花钱圆饼图。教师引导学生将静思中零花钱的分配情况用圆饼图的方式画出来，并在相应区域用文字描述出零花钱使用的具体内容。学生可根据自己的喜好选择颜色进行填涂。 4.小组分享。小组围圈而坐，学生依次在小组内分享自己的零花钱圆饼图。分享方式为： （1）学生A用语言描述自己的零花钱圆饼图。 （2）学生A指定小组内的其他成员扮演自己零花钱使用的具体内容，如学生B扮演"零食"，学生C扮演"文具"。 （3）扮演者根据学生A分享的具体内容，做出相应的动作，并根据自己的理解和感受给学生A一些反馈。所有扮演的同学各自用一个角色中的动作做定格展示给学生A看。 （4）学生A仔细观察其他同学的表演，并分享自己看后的感受。重点谈谈对于自己零花钱的使用情况，自己满意和不满意的部分。 （5）给角色扮演的同学去角色。小组其他同学按照上述方式依次分享。	1.学生能快速完成分组。 2.学生能静下心来静思。 3.学生能认真绘制自己的零花钱圆饼图。 4.学生能认真投入到角色扮演中，在小组内真诚分享。	1.教师提前准备好静思指导语。 2.教师介绍清楚零花钱圆饼图的绘制方法。 3.教师讲解清楚小组分享的方式。
	我的消费状况	1.光谱测量。 （1）教师选择一个点代表"我对自己零花钱的分配情况很满意"，想象有一道光从这里发射到了对面，越往另一端代表越来越不满意，另一个端点代表"我非常不满意"。 （2）教师引导学生根据自己的真实感受在这条光谱上选择位置。 （3）学生选择后，教师逐次对光谱上的各个位置进行辅导，引导学生分享"为什么满意（不满意）？" （4）根据学生在光谱上的站位，教师将相邻学生组成新的小组。学生在组内分享他们具体的消费情况。 （5）教师把学生常见的不合理消费问题，分给各组，各组创编故事，呈现不合理消费的情况。然后教师总结。 2.修改圆饼图。教师引导学生根据自己的期待和实际情况修改圆饼图。修改完后，教师请学生分享修改的内容及原因。	1.学生能在光谱线上找到自己的位置。 2.学生能在新的小组内真诚分享。 3.学生能积极参与小组故事创编。 4.学生能认真修改自己的零花钱圆饼图。	教师要讲清楚光谱测量的规则，耐心引导，帮助学生顺利找到自己的位置。
结束（15分钟）	我的消费动作	1.身体表达。教师引导学生用身体表达理想的消费饼图。 2.班级圆饼。每个学生用一个动作定格，全班同学一起形成班级消费圆饼雕塑。	1.学生能用身体表达理想的消费饼图。 2.学生能参与形成班级消费圆饼雕塑。	教师注意积极肯定和欣赏学生的创意。

（6）观察记录表：

阶段	游戏	目标	形成性评量					评量方式	教学使用	通过与否	教学决定	备注
			1	2	3	4	5					
暖身	认识人民币	1. 学生能积极参与到抱团游戏中。										
		2. 学生能做出代表相应"人民币"币值的动作，并对"人民币"有初步认识。										
发展	我的零花钱	1. 学生能快速完成分组。										
		2. 学生能静思。										
		3. 学生能认真绘制自己的零花钱圆饼图。										
		4. 学生能认真投入到角色扮演中，在小组内真诚分享。										
	我的消费状况	1. 学生能在光谱线上找到自己的位置。										
		2. 学生能在新的小组内真诚分享。										
		3. 学生能积极参与小组故事创编。										
		4. 学生能认真修改自己的零花钱圆饼图。										
结束	我的消费动作	1. 学生能用身体表达理想的消费饼图。										
		2. 学生能参与形成班级消费圆饼雕塑。										

（三）第三次感悟式游戏

（1）主题：我的消费观。

（2）目标：学生能觉察自己的消费观，体会在消费中什么对自己最重要。

（3）媒材：A4纸每人1张，水彩笔（或彩铅）10盒。

（4）时间：90分钟。

（5）活动流程：

阶段	游戏	步骤	目标	备注
暖身（15分钟）	消费关键词	1. 我会这样做。 （1）教师呈现一些消费情境（如买自己喜欢的衣服）。 （2）每个人用动作、声音、表情等来表演自己可能的反应，两人一组，表演给对方看。 （3）每一轮小组表演后，老师随机邀请一组在全班表演。 情景1：我和好朋友一起逛街，突然看到了我喜欢很久的一样物品。 情景2：这件物品正在打折销售。 情景3：我看到了一件很喜欢却买不起的物品。 情景4：我不喜欢榴莲的味道，可好朋友非要买。 情景5：两件衣服我都很喜欢，可我的钱只够买其中一件。 2. 消费关键词。 （1）学生根据情景表演和自己的生活实际写出5个消费相关的词语，各个方面都可以。 （2）把写好的消费关键词放在教室中央展示区。 （3）围绕展示区，观看都有哪些消费关键词，思考哪些词是自己在消费中比较看重的。 （4）和搭档分享，教师再邀请几人在全班分享。	1. 学生能代入消费情景，声情并茂地表演。 2. 学生能认真思考与消费相关的词语。 3. 学生能确定自己在消费中比较看重的关键词。	消费情景的设置可根据本班学生的实际情况进行调整。
发展（60分钟）	我的消费五样	1. 关键词整理。学生把自己在消费中比较看重的5个关键词写在纸上。 2. 我的消费五样。教师播放轻音乐，请学生闭上眼睛放松下来，想象消费五样就如同五个锦囊指引着每日的消费。学生在教师的引导下逐一舍去关键词，只留下最后一个关键词。 3. 学生分享。每个人在小组内请其他几个成员用身体演出自己的消费五样，再逐一取舍，分享自己舍去的顺序及原因。	1. 学生能认真思考并写下5个消费关键词。 2. 学生能配合他人，用身体演出消费五样。 3. 学生能确定消费五样的取舍顺序，分享原因。	学生分享时，教师引导大家注意倾听，不评价，不批评。
	消费座右铭	消费座右铭： 1. 学生用线条、色彩、图案等把自己剩下的这个消费关键词画在纸上。 2. 组内每人依次用一个身体动作表达这个消费关键词带给自己的感受。 3. 学生整合关键词，为自己写一句有关消费的座右铭。 4. 小组讨论，根据每位同学的消费关键词创编小组的消费故事，得出小组的消费座右铭。 5. 每组依次在班级中展演，其他组猜测他们的消费座右铭。	1. 学生能画出自己的消费关键词。 2. 学生能用身体动作表达感受。 3. 学生能思考自己的消费座右铭。 4. 学生能积极参与小组消费故事的创编。 5. 学生能在全班展演，参与互动。	教师鼓励学生用绘画和动作表达自己的感受。
结束（15分钟）	回归当下	1. 感受。学生就地坐下，用一句话分享自己此时此刻的感受。 2. 思考。学生谈一谈通过今天的学习，对自己的消费观的新思考和认识。 3. 留念。感恩老师和同学的陪伴，拍照留念。	1. 学生能整合感受与思考。 2. 学生能表达感恩。	教师用眼神积极关注发言学生。

（6）观察记录表：

阶段	游戏	目标	形成性评量					评量方式	教学使用	通过与否	教学决定	备注
			1	2	3	4	5					
暖身	消费关键词	1. 学生能代入消费情景，声情并茂地表演。										
		2. 学生能认真思考与消费相关的词语。										
		3. 学生能确定自己在消费中比较看重的关键词。										
发展	我的消费五样	1. 学生能认真思考并写下 5 个消费关键词。										
		2. 学生能配合他人，用身体演出消费五样。										
		3. 学生能确定消费五样的取舍顺序，分享原因。										
	消费座右铭	1. 学生能画出自己的消费关键词。										
		2. 学生能用身体动作表达感受。										
		3. 学生能思考自己的消费座右铭。										
		4. 学生能积极参与小组消费故事的创编。										
		5. 学生能在全班展演，参与互动。										
结束	回归当下	1. 学生能整合感受与思考。										
		2. 学生能表达感恩。										

（四）第四次感悟式游戏

（1）主题：消费，父母和我。

（2）目标：学生能在消费事件中运用沟通技巧，促进亲子积极沟通。

（3）媒材：A4 纸每组 1 张，签字笔每人 1 支。

（4）时间：90 分钟。

（5）活动流程：

阶段	游戏	步骤	目标	备注
暖身（15分钟）	身体会说话	1. 身体会说话。 （1）老师呈现一个情景，并示范。 情景1：我有很多零花钱。 情景2：我一点零花钱都没有。 情景3：有一次，我找父母要零花钱，他们很爽快地就答应了。 情景4：有一次，我找父母要零花钱，磨蹭了很久，他们也没有同意。 …… （2）学生两人一组，用自己的身体、动作、表情等把这些情景表现出来。涉及两个角色的情景，则两人一起表演。 （3）每一个情景呈现后，教师都邀请一组在全班表演。 （4）教师请同学们用一个身体姿势表达自己在进行完上述情景表演后的感觉。 2. 放松身体。感觉此刻身体放松的同学向前走一步（内圈），用一个身体动作表达此刻的感受；不放松的同学（外圈）可自己或邀请一位同学为自己按摩。	1. 学生能与搭档合作完成情景表演。 2. 学生能用身体姿势表达感受。 3. 学生能放松下来。	学生用动作表达感受时，没有标准的动作。老师要允许且鼓励学生进行多元化的动作呈现。
发展（65分钟）	消费那些事儿	1. 聊聊消费。 （1）通过上一轮的情景表演，让自己联想到了消费中的什么事？自行梳理。 （2）和小组同学分享，自己和父母因为消费发生了哪些沟通上的不愉快？ （3）全班分享与父母沟通上的不愉快的事情，一个同学分享完后，教师请具有相同情况或感受的同学站在该生后面并进行补充，直至每位学生分享完毕。 （4）根据分享内容，教师将具有相似感受的同学分为一组。 2. 案例呈现。小组讨论一个共同的沟通问题，用表演的方式呈现出来。	1. 学生能回忆自己与父母在消费上发生的沟通不愉快的事。 2. 学生能在小组分享自己与父母在消费沟通中的不愉快经历。 3. 学生能与他人合作呈现消费沟通的不愉快场景。	让学生分享时，教师注意引导，营造安全的氛围，鼓励学生表达，并让其他同学保持倾听。
	角色扮演和体验	1. 角色扮演和体验。 （1）每组依次将本组排练的沟通问题在全班展演。 （2）每组讨论上一组呈现出来的沟通问题，商讨解决办法，用小组表演的形式呈现。（2组解决1组的问题，3组解决2组的问题，以此类推。） （3）其他组认真观看表演组的呈现，反馈收获，并集思广益，提出更好的解决办法。 2. 积极沟通。通过案例探讨、角色扮演，教师根据同学们的分享，总结呈现与父母进行积极沟通的要点。	1. 学生能根据自己的思考和感受认真选择角色。 2. 学生能进入所选角色。 3. 学生能在该角色中认真思考和分享。 4. 学生能认真倾听。	教师注意积极引导学生用正向的方式积极沟通。
	我想对你说	1. 去角。去除扮演的角色，回到自己的身份。 2. 说一说：我的收获。小组讨论：透过不同角色上的倾听、回应等，结合积极沟通的要点，你对在使用零花钱方面，与父母在沟通上有什么新发现/思考/收获？ 3. 联结身体。将这些收获放在你身体的某个部位。 4. 练一练：我想对你说。请同学们想一想因零花钱与父母发生的冲突。基于积极沟通，你想对事件中的哪个人物说点什么？结合身体动作进行表达。	1. 学生能掌握积极沟通的要点。 2. 学生能用动作表达感受。	教师注意引导学生角色扮演后去角。
结束（10分钟）	我的收获	通过这一次学习，你有什么收获？教师请一位同学分享之后，邀请与其有相同收获的同学站在该生身后，补充自己想分享的内容。依次，邀请剩下的同学继续分享。	1. 学生能真诚分享自己的收获或感受。 2. 学生能认真倾听。	教师注意积极反馈学生的分享内容。

（6）观察记录表：

阶段	游戏	目标	形成性评量					评量方式	教学使用	通过与否	教学决定	备注
			1	2	3	4	5					
暖身	身体会说话	1. 学生能与搭档合作完成情景表演。										
		2. 学生能用身体姿势表达感受。										
		3. 学生能放松下来。										
发展	消费那些事儿	1. 学生能回忆自己与父母在消费上发生的沟通不愉快的事。										
		2. 学生能在小组分享自己与父母在消费沟通中的不愉快经历。										
		3. 学生能与他人合作呈现消费沟通的不愉快场景。										
	角色扮演和体验	1. 学生能根据自己的思考和感受认真选择角色。										
		2. 学生能进入所选角色。										
		3. 学生能在该角色中认真思考和分享。										
		4. 学生能认真倾听。										
	我想对你说	1. 学生能掌握积极沟通的要点。										
		2. 学生能用动作表达感受。										
结束	我的收获	1. 学生能真诚分享自己的收获或感受。										
		2. 学生能认真倾听。										

（五）第五次活动方案

（1）主题：需要和想要。

（2）目标：学生能区分需要和想要，理性消费，避免盲从。

（3）媒材：A4 纸每人 1 张，签字笔每人 1 支，布巾 4 条（不同材质不同颜色的布巾，保证至少每人一条，后续活动还会用上）。

（4）时间：90 分钟。

（5）活动流程：

阶段	游戏	步骤	目标	备注
暖身（15分钟）	身体有需求	1.身体放松。全体学生围圈而站，跟随教师的指令完成从头到脚的拉伸动作。按摩头部、左右摆动头部、前后活动手臂、上下伸展身体等。 2.身体想要。2人一组合作用自己的身体摆出一个动作。动作内容为：买自己想要的物品。 3.身体需要。2人一组合作用自己的身体摆出一个动作。动作内容为：买自己需要的物品。 4.身体有话说。小组展示动作，并分享自己的身体在扮演"需要"和"想要"这两者间有什么不同的感受。	1.学生能放松身体。 2.学生能与搭档合作，用身体摆出相应动作。 3.学生能觉察到身体在扮演不同的内容时带给内心的不同感受。	教师可找一个学生搭档，展示如何用身体摆出不同的动作，启发学生的思维。
发展（65分钟）	身体来行动	1.消费有相似。 （1）全体学生围圈而站，听教师指导语，有相同感受／事件等的学生向前走一步。 （2）教师的指导语为：听到消费时，我有些兴奋；在消费时，我买的东西常常不是我需要的；我很有计划地消费。 （3）每轮行动（向前走）后，教师引导学生分享（内外圈分享）。 2.方形测量展示。 （1）在辅导室中央，教师用布巾拼成长方形。长方形四边分别为：我认为消费应该根据"需要"来；我认为消费应该根据"想要"来；我认为两者均应考虑；我对此没什么感觉或思考。 （2）学生根据自己的实际情况选择方形一方站立。 （3）同一方的学生为一组，在组内分享选择的原因及相关事件。 （4）小组根据大家的经历创编故事，排练表演。 （5）各小组依次展示本组创编的故事，其他同学认真观看，并反馈自己的感受。 （6）教师总结，让同学们看到不同选择带来的不同结果。	1.学生能评估自己平时的消费情况，并做出相应选择。 2.学生能在小组内分享自己的消费经历。 3.学生能参与小组故事创编。 4.学生能参与小组表演和观看其他组表演。 5.学生能给其他人反馈自己的感受。	教师用布巾布置长方形时需要根据人数确定长方形的大小。
	消费巷	1.回顾。 （1）教师引导学生回顾近一周的消费情况。列出哪些物品是自己需要的，哪些是想要的，并写出消费的后果。 （2）学生在小组内分享自己写的内容。小组成员一起用身体表演出不同的消费后果。 2.消费的苦恼。 （1）老师根据前面几个环节，收集学生在消费中常有的苦恼，在"需要"和"想要"中常有的冲突。 （2）用布巾布置出一条长长的"消费巷"。学生站在两侧。 （3）老师扮演一个有消费苦恼的学生，走在这条"消费巷"上，说出自己苦恼，并伴有相应的动作、表情。（如这条裙子真的好漂亮，我真的很想要，但是最近零花钱不是很多，而且类似的裙子我已经有好几条了，到底买不买呢？） （4）学生站成两列，一边一种观念，各自用自己的理由劝说从中间走过的人。 （5）最先从中间走过的人是老师，然后其他人依次从中间走过。 3.总结。老师总结在消费中，想要和需要的区别，以及它们会带来的后果，引导同学们理性、合理消费。	1.学生能梳理自己的消费情况。 2.学生能觉察到自己和他人在消费中常见的烦恼。 3.学生能理性分析，找到说服他人的理由。 4.学生能明确需要和想要之间的区别，树立理性、合理消费的意识。	教师讲解清楚规则，并做出相应示范，帮助学生理解。
结束（10分钟）	话说我心	1.分享。每位学生用一句话说说课程收获、感受或建议。 2.致谢。教师带领学生相互致谢结束课程。	1.学生能真诚分享自己的收获或感受。 2.学生能认真倾听。	教师用鼓励的眼神积极关注学生。

（6）观察记录表：

阶段	游戏	目标	形成性评量					评量方式	教学使用	通过与否	教学决定	备注
			1	2	3	4	5					
暖身	身体有需求	1. 学生能放松身体。										
		2. 学生能与搭档合作，用身体摆出相应动作。										
		3. 学生能觉察到身体在扮演不同的内容时带给内心的不同感受。										
发展	身体来行动	1. 学生能评估自己平时的消费情况，并做出相应选择。										
		2. 学生能在小组内分享自己的消费经历。										
		3. 学生能参与小组故事创编。										
		4. 学生能参与小组表演和观看其他组表演。										
		5. 学生能给其他人反馈自己的感受。										
	消费巷	1. 学生能梳理自己的消费情况。										
		2. 学生能觉察到自己和他人在消费中常见的烦恼。										
		3. 学生能理性分析，找到说服他人的理由。										
		4. 学生能明确需要和想要之间的区别，树立理性、合理消费的意识。										
结束	话说我心	1. 学生能真诚分享自己的收获或感受。										
		2. 学生能认真倾听。										

（六）第六次活动方案

（1）主题：消费有度。

（2）目标：学生能从自身实际情况出发，树立适度消费意识。

（3）媒材：轻缓音乐1首。

（4）时间：90分钟。

（5）活动流程：

阶段	游戏	步骤	目标	备注
暖身（15分钟）	招呼有度	1.身体打招呼。教师引导学生不使用语言交流，用自己的身体部位去和其他同学打招呼。教师先带领学生一起做，从脚到头，依次如何用身体部位去打招呼。然后播放轻音乐，让同学们在辅导室内自由走动，用自己的身体部位去和其他人打招呼。 2.分享感受。教师请同学们分享，如何把握用身体打招呼的度。在活动过程中，哪种用身体打招呼的动作是最适度的，让双方都觉得舒服？哪种用身体打招呼的动作是过度的，可能会让双方觉得不舒服？ 3.引入主题。除了刚刚的场景，在生活的某些方面，我们有时候也会把握不好度，比如消费。	1.学生能动起来，用身体部位和其他人打招呼。 2.学生能反思活动过程，分享感受。 3.学生能由活动联想到消费有度的主题。	学生用身体打招呼时，老师要耐心引导和示范，保证学生可以更好地投入到活动体验中。
发展（65分钟）	情景再现	1.案例呈现。教师呈现某中学生想要买自己不能承担的物品时的场景。 2.分享。学生分享案例中同学的感受或想法。分享自己的类似经历。 3.角色扮演。 （1）同学们在小组内分享自己不合理消费的事例。 （2）根据大家的分享，整合成一个不合理消费的故事。 （3）确定角色：7人一组，1人扮演故事中的同学，2人扮演同学的替身（消费中的挣扎），1人扮演商品，1人扮演售货员，1人扮演导演，1人扮演观察员。 （4）小组在导演的引导下呈现案例并讨论分享。重点关注在扮演某角色时的感受和想法。 4.小组展示。各个小组依次展演本组排练的剧情。表演后，观看演出的同学可以向演出中的角色进行提问，该演员根据自己的理解进行回答。 5.全班分享。各组观察员分享自己在看了本组及其他组的表演后的感受。其他同学自由分享自己在角色扮演中的感受与想法。 6.去角色。去除扮演角色，回到自己的身份。	1.学生能认真观看案例。 2.学生能分享自己的感受、想法和相似经历。 3.学生能投入角色扮演。 4.学生能认真演出，回答提问。 5.学生能分享自己在角色扮演中的感受和想法。 6.学生能去除扮演的角色。	教师强调不评价、不批评、不指责，鼓励学生认真体会扮演的角色的感受和想法。
	恰到好处	1.讨论。根据上一轮呈现出来的不合理消费的故事，大家以小组为单位讨论面对想买超出自己承受能力商品时的应对方法。 2.表达。小组成员一起将应对方法用身体姿势表达出来，每个成员可用不同的身体姿势去诠释同一个应对方法。 3.展示。每组依次在全班展示，其他组根据表演，猜测展示组的应对方法是什么。 4.总结。教师根据同学们的展示总结应对不合理消费的方法。 5.信心。以小组为单位，用一个身体动作展示合理消费的信心，之后定格拍照。	1.学生能认真参与小组讨论。 2.学生能用身体姿势表达应对方法。 3.学生能配合小组展示。 4.学生能认真倾听老师的总结。 5.学生能树立合理消费的信心。	各小组讨论的应对方法可能有相同，但是身体姿势的呈现是不一样的，要给每个小组表达的时间。
结束（10分钟）	我的收获	1.分享感受。每人用一个身体姿势表达本次课程的收获或感受。 2.致谢。教师带领大家相互致谢，结束课程。	学生能用身体姿势表达感受。	教师用鼓励的眼神积极关注学生。

（6）观察记录表：

阶段	游戏	目标	形成性评量					评量方式	教学使用	通过与否	教学决定	备注
			1	2	3	4	5					
暖身	招呼有度	1.学生能动起来，用身体部位和其他人打招呼。										
		2.学生能反思活动过程，分享感受。										
		3.学生能由活动联想到消费有度的主题。										
发展	情景再现	1.学生能认真观看案例。										
		2.学生能分享自己的感受、想法和相似经历。										
		3.学生能投入角色扮演。										
		4.学生能认真演出，回答提问。										
		5.学生能分享自己在角色扮演中的感受和想法。										
		6.学生能去除扮演的角色。										
	恰到好处	1.学生能认真参与小组讨论。										
		2.学生能用身体姿势表达应对方法。										
		3.学生能配合小组展示。										
		4.学生能认真倾听老师的总结。										
		5.学生能树立合理消费的信心。										
结束	我的收获	学生能用身体姿势表达感受。										

（七）第七次活动方案

（1）主题：节约节约。

（2）目标：学生能感受到浪费的影响，树立勤俭节约的意识。

（3）媒材：轻音乐1首，A4纸每人1张，签字笔每人1支，水彩笔（或彩铅）10盒，布巾每人1条。

（4）时间：90分钟。

（5）活动流程：

阶段	游戏	步骤	目标	备注
暖身（15分钟）	放松绘画	1.呼吸练习。学生围圈而坐。教师引导学生调节呼吸，通过几次深呼吸让自己放松下来。 2.绘画表达。教师将A4纸及彩笔放在中间。学生自选颜色分别画一种线条代表自己对"节约"和"浪费"的看法。 3.分享。2人一组分享画的颜色及其代表的想法。随后教师邀请几位同学在全班分享。 4.表达。每个人结合自己的画，选择一条布巾，随意舞动，用一段动作来描述自己对"节约"和"浪费"的看法。	1.学生能投入到深呼吸练习。 2.学生能够用绘画表达想法。 3.学生能与搭档分享感受。 4.学生能选择布巾，通过舞动布巾表达想法。	教师应告诉同学们这不是一堂专业的绘画课和舞蹈课，只需用画和动作传达自己的想法即可。
发展（60分钟）	我的故事	1.故事编写。教师将学生分成5至6人一组。学生在小组内分享自己的"节约""浪费"的真实经历。小组成员围绕"节约与浪费"，结合每位学生的画和经历，编排成一个完整的故事。 2.演绎故事。小组成员通过舞蹈、戏剧、音乐剧、社会剧等方式演绎小组故事，可借助布巾等道具。 3.展示故事。每组依次在全班展示本组的故事。其他同学带着思考观看。 4.归纳总结。根据大家展示的故事，以小组为单位总结"浪费"的消极影响，探讨如何培养"节约"意识。	1.学生能参与小组讨论，分享自己的真实经历。 2.学生能积极参与小组故事编排。 3.学生能认真演出本组编排的故事。 4.学生能意识到浪费的消极影响，树立节约意识。	教师鼓励同学们借助布巾等道具进行演出。
	我们的故事	1.班级小故事。根据每组的故事，全体学生编排本班级的"节约消费"故事。故事需涉及对节约消费的看法及如何做到节约消费的内容。 2.教师总结。教师根据大家的演出进行总结，让同学们进一步意识到浪费的负面影响，树立勤俭节约的意识。 3.节约能量环。每个人选择一条布巾，把自己对节约消费的想法凝结在布巾里，把布巾放在自己的面前，所有人的布巾连接成一个圆圈，形成能量环，帮助同学们内化积极感受。	1.学生能积极参与到班级故事的编排中。 2.学生能认真聆听老师的总结。 3.学生能深化节约消费的意识。	教师准备好形式多样、色彩丰富的布巾，供同学们选择。
结束（15分钟）	我的感想	1.布巾传意。每位学生用布巾做出一个动作，表达自己此时此刻的感受。 2.感恩。感恩教师，感恩身边的每一位同学。	1.学生能用布巾表达感受，总结收获。 2.学生能表达对同伴的感恩。	教师用鼓励的眼神积极关注学生。

（6）观察记录表：

阶段	游戏	目标	形成性评量					评量方式	教学使用	通过与否	教学决定	备注
			1	2	3	4	5					
暖身	放松绘画	1.学生能投入到深呼吸练习中。										
		2.学生能够用绘画表达想法。										
		3.学生能与搭档分享感受。										
		4.学生能选择布巾，通过舞动布巾表达想法。										
发展	我的故事	1.学生能参与小组讨论，分享自己的真实经历。										
		2.学生能积极参与小组故事编排。										
		3.学生能认真演出本组编排的故事。										
		4.学生能意识到浪费的消极影响，树立节约意识。										
	我们的故事	1.学生能积极参与到班级故事的编排中。										
		2.学生能认真聆听老师的总结。										
		3.学生能深化节约消费的意识。										
结束	我的感想	1.学生能用布巾表达感受，总结收获。										
		2.学生能表达对同伴的感恩。										

（八）第八次活动方案

（1）主题：储蓄与理财。

（2）目标：学生能树立储蓄意识和理财意识。

（3）媒材：浪的声音1首、岛屿场景1个、虚拟货币若干（可自行设计或定制）、别针10盒、拍卖物品10各、A4纸每人1张、签字笔每人1支。

（4）时间：90分钟。

（5）活动流程：

阶段	游戏	步骤	目标	备注
暖身（15分钟）	浪花朵朵	1. 听，海浪的声音。教师引导学生围圈而站，深呼吸，让自己平静下来。教师播放浪的声音。学生闭上眼睛倾听，感受自己的身体状态。 2. 浪随心动。每位学生用身体的一个动作表达"海浪"带给自己的感受。 3. 浪花朵朵。每位学生代表一朵浪花，根据教师提供的数字以浪花们自己的速度组成对应数量的小组。	1. 学生能聆听海浪的声音，进入海岛情境。 2. 学生能放松下来，用动作表达感受。 3. 学生能根据指导语组成对应数量的小组。	教师精选海浪的声音，帮助学生放松下来，同时帮助学生进入海岛情境。
发展（60分钟）	快乐旅行	1. 旅行经费计划。教师带领学生来一次探岛之旅。每小组有活动经费1000元（每人200元）。入岛费用每人15元，离岛15元，午餐20至50元不等，旅游项目有出海看海豚、钓鱼、按摩等，每项均有一定费用。每组可以运用自己的经费投资（如购买船、浮潜装备等）。 2. 协商。每组成员协商旅行经费使用情况，拟订本组经费计划。每一项使用计划都要有小组成员协助表演，如介绍到按摩时，需要有小组成员展示按摩场景。 3. 展示。每组依次展示本组的经费计划，以及是如何理财的。每组派一名代表组成评委会，评估其经费计划是否合理，对各个小组的经费使用情况进行结算。 4. 经费兑换。每组根据剩下的经费和投资赚得的经费总额兑换相应数量的别针(10元兑换1枚别针)。使用经费最少和投资获益最多的小组，分别获得最佳节约奖和最佳理财奖。小组派代表发表获奖感言。	1. 学生能明白旅行计划的规则。 2. 学生能与组员协商经费使用安排。 3. 学生能各司其职，展示本组的经费计划。 4. 学生能体会到储蓄和理财带来的快乐。	评委会成员需要对各组的旅行经费计划的合理性做出评估，这将决定最终各组的经费总额，需要公平公正。
	别针作战	1. 积少成多。在快乐旅行环节中使用经费最少和投资获益最多的小组分别获得10枚别针的奖励。 2. 物品大拍卖。教师准备10样学生喜欢的物品（如明信片、精美文具等），不提前告知学生。教师每呈现一个物品，各组以别针为筹码竞拍，每轮竞拍需在前组竞拍数上最少增加5枚别针。 3. 分享。教师引导学生分享：自己是否拍到了心仪的物品？为什么没有拍到？拍到后有何感想？因上一环节导致的别针数量差距，给了自己什么启示？ 4. 总结。教师根据同学们的展示和分享进行总结，进一步帮助学生树立储蓄意识和理财意识。	1. 学生能认真参与拍卖活动。 2. 学生能根据自己的真实情况做选择。 3. 学生能从活动中获得思考，真诚参与分享。 4. 学生能认真倾听总结，进一步树立储蓄意识和理财意识。	物品大拍卖，教师选择的是本班同学喜欢的物品，可提前调查知晓，并保证数量充足。
结束（15分钟）	感悟收获	1. 声声有意。学生用一种声音（可以是嘴发出的，也可以是身体任何部位发出的，或者是借用外物发出的）分享本次课程的感受。 2. 拥抱。所有成员围成大圆圈，拥抱在一起，感恩同伴的陪伴。	1. 学生能用声音表达自己的感受。 2. 学生能感受到集体的温暖和支持。	教师可通过示范启发学生用声音进行表达。

（6）观察记录表：

阶段	游戏	目标	形成性评量					评量方式	教学使用	通过与否	教学决定	备注
			1	2	3	4	5					
暖身	浪花朵朵	1. 学生能聆听海浪的声音，进入海岛情境。										
		2. 学生能放松下来，用动作表达感受。										
		3. 学生能根据指导语组成对应数量的小组。										
发展	快乐旅行	1. 学生能明白旅行计划的规则。										
		2. 学生能与组员协商经费使用安排。										
		3. 学生能各司其职，展示本组的经费计划。										
		4. 学生能体会到储蓄和理财带来的快乐。										
	别针作战	1. 学生能认真参与拍卖活动。										
		2. 学生能根据自己的真实情况做选择。										
		3. 学生能从活动中获得思考，真诚参与分享。										
		4. 学生能认真倾听总结，进一步树立储蓄意识和理财意识。										
结束	感悟收获	1. 学生能用声音表达自己的感受。										
		2. 学生能感受到集体的温暖和支持。										

（九）第九次活动方案

（1）主题：后会有期。

（2）目标：学生能汇总收获，快乐说再见。

（3）媒材：轻音乐1首，《相亲相爱一家人》歌曲1首，A3纸每人一张，剪刀10把，固体胶20个，双面胶20卷，水彩笔（或彩铅）10盒，毛线一卷。

（4）时间：90分钟。

（5）活动流程：

阶段	游戏	步骤	目标	备注
暖身（20分钟）	身体对对碰	1. 身体对对碰。教师带领学生围圈而站。每位学生利用身体任何部位触碰，发出2种以上声音；学生在圈内随意走动，与遇见的同学碰身体（手、脚、背等），如学生不愿与他人碰身体某个部位，可将手放在胸前表示拒绝。最后，每位学生选择一个最喜欢的姿势。 2. 你在做什么。全体成员围圈而站，从一个学生开始，做出自己喜欢的姿势，加一个表示自己此时此刻心情的词语。其他成员重复该同学的词和动作，直至全体成员均表达完。 3. 静思放松。学生跟随着轻音乐在教室里按照自己喜欢的节奏走动，走动时关注自己的身体和情绪感受，最后找一个舒服的地方坐下。教师引导学生深呼吸，感受身体随着呼吸而平静下来的感觉。 4. 静思回顾。教师引导学生简短回顾前八次课程内容及学生反馈。	1. 学生能够与他人积极互动，用身体部位触碰发出声音。 2. 学生能用动作和词语表达感受。 3. 学生能关注自己的身体和情绪感受，放松下来。 4. 学生能回顾前面八次课程的内容。	引导学生回顾前八次课程收获时，教师语言要简洁明了，有重点。
发展（45分钟）	感受美好	1. 作品"重构"。学生打开前八次课程中的作品并欣赏，剪下作品中满意的部分，在A3纸上重新整合成一个作品，表达自己在课程中的收获或感受以及对未来自己的期待，可以增加元素，可重新创造作品，作品完成后给作品命名。 2. 小组分享。学生在小组内分享作品的名字及含义。 3. 祝福和感谢。小组围圈而坐，学生在小组内依次传递个人作品，并在作品背后写上自己对该作品主人的祝福或想说的话。	1. 学生能积极完成作品重构，整合收获。 2. 学生能大方展示作品，真诚分享。 3. 学生能真诚表达对他人的祝福和感谢。	在系列课程中，学生的作品要妥善保存，以供最后一次课程使用。
	给未来的自己	1. 空椅子。学生选择一把椅子代表一年后的自己。全体学生面向椅子，将想要对未来的自己说的话表达出来。 2. 去角色。给椅子去角色。 3. 聚力前行。学生用一个动作表达自己在本次系列课程中的收获，依次展示，把这个收获存放在自己的一个身体部位，让自己一直能够感受到这份能量。	1. 学生能投入到空椅子活动，表达对未来的期待。 2. 学生能给椅子去角色。 3. 学生能总结自己在本次系列课程中的收获，聚力前行。	教师可以先总结，帮助学生整合自己的收获。
结束（25分钟）	"线"说心声	1. "线"说心声。全体成员围圈而坐。教师手拿一卷毛线，将毛线一段在自己手腕上打结后"丢"给某同学，并说出一句想对该同学说的话。之后，该同学将毛线打结，传递给下一个同学，直至全体成员均传递完成。 2. 拍照留念。传递完成后，拍照留念。 3. 留下祝福。全体成员剪断毛线，将代表祝福的"结"留在手上。 4. 相亲相爱的一家人。全体成员手拉手合唱《相亲相爱一家人》，结束活动。	1. 学生能表达对他人的祝福或想说的话。 2. 学生能对集体表达自己的感受。 3. 学生能强化收获。 4. 学生能感恩同伴的陪伴。	教师注意把握时间，强调清楚"线"说心声的规则，帮助学生顺利进行活动。

（6）观察记录表：

阶段	游戏	目标	形成性评量					评量方式	教学使用	通过与否	教学决定	备注
			1	2	3	4	5					
暖身	身体对对碰	1.学生能够与他人积极互动，用身体部位触碰发出声音。										
		2.学生能用动作和词语表达感受。										
		3.学生能关注自己的身体和情绪感受，放松下来。										
		4.学生能回顾前面八次课程的内容。										
发展	感受美好	1.学生能积极完成作品重构，整合收获。										
		2.学生能大方展示作品，真诚分享。										
		3.学生能真诚表达对他人的祝福和感谢。										
	给未来的自己	1.学生能投入到空椅子活动，表达对未来的期待。										
		2.学生能给椅子去角色。										
		3.学生能总结自己在本次系列课程中的收获，聚力前行。										
结束	"线"说心声	1.学生能表达对他人的祝福或想说的话。										
		2.学生能对集体表达自己的感受。										
		3.学生能强化收获。										
		4.学生能感恩同伴的陪伴。										

第六节　生涯规划之感悟式游戏教学设计

"凡事预则立，不预则废"，在短短的一生当中，我们要有一定的规划，一定的目标，这样我们才会获得成功和成就。同样，"选择大于努力"也是在告诫我们努力固然重要，但是选择的价值更高，只有确定了前进的方向，制定出相应的规划，设定了相应的大小目标，那么努力的价值才会最大化。

梁淑琴（2007）调查发现：目前大约有 57.8% 的大学生对所学专业非常不满意；65.5% 的学生表示有可能的话将另选专业。出现这一现象的主要原因是学生在进行高考志愿选择的时候对自己、对专业把握不清，学生冲动地做出选择或完全依赖父母的选择，本身却缺乏在职业生涯选择方面的准备。一项对在读大学生的调查研究表明：学生的生涯准备状况令人担忧，仅有 13.8% 的学生对未来从事的工作有比较多的了解和认识，9.0%的学生了解大学及其专业设置，29.1%的学生根本不了解未来的工作，32.8%的学生根本不了解大学及其专业设置。就学生目前最困惑的问题来说，学生不了解自己，不知道将来选择什么样的学校和专业，不了解将来从事的工作，对自己的未来感到迷茫等。此外，从就业信息来看，部分大学生因未能规划职业生涯，毕业后很难找到自己满意的工作。

以上数据显示，大中学生缺乏生涯规划意识。这可能影响学生学习动机、自我认识和目标确定，影响学生职业选择和终身发展，更会影响国家人才培养和长远发展。

因此，本次感悟式游戏教学设计方案以游戏为媒介引导青少年探索自我，了解自我和社会，从而提高其生涯规划意识和能力。

一、教学对象

本节适合初中、高中、大学阶段的青少年团体，可用于心理健康课程中，也可以用于自我发展目标不明确的青少年团体。

二、教学目标

总目标：学生能树立职业发展观，做出适当的职业规划，明确前进的方向。

子目标：学生能相互熟悉，形成团体归属感；能充分了解自己的各个方面，认识真实的自己；能展望未来，绘制最初的蓝图；能了解与体验不同种类的职业和人生；能明确自身的需要与发展的方向；能立足当下，探索发展的途径和力量；能体验巅峰感觉，坚定信心；能坦然接受团体结束，坚定前行。

三、教学时间

每次上课时间为90分钟，共9次课程。

四、教学准备

1. 场地：专业的团体辅导室或空教室。

2. 音乐：奥尔夫音乐，静思音乐，《我相信》《明天会更好》《达拉崩吧》《大鱼》《我的未来不是梦》，纯音乐，《最好的舞台》《Summer》《世界上的另一个我》。

3. 纸：A4纸、全开纸若干。

4. 笔：彩笔、蜡笔、染料绘画笔、签字笔和铅笔若干。

5. 其他：坐垫若干、染料若干、气球和丝带若干、彩色丝巾若干、椅子若干、气球若干、拍卖会PPT、拍卖槌一个、面值为1万的纸制支票若干。

五、教学内容

（一）理论依据

1. 生涯规划

生涯（career）从词源上看，最初来自罗马字"viacarraia"和拉丁字"CalTUS"，二者均指古代的战车，后来引申为人生的发展道路。

生涯是指一生中自出生到死亡，连续不断的过程，包含各种生活角色、工作职务和休闲活动的综合性生活方式及经验。生涯规划是以个体的幸福生活为核心，以职业规划为依托，关于个体一生当中的教育、职业，并涉及与教育、职业有关的生存角色的选择和发展。

2. 舒伯生涯发展理论

舒伯根据"生涯发展型态研究"的结果，参照布勒（bueller）的分类，将生涯发展阶段划分为成长、试探、决定、保持与衰退五个阶段。

成长阶段：由出生至14岁，该阶段孩童开始发展自我概念，开始以各种不同的方式来表达自己的需要，且经过对现实世界不断的尝试，修饰他自己的角色。

这个阶段发展的任务是：发展自我形象，发展对工作世界的正确态度，并了解工作的意义。这个阶段共包括三个时期：一是幻想期（4岁至10岁），它以"需要"为主要考虑因素，在这个时期幻想中的角色扮演很重要；二是兴趣期（11岁至12岁），它以"喜好"为主要考虑因素，喜好是个体抱负与活动的主要决定因素；三是能力期（13岁至14岁），它以"能力"为主要考虑因素，能力逐渐具有重要作用。

探索阶段：由15岁至24岁，该阶段的青少年，通过学校的活动、社团休闲活动、打零工等机会，对自我能力及角色、职业作了一番探索，因此选择职业时有较大弹性。

这个阶段发展的任务是：使职业偏好逐渐具体化、特定化并实现职业偏好。这阶段共包括三个时期：一是试探期（15岁至17岁），考虑需要、兴趣、能力及机会，做暂时的决定，并在幻想、讨论、课业及工作中加以尝试；二是过渡期（18岁至21岁），进入就业市场或专业训练，更重视现实，并力图实现自我观念，将一般性的选择转为特定的选择；三是试验并稍作承诺期（22岁至24岁），生涯初步确定并试验其成为长期职业生活的可能性，若不适合则可能再经历上述各时期以确定方向。

建立阶段：由25岁至44岁，由于经过上一阶段的尝试，不合适者会谋求变迁或作其他探索，因此该阶段较能确定在整个事业生涯中属于自己的"位子"，并在31岁至40岁，开始考虑如何保住这个"位子"，并固定下来。这个阶段发展的任务是统整、稳固并求上进。

维持阶段：由45岁至65岁，个体仍希望继续维持属于他的工作"位子"，同时会面对新的人员的挑战。这一阶段发展的任务是维持既有成就与地位。

衰退阶段：65 岁以上，由于生理及心理机能日渐衰退，个体不得不面对现实从积极参与到隐退。这一阶段往往注重发展新的角色，寻求不同方式以替代和满足需求。

在上述舒伯的生涯发展阶段中，每一阶段都有一些特定的发展任务需要完成，每一阶段需达到一定的发展水准或成就水准，而且前一阶段发展任务的达成与否关系到后一阶段的发展。

（二）政策依据

《国家中长期教育改革和发展规划纲要（2010—2020 年）》明确要求建立普通高中学生发展指导制度。《中小学心理健康教育指导纲要（2012 年修订）》中明确提出"升学择业以及生活和社会适应"是中小学心理健康教育的重要内容之一，对于小学生"帮助学生建立正确的角色意识，培养学生对不同社会角色的适应"；对于初中学生"把握升学选择的方向，培养职业规划意识，树立早期职业发展目标"，对于高中学生"在充分了解自己的兴趣、能力、性格、特长和社会需要的基础上，确立自己的职业志向，培养职业道德意识，进行升学就业的选择和准备，培养担当意识和社会责任感"。《普通高等学校大学生心理健康教育工作实施纲要（试行）》中提出对于大学毕业生，要配合就业指导工作，帮助他们正确认识职业特点，客观分析自我职业倾向，做好就业心理准备。可见，生涯规划教育是大中小学心理健康教育的重要内容之一。

《教育部关于全面深化课程改革落实立德树人根本任务的意见》指出，要建立普通高中学生发展指导制度，指导学生学会选择课程，做好生涯规划。

（三）教学设计

本次感悟式游戏教学活动设计以舒伯的生涯发展论为依据，参照其青少年生涯发展阶段任务，建立认识自我和认识社会两个维度，旨在引导学生在充分了解自己的兴趣、能力、性格、特长和社会需要的基础上规划自我、规划生涯。本次活动的架构如下：

生涯规划之感悟式游戏活动设计

阶段	主题	目标
初始	同一个世界	学生能相互熟悉，形成团体归属感。
中间	我的特质和资源	学生能了解到自己的特质和资源。
	30 岁的我	通过探索 30 岁的自己，学生能明确自己的目标和方向。
	我的未来不是梦	学生能立足当下，探索发展的途径和力量。
	丰富多彩的职业	学生能了解到职业种类多样性。
	我的家庭职业树	学生能了解自己的家庭职业树，探索家庭职业资源及其对自己选择的影响。
	探索之旅	学生能对未来的我形成积极期待。
	我是大明星	学生能体验成功的感觉，坚定信心。
结束	罗马大道	学生能坦然接受团体结束，坚定前行。

六、活动设计方案

（一）第一次活动设计

（1）主题：同一个世界。

（2）目标：学生能相互熟悉，形成团体归属感。

（3）媒材：歌曲《世界上的另一个我》，每两人一个眼罩、一支筷子，每人一张 A4 纸，每组一盒水彩笔，每组一张全开绘画纸。

（4）时间：90 分钟。

（5）活动流程：

阶段	游戏	步骤	目标	备注
暖身（15分钟）	初识	1. 躲闪游戏。教师发出指令，学生按教师指令行动，持续3分钟左右。指令为"走起来"，学生自由地走起来。"现在走快一点，更快！现在跑起来，尽可能占据更多空间；请用一只脚跳着走；快速行走，请避开其他人。" 2. 快速握手。学生跟着教师的指示行动。教师的指令是："现在请大家全场自由走动，同时用两只手跟别人握手，与尽可能多的人握手，可以同时两手握不同的人。"直到团体最后只剩下一个群组，这时教师喊停，学生保持位置不动。 3. 假装你是他。教师组织学生两人一组自我介绍。最后一个握手的两人为一组。一方向另一方介绍自己。介绍时注意：介绍者介绍自己的真实姓名，其他内容可以完全虚构或与真实生活相关。相互介绍完后，每位学生根据对方的表情、反应或话语，收集信息或观察确定真实信息，并告知对方。最后每位学生回应伙伴的反馈，并告诉对方自己的真实背景。	1. 学生能按教师指令行走。 2. 学生能模仿教师的动作与他人握手。 3. 学生能主动向他人自我介绍。	教师要以活跃的姿态表现自我，引导课堂气氛。
发展（65分钟）	盲人与朋友	1. 场地准备。教师确定盲道的起点和终点，中间用椅子、包等物品设置障碍。 2. 角色分工。两个学生一组，一人做盲人，另一人做朋友，盲人闭上眼睛。朋友需帮助盲人穿越障碍物。 3. 声音导航。两人约定一个非语言的声音信号，"朋友"用声音信号引导盲人，从起点跨越障碍到达终点，"朋友"要保证盲人的安全。然后两人轮换角色。 4. 画轮廓。学生两人组面对面坐下，看着对方的脸，在A4纸上用喜欢的颜色的水彩笔，画出伙伴的脸的轮廓和五官。 5. 写特征。通过前面两轮的体验，学生写出5个自己所感受到的伙伴的内外特质。 6. 分享。两人交换作品，相互分享，找出两人的共同点。	1. 学生能选择角色。 2. 学生能在声音信号的互动中按角色要求完成任务。 3. 学生能用筷子按角色要求完成任务。 4. 学生能简单画出脸的轮廓。 5. 学生能写出伙伴的内外特质各5个。 6. 学生能积极分享作品。	教师要确保学生理解角色的要求，确保游戏过程中的安全。
	特质大放颂	1. 小组自我介绍。邻近的两个2人小组合并成一个4人小组，组员用刚才的作品自我介绍。 2. 小组特质。小组成员合作用身体造型展示本组成员的特质，之后寻找另外一组相互分享。 3. 组间展示。两个4人小组合并为8人小组，互相介绍自己的名字和特质，用几句话概括全组成员的特质，之后，寻找另外一组相互展示。 4. 大组特质展示。两个8人小组合并为16人组，学生互相介绍自己最喜欢的一个特质，小组成员合作，用动作、剧、诗歌等方式，在全班依次展示。 5. 班级特质大放颂。小组分享完后，全体学生结合自己、小组的特质，讨论全班共同的"特质吉祥物"，给吉祥物取名和确定口号，并配一首歌曲，之后全班一起喊出口号，唱出歌曲。	1. 学生能在组内介绍自己。 2. 学生能与他人合作用身体做出食物造型。 3. 学生能与他人合作用身体做出雕像。 4. 学生能与他人合作完成小组作品。 5. 学生能合作分享小组作品。	每一轮分享时，教师要引导学生积极欣赏别人的创作。
结束（10分钟）	爱的按摩	1. 爱的按摩。教师播放舒缓音乐，所有人围成一个大圆圈，后面的伙伴给前面的伙伴按摩肩膀。 2. 分享感受。教师总结今天的活动，学生轮次一人用一个词语表达此刻的活动感受。 3. 感恩和致谢。教师引导学生相互致谢，期待下次相遇。	1. 学生能放松下来。 2. 学生能表达自己的感受。	教师在每一个学生表达时，引导大家积极倾听。

（6）观察记录表：

阶段	游戏	目标	形成性评量					评量方式	教学使用	通过与否	教学决定	备注
			1	2	3	4	5					
暖身	初识	1.学生能按教师指令快速行走。										
		2.学生能模仿教师的动作与他人握手。										
		3.学生能主动向他人自我介绍。										
发展	盲人与朋友	1.学生能选择角色。										
		2.学生能在声音信号的互动中按角色要求完成任务。										
		3.学生能用筷子按角色要求完成任务。										
		4.学生能简单画出脸的轮廓。										
		5.学生能写出伙伴的内外特质各5个。										
		6.学生能积极分享作品。										
	特质大放颂	1.学生能在组内介绍自己。										
		2.学生能与他人合作用身体做出食物造型。										
		3.学生能与他人合作用身体做出雕像。										
		4.学生能与他人合作完成小组作品。										
		5.学生能合作分享小组作品。										
结束	爱的按摩	1.学生能放松下来。										
		2.学生能表达自己的感受。										

（二）第二次活动设计

（1）主题：我的特质和资源。

（2）目标：学生能了解到自己的特质和资源。

（3）媒材：音乐《Summer》，3个吹好的气球，音乐《风的诗》《全新的开始》《波罗乃兹》；每人一张A3纸，一支签字笔，一套彩色笔；3个吹好的气球。

（4）时间：90分钟。

（5）活动流程：

阶段	游戏	步骤	目标	备注
暖身（20分钟）	音乐气球	1.活动身体。教师组织学生围圈而站。教师引导学生随着音乐自由地舞动身体。 2.身体说你好。教师带领学生用身体与其他人打招呼，如击掌、拍肩、碰头等。 3.传递特质。教师组织学生围圈而站。教师手拿气球示范，选择一个团体成员，说出该成员最吸引自己的一个特质后，将气球传给该成员，接到气球的成员寻找下一个成员，并完成传球，直至每人都接到过气球。教师播放音乐，学生根据音乐的轻缓确定传递气球的速度。每位成员思考"自己期望拥有的一个特质"，思考好了将气球随着音乐缓慢传递给自己认为拥有该特质的成员。	1.学生能集中注意力于身体动作上。 2.学生能跟随音乐舞动。 3.学生能表达自己的特质。	教师注意用自己的身体积极示范，带动学生参与。
发展（60分钟）	自我静思	1.放松。教师组织学生以自己舒服的方式坐下，教师播放舒缓的音乐，用轻柔舒缓的语言引导学生闭上眼睛，然后从脚部到头部依次放松身体。 2.静思。教师引导学生在放松的状态下，慢慢地在头脑中回忆从记事以来到现在那些让自己获得肯定和表扬的场景，一件一件地慢慢回忆，感受被肯定和表扬时的心情，看见自己获得肯定和表扬的原因，慢慢梳理出自己的能力、品质、特点，看见给予自己肯定和支持的人，看见他们的爱和力量。记住个人的特质及那些支持和爱自己的人。静思结束后，教师引导学生觉知身体与椅子接触的部位，动动脚、手，拍打腿部和肩部，慢慢睁开眼睛。	1.学生能跟随指引放松身体。 2.学生能跟随指引回忆过去被表扬的场景，能梳理自己的特质及外在资源。 3.学生能跟随指引回到现实。	教师的语言尽量舒缓，能让人感到放松。
	自我之树	1.两人为一组互画生命树。一人双手小手臂、大拇指和其他四个手指张开放在A3纸上，另一人用对方喜欢的色彩的笔在A3纸上描绘对方两个手掌合并在一起的轮廓，然后交换。 2.我的闪光时刻。学生在手臂轮廓里，写出过去被肯定和表扬的场景。 3.找资源。两个人互相分享自己的被肯定和表扬的场景，并帮助对方找到自己的特质及支持自己的人。 4.写资源。学生在右手的手指轮廓里写上自己由被表扬肯定的场景看到的自己的能力、兴趣爱好、品质等，尽量多；在左手的手指轮廓写上肯定和支持自己的人，也尽量多。 5.概括我的特质。在掌心处写上："我是一个……的人，我拥有……" 6.静思内化。教师再次引导学生深呼吸放松身体，引导学生回忆之前总结的自我的特质和资源，回忆总结的那两句话。在放松的状态下，慢慢地在头脑中呈现一个可以代表自己的形象，可以是任意符号、任何形状、任何色彩，并记在心里。然后慢慢睁开眼睛。 7.特别的我。学生在双手轮廓的上方，画出那个代表自己的符号，并涂上自己喜欢的色彩。 8.作品装饰。学生用喜欢的色彩装饰整个作品，并取名。 9.作品欣赏。学生将作品贴到作品区，大家相互欣赏。	1.学生能画出手指树。 2.学生能写出被肯定和表扬的场景。 3.学生能与伙伴分享自己的作品。 4.学生能写出自己的特质和支持自己的人。 5.学生能用一个符号来代表自己。 6.学生能给作品取名。 7.学生能欣赏他人的作品。	1.学生画生命图见媒材附图。 2.教师需要帮助学生从被肯定的场景中去看见自己的特质和支持自己的人。
结束（10分钟）	星光大道	1.大风吹。所有人站成一个圆。教师先提问："大风吹。"学生们回应："吹什么？"教师指定一种个性特征、爱好或资源，让那些有该特点的学生跑到中间聚集。接下来老师跑到某个同学身后，让那个同学提问，依次循环往复进行多轮游戏。 2.星光大道。教师引导学生用身体做出那个代表自己的符号样子，随着欢快的音乐全场自由舞动；然后形成两列，所有人依次从中间带着自己的特有形状舞出特别的自己，并向左右的伙伴大声介绍自己。 3.分享。教师引导大家轮次一人一句表达这次活动的收获或感受。	1.学生能看见自己与他人的相似之处。 2.学生能大声地说出我是谁。 3.学生能表达自己的收获。	教师用温暖的眼神积极关注每一个学生。

（6）观察记录表：

阶段	游戏	目标	形成性评量					评量方式	教学使用	通过与否	教学决定	备注
			1	2	3	4	5					
暖身	音乐气球	1.学生能集中注意力于身体动作上。										
		2.学生能跟随音乐舞动。										
		3.学生能表达自己的一个特质。										
发展	自我静思	1.学生能跟随指引放松身体。										
		2.学生能跟随指引回忆过去被赞赏的场景，能梳理自己的特质及外在资源。										
		3.学生能跟随指引回到现实。										
	自我之树	1.学生能画出手指树。										
		2.学生能写出被肯定和表扬的场景。										
		3.学生能与伙伴分享自己的作品。										
		4.学生能写出自己的特质和支持自己的人。										
		5.学生能概括出自己是怎样的人。										
		6.学生能用一个符号来代表自己。										
		7.学生能给作品取名。										
结束	星光大道	1.学生能看见自己与他人的相似之处。										
		2.学生能表达自己的收获。										

（三）第三次活动方案

（1）主题：30 岁的我。

（2）目标：通过探索 30 岁的自己，学生能明确自己的目标和方向。

（3）媒材：《我相信》、A3 纸若干、彩笔若干、蜡笔若干。

（4）时间：90 分钟。

（5）活动流程：

阶段	游戏	步骤	目标	备注
暖身（15分钟）	自由舞动	1.自由舞动。教师播放音乐《我相信》，学生跟随音乐在教室内自由舞动。 2.主题舞动。学生跟随教师的指令进行主题舞动，舞动一会儿听到教师喊"停"时定格。教师指令可以是"登山者""有力量的自己""有权力的自己""努力学习的自己""努力工作的自己""恋爱中的自己""某领域专家""参加老年舞会""拄着拐杖的自己"等。学生听到教师喊停的时候定格，并用一个词大声表达出自己当下的感受或状态。	1.学生能跟随音乐自由舞动。 2.学生能按指令做出相应动作。	教师的指令要清晰易懂。
发展（65分钟）	生命历程	1.人生的阶段。教师将生命分成六个阶段：婴幼儿、儿童、少年、青年、中年、老年，做成六个便签。学生六人一组，每个组抽签，抽到人生的某个阶段。 2.人生历程再现准备。小组成员即兴创编该阶段的典型场景，只能用声音、动作、表情，不能用具体语言表演，要求突出该阶段的典型特征，每组准备5分钟，表演时长控制在3分钟。 3.人生历程再现。各组轮组呈现，其他组猜测表演组重点表演的人生哪一个阶段，并说出其特征。	1.学生能用身体语言表达人生的不同阶段特征。 2.学生能相互合作，相互支持，共同完成小组呈现。 3.学生能说出各阶段的典型特征。	教师全场巡视，协助学生准备表演。
	我的英雄之旅	1.准备四宫格。教师为每个学生准备一张A3纸，将纸对折成四格，四格分布为：第一格为当下的我，第四格为30岁时的理想我，第二格为到达30岁的理想我可能经历的挑战和障碍，第三格为帮助我实现30岁理想我的资源。 2.四宫格创作。每个学生一张准备好的四格图，用任何形状、符号、色彩表达四格里的内容，完成个人的英雄之旅的创作。 3.小组内导演个人的英雄之旅。每个学生在六人组内分享自己的英雄之旅。然后每人依次当导演，为组员分配角色，告诉他们每个角色的表情、动作、语言，出场先后顺序，组员配合将导演的英雄之旅演出来。 4.代表分享。小组代表在大团体里分享。 5.教师总结。教师引导学生回顾各组的英雄之旅及其特殊品质。	1.学生能用符号等表达自己的作品。 2.学生能分配角色，导演自己的英雄之旅。 3.学生能配合导演，演出他人的英雄之旅。	教师全场巡视，协助学生积极创作自己的作品，指导各组准备表演。
结束（10分钟）	相信自己	1.欣赏作品。学生将作品摆在场中围成一个圆圈，手拉手围着作品站好，绕着作品慢慢走（10分钟），边走边欣赏作品。 2.分享感受。回顾今天的历程，然后每人用一个词表达当下的感受。	1.学生能表达当下的感受。 2.学生能相互鼓励。	教师用温暖的眼神积极关注每一个学生。

（6）观察记录表：

阶段	游戏	目标	形成性评量					评量方式	教学使用	通过与否	教学决定	备注
			1	2	3	4	5					
暖身	自由舞动	1. 学生能跟随音乐自由舞动。										
		2. 学生能按指令做出相应动作。										
发展	生命历程	1. 学生能用身体语言表达人生的不同阶段特征。										
		2. 学生能相互合作，相互支持，共同完成小组呈现。										
		3. 学生能说出各阶段的典型特征。										
	我的英雄之旅	1. 学生能用符号等表达自己的作品。										
		2. 学生能分配角色，导演自己的英雄之旅。										
		3. 学生能配合导演，演出他人的英雄之旅。										
结束	相信自己	1. 学生能表达当下的感受。										
		2. 学生能相互鼓励。										

（四）第四次活动方案

（1）主题：探索之旅。

（2）目标：立足当下，探索发展的途径和力量。

（3）媒材：背景音乐、气球若干、彩笔若干、A4 纸若干。

（4）时间：90 分钟。

（5）活动流程：

阶段	游戏	步骤	目标	备注
暖身（15分钟）	小火车	1.模拟火车声音。教师问学生火车会发出什么声音，然后从其中选用声音作为小火车的声音，有出发、停车以及行驶中的声音。 2.模拟火车行进。教师为火车头，组成火车，火车在出发、钻洞、过弯、停车都要发出声音。小火车在音乐中出发，经过加速、钻洞、过弯、爬山、钻入湖底等一系列障碍，最后到达目的地。 3.小火车相遇。熟悉过程后，学生分为几个小火车，小火车之间可以互相打招呼、穿插、竞赛等。	1.学生能发出相应的声音，做出对应的动作。 2.学生能与他人配合安全行进。	教师注意用动作和声音引导学生积极投入到活动中。
发展（65分钟）	人生之旅	1.画火车。教师给每个学生发一张A4纸，在纸上画出一辆长长的火车。 2.我的人生火车。教师请请学生想象着自己的人生就是火车的长度，想把自己的人生分为几个阶段就把火车分为几节车厢。 3.我的人生应对策略。请学生把人生每一阶段可能发生的最困难的事情写或画在对应的车厢轮廓里，然后在车厢的上方写或画出对应的解决方法。 4.装饰作品。学生装饰自己的作品，给自己的火车起个名字，写上日期和自己的名字。 5.分享。回到5人小组，小组内分享自己的人生之旅。然后，小组讨论并选出小组认为最困难的人生阶段，用情景表演的方式合作扮演人生最困难的场景。 6.展示。各组轮次呈现人生困境。教师提醒其他小组轮次记住上一组所表演的场景，思考应对策略。各组轮次接替表演应对人生困难情景的方法。 7.教师总结。教师尽可能引导学生发现各组亮点。	1.学生能画出自己的人生火车。 2.学生能预计到人生中可能的困境并想到解决方法。 3.学生愿意分享自己的作品。 4.学生能合作扮演人生的困境。 5.学生能合作演出应对困境的方法。	教师注意全场巡回，适时引导并协助学生创作自己的作品。
	"应对"气球	1.发放气球。所有人围成一个大圈，每个人拿一个气球，先吹一口气，保证气球是好的。 2.人生应对气球。教师引导学生放松坐好，闭上眼睛，深呼吸，放松身体。慢慢回忆自己的小火车，回忆自己应对人生困境的方法，结合当下的状态，搜寻对当下生活有用的、对自己实现目标有用的方法，想起一件就往气球里吹一口气，直到将有用的方法都想出来。 3.画我的应对策略。学生睁开眼睛，观察一下彼此的气球大小，看自己应对方法的多寡。如果气球偏小的，建议多吹几口气，让气球足够大。然后，选一支自己喜欢的颜色的彩笔，在气球的一边写上自己应对当下困境的方法。在另一边写上下一周将要努力的事情，用语尽量简单。然后做一个能够代表自己的标记。 4.我们一起应对。所有人将自己的气球抛向空中，想像着把自己的方法和努力抛出去，尽量不让地球落地。持续3分钟。教师说停的时候，每个人都要抢一个气球，然后看一看气球上的内容，想像着这些方法和努力的事是在我身上的，感受它的力量，然后写或者画出自己给对方加油的方式。然后继续让气球飞起来持续3分钟，停时接住一个气球，像前一轮一样，想象内化并添加内容在气球上。之后让气球在天上飞。持续3分钟。 5.我的应对气球。时间到时，停下来，每个人找回自己的气球，认真感受气球上面加油打气的话。	1.学生能搜寻到对自己当下有用的应对方法。 2.学生能在气球上描画有用的应对方法。 3.学生能在气球上表达出下一周的努力方法。 4.学生能在气球上为他人加油。	教师注意问是否有害怕气球的人，是否有不会吹气球的人，是否有害怕气球爆炸的人。如果有，可以让他在纸上表达自己想法。
结束（10分钟）	礼物	1.礼物。集体围圈，教师带领大家回顾课程内容，然后每个学生说一个词作为礼物送给自己，并且加上动作，然后大家模仿一遍。 2.感谢。教师带领所有人互相表示感谢，相互击掌下课。	1.学生能给自己加油打气。 2.学生能表达感谢。	教师注意鼓励学生用自己的方式表达。

（6）观察记录表：

阶段	游戏	目标	形成性评量					评量方式	教学使用	通过与否	教学决定	备注
			1	2	3	4	5					
暖身	小火车	1.学生能发出相应的声音，做出对应的动作。										
		2.学生能与他人配合安全行进。										
发展	人生之旅	1.学生能画出自己的人生火车。										
		2.学生能预计到人生中可能的困境并想到解决方法。										
		3.学生愿意分享自己的作品。										
		4.学生能合作扮演人生的困境。										
		5.学生能合作演出应对困境的方法。										
	"应对"气球	1.学生能搜寻到对自己当下有用的应对方法。										
		2.学生能在气球上描画有用的应对方法。										
		3.学生能在气球上表达出下一周的努力方法。										
		4.学生能在气球上为他人加油。										
结束	礼物	1.学生能给自己加油打气。										
		2.学生能表达感谢。										

（五）第五次活动方案

（1）主题：丰富多样的职业。

（2）目标：学生能了解到职业种类多样性。

（3）媒材：25个形状一样写有不同职业的小球和5个空白小球；30张A4纸；油画棒若干；30把剪刀，带有各种职业图画的杂志40本，束口袋；音乐《最好的舞台》《我相信》。

（4）时间：90分钟。

（5）活动流程：

阶段	游戏	步骤	目标	备注
暖身（15分钟）	走走停停	1.走走停。教师放欢快的音乐，学生随音乐自由走动，音乐停时，所有人保持身体不动，教师可以在学生停时，轻触部分学生肩膀，确认学生身体定住了。重复至少三次。 2.职业姿势。教师播放音乐，学生跟随音乐自由走动。音乐停止时，教师说一个职业角色，学生做出能表达该职业的一个动作，并保持不动，直至音乐再次想起，没有做动作的学生成为下一个指令发出者。	1.学生能跟随教师指令做定格动作。 2.学生能做出职业角色定格动作。	职业尽可能丰富且学生熟悉。
发展（65分钟）	职业故事	1.你是谁。教师组织学生围圈而站。教师做一个动作代表某个职业，其左手边学生问"你是谁"，教师需回答与动作相反的职业。依次完成，直至所有学生均参与。 2.职业猜猜猜。教师将准备的25个写有不同职业的小球，放在一个不透明的束口袋里。学生5人一小组，每组抽取一个职业。小组共同讨论，用动作、声音、关键词构建简单场景，表达这个职业，准备1分钟的表演。小组依次呈现，其他组猜职业，并说明原因。 3.汇编故事。分小组展示完成后，教师在地上选N（职业的多少）个点，学生根据自己的喜好选择一个职业角色扮演。教师组织学生通过叙事的方式将每个职业联系起来，编制成某某职业一天的生活。 4.故事展示。学生将编制的故事展示出来。	1.学生能对职业进行描述，能猜出具体某种职业。 2.学生能与他人合作，完成对职业内容的探索。 3.学生能了解各个职业是如何进行分工协作的。	如果抽到同一个职业则描述不允许重复。
	个人拼画	1.我所喜欢的职业。教师为学生分发材料（每位学生一张A4纸、一把剪刀、蜡笔若干、杂志若干），学生自由拼贴自己最喜欢的职业场景。用杂志剪一些形状拼成一幅画，画的内容是今天记忆最深的一个职业，可以是自己本来就喜欢的职业，也可以是通过同学的描述之后喜欢的职业。可以用油画棒任意添加色彩。 2.小组内分享。拼画完成之后，5人小组里进行交流。 3.代表分享。小组代表面向集体分享。	1.学生能拼画出自己内心喜爱的职业。 2.学生能表达自己喜欢的职业。	拼画的时间为15分钟，交流的时间为10分钟。
结束（10分钟）	职业畅想	1.我就是那个他。所有人围圈，教师放音乐《我相信》，每个学生身体做出拼图中职业角色的动作。 2.自由舞动。教师引导学生用自己喜欢的职业的动作自由舞动，最后相互击掌结束课程。	1.学生能用自己的语言描述职业。 2.学生能用自己喜欢的职业的动作自由舞动。	学生如果没有梦想的职业，可以选择说今天的职业里面最喜欢的。

（6）观察记录表：

阶段	游戏	目标	形成性评量					评量方式	教学使用	通过与否	教学决定	备注
			1	2	3	4	5					
暖身	走走停停	1.学生能跟随教师指令做定格动作。										
		2.学生能做出职业角色定格动作。										
发展	职业故事	1.学生能对职业进行描述，能猜出具体某种职业。										
		2.学生能与他人合作，完成对职业内容的探索。										
		3.学生能了解各个职业是如何进行分工协作的。										
	个人拼画	1.学生能拼画出自己内心喜爱的职业。										
		2.学生能表达自己喜欢的职业。										
结束	职业畅想	1.学生能用自己的语言描述职业。										
		2.学生能用自己喜欢的职业的动作自由舞动。										

（六）第六次活动方案

（1）主题：我的家庭职业树。

（2）目标：学生能了解自己的家庭职业树，探索家庭职业资源及其对自己选择的影响。

（3）媒材：职业家族树每人一张，A4 纸每人一张，油画棒每组一盒。

我的家族职业树

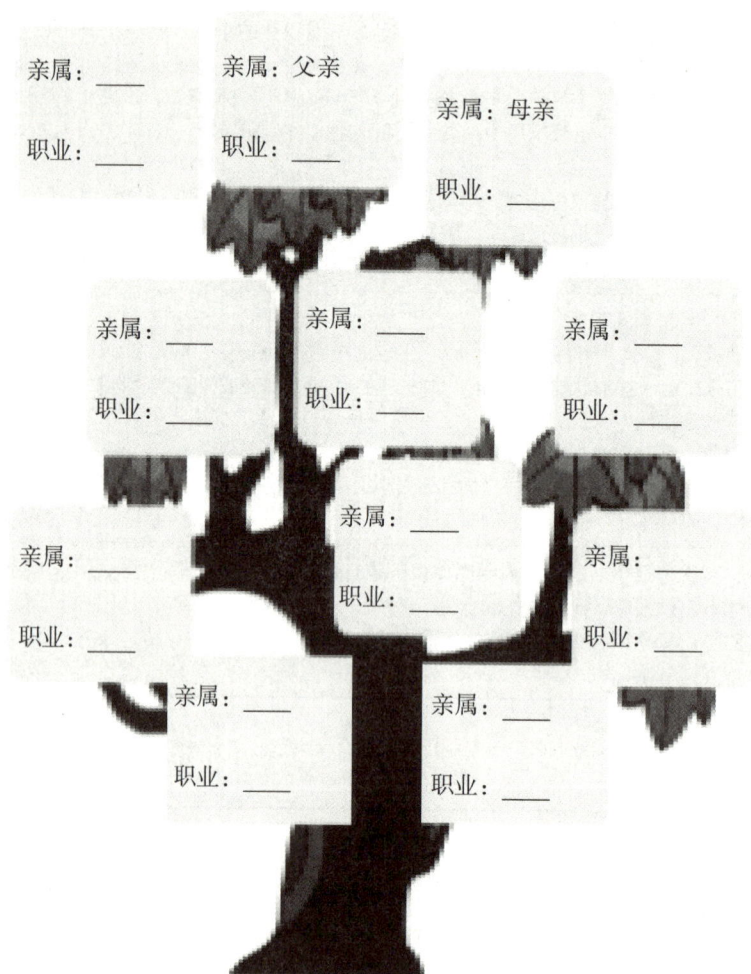

亲属：____
职业：____

亲属：父亲
职业：____

亲属：母亲
职业：____

亲属：____
职业：____

亲属：____
职业：____

亲属：____
职业：____

亲属：____
职业：____

亲属：____
职业：____

亲属：____
职业：____

亲属：____
职业：____

亲属：____
职业：____

（4）时间：90 分钟。

（5）活动流程：

阶段	游戏	步骤	目标	备注
暖身（15分钟）	感受职业	1. 走走停停。学生根据教师指令以不同速度走走停停。教师下指令："所有人慢慢走，像蜗牛一样走""停"；"所有人快速走，像火车一样走""停"；"所有人像飞机一样飞""停"。停时所有人保持身体不动。 2. 喜欢的职业定格。教师下指令："所有人像自己最喜欢的人那样走""停"；"所有人像自己最喜欢的人一样干活""停"；"所有人做着自己最喜欢的职业""停"；"所有人用自己喜欢的职业角色方式行走""停"；"所有人与对面相遇的人交换角色行走""停"。学生按指令行动。教师在学生停时，可以适当访问部分学生，了解学生所定格的职业。	1. 学生能跟随教师指令做定格动作。 2. 学生能做出职业角色定格动作。 3. 学生能用与他人交换职业角色。	职业定格指令可以鼓励学生表达他们所知道的职业，也可以让学生轮流下指令，让其他人做出指令定格动作。
发展（65分钟）	职业家族树	1. 填写职业家族树。教师给每一个学生分发家族树，学生填写职业家族树。 2. 家族愿望。在家族树的背后，写写家族里评价最高的职业，家族想让我从事什么职业，我对家族职业有什么样的看法，我想从事的职业与职业家族树有哪些关联…… 3. 小组内分享。学生5人一组，组内分享与讨论，学生轮次介绍自己的职业家族树及其对自己的影响，小组代表总结共同点。 4. 小组代表分享。 5. 教师总结。	1. 学生能写出自己的家族人员职业。 2. 学生能画出自己憧憬的职业。 3. 学生能看到家族职业对自己的影响。 4. 学生能分享自己的作品和看法。	1. 职业家族树见"媒材"准备。 2. 对个人憧憬的职业可以画标志和代表物，或用其他形状、符号表达，不需要画得很好、很像。
	梦想天平	1. 职责与素养。学生在A4白纸上画出自己从小就憧憬的职业，写出这个职业的职责与素养。 2. 教师示范。教师站立示范自己作为天平，左边作为职业的职责，右边作为努力承担职责所需要的素养。增加一个个"砝码"努力使自己能承担这份工作。 3. 身体呈现。5人组内，学生用身体表达自己的职业天平。 4. 小组代表分享。 5. 教师总结。	1. 学生能理解职业天平的含义。 2. 学生能用身体表达自己的职业天平。	教师示范的内容需要有多样性，引导学生能多方面考虑。
结束（10分钟）	分享总结	1. 延伸思考。教师引导学生记住自己喜欢的职业的职责和素养，积极思考如何去实现自己的职业梦想。 2. 分享感受。一人一词说出自己对职业规划的感受。	1. 学生能内化自己的职业天平。 2. 学生能说出自己对职业规划的感受。	教师一定要点出职业规划是课程目的。

（6）观察记录表：

阶段	游戏	目标	形成性评量					评量方式	教学使用	通过与否	教学决定	备注
			1	2	3	4	5					
暖身	感受职业	1. 学生能跟随指令做出定格动作。										
		2. 学生能做出职业角色定格动作。										
		3. 学生能用某种职业角色方式行走。										
发展	职业家族树	1. 学生能写出自己的家族人员职业。										
		2. 学生能画出自己憧憬的职业。										
		3. 学生能看到家族职业对自己的影响。										
		4. 学生能分享自己的作品和看法。										
	梦想天平	1. 学生能理解职业天平的含义。										
		2. 学生能用身体表达自己的职业天平。										
结束	分享总结	1. 学生能内化自己的职业天平。										
		2. 学生能说出自己对职业规划的感受。										

（七）第七次活动方案

（1）主题：我的未来不是梦。

（2）目标：对未来的我形成积极期待。

（3）媒材：

①音乐《我的未来不是梦》、纯音乐、拍卖会PPT、拍卖槌、面值为1万的纸制支票30张、A4纸若干、彩色笔若干、蜡笔若干。

②地摊设计。

参考框架：

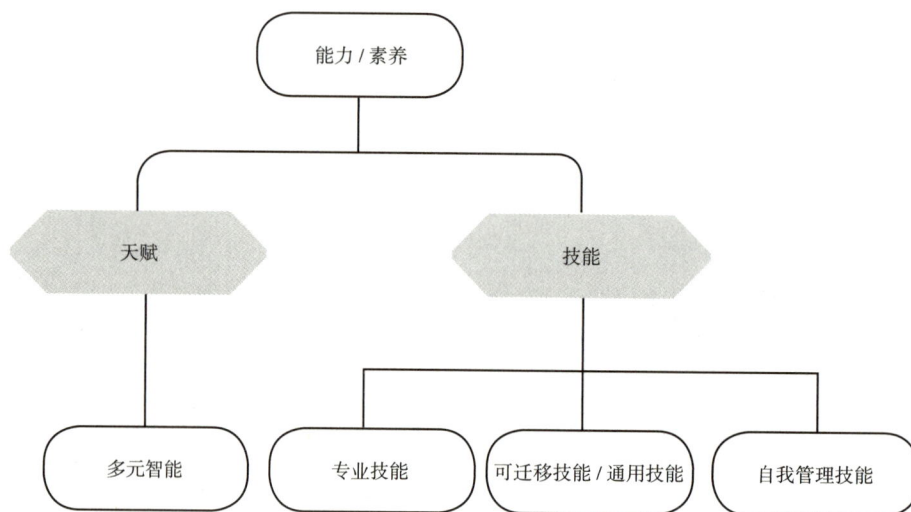

（4）时间：90分钟。

（5）活动流程：

阶段	游戏	步骤	目标	备注
暖身（10分钟）	我的未来不是梦	1.伸展身体。教师带领学生活动颈部、肩膀、躯干、腰部、髋部、膝盖和脚部，扭动、伸展身体各部位。 2.照镜子。学生内外圈站，教师播放音乐《我的未来不是梦》，内圈随着音乐自由地舞动，感受身体，释放身体，外圈同学模仿，然后轮换角色。	1.学生能跟随教师带领活动身体。 2.学生能大声表达出自己的梦想。	教师注意示范，引导学生自由舞动。
发展（70分钟）	独特的我	1.放松静思。教师引导学生坐直身体，通过呼吸引导大家放松身体，接着引导大家回忆刚才自己说出来的梦想，去感受梦想中的自己，感受梦想中的职业和居住的地方；回忆那个独特的我，我拥有的内在资源、外在支持。在心里去感受，这样一个独特的我，有梦想的我的样子，去感受我的力量，然后记在心里。慢慢睁开眼睛。 2.创作理想的我。每人一张A4纸，然后在纸上画一个特别的小人，用喜欢的形状和色彩在小人的身体部分画出自己拥有的内在资源；在手臂部分，画出自己拥有的外在支持，在头部画出理想的自我。装饰作品，给作品取名，然后在小人旁边概括一句话："我的梦想是……我拥有……我相信我一定可以成为……人。" 3.相信你能行。学生拿着作品跟随音乐在场内自由走动，与相遇的人讲述"我的梦想是……我拥有……我相信我一定可以成为……的人"。另一方的人听完以后回答："我相信你一定会成功的！"	1.学生能跟随指引放松身体。 2.学生能画出独特的自己。 3.学生愿意向他人表达独特的我。	教师注意巡回全场，适时引导学生表达特别的我。
	我的"地摊"生涯	1.职业地摊猜一猜。全班分成5组，每组5至6人。教师从网上收集五个行业特色"地摊"图片，五个小组抽签，各自用身体表达地摊的特色，各组准备3分钟，然后依次呈现，其他小组来猜测各组表现的是哪个行业。 2.创作职业地摊广告。每个学生一张A3纸，画出30岁的我所从事的职业及其具有的知识和技能，组合成那时的我可以摆"地摊"的广告。 3.我是地摊导演。组内分享个人的"地摊"广告，选出其中一个"地摊"广告，"地摊主人"当导演，组员合作扮演"地摊"广告的内容。 4.地摊开业。学生分两大组，一组摆地摊推销自己的职业，招揽顾客，拉拢生意；另一大组扮演消费者。10分钟后两组轮换。	1.学生能合作表演出图片中的场景。 2.学生能用绘画表达自己对未来职业的认识。 3.学生愿意分享自己的作品。 4.学生能合作扮演绘画内容。	教师准备的图片尽量形象生动、多样，为学生提供多样化的选择。
结束（10分钟）	未来可期	1.分享。集体围圈，每人一句话依次分享"地摊"感受。 2.静思。教师请学生跟随自己的内心找到自己舒服的位置坐下，教师引导学生闭上眼睛，放松身体，再次回忆那个"特别的我"，回忆我的"地摊"生涯，感受"地摊"生涯中的我，用身体表达出"地摊"中的我的感觉，站起来随着音乐《我的未来不是梦》舞动，表达那个"地摊"中的我的心情。	1.学生能表达自己的感受。 2.学生能用身体自由表达未来的我。	教师注意引导学生内化体验中的经验和感悟。

（6）观察记录表：

阶段	游戏	目标	形成性评量					评量方式	教学使用	通过与否	教学决定	备注
			1	2	3	4	5					
暖身	我的未来不是梦	1.学生能跟随教师带领活动身体。										
		2.学生能大声表达出自己的梦想。										
发展	独特的我	1.学生能跟随指引放松身体。										
		2.学生能画出独特的自己。										
		3.学生愿意向他人表达独特的我。										
	我的"地摊"生涯	1.学生能合作表演出图片中的场景。										
		2.学生能用绘画表达自己对未来职业的认识。										
		3.学生愿意分享自己的作品。										
		4.学生能合作扮演绘画内容。										
结束	未来可期	1.学生能表达自己的感受。										
		2.学生能用身体自由表达未来的我。										

（八）第八次活动设计

（1）主题：我是大明星。

（2）目标：体验巅峰感觉，坚定信心。

（3）媒材：音乐《达拉崩吧》《大鱼》，彩色丝巾、椅子若干，A4 纸、签字笔若干。

（4）时间：90 分钟。

（5）活动流程：

阶段	游戏	步骤	目标	备注
暖身 （15分钟）	舒展身体	1.跟随领袖。教师播放音乐，集体围圈，从教师开始即兴舞动10秒的动作，其他人模仿。然后下一个同学轮次即兴舞动，其他人模仿。直到所有人都带领舞动一次。 2.照镜子。所有人内外圈站立，每人一条丝巾，两两相对。内圈的人先随音乐自由舞动，外圈的人模仿对方。3分钟后轮换。 3.投影舞动。邻近的两队组成4人组，用投影的方式（即一个人在前面带领动作，其他三人模仿），跟随教师指令即兴舞动，例如强壮、勇敢、自信、成功。	1.学生能模仿动作舞动身体。 2.学生能自由地舞动身体。 3.学生能用身体舞动表达特定的感觉。	教师注意示范引导，促进学生充分地参与。
发展 （60分钟）	成功后的生活	1.画出成功后的我。每人一张A4纸，画出成功后的我的生活状态。 2.成功后的我。小组内分享个人成功后的生活状态，个人为导演也为主角，小组其他成员听从导演安排进行扮演，主要演出个人成功后自己在职业方面或者是家庭方面的最佳生活状态。小组内成员依次演出自己成功后的生活。 3.小组合作演出成功后的我。小组选择出一个大家都喜欢的理想自我状态在全体成员面前展示，可以是个人成功生活，也可以是共创的成功生活。	1.学生能画出自己想要的成功后的生活状态。 2.学生愿意分享自己的作品。 3.学生能配合演出他人的理想生活状态。	教师注意引导学生勇敢地表达自己。
	我是大明星	1.明星界定。教师讲述"大明星"并不是局限在演艺圈内的明星，而是指我们各自成为目标领域的明星人士。 2.我就是大明星。教师请学生站在椅子上在小组里用动作、表情、声音表达自己就是那个成功人士。其他学生配合演出，像看到自己的偶像一样，进行积极的关注与配合，有人要与主角合照，有人要签名，同时也可以加一些采访，并让大明星进行分享等。小组成员依次轮流扮演，直至活动结束。	1.学生能想象成功的自己的状态。 2.其他人能积极配合演出。	教师注意示范，引导学生充分地感受大明星的感觉。
	明星法宝	1.我的成功法宝。学生以文字或图画的方式表达自己取得成功的法宝。 2.组内分享。学生在小组内分享自己的法宝。 3.小组法宝。小组成员将成员的法宝汇总，将之转化为一个口号和动作。 4.呈现法宝。分组展示口号和动作，一组展示时，其他组跟着做动作和喊口号。	1.学生能分享自己的法宝。 2.学生能合作展示口号和动作。 3.学生能重复其他组的口号和动作。	教师注意全场巡回，协助学生有创意地表达。
结束 （15分钟）	回归静思	1.回归静思。学生选择舒适放松的方式坐下。教师跟随音乐念指导语：调整呼吸，放松身体，深深地吸气，缓缓地吐气……回顾今天的课程，感受巅峰时候的感觉，其实我们离自己的目标很近很近，近到伸手都能触碰到它，但是它不仅需要我们的努力，还有坚持，还有勇敢，看一下我们各自的目标，它会越来越清晰，越来越近，如果你想和它对话，你会说些什么？它会告诉你一些什么？你的面前就有纸和笔，写下来好么？ 2.写感想。学生写下自己当下的所思所感。 3.分享。一人一句分享当下的感受。 4.致谢。教师带领大家相互致谢结束。	1.学生能进入内在自我对话。 2.学生能写下自己的感受。 3.学生能分享自己的感受。 4.学生能发自内心的感谢。	教师注意语调轻柔、舒缓。

（6）观察记录表：

阶段	游戏	目标	形成性评量					评量方式	教学使用	通过与否	教学决定	备注
			1	2	3	4	5					
暖身	舒展身体	1.学生能模仿动作舞动身体。										
		2.学生能自由地舞动身体。										
		3.学生能用身体舞动表达特定的感觉。										
发展	成功后的生活	1.学生能画出自己想要的成功后的生活状态。										
		2.学生愿意分享自己的作品。										
		3.学生能配合演出他人的理想生活状态。										
	我是大明星	1.学生能想象成功的自己的状态。										
		2.其他人能积极配合演出。										
	明星法宝	1.学生能分享自己的法宝。										
		2.学生能合作展示口号和动作。										
		3.学生能重复其他组的口号和动作。										
结束	回归静思	1.学生能进入内在自我对话。										
		2.学生能写下自己的感受。										
		3.学生能分享自己的感受。										
		4.学生能发自内心的感谢。										

（九）第九次活动设计

（1）主题：罗马大道。

（2）目标：学生能坦然接受团体结束，坚定前行。

（3）媒材：音乐《伊比丫丫》《我相信》《明天会更好》《全新的开始》；画笔若干、水彩颜料若干、全开纸若干、气球和丝带若干、签字笔若干。

（4）时间：90分钟。

（5）活动流程：

阶段	游戏	步骤	目标	备注
暖身（15分钟）	爱流	1. 自我按摩。教师带领学生围成一个圆圈，并播放音乐《伊比丫丫》，学生跟随教师的示范动作和音乐的节奏给自己进行全身的按摩和放松。 2. 我爱你。随机两人一组，跟随着音乐和教师的动作示范相互给同伴进行按摩和放松。 3. 爱流。所有人围成圆圈，并将双手搭在前面人的身上，保持好距离和力度，跟随音乐和教师示范动作进行集体按摩和放松。	1. 学生能模仿教师动作自我按摩。 2. 学生能模仿教师动作给伙伴按摩。	教师注意引导学生用适宜的力度为同学按摩。
发展（65分钟）	回顾静思	1. 放松准备。所有人找到舒适的地方和方式坐好。 2. 回顾静思。教师播放音乐，并用指导语帮助同学们进行回顾静思，指导语应紧紧围绕前8次课的主要内容，例如"调整好呼吸，跟随着呼吸放松身体，慢慢地会感受到一股力量指引我们向前，还记的第一次课么……我们在一起共同创建了美好的目标，找到了前进的方向……带着这股力量我们现在回到了当下。如果这股力量有形状，它是什么形状？它是什么颜色？请记住它！"	1. 学生能放松身心。 2. 学生能回忆整个8次课程，并形成一个整体的色彩感受。	教师的语气语调注意适中，提前准备好静思引导思路。
	彩色世界	1. 绘画活动。静思结束后，每个同学按照刚刚静思中看到的颜色，选择一种染料和一支画笔。站到一张由5张全开纸拼接的绘画纸周围，选好自己的位置，在纸上绘画出静思中最后出现的形状和色彩。要求：绘画时不能讲话，可以任意移动，尽量把手中的染料用完。 2. 欣赏作品。绘画全部结束后，所有人围着作品转一圈，欣赏作品，回到原位后，大家共同为作品取一个名字，并一人一笔将名字写到集体作品上。	1. 学生能画出心中的意象。 2. 学生能合作为作品取名。	教师需要适时重复引导学生表达心理的感觉。
	能量气球	1. 吹气球。每个人回到自己的绘画位置，教师给每人三个气球，请大家把气球吹到足够大小，并用丝带绑好。 2. 气球画。学生将自己的理想自我、自己的力量和绘画的感受分别写或画在三个气球上。	学生能在气球上表达自我。	教师注意适时协助学生表达自我。
	星光大道	1. 自由舞动。教师播放音乐，带领学生随着音乐挥动手中的气球自由舞动，用气球相互打招呼。 2. 独特的我。学生面对面站成两列，形成星光大道，学生依次按照要求通过星光大道。要求如下：每个人用气球上写着的那个带着力量的理想自我的独特方式从大道中间走过，并和两边的人适当互动。两边的同学有节奏地拍手。	1. 学生能自由地舞动。 2. 学生能自由地舞出特别的我。	教师注意引导学生用自己的方式走过大道。
结束（10分钟）	感恩答谢	1. 分享感受。教师与同学们围成一个圆圈，依次表达自己当下的感受，包括感恩答谢，并将手中的气球分别赠予最想感恩答谢的人。 2. 合唱和告别。所有人共同合唱《明天会更好》，并结束课程。	1. 学生能表达当下的感受。 2. 学生能用自己的方式表达结束。	教师注意情绪氛围的营造，促进学生自然地结束。

（6）观察记录表：

阶段	游戏	目标	形成性评量					评量方式	教学使用	通过与否	教学决定	备注
			1	2	3	4	5					
暖身	爱流	1.学生能模仿教师动作自我按摩。										
		2.学生能模仿教师动作给伙伴按摩。										
发展	回顾静思	1.学生能放松身心。										
		2.学生能回忆整个8次课程，并形成一个整体的色彩感受。										
	彩色世界	1.学生能画出心中的意象。										
		2.学生能合作为作品取名。										
	能量气球	学生能在气球上表达自我。										
	星光大道	1.学生能自由地舞动。										
		2.学生能自由地舞出特别的我。										
结束	感恩答谢	1.学生能表达当下的感受。										
		2.学生能用自己的方式表达结束。										

参考文献请扫二维码获取。